MANO a MANO

MANO a MANO

MANO BROWN

COMPANHIA DAS LETRAS

Grafia atualizada segundo o Acordo Ortográfico da Língua Portuguesa de 1990, que entrou em vigor no Brasil em 2009.

Capa: Alceu Chiesorin Nunes

Projeto gráfico: Alceu Chiesorin Nunes, Mari Taboada

Foto de capa: Pedro Dimitrow/ Spotify

Fotos de miolo: Jef Delgado/ Spotify

Foto de Mano Brown e Kaire Jorge e de Eliane Dias (p. 358): Juh Almeida

Coordenação editorial: Renata Hilario, Semayat Oliveira

Concepção criativa do podcast Mano a Mano*:* Gana

Gravação e edição de entrevistas utilizadas no livro: Mugshot

Assistência editorial: Beatriz Antunes, Jair dos Santos, Matheus Souza

Preparação: Julia Passos, Allanis Carolina Ferreira

Checagem: Érico Melo

Revisão: Adriana Bairrada, Bonie Santos

Dados Internacionais de Catalogação na Publicação (CIP)
(Câmara Brasileira do Livro, SP, Brasil)

Brown, Mano
Mano a Mano / Mano Brown. — 1ª ed. — São Paulo : Companhia das Letras, 2025.

ISBN 978-85-359-4235-4

1. Brown, Mano, 1970- 2. Podcast (Redes sociais online)
3. Podcasters - Brasil I. Título.

25-285208 CDD-302.231

Índice para catálogo sistemático:
1. Podcasts : Mídia social : Comunicação 302.231

Cibele Maria Dias - Bibliotecária - CRB-8/9427

Todos os direitos desta edição reservados à
EDITORA SCHWARCZ S.A.
Rua Bandeira Paulista, 702, cj. 32
04532-002 — São Paulo — SP
Telefone: (11) 3707-3500
www.companhiadasletras.com.br
www.blogdacompanhia.com.br
facebook.com/companhiadasletras
instagram.com/companhiadasletras
x.com/cialetras

Mano Brown e Semayat Oliveira.

SUMÁRIO

ZECA PAGODINHO • LUIZÃO CHIC SHOW • PADRE JÚLIO LANCELLOTTI • SEU JORGE • JEFERSON DE • GALO DE LUTA • RINCON SAPIÊNCIA • REGINA CASÉ • FELIPE KOT • LUDMILLA • GILBERTO SORRISO • JUARY • PITA • ZEZÉ MOTTA • CRAQUE NETO • BACO EXU DO BLUES • CHAVOSO DA USP • ELISA LUCINDA • SUPLA • EDUARDO SUPLICY • THAÍDE • IVETE SANGALO • JOÃO SUPLICY • BELA GIL • DENIZE ORNELAS • IGÃO • MÍTICO • THIAGUINHO • EVANDRO FIÓTI • VANDERLEI LUXEMBURGO • ANDRÉ CARAMANTE

A palavra tem peso

MANO BROWN

Minha memória é saudosista. Costumo me lembrar de cada detalhe: datas, cores, fisionomia das pessoas. Consigo imaginar até o timbre da voz de alguém em determinada época. Acontece toda vez que falo sobre qualquer coisa, chego até a me assustar. Às vezes, me pergunto: "Como é possível? Eu tinha apenas cinco anos, porra!". Tá ligado? Talvez isso seja algo herdado da minha mãe. E talvez tenha me ajudado no rap. É um lance meu, minha forma de contar histórias.

Muitos dos meus amigos não têm uma memória assim. Durante a pandemia, intensifiquei minhas pesquisas em assuntos de que sempre gostei: teologia, arqueologia, arte, ciência e política. Mas ficar enclausurado em casa estudando fez de mim um cara chato pra caramba, cheio de coisa pra falar. O pessoal não aguentava mais. Todo dia eu aparecia com uma novidade espetacular. Foi aí que comecei a ouvir: "Pô, por que você não faz um podcast?". Eu nem sabia direito o que era isso, só ouvia falar. Quando perguntei a alguns amigos como seria, disseram que, como sou um cara detalhista, com boa memória, poderia contar histórias, experiências de vida, e até coisas relacionadas ao Racionais mesmo, morô? O povo sempre teve muita curiosidade sobre o grupo e também com relação à minha pessoa. "Quem sabe?", pensei, mas guardei pra mim.

Como me conheço bem, posso dizer: naquele momento, meu maior desafio era acordar cedo, olhar no espelho e gostar do que eu via, acreditar em mim, que eu era capaz de fazer algo relevante na vida, no mundo. É um lance meu mesmo, pessoal. Às vezes precisamos sentir que alguém tem orgulho de nós, receber um elogio. Sabe aquele tipo de pensamento: "Poxa, e se essa pessoa me fizesse um elogio?" — seja essa pessoa sua mãe, uma namorada, alguém que você admire. Todo mundo tem um gatilho. E lógico, eu também. Se não, não seria o que sou. Então, inseguranças à parte, de alguma forma tinha esse sentimento pairando, essa vontade de ser útil. De resto, tudo é desafio pra mim. E eu não encaro nenhum como maior que o outro.

Um tempo depois, conversando com meu filho — o Kaire Jorge — e com a mãe dele — a Eliane Dias —, joguei a ideia. "Jorge, como faz um podcast?" Ele respondeu com outra pergunta: "Ó, tá na disposição?". Eu disse que, se pá, sim. Foi o suficiente pra ele correr atrás de tudo. Saiu com o projeto debaixo do braço e, quando voltou, pra minha surpresa, tinha dado certo. Na minha mente tudo parecia muito complicado, burocrático. Esse foi o embrião do *Mano a Mano*, que nasceu com uma equipe formada em sua maioria por profissionais negros. Nos bastidores, tem muita gente que faz o trabalho acontecer com compromisso e seriedade, certo?

Penso que, se não fosse aquele período de pandemia, trancado, com a cabeça a milhão e estudando muito, talvez eu não tivesse pensado nessa maneira de colocar minhas ideias no mundo. Por outro lado, já carregava uma reclamação antiga: a falta de um espaço onde eu me sentisse seguro pra falar. Em conversas com meu filho, a gente chegava a se perguntar: "Qual é o espaço de fala ideal pro Mano Brown?". E concluímos que seria um programa próprio.

A trajetória do Racionais MC's foi cercada por notícias sensacionalistas. Relacionavam o grupo a fatos muito marcantes, específicos, e não à música. O som que fazíamos já era um fato pra mim, mas só aparecia na mídia quando aconteciam outras fitas: confusões ou qualquer tipo de desacerto na vida eram associados à nossa música e à nossa linguagem, morô? Então era difícil confiar — existiam muitas lendas, todo um imaginário sobre nós.

E isso, esse imaginário popular, às vezes era alimentado por mentiras. Como não havia muito conhecimento sobre quem realmente éramos, tudo era assim, meio místico mesmo. As pessoas achavam até que eu tinha uma "boca", mano... Tá ligado? Diziam que eu tinha "tirado cadeia", "dez anos de detenção". É só um exemplo do tipo de coisa que eu já ouvi. Um dia, eu tava numa visita ao Dexter e um cara falou que tinha "tirado uma cadeia" comigo numa cidade não sei onde e pá. O mano soltou pra mim e pro Dexter assim, na lata! O Dexter me olhou surpreso e falou: "Mas você nunca foi preso. Nunca comentou nada comigo...". Eu disse: "O cara tá louco, mano! É óbvio que eu nunca fui preso, por que eu não te falaria?". Tem muita coisa que foi alimentada de forma errada, inclusive pela mídia, tá ligado?

O final da década de 1980, começo dos anos 1990, quando o Racionais nasceu, foi uma fase difícil. Aconteceu muita coisa ruim, tudo era muito no contato físico, no corpo a corpo. Não tinha internet, as coisas aconteciam ali no dia a dia, morô?

Já nos anos 2000, teve um fato bem marcante, que foi a Virada Cultural de 2007, com confusões monstras na praça da Sé. Naquela época a gente foi penalizado, ficamos uns cinco anos sem trabalhar direito em São Paulo. Se a gente se aproximava de qualquer casa de shows, a fiscalização ficava muito severa, então os donos dos eventos passaram a nos evitar... Brasilzão, né? Podia tudo, só não podia contratar os Racionais. Teve época que nem o Mano Brown podia.

Na pista mesmo, entre as muitas confusões, a gente já apaziguou bastante briga, socorreu muita gente. A nossa palavra valia uma bala, a gente não podia errar, entendeu? E o grau de exigência que você ouve no *Mano a Mano* eu sempre tive no Racionais.

A guerra sempre foi cultural. Os ataques pessoais direcionados ao nosso grupo, depreciando e caluniando a gente, aconteceram. Mas a primeira guerra mesmo foi desviar o curso do rio, morô? O rio sempre corre pro mar, mas tinha era que correr pro sertão, mano. Essa era a primeira batalha.

O rio, nesse caso, é o que alimenta a periferia das mais diversas formas. Eu falo do povo que não tem acesso, a quem até hoje busco ser fiel, ser útil, ajudar a transformar. Quero ser isso mesmo que eles falam. Eu prefiro chamar de povo do que de público — o nosso povo, esses que se identificam com o que a gente fala, vive e acredita, tá ligado?

Respeito e verdade

Então, pra mim era importante ter um espaço seguro, sem edição, sem cortes, um lugar onde eu pudesse falar com todo mundo, sem armar roubadinha com ninguém. Mesmo que eu não concorde, mesmo que a gente não tenha sintonia nenhuma com o convidado, o respeito vem em primeiro lugar. Foi assim que eu aprendi na vida, na rua, e é assim que procuro fazer no meu trabalho.

Pra isso acontecer no *Mano a Mano*, algo totalmente novo pra mim e que poderia ser altamente bélico e arriscado, eu precisaria fortalecer a confiança em mim mesmo e na equipe que estaria junto. Tinha que ter a certeza de somar com pessoas movidas por propósitos honestos. Porque a palavra "edição" é escorregadia, tem dois lados. Pode funcionar pro bem ou pro mal, pode revelar ou ocultar verdades.

Esse papo de lugar seguro que eu tive com meu filho Jorge no começo das ideias também envolve o fato de ter ao meu redor pessoas que estão me observando e mandando o papo reto. Isso também me dá segurança: saber que ali tem um coletivo que compartilha pensamentos próximos dos meus, dos ideais que eu defendo. O programa não foi feito pra manipular a mente de ninguém, a ideia é justamente desconstruir essa linguagem de manipulação. É deixar todo mundo falar o que quiser, e cada um segura o seu BO, firmeza?

Até porque a palavra tem peso. Essa é a responsabilidade do programa. É o que vai vir depois do que foi dito. Parece lindo ter a liberdade de um microfone na mão — e é lindo mesmo. Mas tudo tem dois lados. O microfone também pode ser uma arma usada contra mim mesmo. O compromisso com a verdade é de todos, principalmente nosso. A gente já não é mais só o ouvinte ou o assinante do jornal dos outros. Agora estamos fazendo a notícia também, certo?

Uma fita que eu não tava acostumado com o nosso povo era esse lance de hater, e com o podcast isso veio com mais força, num momento da minha carreira em que realmente tenho uma oposição grande, num momento em que o Brasil tá rachado. Porque teve uma época em que a moda era ser de esquerda. Até quem não pensava nada falava que era de esquerda. Até quem não tinha preocupação nenhuma falava isso. Porque era legal, era estiloso. Era sofisticado ser de esquerda, defender a "justiça social".

Uau! A combinação de palavras mais linda do mundo: justiça social! Quem é que ia se opor a isso? Ninguém. Mas, no decorrer da caminhada, você vai vendo quem é quem. Quem realmente lutava por aquilo e quem só queria usar aquela mensagem pra lucrar.

Mas sobre o hater, na real, ele é o que me deixa treinado. Vamos dizer assim, na linguagem das lutas: é o sparring. É o cara que vai meter a mão na sua cara pra você ficar esperto, pra estar preparado pra coisas piores que virão, entendeu? Porque não dá pra esperar nada de bom. Então, é o cara que te deixa treinado e mostra que isso não é a casa da mamãe, não.

É assim que eu vejo, tá ligado? É guerra. No nosso caso, é guerra filosófica, cultural, é utilidade. Vou além: posso até dizer que é uma guerra de civilizações. De uma civilização que se julga mais evoluída do que a outra e, por isso, quer o domínio. A gente vive isso, sistema de castas, racismo, no Brasil — com outras denominações, mas a gente sabe que é essa a origem do ódio, dos haters.

A estrela é a ideia

Eu tinha a minha expectativa, sim, porque também tenho a minha vaidade, minha arrogância. Mas onde elas ficam? No bolso da moeda. Então eu fiquei surpreso com o resultado. Desde as primeiras gravações do *Mano a Mano*, toda a equipe envolvida acreditava que ia ser um projeto de muito impacto, principalmente porque eu nunca fui de dar muita entrevista, por muito tempo neguei estar em espaços como esse, e isso só alimentou a curiosidade das pessoas.

Então, eu confiava na equipe. Nas reuniões iniciais, eu falava: "Pô, vai virar!". Porque também, quando conversei com o Jorge, a gente teve uma primeira ideia ali e pá, e eu disse: "Dá pra ser". Mas como? "Ah, seria falando de música, de futebol, falando de tudo, da vida e tal, pá!" Eu fui criando o meu imaginário também... lembrei de um cenário que vi num show do Martinho da Vila: ele tinha colocado uma mesa de centro no palco, com uma garrafa de uísque, ele sentado com um amigo falando de futebol, do Vasco, do Brasil, da favela. E aí, entre uma conversa e outra, o Martinho cantava o samba. Esse bagulho ficou na minha cabeça durante muito tempo.

E tinha também um programa do Snoop Dogg. Eu falei: "Pô, aquilo ali, se fosse um projeto com vídeo, o meu mundo idealizado era aquele". Tinha o fundo de uma cidade, acho que era Los Angeles, e o Snoop na frente. Parecia um telejornal, meio caretão. Em cima da bancada tinha umas canecas, mas era com as coisas do Snoop, então, tipo, subverteu tudo. Aí eu pensei: "Pô, isso aí é moderno pra caralho, isso aí é o que falta". Essas referências me motivaram.

Tem muitos pontos-chave no *Mano a Mano*, e sempre falo pra equipe que eu odeio idolatria. A estrela do podcast é a ideia, certo? O compromisso com o conteúdo. No programa eu não decido nada sozinho — e nem poderia fazer isso, porque eu fatalmente erraria muito. A gente decide em equipe, e o que é decidido nas reuniões, com argumentação de todos, é o que vai pro programa. Em raríssimas exceções é uma pessoa escolhida apenas por mim que vai pra entrevista. A maioria é escolhida pelo contexto. E o que a gente espera do convidado? Nada mais que a verdade, seja lá qual for, pra que ninguém fique desentendido, certo?

A gente não precisa concordar com tudo, mas precisa escutar. E sem a necessidade de cortar a cabeça do outro. Não é armadilha pra oposição e nem uma festa pros que partilham do nosso pensamento. Longe disso, entendeu? É diálogo, é a ideia pela ideia. Sabe por quê? Uma das intenções é incentivar a molecada a se interessar por assuntos que chegam quadrado na orelha deles, tá ligado? Querendo ou não, temos uma linguagem, uma interação e um entendimento.

É lógico que temos nossas preferências, nossos ideais pessoais e coletivos, que é ter a raça negra como foco, seja lá qual for o lado do espectro político, a religião, a orientação sexual etc. Se o *Mano a Mano* fosse ter uma razão social, seria isso: evolução da raça. Quando nos reunimos em volta de uma mesa pra discutir, independentemente do assunto, estamos evoluindo. Quando a gente tá calado, amordaçado e acovardado, ali a gente morre. Ali a gente tá mal. Ali é escravidão. Não precisa nem de correntes. E a gente tem que entender que a raça negra é complexa e, naturalmente, tem pensamentos e correntes diferentes entre si.

Compromisso com a rua

Mano, eu me lembro do primeiro dia de gravação do podcast. Deu frio na barriga. Eu levei uma caixinha, fiquei do lado de fora do estúdio durante um tempo ouvindo um som. A música me ajuda muito a me concentrar. Era muita coisa na cabeça, a timeline da vida passando e eu entrando numa nova fase.

O primeiro episódio foi ao ar no dia 26 de agosto de 2021, em um momento divisor de águas: a pandemia ainda não tinha acabado, lembro que ainda fazíamos testes de covid-19 antes de entrar no estúdio. Ao mesmo tempo, estávamos praticamente na véspera de uma das eleições presidenciais mais raivosas do país, que aconteceria em outubro de 2022. Essa era a temperatura na época. Gravamos quatro temporadas seguidas, quase ininterruptamente, até agosto de 2023. Neste livro, temos uma seleção de conversas realizadas nessa fase.

Poderia ter sido um fracasso. Me coloco como aprendiz. Eu, que estudei pouco na vida, posso dizer que tenho aprendido muito. Mas também não posso deixar de ser quem eu sou, e é por isso que também carrego comigo um cumprimento antigo com que saudava a todos: "Salve, rapa! Salve, massa!". Virou minha marca no *Mano a Mano*. Quando falo isso, eu idealizo o povo que está ouvindo a gente, um povo interessado e que respeitamos muito. Tanto eu como a Semayat e a equipe sabemos que o tempo das pessoas é muito precioso, que elas trabalham muito, estão sempre na luta. Nosso compromisso é levar um papo sincero e de progresso.

Outra coisa que eu valorizo e trouxe como diretriz: a hierarquia. A tradição de ouvir os mais velhos vem de África, e eu trago isso comigo. Eles sempre foram linha de frente. Sempre tiveram o que dizer, e eu gosto muito de trazê-los ao podcast. Talvez por não ter tido uma figura paterna, acabo me apegando aos mais velhos, aos que viveram mais. Tenho esse respeito enraizado. Gosto de escutar com atenção. Acho que tem coisa que se perdeu no caminho, informação, sabedoria. Quando você ouve pessoas com mais vivência, recupera um pouco disso. Porque eu tô aprendendo, me desafiando como entrevistador, mas muitas vezes viro público, entendeu? Aluno, ouvinte e audiência do convidado. Acontece.

Eu sou a rua entrevistando, papo reto. O que eu levo pro podcast é a rua, porque na rua você tem que saber conversar com todo mundo, falar de igual pra igual, nem acima, nem abaixo. Respeito é pra quem tem. Foi assim que eu fui criado.

No resumo, gosto da ideia do livro, de registrar em fotos e ver a coisa transcrita em palavras. É um documento. Nesse caso, sobre um trabalho ainda em construção. Até aqui, consegui falar e me fazer entender sem batida, sem guitarra, sem bateria. Fora da minha zona de conforto. O *Mano a Mano* é algo sem precedentes na minha vida. Igual quando eu li Malcolm X pela primeira vez.

Forte e leal abraço!

SALVE, RAPA!
SALVE, MASSA!

Sem escudo

A primeira temporada do *Mano a Mano* foi ao ar em 2021. No mesmo ano, a Karol Conká participou do Big Brother Brasil. A saída dela com um índice tão alto de rejeição me comoveu: 99,17% dos votos. Muitas pessoas se reuniram pra assistir à queda, parecia final de Copa do Mundo. Quando a "eliminação" aconteceu, gritavam pelas janelas, nas ruas e nas redes sociais. Ainda em um período de pandemia, o Brasil despejou suas frustrações e inseguranças sobre uma mulher preta — eu vi assim.

KAROL CONKÁ

Ela representava o combo de contradições que o *Mano a Mano* nasceu para discutir. Esse é um podcast sobre quem carrega o contraditório, a dor, a verdade. E a Karol, ali, estava exposta. Sem escudo. Quando contei para algumas pessoas sobre entrevistá-la, fui questionado. "Não é a hora", me disseram. Mas o lance é o seguinte: eu não formo minha opinião a partir de um programa de televisão, morô? Um jogo onde as pessoas fingem, calculando ou não. Pra mim ela foi transparente, intensa. Mas, neste país, a gente sabe, isso pega mal. O Brasil não gosta de quem se mostra por inteiro. Me doeu ver a dispersão, todo mundo correu... Mas o caos também me atrai. Karol chegou com marcas, mas com coragem.

Foi uma das nossas conversas mais sérias. Tinha ali uma mulher tentando se recompor, se entender. E ela nos deu a honra de falar de coração aberto. Em troca, tentamos fazer o mesmo.

BROWN_ Satisfação! Grato por ter aceitado o convite, Karol Conká. Pra começar: quantos anos você tem?

KAROL_ Trinta e cinco.

BROWN_ Porra, eu com 35 tava quase louco, lembro bem daquela fase. Onde você nasceu?

KAROL_ Em Curitiba, no Alto Boqueirão.

BROWN_ Me fala um pouco da sua infância.

KAROL_ Minha infância foi num condomínio da Cohab no Alto Boqueirão, em Curitiba, chamado Condomínio Cerejeira. Morávamos eu, minha mãe, meu pai e meu irmão. Meu pai era alcoólatra, e minha mãe era funcionária pública. Eu brincava muito de Spice Girls com as minhas amigas. Criava músicas, inventava programas de rádio sozinha. Gostava muito de brincar de ser o que eu sou hoje. E minha mãe incentivou esse lado artístico.

BROWN_ Qual era a profissão do seu pai?

KAROL_ Meu pai não tinha uma profissão fixa, ele trabalhava com várias coisas. Já foi segurança de artista, já trabalhou na Cohab, pintava casas. Só fazia bicos, e no primeiro mês, assim que ganhava o valor dele, gastava tudo em cachaça e sumia por alguns dias. Então não sei qual era a profissão fixa dele, na verdade. Ele também ficava muito tempo internado. Todo ano era internado. Mas ele era bem criativo. Passava em todos os concursos, todos os testes. Era inteligente, só que tinha esse problema com o alcoolismo.

BROWN_ Onde ele está agora?

KAROL_ Ele faleceu. Na época eu tinha catorze anos e ele, 34. Estava bêbado, passou mal e acabou se afogando com o próprio vômito.

BROWN_ Em casa?

KAROL_ Em casa.

BROWN_ Eu também fui um homem que tinha dificuldade com empregos. Tinha dificuldade para aceitar ordens, e também um problema com foco, tanto na escola quanto nos meus empregos. Não conseguia me motivar com nada, só o salário mesmo, só gasto. Então pra mim não é estranho ouvir falar de um homem que não se adaptava a emprego nenhum, porque também fui assim.

KAROL_ É, eu também.

BROWN_ Como era o seu temperamento na escola?

KAROL_ Era... um pouco difícil.

BROWN_ Difícil como? Me explica.

KAROL_ Eu não aceitava quando os professores falavam de um jeito agressivo ou ácido comigo, aí retrucava.

BROWN_ Qual era a sua dificuldade com eles, ou a deles com você?

KAROL_ Eu sentia que era deles comigo. Dificuldade de entender que eu não era igual a todo mundo — ninguém é. Aquele método de ensino eu não conseguia entender, achava chato, não conseguia focar.

Teve uma vez que me marcou muito, eu sempre falo disso. Fui resolver uma equação no quadro, que a professora me chamou para fazer porque viu que eu estava desatenta. E eu não consegui resolver. Ela disse: "É isso. Você não vai conseguir nada, gente preta é pra limpar privada".

BROWN_ Ela falou isso?

KAROL_ Falou, isso aconteceu real. Tem pessoas que desacreditam essas histórias quando conto, acham surreais. Mas eu tô falando de Curitiba, e só os pretos de lá podem dizer o quanto o racismo ali é pesado. Vem disfarçado de jeitinho de falar, de brincadeira. "Ela tá exagerando, tá fantasiando" — ouvi isso a minha vida inteira. Chega uma hora que cansa. Eu cansei, e então virei certo tipo de aluno problema.

BROWN_ Você tinha a sua quadrilha na escola, ou era carreira solo?

KAROL_ Carreira solo. Sempre fui doida solo. Mas eu andava com todo mundo, era amiga de todos os alunos. Meu problema era com os professores e, entre os alunos, com os meninos que me agrediam e eu retrucava, acabava batendo neles. Aprendi a bater também.

BROWN_ Te agrediam fisicamente?

KAROL_ Sim. Eles me batiam, e eu precisava me defender. Depois que comecei a reagir, o respeito veio, eu aprendi assim. Respeito só vem quando a gente dá uma de louca.

BROWN_ Eu mesmo sou um cara agressivo, impulsivo, reativo e vingativo. Não sei ser diferente. É uma coisa que a gente controla, prende numa jaula. E pergunto pra você, agora falando sobre a sua participação lá no BBB [Big Brother Brasil]: do que você se arrepende?

KAROL_ Primeiro, me arrependo de não ter cuidado dessas minhas camadas obscuras, de não ter tentado entender melhor, porque quando saí do reality fiquei muito assustada com o que vi. Eu tenho o meu temperamento agressivo, sou combativa, mas em situações em que realmente é preciso ser assim. Então eu me arrependo da forma, da intensidade, com que lidei com meus problemas lá dentro.

Eu sou uma pessoa reativa. Se me sinto atacada, ataco de volta, e em geral duas vezes mais forte, pra deixar tudo bem claro. Eu não coleciono inimigos nem problemas, isso não é uma realidade na minha vida. É óbvio que, como todo mundo, tem pessoas com quem não me dei bem trabalhando, de quem discordei. Mas, nesse caso, me arrependo de não ter pensado melhor, sabe? De não pensar pra falar. Eu tive uma crise de ansiedade, e o que eu vejo agora é que foi também uma perturbação de personalidade. Chegou a um ponto ali em que eu estava tão nas vísceras, sem entender o que tava rolando dentro da minha cabeça, sob pressão, que quando me dei conta já estava de cara fechada um dia inteiro.

BROWN_ Vendo você falar, a impressão que dá é que você abraçou um pouco do que falam de você.

KAROL_ Eu abracei. Tô fazendo terapia, não pra abraçar tudo isso, mas abracei uma porcentagem.

BROWN_ Eu não julgo, sem julgamento de valor da minha parte. Estamos num bate-papo aqui, vamos ser o que a gente é: companheiros de movimento, de caminhada. No Brasil, quanto mais você abaixa, mais a bunda aparece — e eu não sei se as pessoas estão merecendo que você peça tanto perdão assim.

KAROL_ É, eu até já cessei um pouco isso.

BROWN_ Porque, sob tais condições, qualquer pessoa reagiria — negra, branca, artista, desempregada ou, sei lá, advogada. Sob pressão, sem ver as pessoas que ama, sem fazer as coisas que precisa fazer pra viver bem. Você não acha que, talvez, o primeiro "não" deveria ter sido dado para o próprio BBB, quando ligaram pra você?

KAROL_ Pode ser. Na minha visão, só aceitei porque eu já tava cansada, querendo uma aventura. Já não tava me sentindo bem, e fui lá pra viver uma aventura. Adrenalina. Quis tirar uma onda. Só que eu subestimei a situação, né. Achei que o negócio ia ser mais suave de levar. E no quarto ou quinto dia eu já tava querendo minha casa. Eu pensava: "O que eu tô fazendo aqui? Por que eu tô aqui?". E me irritava mais e mais comigo mesma.

BROWN_ Algumas pessoas me perguntaram se eu assisti o BBB antes de falar com você. Eu não vi, só vi a repercussão. E chego a pensar que aquele programa, com os componentes envolvidos, foi feito pra acontecer aquilo mesmo. Como se tivessem resolvido mostrar como militar. A Globo tá nesse momento de pôr gente preta nas telas. Já fez muita merda no passado, e agora parece que teve um lapso de consciência. E aí, olhando de fora, parece que o diretor, ou seja lá quem for, quis fazer uma militância paralela, ensinar como se deve militar. Algo do tipo: "Deixa eles juntos, eles vão entrar em conflito e aí a gente entra em ação pra mostrar o que estão fazendo e o que se deve fazer". Porque os participantes brancos pareciam estar com muito medo de falar alguma coisa politicamente incorreta e se afundar rápido ali. Parecia que todos os negros estavam muito empoderados, chegaram muito confiantes, cheios de razão, de motivo, de passado, de tudo. Mas o barato é mais louco do que isso, né. Essa coisa de o negro ser unido porque é negro, por causa do tom da pele, é muito rasa. E acho que o Brasil mete o louco e finge que não sabe. Você chegou lá na casa com algum pensamento de se unir aos negros?

KAROL_ Não, nem sabia se ia ter outros participantes negros.

BROWN_ Mas quando você chegou e viu, qual foi seu primeiro pensamento?

KAROL_ Fiquei bem feliz, porque sabia que era a primeira vez que isso acontecia no reality, de ter vários, e não só um ou outro. Dessa vez tinha sete, oito, não sei o número exato. Achei interessante, mas não passou pela minha cabeça fazer uma divisão.

BROWN_ O que eu percebi é que em pouco tempo o nosso universo negro, lá dentro, tava em crise, pegando fogo, e os brancos olhando, com medo de encostar. Que pressão! Também teve muito público, gente que não te conhecia. Talvez, se tivessem ouvido as músicas antes... Eu não acho que a Karol Conká na música é muito diferente dessa que eu estou ouvindo aqui.

KAROL_ Não é. Só que as pessoas acham que a gente fica num mesmo humor o dia inteiro, e isso depende da situação em que você tá. Eu sempre senti ira, desde pequena. Na escola, sentia uma vontade de pegar a cadeira e tacar no quadro porque achava um saco ficar na sala de aula. E descobri um lugar pra canalizar isso, que é o rap, o palco. No palco eu sou visceral, chego com aquele look, mostro a força. É uma coisa de energia, quase como se fosse uma bruxa.

BROWN_ É você que compõe todas as suas músicas?

KAROL_ Sim, tudo.

BROWN_ E a produção, é você que direciona?

KAROL_ Eu fico junto.

BROWN_ O quanto você opina nessa parte, de zero a cem?

KAROL_ Cem, noventa... menos que isso, não. Tenho que ver tudo. Quando deixei na mão de outras pessoas, saiu do jeito que elas achavam que precisava ser, e eu fiquei quase como uma branca.

BROWN_ A gente não veio pra perder, né, Karol? Não existe segunda opção pra nós. É o anonimato total, o esquecimento, o abandono ou a glória. Com os negros o Brasil é bipolar, não há esse equilíbrio, esse meio. A gente ainda está construindo esse meio, essa sociedade equilibrada.

Agora, mudando um pouco o rumo da conversa, o que você falaria para um homem negro sobre como a gente pode somar na luta das mulheres negras?

KAROL_ Diria pra ler uns bons livros, entender, ouvir mais o que elas têm a dizer, sem reagir como se fosse um saco tudo o que estão falando. Seguir blogueiras, mulheres que falam sobre esse universo.

Muito da nossa agressividade é julgada. Já ouvi de amigos pretos que "o foda de namorar mina preta é que elas são muito bravas".

BROWN_ Mas isso é fato.

KAROL_ É óbvio! Pode ser a mais doce, a mais fofa, na hora que estiver brava, o que você vai ver é uma leoa. Mas isso tem muito a ver com o nosso passado, lá atrás. As pessoas têm que parar de se assustar. Não precisa se assustar tanto com a gente, é o nosso jeitinho, entende? A gente passou por muita coisa. Todas as minhas amigas pretas têm esse mesmo jeito, falariam do mesmo jeito coisas que eu falei lá no reality: "Qualquer coisa, me bota no paredão", "Tenho minha carreira bem bonita lá fora". A gente tem uma maneira de brincar entre si. Mas parece que a gente não pode ter autoestima. Segundo esse pensamento, a mulher preta tem que ser bem leve, suave, não pode se achar, tem que ser sempre coadjuvante, quase figurante, só pra dizer que tem. Se essa mulher preta se achar demais num ambiente onde não deveria fazer isso, já era, *game over*. É assim que funciona.

Por isso, pra manter a autoestima e ficar mais centrada, eu me concentro no que é real, e o real é que eu tenho meu trabalho, minha arte, meus amigos, meus fãs. Quando saí do programa, eu não tinha noção da proporção que a coisa tinha alcançado, mas o cancelamento sempre esteve presente na minha vida. Já comecei no rap meio que cancelada por uns caras que achavam a minha música alegre demais. Sempre teve: "Ah, ela apareceu na TV, cancela", "Apareceu com um branco, cancela", "A loja vendeu alguma coisa cara com o nome dela, cancela" etc.

Também lido com a rejeição há muito tempo, só que desta vez foi uma rejeição absurda. Depois que eu dei uma sumida das redes sociais, precisei me reconectar, chorei muito, passei muito mal. Tinha, de um lado, amigos me dizendo pra sentir essa dor, viver o luto do tombo, e, do outro, amigos falando que não tem que abaixar a cabeça, errou mas bola pra frente, levanta. Pessoas que só queriam o meu bem, porém cada uma com uma visão. E assim percebi que já não sabia nem o que eu queria. Então mantive o foco no que eu vim fazer aqui neste mundo, entendeu? Eu pensava: será que é justo comigo abraçar tudo isso e me cancelar? Acho que não, acho que o justo é mostrar a cara, ir nos programas de TV e falar que tô realmente triste, não tô legal. Não tem como aparecer sorrindo como antes, porque tô vivendo uma tristeza profunda agora.

BROWN_ Olha, eu convivi com mulheres negras fortes durante toda a minha vida, começando pela minha mãe. Eu morava em quintais, os homens trabalhavam, e eram as mulheres que cuidavam de tudo em casa, tudo mesmo. Nada saía do controle delas. Não me lembro de mulheres negras frágeis durante a minha infância, de mulheres totalmente doces, passivas. Lembro de guerra, de luta, de todas as amigas da minha mãe sem marido, com filho no colo. Lembro delas dizendo que foram enganadas pelo namorado, algo que também vi acontecer com a minha mãe.

KAROL_ Nossa, a minha vida é exatamente essa aí, é a minha família. Também lembro de tudo isso.

SEMAYAT_ Vou acrescentar uma parada sobre essa referência que vocês dois têm, e que eu também tenho, de mulheres negras muito fortes. Já existe esse lance de que o homem preto tem que ser fortão. A mulher negra também tem. Tem uma coisa que a Sueli Carneiro fala que é mais ou menos assim: a mulher preta nunca teve um provedor, nunca foi a que tinha onde se amparar. E somos vistas assim, como essas pessoas fortes. Mas também acho que existe o momento de fragilidade, Brown, esse momento em que ninguém tá olhando, tá ligado? Você se recompõe ali e depois volta pro mundão. Mas isso é doloroso pra caramba, tanto pra mulher negra quanto pro homem negro. Vocês dois têm um momento em que precisam lidar com a própria fragilidade pra se recompor? Isso faz sentido?

KAROL_ Faz sim. Quando eu me vi ali jogada pros leões, depois do BBB, senti que as pessoas fizeram uma pressão para me ver chorar. Tinha um questionamento: por que a Karol não chorou quando ouviu o número da porcentagem, quando ficou sabendo que foi a mais rejeitada da história do reality? Disseram que eu tinha sido "brifada" antes de entrar no palco, porque estava muito controlada. Mas quem convive comigo sabe — minha mãe já sabia — que naquele momento eu ia sair bem mais centrada. Acontece que eu fui criada por uma família em que só as mulheres pretas dominavam tudo, e os homens eram poucos. Tinha a minha avó com meu "vôdrasto", o padrasto da minha mãe, que eu não sei o que acontecia, às vezes ele estava presente, outras não; tinha minha mãe com meu pai, e ele que era frágil, minha mãe não era; e tias solteiras, com filhos pardos que o pai não assumiu, sumiu. E eu sempre vendo isso, essa construção. Então, na minha cabeça, não entrava a ideia de que eu podia sofrer. Eu nunca mostrei meu lado frágil, porque aprendi, desde o colégio, que se mostrasse fragilidade eu ia ser mais "gongada" ainda. Por isso que se alguém me provocava eu já fazia a justiça ali mesmo. Ou os caras se juntavam a mim, paravam de me xingar e viravam meus brothers, ou a gente ficava em uma guerra infinita.

BROWN_ Quantos amigos negros você tinha nessa época?

KAROL_ Um ou dois. Era bem pouco, até no rap. No rap de Curitiba tinha pouquíssimos pretos. Ainda tem.

BROWN_ Você acha que as pessoas negras do Paraná têm uma postura diferente das de São Paulo?

KAROL_ Acho. Quando vim pra São Paulo pela primeira vez, a sensação que tive foi de que aqui existe um orgulho maior. Lembro que fui fazer um show na Feira Preta numa das primeiras vezes que vim pra cá. Naquele dia eu chorei muito no hotel, porque foi uma coisa linda. Nossa, foi lindo! Eu ficava pensando: "Meu Deus, por que não tem isso em Curitiba?". Lá em Curitiba é difícil ter união de pretos no rap, é mais no samba.

BROWN_ O Racionais se empenhou muito nisso em São Paulo, sabia? Bati muito o pé pra fazer show nas escolas de samba. Teve uma época que a gente fez em quase todas. Tudo pra não perder esse laço, porque as condições eram precárias, o dinheiro era precário. Era uma questão de filosofia, de ser feliz fazendo aquilo. Me realizava. Algumas pessoas reclamavam às vezes, não entre nós quatro, mas na produção, porque faltava muita coisa. E eu tava feliz. Dava a impressão de que não estava nem aí, mas é porque eu sabia a importância daquilo pra não perdermos a ligação com a comunidade, com o povo.

E falando ainda sobre música: Karol, você acha que o que a gente canta vai pra onde? O que o povo espera da Karol, do Brown, do Dexter, do Bill, do Djonga, do Emicida, do Rincon etc.? Em Portugal, os cabo-verdianos, angolanos e moçambicanos me perguntavam o tempo todo sobre os rappers do Brasil. Eles levam muito a sério o que é falado aqui, da mesma forma que a gente leva a sério o que é falado em Nova York. Queriam saber o que tinha acontecido com o Sabotage, por exemplo. Eles sabem tudo. É muita responsabilidade, falamos com muita gente. E, ao mesmo tempo, o que a gente quer, né? É uma questão.

A parte intelectual do rap de hoje é muito evoluída. Isso tá explícito no número de *views*, no sucesso da coisa toda. E incluo você nisso também. É uma geração empoderada pelo conhecimento. Em vinte anos surgiu uma geração brilhante de letristas, na minha opinião. Posso citar no mínimo dez ou quinze, só no rap, sem nem falar de outros ritmos. É um movimento foda, e não é de tão longe, é de 2000 pra cá. Eu tenho 51 anos, tudo que eu penso como antigo é da década de 1970, e acho lindo. De 2000 em diante, pra mim, ainda é moderno, mesmo que já faça 21 anos. Nesse período virou a chave, deu um clique na inteligência dos pretos, em algo que tava desligado. Sempre esteve presente, porém desligado, igual uma máquina que você troca a resistência e ela passa a funcionar.

SEMAYAT_ Acho que o que fez ligar, Brown, foi justamente esse bonde de 1970. Teve o MNU [Movimento Negro Unificado] nascendo em São Paulo, e o movimento negro se articulando nacionalmente. Ao mesmo tempo começava o black power, "negro é lindo" etc. Já na década de 1990 tem o rap, pesado, articulando várias ideias. Essa geração de agora tem outra energia porque a gente tá num lance de passar o bastão, e acho que a música de vocês faz isso. Você, Karol, por exemplo, fez rap falando de sexualidade para a mulher preta. É conhecimento, é informação que precisa chegar nas pessoas.

KAROL_ Sim, muito. Na época que eu lancei "Lalá", a música, muitas discussões foram levantadas sobre se havia necessidade de falar daquilo. "Por que a Karol tá falando de sexo oral?" Sabe, um dia eu tava conversando com uma amiga, que tinha ficado com outro amigo meu, e ela me disse: "Cara, ele não gosta de chupar mulher". Eu perguntei: "Como assim?". Depois fui questionar esse amigo: "Nossa, mas que história é essa que você falou pra ela que não gosta?", e ele disse: "É isso mesmo, eu não gosto". Então perguntei pra outras amigas se com elas acontecia isso, se encontravam caras assim, e elas confirmaram, disseram: "Tem uns que têm nojinho". E aí eu pensei: vou ter que fazer um som sobre isso. E fiz, na intenção de informar. O que coloquei ali são informações do nosso universo feminino que esses caras nem imaginam. E eles não vão procurar, não vão colocar lá no YouTube, ou em qualquer outra plataforma, como é que faz sexo oral na mina — e, se forem, talvez encontrem explicado de uma forma tão bizarra que ninguém vai conseguir entender. Tem que ser mais prático, e pra prática sair legal tem que ser ouvindo, se colocando no lugar da outra pessoa. Essa música trouxe isso.

Sempre fui muito provocativa. Sempre tem alguma música que se destaca e causa polêmica. Não me considero uma pessoa polêmica, mas provocativa. É uma provocação no bom sentido, de dar uma chacoalhada pra acordar, pra falar sobre. A informação sempre esteve presente na minha música e no rap nacional, no que eu sempre escutei. E mesmo assim as pessoas às vezes cobram que uma fala ou letra seja igual às dos anos 1990. Mas é o que o Brown falou, as coisas mudam. Nesses trinta anos, muita coisa aconteceu. Estamos com muita informação na cabeça.

BROWN_ Sabe o que é louco? Foram trinta anos, mas nesse tempo teve uns congelamentos brabos, de o movimento ficar parado durante seis, sete anos numa coisa só, e não tinha quem mudasse. Eu percebia, reclamava, esperneava, via que as minhas músicas não andavam. Isso lá por volta de 2010. Ninguém entendia, o bagulho tava perdendo audiência e mesmo assim não podia mudar, parecia que tinha uma lei instalada. Tudo que se fazia de diferente fracassava. Isso gerou um momento de crise fodido, porque tudo soava descompromissado, alienado, vendido.

Aliás, eu tive que conviver com esse rótulo de "vendido" sem nunca ter feito isso. Também tentaram me cancelar em vários momentos. Teve uma época que o meu Instagram era invadido por esta palavra: vendido, vendido, vendido; e eu pensava: me vendi pra quem, mano? Tava sempre ali na favela com os caras, no beco, vivendo tudo intensamente, e lendo aquilo, sendo acusado de vendido. Diziam que eu era vendido pro PT, e o que tinha de evidência era foto com o Lula, com a Dilma, com não sei quem, eu fazendo campanha.

KAROL_ E como que vocês fizeram pra se manter? Porque várias vezes aconteceu de o Racionais quase acabar. O que evitou que acabasse?

BROWN_ A gente se gostar é a primeira coisa. Mesmo brigado e tal, de bode um do outro, discutindo. Podia ter um puta show, ninguém sabia o que tava pegando no camarim. Mas nada de inimizade. É um bagulho de campo de jogo mesmo.

O Jorge, meu filho, cresceu e começou a trabalhar comigo. Eu amo meu filho, mas, às vezes, o tempo que eu queria conviver com ele em paz eu convivo brigando, porque estamos trabalhando juntos. E eu tenho que ser pai, patrão e parceiro.

KAROL_ É, eu tenho isso com o meu irmão, que trabalha comigo. Teve um dia que precisei falar pra ele: "Cara, para de me enxergar como tua irmã chata que brincou de carrinho com você, eu sou uma artista, preciso que você entenda o que eu tô pedindo". Eram umas coisas que eu tinha que ficar explicando, tipo: "Lilo, alcança o secador, por favor", e ele respondia: "Pra quê?". Só que eu não queria responder pra quê, minha cabeça já estava na letra que eu ia cantar na introdução do show. Mas eu explicava, ele ouvia e depois ia mexer no celular, esquecia, então ficava aquele clima... Depois ele ligava pra minha mãe pra reclamar: "A Karol está muito mandona!", e a minha mãe dizia: "Você quer o quê? Ela é sua chefe!". Mas isso era no início, hoje a gente trabalha superbem.

Trabalhar com família é complicado, mas é muito bom, me sinto abençoada. Quando meu irmão não está eu fico desesperada. Preciso dele perto de mim. De todo mundo que trabalha comigo, ele é o único que me entende perfeitamente. Só pelo olhar. Ele sente o humor. Nem consigo brigar com ele, a gente discute um pouco, e logo eu já tô pensando: "Ai, meu Deus, ele é tão lindo!".

BROWN_ Antes de fazer esse primeiro episódio, fiquei refletindo sobre a responsabilidade de falar com você. Algumas pessoas me disseram: "Poxa, você pode até destruir a mina também. E se ela estiver num mau dia?".

KAROL_ Destruir em qual sentido?

BROWN_ Tipo, já está tudo conspirando contra você, digamos assim. E vai que dá ruim aqui. Eu seria mais um que, no lugar de ajudar, ia atrapalhar. E eu não tinha pensado nisso.

KAROL_ Não... A pior coisa que eu já fiz em toda a minha vida foram aquelas atitudes no BBB. Nada foi tão feio quanto aquilo. E é isso que me dói.

BROWN_ Em compensação, sua música nova teve muitos *views* em pouco tempo. Quanto foi?

KAROL_ Foram 3 milhões, em cinco dias.

BROWN_ Nunca tinha acontecido isso na sua carreira?

KAROL_ Não.

BROWN_ Karol continua forte como nunca!

KAROL_ É, se o cancelamento da Karol Conká fosse real, esses *plays* não estariam ali. O cancelamento rolou, foi o cancelamento das minhas atitudes e uma tentativa de me exterminar de alguma forma, porque seria mais fácil ter uma preta atrevida a menos pra despertar a cabeça de outras pessoas. Eu enxerguei o cancelamento como a maior experiência que já vivi na vida, que me provou que a arte resiste, que a arte muda tudo. Quando saí da casa, eu estava em frangalhos por causa de tudo que rolou, e pensei: "Pra onde eu vou quando não tiver mais nada?". Isso ficava ecoando na minha cabeça. E aí, depois, voltei para as redes — já que antes tinha excluído os aplicativos — e vi que tinha gente lá, que ainda estavam ali. E pensei: "Eu vou pra cá, pra onde querem a minha arte. Não vou mais me jogar em aventuras e me autossabotar, vou pra onde o meu povo quer me ouvir, onde as pessoas estão dispostas a me ouvir. Não vou ficar tentando provar nada pra um público que só me ataca".

E agora mal posso usar minha música para me defender, porque sempre vão falar que é soberba, como se eu não pudesse fazer isso.

BROWN_ Mas você tem que usar a sua música!

KAROL_ Já usei, e vou continuar! Não tem como, essa é a minha essência. O lugar onde eu sou mais braba é na hora de escrever.

BROWN_ O povo agradece. Então é isso aí, rapaziada, vamos finalizando por aqui essa ideia sensacional com uma pessoa interessante, inteligente e controversa, como nós todos. Foi muito importante você ter aceitado o nosso convite. Muito obrigado!

KAROL_ Eu que agradeço, Brown, por ter este espaço pra poder falar, poder trocar ideia, poder ser eu. Sou uma grande admiradora e espero poder continuar minha caminhada sendo mais madura, mais centrada, mais controversa, mais Brown. Original, sem cópia. Já me viram de vários jeitos. Teve a camada bem doida, agora temos a camada centrada.

26 de agosto de 2021

"Acredito numa filosofia decolonial que discute as estruturas sociais que nos oprimem e que, entendendo que a linguagem é um poder, vai além de teorizar sobre as pessoas, vai se comunicar com elas. Penso a partir de filósofas e de filósofos de outras geografias, além da branca europeia. Não acredito que o conhecimento parta dos eruditos e seja entregue para as massas que 'não sabem nada'. Os eruditos não aprendem nada das massas também? E os chás da minha vó? E o saber dos movimentos sociais?"

DJAMILA RIBEIRO

DJONGA

"O homem preto não sabe fazer sucesso, não sabe ter as coisas, tá ligado? É por isso que eu sinto tanta culpa, sinto tanto medo, às vezes. Parece que tem um fuzil apontado na minha direção. Se não é um fuzil, é uma algema."

“A gente nunca mais vai ter outra Marielle. A gente vai ter mulheres que se baseiam na luta dela, que são sementes dela. Eu falo isso de um lugar de irmã, muito sentimental. Tá para nascer — se nasceu, não tá na política ainda — alguém com a força da Marielle, a pegada da fala dela.”

ANIELLE FRANCO

RODRIGO GR6

“Até hoje a gente que trabalha com funk sofre bastante preconceito. Eu tenho um advogado que é um dos maiores criminalistas do Brasil. Precisa ter, porque a gente realmente sofre muito preconceito em várias situações.”

Ser humano de coragem

DRAUZIO VARELLA

Tenho admiração profunda pelo doutor, pelo ser humano de coragem que é Drauzio Varella. Ele foi um dos principais pesquisadores do vírus HIV no Brasil. Em 1989, passou a investigar a disseminação dentro de um dos maiores complexos prisionais do país até então: o Carandiru, em São Paulo. E não foi lá apenas como visitante ou interessado em fazer um experimento social, mas como médico, para cuidar, ouvir e olhar nos olhos de pessoas que estavam esquecidas pela sociedade. E lá permaneceu até 2002, quando o presídio foi desativado. Além dessa experiência, ao longo da vida, seguiu prestando atendimento médico voluntário em cadeias masculinas e femininas, por mais de trinta anos. Pra mim, é um herói.

Ouvir o Drauzio me fez entender ainda mais sua grandeza. O Carandiru era um espelho do que a sociedade brasileira tinha de mais podre e mal resolvido. Trabalhar naquele ambiente era barra pesada. Por ter vivido o dia a dia da Casa de Detenção numa época crítica, as pessoas têm muita curiosidade, querem saber o que ele viu, viveu, sentiu.

O *Mano a Mano* tem uma missão muito forte de projetar vozes negras, muitas vezes afastadas dos lugares de destaque. Mas também valorizamos a diversidade de perspectivas. Figuras como o Drauzio somam, ajudam a construir pontes. Ele tem uma conexão com o povão, com a base, entende o Brasil real. Foi uma conversa séria, generosa, o doutor é mil grau! Tem meu respeito.

BROWN_ Hoje temos a presença de uma pessoa muito especial, com muito para nos ensinar, que eu tenho uma admiração pelo trabalho, pela caminhada: dr. Drauzio Varella.

DRAUZIO_ Como vai, Brown? É um prazer estar aqui.

BROWN_ Você trabalhou quantos anos na Casa de Detenção,* doutor?

DRAUZIO_ Comecei em 1989 e fui até a implosão, em 2002. Lá vivi coisas que muita gente não viveria nem em duas vidas. Os acontecimentos são violentos, mas também é ali que a vida pulsa de verdade. Sou muito grato a essa experiência de trinta anos em cadeia, porque tive uma visão da vida que eu não teria de outra forma.

BROWN_ Ouvi falar do doutor através de amigos que passaram pela Casa de Detenção, e depois eu tive acesso ao livro. Depois de ler, pensei que existem super-heróis na vida. Acho que o último lugar onde uma pessoa queria estar é na Casa de Detenção, cuidando de pacientes terminais. E como foi que o doutor resolveu estudar medicina?

DRAUZIO_ Minha mãe morreu quando eu tinha doze anos, e o meu pai levava uma vida muito dura, ficava fora de casa o tempo todo trabalhando. E dizia: "Vocês vão estudar na universidade. Faço questão, trabalho o quanto for, mas meus filhos vão estudar na universidade". No Brás, na década de 1940, você falar uma coisa dessas... Só havia a Universidade de São Paulo, e só tinha um pessoal de classe média alta lá. Nós éramos pobres. Aí eu entrei, e meu pai não dava moleza, não tinha diálogo, ou vai ou vai. Eu tive uma sorte muito grande.

BROWN_ Seu pai era espanhol?

DRAUZIO_ Nascido na Espanha, mas veio para o Brasil com dois anos. Ele dizia: "Eu trabalho e vocês estudam". E quando eu entrei na faculdade a vida mudou.

BROWN_ Você já tinha essa ideia da medicina? Inspirado em quê?

DRAUZIO_ Talvez por causa da doença da minha mãe, que fazia ela ir perdendo a força nos músculos. Eu fiquei acompanhando aquilo, porque a gente morava tudo num quarto só, não tinha nem como as crianças não acompanharem o que acontecia. Ela era muito jovem, ficou doente com 32 anos e morreu com 34. Não sei se foi por isso.

* Casa de Detenção de São Paulo, o Carandiru. (N. E.)

BROWN_ Você tem noção de quantas vidas sua mãe salvou te pondo no mundo? Morreu, mas cumpriu uma missão e foi embora cedo. Vê como a natureza é.

DRAUZIO_ O mundo era outro, não tinha medicina, a gente era muito pobre.

BROWN_ O senhor descobriu que tinha amor pela medicina e se formou. Fez estágio, começou como?

DRAUZIO_ Eu queria fazer saúde pública, fiz residência na área. Só que na hora de exercer, vi o que o Estado oferecia e só dava para pagar o aluguel do apartamento. Mais tarde, quando estava no quarto ano da faculdade, fundamos um cursinho. Dei aula de química por vinte anos. Depois comecei a trabalhar com doenças infecciosas e, de lá, fui para o Hospital do Câncer e fiz carreira como cancerologista.

BROWN_ O que te levou a trabalhar na Casa de Detenção?

DRAUZIO_ Eu estava fazendo um vídeo sobre aids e quis mostrar que, nas prisões, o vírus estava se disseminando. Fui entrevistar pessoas, mostrar a enfermaria, que era um pavor, os doentes todos magérrimos, morrendo. E, quando entrei na cadeia, me bateu uma coisa muito forte, um interesse. Quando eu era moleque, adorava filme de cadeia, aquilo ficou no meu espírito.

BROWN_ E nessa época tinha muito preconceito com o soropositivo.

DRAUZIO_ Muito, sem comparação com hoje. Ninguém ficava perto. Quando cheguei na cadeia, se tinha um familiar de um preso que tinha aids, as visitas não sentavam perto da pessoa. Não de quem tinha aids, mas do familiar, da mãe, da avó. Ignorância e medo. Porque o preconceito é sempre fruto da ignorância. Uma pessoa culta, informada, não tem esse tipo de preconceito.

BROWN_ Eu sou amigo do Fernando FF, que passou pela Casa de Detenção nessa época. Ele trabalhou com o senhor na enfermaria lidando com as pessoas que estavam na fase final. Por isso ele ficou com esse nome, FF. Nem sei por que ele virou ladrão, sempre foi um artista.

DRAUZIO_ Você vê: é o que eu estava falando do meu pai que me fez estudar. Estudei e tive uma vida diferente dos moleques que jogavam bola comigo na rua. Eles estudavam até fazer catorze anos, depois tinham que ir trabalhar nas fábricas. Se meu pai tivesse a mesma filosofia de vida, eu tinha parado de estudar e virado operário. Aí falam que tem pessoas que não se esforçam... que o cara que chega é porque se esforçou mais. Se você não dá chance, ninguém chega a lugar nenhum.

BROWN_ É a tal da meritocracia.

DRAUZIO_ Tenho ódio dessa palavra.

BROWN_ Que interessante você falar isso.

DRAUZIO_ Eu atendo na feminina desde 2006, e lá tinha uma menina especial, até hoje eu me lembro dela, e me dá tristeza lembrar. Essa menina, aos oito anos de idade, fugiu de casa porque era estuprada pelo padrasto, desde os seis anos. Com oito, ela roubou um dinheiro da mãe e foi para a praça da Sé, que ela nem sabia o que era, mas sabia de um moleque do bairro que tinha ido para lá. Se informou sobre que ônibus devia pegar e foi embora só com a sabedoria dos oito anos de idade. A sorte dela foi que uma outra, que tinha catorze anos, virou "mãe de rua" dela — entre essas meninas tem essa figura, ela vê uma pequena e fica tomando conta, protegendo. Aí a outra roubava nas lojas, e ela, com oito anos, ficava na porta para avisar quando chegava gente. Que futuro pode ter uma criança dessas? Que meritocracia é essa?

BROWN_ É desigual, as oportunidades são desiguais. Como seria o merecimento, através do quê? Da sorte, de Deus, do milagre?

SEMAYAT_ Você escreveu uma trilogia, né? Começou com *Estação Carandiru*, que foi publicado em 1999, depois foi *Carcereiros*, em 2012, e fechou com *Prisioneiras*, lançado em 2017, se eu não me engano. E nesses últimos anos a gente tem dados que mostram que o processo de encarceramento explodiu no Brasil.

DRAUZIO_ Quando eu cheguei no Carandiru, em 1989, nós tínhamos 90 mil presos no Brasil. Quase todos homens. De mulheres, acho que era 1% do total. Hoje, o Brasil tem, não sei dizer depois da epidemia, quando soltaram muita gente e tal, mas vamos pegar até 2018, 2019. Eram 750 mil presos. Então, você vê, em trinta anos fomos de 90 mil para 750 mil presos, um aumento de mais de oito vezes. É o terceiro país com o maior número de presos. A China tem 1 milhão, mais ou menos, e o Brasil, 750 mil. Estados Unidos, 2 milhões. Se você pega um homem negro de cinquenta anos, a chance de ele ter passado por uma cadeia é de 40%. Essa coisa de que o Brasil não prende não é verdade: prende muito! Talvez prenda errado, mas prende muito. E uma conclusão que a gente pode tirar disso é que prisão não diminui a violência urbana. O Brasil é mais seguro hoje do que era há trinta anos?

BROWN_ Você está afirmando que a lei potencializou as prisões de mulheres?

DRAUZIO_ Sim.

SEMAYAT_ Segundo especialistas no assunto, a lei de drogas, que é de 2006, potencializou o encarceramento no Brasil para homens e mulheres. Uma das razões é que a lei não tem critérios objetivos pra diferenciar quem é usuário e quem está traficando. Então depende da abordagem policial. E um estudo apontou que houve um crescimento de quase 700% de mulheres presas entre 2000 e 2016.

BROWN_ Bom, se a ideia era prender mulher de periferia, é um sucesso. O doutor está com trabalho na cadeia feminina?

DRAUZIO_ Cheguei lá em 2006. Lembra que em 2006 teve aquela confusão do PCC, a megarrebelião? E aí mudaram o secretário de Administração Penitenciária. O secretário que entrou era da nossa turma lá do Carandiru. Ele pediu para eu ajudar, porque a feminina estava sem médico. Aí eu fui para ficar seis meses. E não saí até hoje.

BROWN_ Qual que é a maior motivação de prisões entre mulheres?

DRAUZIO_ Tráfico de drogas.

BROWN_ E tem a ver com a coisa do casamento, do namorado, essas coisas? Ou as meninas são donas de boca também?

DRAUZIO_ Em geral é o namorado ou o marido, sim. Muito poucas são donas de boca, porque na verdade elas fazem o trabalho mais simples, mais mal pago.

BROWN_ Qual é o perfil dessas mulheres?

DRAUZIO_ São todas da periferia. Uma ou outra de classe média, que começou a roubar porque conheceu um bandido.

BROWN_ E a etnia, doutor?

DRAUZIO_ Em geral, são mulheres negras.

BROWN_ Negras de todos os tons?

DRAUZIO_ De todos os tons. E são mulheres que vão para a cadeia e são abandonadas.

BROWN_ E o perfil de família delas?

DRAUZIO_ Famílias pobres, a maioria delas nasceu em famílias que não tinham pai. Se você entra nas casas, não tem homem. É tudo mulher sozinha. É a menina que engravidou aos quinze anos, aos dezoito anos teve o segundo filho, mora com a mãe, que tem uma aposentadoria, e a mãe tem cinquenta e poucos anos, mas parece que tem noventa.

BROWN_ Eu e muitos da minha geração viemos de casas sem homens.

DRAUZIO_ Na geração atual também.

BROWN_ Mas por que isso se perpetua?

DRAUZIO_ Porque os homens não assumem. Eles fazem filho e largam para as mulheres criarem. Machismo da pior estirpe. O filho está no mundo, e ele deixa para uma mulher criar sabendo que ela já é desfavorecida socialmente pelo fato de ser mulher. Você deixa a criança para a mãe se virar, trabalhar do jeito que puder e manter essa ou essas crianças, porque muitas têm vários filhos. Essa é a regra. Eu tenho uma coisa ruim com os homens, sabe? Eu detesto homens, pra dizer a verdade.

BROWN_ Tem letra de rap sobre isso, tem gente que acha que existe um plano por trás do encarceramento em massa desses homens. Porque é muita gente entrando e saindo da cadeia e sendo inutilizada para a vida. O espaço de quem passa pela cadeia, quando vai pra rua, fica muito restrito. Isso de "Já paguei o que eu devia", a sociedade não vê dessa forma. E o cara fica preso naquele universo ali, que é o que sobra. Não é romantizar o malandro, o ladrão. É a realidade. Esses caras também têm que sustentar o filho. Concordo com a primeira ideia do senhor, das casas sem homens. E depois vêm os homens que estão em casa, mas ganham muito mal. Isso afeta a vida afetiva, conjugal, desestrutura a família.

DRAUZIO_ Eu participei de uma live com o pessoal da Cufa, que é a Central Única das Favelas, e tem um senhor lá de que eu gosto muito, o Preto Zezé. Ele disse assim: "Drauzio, o senhor tem essa experiência de favela, de trabalho em favela". Falei: "Não, fiz um trabalho uma vez na favela lá da Maré, no Rio de Janeiro, mas não tenho experiência. A minha experiência é com cadeia". E ele disse: "E o que é a cadeia senão uma extensão da favela?".

BROWN_ Em partes, é. Mas a igreja também. Por esse ponto de vista, a cadeia é uma extensão, o campo de futebol também é, a igreja também. Tem várias extensões. Onde aglomeram o nosso povo é uma extensão, tipo as igrejas evangélicas. Por exemplo, o que mais tem na cadeia, doutor? Qual é o perfil religioso das presas?

DRAUZIO_ Evangélicas. Nesses trinta anos a Igreja católica foi perdendo espaço para as evangélicas.

BROWN_ Os pentecostais fizeram um trabalho incisivo mesmo, corpo a corpo. Isso é válido, doutor?

DRAUZIO_ Os caras que saíram da cadeia e que eu vi se recuperarem, primeiro foi pela força de uma mulher. Porque o cara vai preso, e a mulher dá uma dura nele: "Se você não se emendar, eu me separo e levo os filhos embora".

BROWN_ Atenção, compositores, dr. Drauzio Varella tá falando.

DRAUZIO_ E ao mesmo tempo tem também o suporte dessa mulher.

BROWN_ Que lindo isso.

DRAUZIO_ Com essa mulher dando força, ele consegue se recuperar. Esse é o primeiro jeito de se recuperar. O segundo é pela religião. Porque tem uma coisa na igreja evangélica que as pessoas não entendem direito. Elas acham que o cara vai lá e fica dando o dízimo para o pastor. Não é disso que se trata. O cara se torna evangélico na cadeia, e quando sai vai para uma igreja no bairro dele. Ninguém dá emprego nem para homem, nem para mulher que saiu da cadeia. Mas, na igreja, tem sempre alguém que vai ajudar, vai dar um emprego para ele, tem alguém lá, um mestre de obras, por exemplo, que fala: "Vem trabalhar comigo, você vai ser pedreiro".

BROWN_ Isso é lindo também.

DRAUZIO_ Isso organiza a vida do cara, aí você vai tirar da cabeça dele que foi Jesus que operou na vida dele? Vejo pessoas usando a igreja de má-fé, mas também conheço gente muito verdadeira, eu acredito no testemunho dessas pessoas, embora não seja um seguidor.

BROWN_ Esse trabalho nas cadeias eu presenciei de perto também, numa época que eu fazia boxe no Pavilhão 2, na Detenção. Tinha um amigo que chamava Abraão. Aí o Dexter chegou lá em 1998 e começou o projeto do disco dele. Nessas visitas que eu fazia, numa semana pra lutar boxe com o Abraão e na outra pra fazer rap com o Dexter, eu trafegava entre os pavilhões, visitava amigos e passava a conhecer pessoas. Aí teve um dia, doutor, que eu fumei um baseado no campo do 8. Eu tinha um time de futebol de várzea, e os caras me convidavam pra jogar no 8, festa de aniversário e tal. Aí eu fumei um cigarro de maconha na beira do muro, e era aquela tora, né? Naquele sol de quarenta graus. Daqui a pouco, doutor, eu fiquei louco, louco! Uma hora eu olhei na cara dos ladrão e todo mundo tinha a mesma cara, mano. Os pretos, os brancos, todo mundo tinha a mesma cara. Os mano estavam com o mesmo semblante, o mesmo bigode, a mesma cara, o mesmo jeito. O senhor já teve essa sensação em algum momento? Ou foi maconha mesmo?

DRAUZIO_ Ah, foi... Em dose muito alta pode dar alucinação.

BROWN_ Era um baseado com a espessura do dedão, assim.

DRAUZIO_ É, eu sei como eles faziam lá.

BROWN_ É, papel de jornal. E você não vai recusar um baseado na beira do campo em dia de festa. Tinha uns galões de suco de laranja, Tang, um macarrão, que era recortado. Os caras faziam bem feitinho o almoço, matava a fome gostoso, era temperadinho. Lógico que não deveria ficar naquele estado em que todo mundo tinha o mesmo rosto, que fumar é proibido, mas ao mesmo tempo aquilo era meio poético. Afinal, todo mundo estava na mesma, né? Ali na cadeia, doutor, a cor voga?

DRAUZIO_ Dentro da cadeia, não. Não existe essa coisa que tem nos Estados Unidos. Ninguém leva vantagem sendo de uma cor ou de outra. E ali também é o único lugar onde a mulher tem liberdade sexual. Ela pode transar com outra mulher, pode transar com o namorado ou com o marido, pode ter o tipo de relação que quiser, ninguém fala nada. Na rua não pode. A mulher vai para a cadeia, fica sozinha, ninguém vai visitar. Aí ela se apaixona pela companheira. E todas respeitam, porque isso que está acontecendo com uma hoje pode acontecer com outra amanhã. Entre homens não é assim.

BROWN_ Como é a situação da população LGBT na cadeia masculina, doutor?

DRAUZIO_ O gay fica numa posição inferior. Ele é respeitado, não vai ser agredido nem nada, mas é inferior. A travesti também fica numa posição inferior. Na verdade, a travesti se defende até melhor, porque ela tem ao mesmo tempo a força do homem e a delicadeza da mulher. Então, usa as duas armas. E consegue sobreviver. Um homem que chega numa cela com trinta pessoas e vai dormir do lado do vaso sanitário na primeira noite, se ele disser que não fica com medo é mentiroso. Você não sabe o que pode acontecer ali. Agora, imagina chegar num lugar desses com seios, com jeito de mulher, com cabelo de mulher. Como é que sobrevivem? Como conseguem impor respeito? Porque elas impõem. E dizem que são mais respeitadas dentro da cadeia do que na rua.

BROWN_ Tem uma logística que funciona na cadeia pra garantir esse respeito, não é isso?

DRAUZIO_ Na cadeia, a palavra tem valor. Na rua, acabou esse valor. Quando eu era moleque no Brás, a ofensa pior que você podia fazer pra um homem era dizer que ele não tinha palavra. Hoje, o cara assina um contrato e depois chama um advogado pra quebrar. Na cadeia, se você deu a palavra, se não cumpriu… você tem um problema. Aprendi essa lição logo no começo. Toda vez que alguém me pede uma coisa na cadeia, eu penso: "Eu posso fazer? Será que se outro vier pedir, vou poder fazer também?". Se acho que sim, tudo bem. Senão, não posso fazer.

BROWN_ É sim ou não?

DRAUZIO_ É, porque você não pode ter duas palavras. Você está num meio em que cada um cometeu o seu crime, mas a palavra é o que mantém aquela sociedade em funcionamento.

BROWN_ Num equilíbrio frágil.

DRAUZIO_ Se você não tem palavra ali, vai se dar mal.

BROWN_ Interessante essa coisa do contrato, porque a sociedade não funciona assim. O cara assina um contrato pra garantir que não vai voltar atrás num acordo que já foi verbalizado. Aí você pergunta, e o contrato? Já ouvi da boca de muitos: "Contrato existe pra ser quebrado". Eu pensei que era pra ser honrado. Mas a partir do momento que já tem o contrato, você tem que desconfiar, porque a palavra deveria valer mais. Porém, na cadeia, é a palavra que organiza, não é, doutor? E o senhor acha que, após o surgimento do PCC, a cadeia mudou? Favoreceu o Estado? Acabou sendo um braço de organização da cadeia, coisa que o Estado não conseguia?

DRAUZIO_ Olha, o estado de São Paulo tem 200 mil presos, e você não ouve falar em rebelião nas cadeias. Às vezes dá problema numa cadeia específica, mas aquelas rebeliões que a gente tinha no passado acabaram. Teve uma época na Casa de Detenção em que todo mundo fumava crack. Eu desconfiava quando um preso dizia que não fumava. Eu pensava: "Nunca mais o sistema penitenciário vai se livrar do crack, vai ser uma tragédia, porque chegam esses meninos que vêm da rua, que não fumavam crack na rua, e vão começar a fumar aqui". De repente, acabou, é zero. Não entra crack nas cadeias de São Paulo. E a lei é simples, porque a lei de bandido foi feita para ser cumprida. Só tem duas penas. Se você fuma, toma uma surra para nunca mais esquecer. Se você trafica, morre. Tudo é resolvido assim. Você tem uma dívida na cadeia e não paga, o cara tem que te matar, porque senão os outros também não vão pagar. Quando eu ainda estava lá na Detenção tinha a "Segunda sem Lei" — era o dia dos acertos, porque era quando a família trazia o dinheiro. Se não liquidava a dívida, eles davam um prazo. Se você não cumpria, morria. E era a facadas.

BROWN_ Eu fui gravar um clipe lá, e os caras fizeram a cena disso aí, jogam o cobertor em cima de um e começam a dar facadas. É louca essa coisa de a vida real se misturar com a arte. Aquele clipe despertou numa rapaziada da Detenção a esperança de poder fazer um som. Eu sempre achei que o artista e o fora da lei têm muita coisa em comum, dois nômades. Minha mãe queria que eu tivesse feito datilografia, no máximo um curso do Senai, do Senac, um curso técnico pra ter uma profissão digna, um salário garantido, um rótulo, um carimbo. Eu me tornei artista da vida e depois da música. Eu sou autodidata, quase tudo eu aprendo, absorvo e ouço. E por que eu estou falando isso? Por causa da falta de oportunidade. Tem aquele momento que é o mais frágil da vida de uma pessoa, e eu podia ter ido parar numa detenção também. Em alguns momentos achei que eu não ia viver muito. Ia fazer uma merda fodida e até os 23 ia ser tirado de cena, ser sacado. Vi muito moleque na Detenção, tirei muita foto lá. Uns caras novos, com talento, que jogavam bola.

DRAUZIO_ Quando você conseguir dar escola de qualidade para todos, o Brasil vai virar um grande país. Hoje, o país condena parte da população à miséria e nega o acesso à educação.

O cara vai melhorar de vida como? Se ele não pode estudar, se tem que viver no meio da ignorância. Você imagina a escravidão. O mundo sempre teve escravo. Dez mil anos atrás, os egípcios tinham escravos. Cinco mil anos atrás havia escravos, os gregos tinham escravos, os romanos tiveram escravos, nós tivemos escravos até ontem, até 1888.

BROWN_ Dizem que tem escravo até hoje. Bolivianos trabalhando em semiescravidão, por exemplo.

DRAUZIO_ As pessoas conviviam com a escravidão. Passavam por um lugar onde tinha um negro sendo espancado e seguiam o caminho. Da mesma forma que hoje você chega num farol e, se vem uma criança pedir esmola, você vira o rosto para o outro lado, porque não quer enxergar aquilo. Aí chega uma época em que as pessoas dizem que tem que acabar com esse negócio de escravidão, que é uma vergonha para a humanidade e tal. Tem outro tipo de escravo hoje, sei lá, mas não tem aquela estrutura da escravidão. E foi pela vontade política de uma sociedade de dizer: "Acabou". Isso vai ter que acontecer com a desigualdade. O pessoal mora num belo apartamento aonde a empregada gasta duas horas pra chegar e mais duas horas pra voltar pra casa dela. Não precisa ser assim. Uma hora a sociedade brasileira vai ter que dizer: "Basta!". Nós não estamos condenados a ser desiguais assim pelo resto da vida.

Nós tínhamos que fazer o seguinte: qualquer coisa que for feita no Brasil tem que ser analisada em termos de se isso aumenta ou diminui a desigualdade social. Se aumentar, está proibido. Vai ser bom para todo mundo, você vai andar na rua sossegado, sua filha vai chegar em casa bem, seu filho não vai ser assaltado, o país vai se desenvolver.

BROWN_ Eu sou otimista, mas às vezes penso que o Brasil é construído em cima de uma pirâmide de injustiças. Se tirar o tijolo que está na base, cai, porque foi feito em cima da desigualdade. E a coisa da raça e da classe, não sei qual veio primeiro. A gente não tem uma definição do que seria o conceito do povo negro no Brasil. Nos Estados Unidos, eles são apenas 14%. O que se denomina negro lá inclui gente até do seu tom, doutor. E somando todo mundo dá esse número baixo. Agora, imagina se o processo lá não foi violento. No Brasil, segundo o IBGE [Instituto Brasileiro de Geografia e Estatística], somos 55,5%, somando todos os tons, até aqueles que não sabem que são negros. Na favela, a maioria é negra, e tenho a impressão, doutor, de que na periferia as pessoas ficam com a saúde meio debilitada numa idade bem mais jovem. O estresse do dia a dia, o nervoso, a insegurança do amanhã que pode ser pior, aí vem a pressão alta, a bebida, o fumo — que levam a um estágio de tranquilidade, porque tá difícil. Mas é gente que trabalha durante muitos anos, se alimenta mal, acorda cedo e se maltrata ao longo da vida, e quando chega aos sessenta já tá como se tivesse oitenta.

DRAUZIO_ Sem dúvida. Esse estresse que você tá descrevendo faz com que a pessoa tome decisões erradas. Quem passa três, quatro horas na condução e ganha uma miséria pega esse dinheiro e corre para o supermercado, faz uma comprinha pra levar pra casa. Tem problema com a filha, com o filho, que pedem as coisas e a pessoa não tem condição de dar. A pobreza também cria problemas entre o casal. A pessoa nessa situação mede a pressão e tá quinze por dez, hipertensa. Tem que se tratar, ir ao médico, mas isso é mais um problema na vida dela. Ela não valoriza esses cuidados como você valoriza, como eu valorizo, porque eu não quero morrer de ataque cardíaco.

BROWN_ E o pessoal da construção civil chega numa idade madura arrebentado.

DRAUZIO_ Acabado.

BROWN_ Arrebenta as costas, o joelho vai pro saco. Se eu chego na comunidade, esses caras com casas grandes, bem acabadas, são os melhores pedreiros. Naquele espaço pequeno, o cara faz uma mansão. Tem bom gosto, janela, escada em espiral, luz de neon. Esses caras, pra chegarem até a casa deles, trabalharam muito pros outros. E chega ali com a saúde muito frágil. E, depois que aposenta, piora.

DRAUZIO_ Agora, você pega numa pandemia como esta. Esses caras são todos sedentários. Não tiveram tempo na vida para aprender a correr, fazer um exercício, praticar um esporte. A vida deles foi confusão o tempo inteiro. As mulheres que levaram essa vida de precisar de duas horas para chegar ao trabalho, duas para voltar, chegam na menopausa, engordam, ficam com a cadeira larga, todas ficam fora de forma.

BROWN_ E a banalização da violência, com divulgação em massa de crimes, faz o pessoal ficar em casa com o controle remoto na mão, pedindo iFood, pizza. O povo come bastante, mas às vezes não as coisas certas. Essa educação não chega de uma forma que seja assimilada. Essas coisas que são vendidas em supermercado, cheias de química, fazem mal pro organismo. Outra coisa que atinge o povo é o câncer. Essa é a pior, mas também tem ansiedade, consumo de droga, jovens perdendo o controle, usando demais, maltratando a família e tal. Na pandemia isso cresceu muito.

DRAUZIO_ Tratar esse problema, que é uma questão de saúde pública, como um problema de polícia, dá nisso. Há uma quantidade enorme de drogas no país, cocaína virou uma febre no Brasil e se mantém, também tem o crack. E nós tratamos isso prendendo traficante! Porque a sociedade acha que se prendermos todos os bandidos e traficantes as ruas vão estar tranquilas. Mas é uma solução simplista. A vacinação da covid começou com idosos, e nas periferias da cidade o que aconteceu? Pouca gente se vacinou. E por quê? O cara tem que se deslocar, mas ter oitenta anos na periferia é diferente de ter oitenta anos nos Jardins, onde a condição de vida é boa. Além disso, não tem muito idoso de oitenta anos na periferia. A expectativa de vida na periferia de São Paulo é bem menor do que a do pessoal dos bairros nobres.

SEMAYAT_ Em Cidade Tiradentes, a média é de 57 anos.

DRAUZIO_ E por aqui onde estamos é 76 anos, 77. Agora vai cair um pouco, por causa da pandemia. Acho que o Brasil tá pagando o preço por ter feito tudo errado. Se você tem uma epidemia de uma doença que é transmitida ao falar, respirar, tossir, espirrar, você tinha que usar a máscara, que é a proteção obrigatória, e evitar se aglomerar. Precisa de uma coordenação central que estabeleça um critério de combate que valha para o país inteiro.

O que precisava ter acontecido quando veio essa epidemia? Uma autoridade central, o ministro da Saúde, por exemplo, teria que dizer: "É obrigatório usar máscara". Começar uma campanha na televisão. Os médicos dizem isso, só que o presidente da República diz: "Andem sem máscara, se aglomerem". A população fica confusa.

Vou dar o exemplo de como foi na época da aids. Peguei o começo, tratei os primeiros doentes, não tinha nenhuma medicação. Em 1995 apareceu uma possibilidade de tratamento, apareceram medicamentos, esses que são usados até hoje. Então se percebeu que dava para controlar a doença. Aí o ministro da Saúde na época reuniu uma equipe de médicos, epidemiologistas, gente preparada, e perguntou: "O que nós temos que fazer para combater a epidemia? Já distribuí camisinha, mas o que mais temos que fazer?". Agora tem esses medicamentos. Nós temos que tratar todos os brasileiros que têm aids. Mas tinha remédio que custava mais de mil dólares por mês. O Brasil não tinha dinheiro, então o ministro falou: "Vamos baratear esses remédios, chamar os laboratórios e ver quanto custa". Cem? Não dá, nós pagamos dez. E assim começou. Nós conseguimos redução de mais de 90% do preço em alguns medicamentos. E teve outros que tivemos que quebrar a patente, que é uma coisa séria no comércio internacional. Conclusão: o que aconteceu com a aids? Em 1995, nós tínhamos a mesma prevalência do vírus que a África do Sul. Só que lá eles tiveram um bando de negacionistas, com caras dizendo que o vírus era uma invenção, que era preconceito contra os negros, não sei o quê. Eram negacionistas. E, bem, hoje a África do Sul é um dos países com o maior número de infectados entre a população adulta. Se nós tivéssemos apenas 10% dos adultos brasileiros nessa situação, seriam hoje mais ou menos 18 milhões de soropositivos. Mas temos cerca de 800 mil, o que não é bom, mas nem se compara a 18 milhões.

BROWN_ A gente já tá em clima de eleição, falta um ano e pouco. Qualquer coisa que a gente falar aqui vai soar como campanha, mas uma coisa é fato. Tudo que este governo fez foi pra desacreditar a campanha, uso de máscara... O tempo todo foi desacreditando, fazendo um trabalho contrário à conscientização, por uma ideologia que eu ainda não sei qual é. Não entendo por que desacreditar a ciência. Mas qual é o papel do Brown ao conversar com o Drauzio Varella com o microfone na mão? Pedir pros meus irmãos pra se conscientizarem que a vida é uma só. Você não vai pular num poço se uma pessoa mandar pular. Não vai testar com as suas pernas.

Por que você vai testar com a sua vida? Use a máscara, não existe gripezinha. É difícil uma pessoa não acreditar na morte, ela é um impacto muito forte pra nós. De alguns meses pra cá, as notícias sempre estão chegando: mortes, mortes, de irmãos, amigos, gente da militância, gente da luta, artista, gente boa. Chegou no ponto em que a coisa da covid banalizou e virou uma roleta russa. As pessoas arriscam a própria vida, entendeu? Eu passei de carro por um lugar onde tava rolando um forró, todo mundo dançando perto, sem máscara. E gente com, sei lá, três ou quatro crianças. Isso no auge da segunda onda, e já estamos na terceira. Às vezes eu recebo uma nova informação e fico derrubado. O medo protege mas também traz uma fragilidade, deixa as pessoas humilhadas. E eu questionei alguns amigos quando falavam: "Fiquem em casa". Pô, eu sei que a intenção é a melhor, mas a mensagem é discriminatória. Porque a maioria dos meus amigos mora em casas com dez pessoas, e você não controla aonde elas vão. Elas trabalham, estão no metrô, na fila do banco, no contato, não tem quem sustente elas, entendeu?

DRAUZIO_ Agora, se vai sair de casa, sai de máscara, é a única proteção que nós podemos ter. Quando você ouve o presidente da República dizer: "Saia sem máscara", as pessoas se confundem.

BROWN_ O lance do esporte, que o senhor tinha falado que correr faz bem e tal, que é um antidepressivo poderoso, como é essa história?

DRAUZIO_ Essa pandemia favorece os transtornos psiquiátricos, depressão, ansiedade. A melhor forma de enfrentar esses problemas é com atividade física, correr, andar, aquilo que você gosta. A contração dos músculos libera moléculas que vão agir no cérebro e dar uma sensação de bem-estar.

BROWN_ Tem gente que reclama de falta de tempo. Chega cansado do trampo, vai dar comida pro filho...

DRAUZIO_ Tem gente que realmente não tem condição. Essas pessoas têm que andar mais. Pouco é melhor que zero. Com atividade física os problemas continuam iguais, mas você tem uma outra forma de enfrentar, com bem-estar e otimismo.

BROWN_ Eu tive a satisfação de conhecer depois de muitos anos pessoalmente o dr. Drauzio Varella e aprender muita coisa com ele. Obrigado pela simpatia, um cara que a gente vê a sinceridade e o conhecimento no olhar dele. Gostaria de falar muito mais numa outra oportunidade. Muito obrigado por ter aceitado o convite.

DRAUZIO_ Obrigado eu. Conheci o Brown sem ele me conhecer quando eu estava na Detenção, onde eu descobri o rap através de um grupo lá de dentro. Eles me disseram: "Tem que ouvir os Racionais". Comprei o *Sobrevivendo no inferno*, que eu já ouvi acho que umas cinquenta vezes e me abriu um mundo. Tenho essa dívida com o Brown em aberto por ter me mostrado esse mundo do rap, pelo qual eu tenho o maior respeito.
BROWN_ Ô doutor, se o senhor deve alguma coisa está pago faz tempo, só pelo que o senhor faz pela humanidade.

2 de setembro de 2021

"As travestis são olhadas justamente pela sua coragem, pela sua ousadia. Porque eu ousei construir o meu corpo. Eu rasguei a minha face, lixei o meu osso, tirei um pedaço do meu crânio, costurei, me refiz, estou fazendo uma farsa que não é nem pra você e não é nem pra ser mulher. Mas é pra mostrar: olha como eu sou ousada. E também não é pra isso, porque é pra mim. [...] E nossa expectativa de vida é envelhecer. A minha vingança será envelhecer."

LINN DA QUEBRADA

KATIÚSCIA RIBEIRO

"O mulherismo não rivaliza com o feminismo. Não se trata de uma perspectiva de rivalidade. É uma outra narrativa, uma outra proposta política de organização."

“Ancestralidade não é só passado. Ancestralidade também é olhar para o futuro e reconstruir, substituir o sentido da sua existência, da sua vida, da sua história. E é assim que a gente caminha. Então, quando falo de ancestralidade, isso nos tira de uma lógica do individualismo, de achar que somos melhores, especiais.”

SILVIO ALMEIDA

CHARLES DO BRONXS

“Eu preguei a minha vida inteira, dentro da comunidade, que um moleque podia sair dali para o mundo, podia se tornar campeão e subir na vida sem pisar em ninguém.”

LULA

No olho do furacão

Protagonista. É isso que o Lula é, em qualquer lugar onde esteja — tem quem torça o nariz, mas ninguém ignora. Fidel Castro, líder e revolucionário cubano, costumava fazer discursos de oito horas. Então pro Lula, que é fã dele, oito minutos é só aquecimento. Sagaz, não foge da pergunta e tem uma visão de Brasil que poucos têm. Ele chegou dizendo: "Pergunte o que você quiser".

Quando marcamos esse papo, eu sabia da responsa. Era pré-eleição, clima pesado no país, tensão no ar. Seríamos esculachados se, no final, ficasse parecendo puxação de saco. Mas eu já não gosto de idolatria, nunca quis e nem quero ser palanque de ninguém. O compromisso, acima de tudo, é ser leal com quem ouve. O povo merece informação e um papo leal, sincero. Mente pensante, e não gado eleitoreiro. E eu sou povo. Então fiz as perguntas com respeito, mas sem passar pano.

A entrevista bateu de um jeito absurdo. Aonde eu ia, só se falava disso: no mercado, na rua, na academia. Teve quem não entendeu e quem ficou com sangue no olho. Foi um episódio feito no olho do furacão. Entrei de peito aberto, ao lado da Semayat Oliveira, meu braço direito. Com verdade, papo reto, sem maquiagem. E o *Mano a Mano* é isso: verdade no meio da tempestade.

BROWN_ A minha memória mais antiga do Lula é de quando eu nem era eleitor ainda. Eu tinha uns catorze anos, nem existia democracia direito no Brasil. Era uma transição, aquele vácuo que ficou entre o final da ditadura e o começo da democracia, ali em 1984, 1985. E eu já tinha simpatia pelo Partido dos Trabalhadores mesmo sem ter noção de política, isso é louco. Eu sabia que o Brasil estava mal. Eu vivia num quintal com vinte famílias e só tinha uma pia, um banheiro, pra quase todo mundo. Aquilo bastava pra ter revolta e achar que o Brasil tinha que mudar — e a mudança, naquele momento, era o Partido dos Trabalhadores, que tinha acabado de nascer, certo? Em que ano nasceu o PT?

LULA_ Em 1980. A gente começou a criar o movimento em 1979, e em 1980, legalizamos. Mano, você morava numa casa com vinte pessoas? Deixa eu te contar um caso. Eu morava na Vila Carioca. Não esqueço o endereço: rua Auriverde, 1156, em frente ao prédio do Instituto Brasileiro do Café, o IBC. Eram 27 pessoas em um quintal. Só tinha um banheiro, e não tinha chuveiro — você tinha que encher um balde d'água e levantar com uma cordinha pra tomar banho. Imagina, todo mundo levantando entre seis e sete da manhã pra ir trabalhar, todo mundo querendo usar o banheiro, tomar banho, se lavar.

BROWN_ Em que ano era isso?

LULA_ Eu saí de Pernambuco em 1952 e cheguei em Santos em dezembro daquele ano. Então isso era mais ou menos 1956. Eu morei na Vila Carioca até o começo dos anos 1960. Era uma agonia levantar de manhã e disputar o banheiro.

BROWN_ Você é pernambucano. De qual cidade?

LULA_ Garanhuns.

BROWN_ E você estudou até qual ano antes de se tornar uma liderança política?

LULA_ Aí tem a proeza da dona Lindu. Ela teve doze filhos, quatro morreram, e oito ficaram vivos. Desses oito, eu fui o primeiro a ter um diploma do primário, e depois o primeiro a ter um curso técnico, pois fiz curso de torneiro mecânico no Senai. Por conta desse curso também fui o primeiro a ter carro, televisão, casa.

Depois entrei para o sindicato e descobri que a luta deles era só economicista: você brigava por 10% de aumento de salário, conquistava, mas logo depois vinha a inflação e você ficava sem os 10% outra vez. Por isso achei que era necessário fazer algo mais, vi que era preciso montar um partido.

Eu pensei: "Vou criar alguma coisa, porque nós só vamos fazer mudança quando chegarmos ao poder".

BROWN_ Você fez isso inspirado em quê, Lula? Montar um partido é uma decisão sem precedentes na vida de qualquer ser humano.

LULA_ Em 1978, o Geisel fez uma lei proibindo algumas categorias de fazerem greve, categorias que eram consideradas "essenciais". Bancário, frentista, por exemplo, não podiam fazer greve. Eu pedi licença do sindicato e fui para Brasília protestar contra essa lei. Chegando lá, descobri que não tinha trabalhador no Congresso Nacional e percebi que eu era um babaca, porque queria que o Congresso fizesse leis para ajudar os trabalhadores sendo que não tinha trabalhador lá.

Veja, eu sei o processo de rebeldia que existe num jovem que tá na periferia, vendo os pais desempregados, vendo conflitos dentro de casa, às vezes sem ter as coisas que gostaria até para comer. Eu sei porque eu vivi isso. Eu sei o que é, num domingo, ver a mãe à beira do fogão, em pé, com oito filhos sentados em volta e sem um bocado de feijão pra colocar no fogo. O que temos que falar pra essa molecada, essa juventude, é o seguinte: "Quando você estiver revoltado, quando não acreditar em ninguém, achar que ninguém presta, preste você! Preste você ao invés de achar que a solução do seu problema vai estar em outra pessoa. Ela está dentro de você. Faça você a política. Escolha você. Seja o cara bom que você acha que os outros têm que ser".

Foi essa a descoberta que eu fiz em 1978, Mano. Que, se eu quero melhorar a vida para o trabalhador mas não tenho ninguém no Congresso Nacional, no Senado, significa que eu estou errado. Significa que brigo o ano inteiro, xingo o patrão o ano inteiro, vou para a porta da fábrica e faço discurso o ano inteiro, mas, quando chega a época da eleição, no lugar de colocar um galo dentro do galinheiro, eu coloco uma raposa. E o que vai acontecer? A raposa vai comer minhas galinhas. Na hora de votar, quando a gente tem que dar o grito de protesto, muitas vezes vemos o povo eleger uma maioria que não tem absolutamente nada a ver com ele. E é isso que precisamos mudar.

Vou contar uma história pra você. Em 1978, fizemos as grandes greves do ABC.* No dia 12 de maio, começamos a greve na Scania. Fizemos greve

* Região da Grande São Paulo, formada pelos municípios de Santo André, São Bernardo do Campo e São Caetano do Sul. (N. E.)

por empresas. Primeiro parou a Scania, depois a Ford, depois a Mercedes, a Volkswagen, a Brastemp... As empresas foram todas parando, foi uma loucura. E eu achava bonito. Eu estava nas primeiras páginas da imprensa brasileira, *Estadão*, *Jornal do Brasil*, *Folha de S.Paulo*, dizendo — veja como eu era ignorante — que não gostava de política nem de quem gosta de política. A grande imprensa dizia que agora sim tinha nascido um líder "puro", que não quer o poder, só quer reivindicar 10% de aumento salarial. E eu estava na primeira página de muitos jornais. Depois percebi que na verdade era um ignorante. Como podia não gostar de política ou de quem gosta de política? Eu tinha era que gostar, porque, quando a gente não gosta de fazer política, o ovo da serpente faz nascer um Bolsonaro. O Bolsonaro é resultado da despolitização da sociedade brasileira nestas últimas duas décadas. Então eu decidi parar de falar bobagem, entrar na política e mostrar que a gente pode fazer a diferença.

BROWN_ Quando o Lula fala, o olho dele brilha, dá pra sentir a convicção a um quilômetro de distância. A gente percebe que você é convicto dos seus ideais. Mas eu acho que é preciso te apresentar de novo para essa juventude que veio depois do governo Dilma, ou que cresceu no governo Dilma, porque a minha geração vê o Lula como o candidato que perdeu três eleições, mas esses jovens veem como presidente. É diferente da visão do Mano Brown, do Pedro Paulo, que conheceu o Lula como candidato de oposição ao sistema que havia na época. É diferente quando o Lula é a situação. O PT chegou ao poder, o Lula saiu da presidência com um índice de aprovação altíssimo. De todo modo, o Brasil tem uma memória curta, e sinto que muitos jovens ainda não te conhecem.

LULA_ Ou conhecem pelas mentiras contadas a meu respeito.

BROWN_ Na última eleição o PT foi demonizado, tanto que muitas pessoas falavam em algo que eu acho quase impossível, que é desvincular o seu nome do PT. Pra mim, seria como desvincular o Pelé do Santos. O que você acha disso?

LULA_ Eu acho o PT maior do que eu, apesar de muita gente achar o contrário. Você não conhece o PT apenas pela cara dos deputados, dos vereadores ou da direção nacional do partido. O PT é uma coisa muito forte nas entranhas deste país.

Uma vez eu fui ao Amazonas visitar a hidrelétrica de Balbina — um monumento à insanidade, porque criou um lago imenso e produz pouca energia. Quando cheguei lá, tinha um monte de índios, inclusive crianças, com bandeirinha do PT me esperando. Cara, eu comecei a chorar. Jamais imaginei que no coração da Amazônia fosse encontrar crianças com a bandeirinha do PT. O PT é grande porque está enraizado na sociedade. Tem gente que pega três horas de canoa, comendo frango assado com farofa e tomando água do próprio rio, para participar de uma reunião do PT. Então o partido ainda representa isso. Por isso acredito que ele é maior do que eu.

BROWN_ Vamos falar de raça. Há pouco tempo circulou por aí uma foto da cúpula do PT em que havia mais ou menos vinte pessoas, todas brancas. E aí, rapidamente, alguns críticos disseram que é por isso que se perde a eleição, porque não há representatividade ali dentro. Como você lida com isso?

LULA_ Não é verdade. Você só colhe aquilo que plantou. É preciso levar em conta que a política neste país sempre foi uma coisa branca mesmo. A política, a cultura, as profissões mais eloquentes e rentáveis da sociedade eram brancas. Não se via gerente de banco preto, nem dentista, médico ou advogado. A direção do PT tinha uma maioria branca e masculina. O que está acontecendo agora é que há uma evolução política dos negros, tanto homens como mulheres, porque um grande número de pessoas vem adquirindo consciência de que não basta achar que é vítima. As pessoas resolveram ir à luta, brigar, exigir o seu espaço, e por isso querem ser candidatos, prefeitos, vereadores.

BROWN_ Mas tem um recorte racial nisso tudo.

LULA_ Olha, o PT tem evoluído. Hoje o partido tem setorial feminino, masculino, negro, gay, para o direito dos animais etc. Tem tudo no PT. A sociedade é plural, com suas cores, seus gostos, e queremos que se apresente como é. Nós não queremos uma pessoa negra porque "tem que ter negro aqui". Precisamos reconhecer que o movimento negro tem que participar em igualdade de condições.

BROWN_ E você vê possibilidade de o movimento negro participar em igualdade?

LULA_ Eu vejo, cara. Eu vejo.

BROWN_ Por qual caminho?

LULA_ Pelo caminho da política. Eu fui agora participar de uma reunião com o movimento negro na Bahia. Fui lá no Ilê. É um negócio maravilhoso. Toda aquela gente é mais bem formada do que eu, tem mais cultura do que eu. Aquela gente pode ser dirigente do PT, pode ser presidente do PT, pode ser tudo.

A maior frustração que tive, em 1982, depois que criamos o PT e eu fui candidato a governador aqui em São Paulo, foi que eu achava que, apenas pelo fato de ser trabalhador e ter criado esse partido, os trabalhadores iam votar em mim, e vi que não era verdade. Em São Bernardo, eu só tive 20% dos votos. O pessoal votou mais no Montoro. Porque não é necessariamente verdade que negro vota em negro, homossexual vota em homossexual, trabalhador vota em trabalhador. O voto é uma coisa sagrada, é necessário convencer cada pessoa de por que você deve ser escolhido para representá-la. Não é pela cor, pela nacionalidade, pelo estado. Tem que ter argumento para convencer alguém a votar.

Hoje, uma parcela significativa dos recursos do fundo partidário vai obrigatoriamente para as mulheres, por exemplo, então a coisa vem melhorando. Mas ainda é difícil mexer com a cultura. E qual era a cultura antes? Eu posso falar porque tenho mais idade que vocês. Antes do PT, da CUT [Central Única dos Trabalhadores], eu seguia a cultura machista de um peão de fábrica, que achava que era obrigação da mulher fazer comida, que se ele chegasse às dez da noite em casa a comida devia estar na mesa. Era assim. Foi com o PT e com a CUT que a Marisa começou a aprender e a mudar essa cultura. Ela começou a participar das reuniões de mulheres do PT e da CUT. E aí, se eu chegasse em casa perguntando da janta, ela dizia: "Vai esquentar, tá no fogão". É isso que faz as pessoas crescerem, é a formação política.

BROWN_ Eu tenho uma visão — que é minha, não significa que está certa, você pode corrigir se não estiver — de que a população negra, ao longo de centenas de anos, ficou com essa coisa da tradição, da família e da propriedade, que é algo mais ligado às classes dominantes, aos brancos, ao dinheiro. Eu vejo que uma das lutas da população negra no Brasil é manter as tradições, não deixar que sejam banalizadas, além de ter uma família — pai, mãe, filhos — e a casa com as contas em dia, a propriedade. Coisas que foram relegadas para a raça negra. E eu entendo que muitas vezes a esquerda branca ignora isso porque já tem essas coisas, já tem família, propriedade, já está instalada e pode falar com autoridade, por exemplo, que o avô veio da Polônia, era analfabeto, passou fome, e que a mãe passou um pouco menos de fome e lutou muito para que agora você esteja aqui. Tradição, família, propriedade. Cada um defende a própria família, as coisas que conquistou e o nome da família, a tradição.

Percebo que muitas pessoas, quando votam na direita, são atraídas por esse discurso. Existe uma ideia de que o negro é o negro do Carnaval, da bagunça, da alegria e do samba, mas a vida real não é assim. Nas nossas famílias, muitos não têm pai. Muitos dos nossos não têm moradia. Muitos dos nossos adquiriram outra cultura porque a sua própria foi negligenciada, banalizada e esmagada. Por isso acredito que há uma grande parte da população negra que precisa conhecer melhor as ideias do PT, se identificar mais, porque o discurso do PT é o da igualdade, do trabalhador, do negro, do índio, do nordestino, da mulher etc., e muitas vezes as pessoas que deveriam ser contempladas por isso não entendem, porque na prática não é o que está acontecendo.

LULA_ Mano, uma outra frustração que eu tinha quando criei o PT era que eu ia para as cidades e encontrava gente de classe média que era petista, mas quando eu passava na colheita de algodão, no corte de cana, eu não me entendia com o pessoal. Eles não compreendiam a minha mensagem, e o errado era eu, não eles. Eles não me conheciam, eu é que tinha que convencê-los.

Para falar da questão negra no Brasil, nós temos que considerar os 350 anos de escravidão neste país, levar em conta que isso está incrustado na nossa formação. Quando eu assumi a presidência, tomei a decisão de colocar nas escolas, no nível fundamental, o ensino da história africana. Nem sei como isso está hoje. Na época, fiz isso porque eu acreditava que o preconceito não se resolve apenas colocando na Constituição que ele é um crime inafiançável. Porque ele está na nossa cabeça. Então eu queria que a meninada, que crianças de quatro, cinco anos entrassem na escola e aprendessem a verdadeira história do movimento negro no Brasil. Quando a República foi proclamada, não foi para ajudar os negros. Eles continuam sendo tratados como cidadãos de segunda categoria. Eu trabalhei em fábrica desde os catorze anos, e o povo negro também era muito pouco dentro das fábricas naquele tempo. Porque se, por exemplo, eu e você, tendo a mesma formação, estivéssemos numa fila para procurar emprego, o cara olhava a minha carteira profissional, olhava a tua e pensava: "Vou pegar esse branco". Era assim.

BROWN_ Falando nisso, racialmente, como você se descreve?

LULA_ Ah, eu sou o Lula, do jeito que eu sou. Sou preto, sou branco, sou qualquer coisa. Eu sou um ser humano. Um ser humano que tem noção da minha irmandade com todos aqueles que pensam diferente de mim, que têm uma cor diferente da minha, religiões diferentes da minha, até que torcem para times mais fracos do que o meu Corinthians. Eu sou igual a todo mundo e trato todo mundo bem.

BROWN_ Eu te pergunto isso porque é uma discussão dentro do nosso movimento — o Lula é o quê? É branco? É negro? Tem quem diga: "Ah, o Lula é pernambucano, sendo assim é 'mestiço', sendo mestiço é todo mundo".

LULA_ Vale lembrar que eu já fui chamado, pelo então presidente do Senegal,* de primeiro presidente negro da história do Brasil.

BROWN_ Você toparia fazer esses exames de DNA de ancestralidade? Te interessa?

LULA_ Eu faria. O meu pai era mais "negão" do que eu, era mais escuro. E assim, só para você ter ideia, eu fui recentemente para Natal e lá recebi uma índia que me entregou uma caixa. Ela disse: "Lula, sabia que somos parentes? Nós somos parentes do seu avô". E abriu uma caixa com uma fotografia dos meus avós por parte de pai. Fiquei boquiaberto. Na hora não consegui conversar com ela porque estava uma muvuca muito grande, mas ainda vou pegar essa caixa e ir atrás dela, porque quero saber como ela conheceu o meu avô. Ele se chamava João Grande.

BROWN_ Ele era índio?

LULA_ Eu não sei se era! Fiquei boquiaberto com essa história.

BROWN_ O que você achou das passeatas do Vidas Negras Importam, em 2020?

LULA_ Toda manifestação para se afirmar, enquanto movimento, enquanto raça, eu acho muito importante. Precisa acontecer. Eu tenho orgulho de nosso governo ter entrado para a história como o que mais legalizou terras de quilombolas, por exemplo. Mesmo assim, fizemos menos do que deveríamos, porque a burocracia é dura. Entre você querer reconhecer e ser providenciada toda a papelada leva tempo.

BROWN_ Preciso falar uma coisa sobre 2018, no Rio de Janeiro, quando eu fiz uma fala — eu não queria, mas fui convocado — num evento do "vira voto" para as eleições. Às vésperas da votação, o Haddad tinha subido nas pesquisas, e a esperança de que a gente pudesse reverter o resultado aumentou na cabeça de todo mundo. Era uma eleição praticamente perdida naquele momento. Então eu fui para o Rio de Janeiro participar. Agora preciso falar para você o que motivou a minha fala.

* Abdoulaye Wade, presidente do Senegal de 2000 até 2012. (N. E.)

Quando eu cheguei, a primeira coisa que percebi foi que a gente já tinha perdido a eleição, ao olhar para o comício e para a plateia que estava assistindo. Porque eu não vi os meus lá. Quem são os meus? São o povo que colocou o Lula no governo: a massa negra, a massa operária, a massa das favelas, dos morros. Eu cheguei lá e não vi. Vi uma militância fiel, leal ao PT, mas não vi os meus. Dos meus, dos nossos, quem estava lá eram motoristas, seguranças, garis, e não estavam do nosso lado naquele evento. Não faziam parte das nossas ideias. Aquilo me revoltou, eu percebi que a gente tinha falhado — e quando digo "a gente" quero dizer todos nós, a minha figura foi diretamente associada à sua, e eu nunca neguei isso, nunca fui neutro. Quando tinha que mostrar a cara, eu mostrei, e os meus amigos também. O hip-hop praticamente como um todo estava do seu lado, do lado do Haddad.

A gente viu que tínhamos perdido, viu os nossos debandarem. Fiquei revoltado porque cheguei no evento e estava tendo uma festa, e eu fui em clima de velório. A festa me irritou, cara, porque eu sabia que a gente ia perder a eleição e que isso seria fatal para a favela. A favela tinha sido enganada. Quando eu terminei de falar e desci do palco, aqueles trabalhadores — o motorista, o gari, o faxineiro — me disseram: "Brown, obrigado por falar aquilo, eles não sabem o que a gente passa, eles não sabem de nada". Aquilo me deu um nó na cabeça, fiquei pensando: "Pô, se eles não sabem, quem é que sabe?". Por isso eu tive aquela atitude. Porra, a gente tem 40 milhões de votos para reverter em poucos dias, como vai fazer, com festa?

Foi um momento de explosão, de decepção, mas eu estava ali inteiro. Fui para participar mesmo, podia ter ficado na minha casa, assistir à derrota na eleição e me retirar do BO. Podia ter feito muitos inimigos também. Foi como cortar a própria carne com uma navalha, como você dar um tapa no seu filho ou na sua filha, porque eu nunca fui oposição do PT ou do Lula. Mas eu tinha que me colocar ao lado dos meus naquele momento, dos nossos. Nós somos todos brasileiros, mas tem "os nossos dos nossos", e eles não estavam lá, Lula. Então achei que foi uma falha nossa. Em que momento a gente perdeu a credibilidade entre as pessoas?

Eu tenho uma versão sobre isso. Graças ao governo Lula, a condição do nosso povo melhorou, subimos de nível. Foi a tal da nova classe média, a nova classe C. A partir de agora, você podia ter moto, carro, laptop, celular, seu filho estava na faculdade, e então você virou classe média. E a classe média se comporta como tal, seja negra ou branca. A classe média quer segurança, garantia, quer preservar o que conquistou. No governo Lula, as classes D e E viraram C e B, e então as prioridades mudaram. O que em 1988 era a luta contra a fome, em 2012 ou 2014 era a luta pelo iPhone. E talvez essas novas prioridades não tenham sido detectadas pela inteligência do PT. Você concorda comigo?

LULA_ Mano, acho que nós devemos ter cometido muitos erros entre a nossa chegada ao governo e as eleições de 2018. Primeiro, em 2018, a gente estava numa situação de massacre total e absoluto. Tínhamos passado por 2016, que já foi um massacre no PT — foi o único ano em que não fizemos nenhum comício, porque as pessoas do partido não tiveram coragem de ir para a rua, sendo que em 2012 o Haddad havia sido eleito prefeito de São Paulo mesmo com o julgamento do Zé Dirceu e do Genoino marcado para a semana da eleição.

Quando eu me entreguei para ser preso pela Polícia Federal, foi porque eu queria provar uma coisa que, talvez, somente um sacrifício poderia provar. Joguei nas costas dos meus adversários a responsabilidade pela minha prisão. Quando cheguei na cadeia, cresci dezesseis pontos nas pesquisas. Eu ia ganhar aquela eleição se fosse candidato a presidente de dentro da cadeia. Por isso não deixaram. É importante lembrar que, em uma semana, o Haddad subiu nas pesquisas. Foi uma demonstração de que ainda era forte a capacidade de transferência de voto, em função do nosso legado no governo. Mas o PT foi mudando com o tempo.

Eu até trouxe comigo a sua fala no comício do Haddad em 2018, na última semana do segundo turno. Está aqui. Você pensa que eu achei ruim? Não. O que vou achar ruim é se você mentir pra mim, se quiser me agradar. Eu acho do cacete quando as pessoas são verdadeiras e dizem o que pensam na hora que têm que dizer. Obviamente, à medida que um partido elege muitos deputados, elege governadores, a relação dele com a sociedade vai mudando. Quem manda mais no deputado deixa de ser o povo da comunidade e passa a ser o gabinete dele. O cara vai ouvir não sei quem... O povo já não está lá dando palpite, dando ordem. Muda a relação de força. Nós já sentimos isso no segundo turno de 2014, quando fizemos um ato na periferia de São Paulo, na Zona Leste. Foi o povo que ganhou aquela eleição para a Dilma. Foi o povo, que já estava puto conosco.

BROWN_ Qual foi a participação do Lula no governo Dilma, de zero a cem?

LULA_ Do ponto de vista de influência, eu diria que quase zero.

BROWN_ Sim. Eu falo isso para as pessoas, mas ninguém acredita.

LULA_ As pessoas têm que aprender o seguinte: rei morto, rei posto. Esse negócio de achar que o ex pode, o ex manda, não tem nada disso. Quando a Dilma me convidou para ser ministro, eu falei: "Dilma, não é possível, não cabem dois presidentes dentro do Palácio". É um só.

Então, Mano, sobre o teu discurso em 2018, eu prefiro que as pessoas me digam a verdade nua e crua, porque quando ouvimos a verdade temos um choque de realidade. E eu acho que você chamou a atenção do PT para uma causa. O PT foi normalizando a sua relação com a sociedade com aqueles que estavam mais próximos e se esqueceu do seu próprio discurso originário, que era dar vez e voz ao povo trabalhador deste país, ao povo oprimido. E o dia que o PT esquecer por que nasceu, é melhor acabar.

Mas também temos que culpar o massacre que houve. Você acompanhou o massacre do qual o PT foi vítima. A gente era chamado de ladrão de manhã, de tarde e de noite, era chamado de partido mais corrupto da história do Brasil, de tudo. Eu não sei como sobrevivi. A única explicação é Deus e a solidariedade do povo.

Acho que há uma evolução, e você tem que ficar otimista com isso. O PT tem defeitos, ainda vai cometer erros, mas não tem nada melhor do que o PT neste país. A nossa relação com a sociedade não é falsa. Muita gente no PT, como é o meu caso, não veio de cima pra falar com os de baixo. Eu saí de baixo e pra levar os de baixo um pouco mais para cima. É isso que dá força e que não pode ser esquecido. É por isso que o PT precisa valorizar a participação da mulher, do negro, do deficiente, do índio, porque é o que vai fazer o partido ser diferente.

BROWN_ Muito se fala sobre renovação da esquerda brasileira, do PT, a mentalidade toda. Como você vê isso? O Lula é o Abraão do PT, depois dele não vem mais ninguém? Como é que o Lula prepara isso? Você tem setenta e...

LULA_ Setenta e cinco anos. Com energia de trinta e tesão de vinte, é assim que eu sempre falo.

BROWN_ Isso, com muita saúde e energia. Você se curou de um câncer, não é?

LULA_ Sim. Era um câncer na garganta, e eu fiquei com medo de não poder falar. Tinha menos medo de morrer do que de não poder falar.

BROWN_ Graças a Deus, é bom saber que você está com a saúde boa. Mas a questão fica: como vai ser a renovação da esquerda, quem são as novas vozes? Qual vai ser o PT da década de 2020, de 2030? Você falou que o PT é maior do que nós todos, mas muitos acham que você é o PT, a grande voz que as pessoas querem ouvir, e que não querem ouvir mais ninguém.

LULA_ Mano, o PT é um partido em processo. Eu sempre digo que o PT é uma metamorfose ambulante. Está sempre se reciclando. Acontece que não se cria uma liderança todo dia. O hip-hop não vai criar um Mano Brown por dia.
BROWN_ Nós já temos melhores que o Mano Brown!
LULA_ Ainda assim, para ser reconhecido como melhor vai levar tempo. Porque uma pessoa não é líder porque quer, mas porque tem um exército que reconhece ela como tal. Não existe líder de cima para baixo — isso é um burocrata. O líder é aquele que as pessoas querem que seja líder, querem que fale, querem ouvir. Por que que eu tenho importância no PT? Porque eu perdi muitas eleições, e a cada vez que perdia — tem uns que vão pra Paris, Londres, Nova York —, sabe pra onde eu ia? Em janeiro do ano seguinte eu estava viajando este país estado por estado para conversar com os companheiros que tinham perdido a guerra, dizendo a todos para levantarem a cabeça. Quem quiser ser mais importante que eu no PT precisa ter pelo menos a disposição de trabalhar mais do que eu.

De todo modo, tem muita gente competente no partido, temos governadores de muita qualidade, e eu acho que nestas eleições de agora vamos eleger um monte de gente boa. O processo de renovação é natural.
BROWN_ Vou compartilhar algo que conversei com o Eduardo Suplicy em um evento que participei com ele tempos atrás. Eu disse que não via com bons olhos a luta do PT para ganhar as eleições de novo. Estávamos indo para o quarto governo do PT. Claro que eu não sou estrategista de nada, só dos Racionais mesmo, mas perguntei se ele não achava que o partido deveria ter preparado uma saída de cena, porque, olhando de fora, cinco governos em sequência soava como apego ao poder.

Quando o Haddad entrou como candidato, muita gente achava que ele não era o cara pra ser eleito naquele momento — e também era a minha visão. Talvez numa próxima, se o PT estivesse se preparando para a próxima eleição, que seria agora em 2022. Você não acha que naquele momento houve um erro de estratégia?
LULA_ É muito difícil, Mano. Eu defendo, teoricamente, a ideia de que o PT e os seus aliados tenham um dia que eleger um candidato que não seja do partido. Para dar um exemplo, em julho de 2011, fui em um evento em Bogotá e estive com o Eduardo Campos, que foi governador de Pernambuco. Conversamos sobre a possibilidade, em 2014, de ele ser o vice da Dilma, se ela estivesse bem e fosse candidata à reeleição. Eu achei que ele concorda-

ria, mas em 2014 ele saiu como candidato a presidente. Talvez não acreditasse que o PT fosse mesmo deixar ele ser candidato. Depois aconteceu aquele acidente.

O PT tem que se preparar, tem que saber que em nossa construção de alianças, em algum momento, terá que apoiar o candidato de outro partido. Isso faz parte do jogo democrático. Mas é importante levar em conta que, quando aparece alguém que se destaca nas intenções de voto, as pessoas vão querer que essa pessoa seja candidata. É muito difícil imaginar um candidato da esquerda que não seja do PT. Nós é que temos que construir isso. Eu gosto de muitas pessoas que não são do PT e que poderiam estar ocupando a disputa, como o Flávio Dino ou o Marcelo Freixo, por exemplo.

SEMAYAT_ Presidente, você e o Jair Bolsonaro têm grandes diferenças, nem é preciso comentar. Mas teve uma pesquisa recente do PoderData que disse que, se a eleição fosse no começo de agosto, um de cada cinco votos que o Bolsonaro recebeu na última eleição iria pra você. É curioso, sendo duas personalidades completamente diferentes...

BROWN_ Diferentes, mas com um perfil que agrada muito o povo. Tem um detalhe na personalidade do Bolsonaro que ele usou muito bem, que é fingir ser aquele cara do churrasco, que fala a língua do povo, que fala de índio, de preto, de gay, do jeito que "o povão gosta", que "todo mundo fala". Assim as pessoas pensam que esse cara é dos nossos. Isso é completamente repugnante. Eu acredito que o Bolsonaro não seja sequer um candidato da direita. Acho que ele é fora da curva mesmo, não é candidato de ninguém. Ele é muito ruim em todos os aspectos, inclusive para a direita.

Um presidente não governa só para esquerdistas, só para negros ou algo assim, mas para um povo, para um contexto geral. E dentro desse povo tem gente com a mentalidade mais à direita, mais conservadora, presa a valores mais antigos. Tem algo na direita que o Lula considera útil para o Brasil?

LULA_ Veja bem, existe uma divergência profunda entre esquerda e direita, que é a visão social, a visão do papel do Estado. A direita acredita que o Estado tem que ser frágil e fraco. Já a esquerda acha que o Estado tem que ser forte, o que não significa que tudo tem que ser estatizado. É possível ter empresas de economia mista, empresas das quais o povo pode ser acionista, não tem problema nenhum nisso.

A direita não fala uma linguagem que eu admiro. Mesmo assim, eu tenho em conta que ela convence uma parcela da sociedade, por exemplo, quando diz que é preciso acabar com os marajás, como o Collor dizia. O povo mais humilde dentro da fábrica acha que todo funcionário público é mesmo marajá. Ou até quando o Bolsonaro fala que não gosta de mulher feia, que não gosta de preto, que preto tem que ser pesado em arroba, que não gosta de índio, que tem que plantar soja e cana na Amazônia. Tem uma parcela do povo pobre que gosta disso, acha que o cara é machão. Me dá tristeza saber que a gente não conseguiu vencer esse debate ideologicamente. E a culpa é nossa, não da pessoa que vai com ele. Em 2018 o Bolsonaro ganhou porque muita gente do nosso povo votou nele, motivada pelo papel que a imprensa teve nas eleições, ou pela vitimização quanto à facada que ele tomou, por exemplo. Eles ganharam porque, naquele cenário, nós viramos os maiores ladrões do mundo, e eles, os mais honestos. Nós éramos "os comunistas", e eles, "os cristãos". Nós perdemos no debate ideológico, então temos que nos reencontrar para vencer.

A direita tem sua importância política, sim. Eu admiro um cara de direita, conservador, que debate as coisas com firmeza. Acho que uma coisa que deve nos unir é a questão da democracia, que é boa para a direita e para a esquerda. A democracia é boa para quem gosta do debate. Assim como a liberdade religiosa e a de imprensa. São coisas que unificam a gente. O importante é acreditar no que você defende e aceitar a discordância do outro.

Outro ponto em comum é que a direita também não quer mais o Bolsonaro. Quem quer o Bolsonaro são os fascistas, a direita está tentando encontrar uma terceira via, construir uma nova candidatura. Mas para fazer o quê? Para manter tudo como está. Porque discordam do Bolsonaro, mas não do Paulo Guedes, da destruição da Amazônia.

BROWN_ Tem outra coisa de que eu preciso falar. Eu faço parte de um contexto muito maior do que eu, que é o hip-hop, o rap. Como movimento, os governos Lula e Dilma não foram bons pra nós. As pessoas, quando veem um cara como o Mano Brown, ou outro rapper, defendendo o Lula, acham que mandam uma remessa em dinheiro todo mês pra fazermos isso. E foi o contrário. Quando o rap se organizou para conversar com o Lula, eu fui contrário. Eu acho que não é o lugar de um movimento contestador de jovens estar assediando o presidente atrás de benefício. O nosso movimento se doou para o Lula e para o PT incondicionalmente, não esperávamos benefício nenhum e não tivemos. A gente não tem que pedir benefício para o hip-hop, nossa luta é outra. Em números, para o hip-hop, o governo foi ruim, mas para o povo foi muito bom, e é por isso que o hip-hop existe, para ver o crescimento do povo como um todo, não dos cantores de rap. Eu queria deixar isso bem claro aqui, porque às vezes, no Brasil, parece que tudo é corporativismo.

LULA_ Mas, se acontecer uma próxima vez, eu peço que você vá sim, pô. Não para reivindicar para o hip-hop, mas para a cultura. Porque às vezes a gente não sabe tudo, temos que ouvir mais para aprender.

Eu nunca tive dúvida da seriedade com que o movimento hip-hop, inclusive você, tratou a questão do Lula e do PT, a questão política. Nunca ouvi ninguém do hip-hop falar que eu deveria fazer tal coisa para o movimento, mas todas as vezes em que as causas mais nobres do povo brasileiro estiveram em jogo vocês estavam presentes. É uma gratidão eterna que o povo brasileiro precisa ter com vocês. Vocês são um agrupamento cultural que representa uma parcela muito grande da sociedade, sobretudo de jovens e gente da periferia, que já doou mais do que recebeu. Continue assim, porque a sociedade que queremos construir vai precisar de muita gente assim. O que é importante é que você já virou uma ideia, e quando isso acontece a gente não morre, essa ideia vai pairando na cabeça das pessoas e assim surgem outros, melhores ou piores, mas outros. E assim podemos ter certeza de que o mundo vai melhorar. Eu acredito nisso. Eu levanto todo santo dia com a convicção de que não podemos perder a esperança.

BROWN_ Bem, rapaziada, moçada, ouvintes de todas as idades, essa foi uma conversa que poderia durar dois dias sem ser cansativa. Temos muita coisa pra conversar com o Lula, então eu só posso agradecer a sua presença.

LULA_ Eu vou te dizer uma coisa, Mano. Se um dia você acordar chateado com o mundo — sabe aquele dia em que a gente acorda pensando: "Porra, ninguém gosta de mim"? —, quando tu estiver assim, lembre o seguinte: tem um cara que gosta de mim, o Lula. E pode ter certeza de que é um gostar de confiança, de admiração.

BROWN_ Muito obrigado. E obrigado pelo que você fez pelo nosso povão. A cidade da minha mãe, Riachão do Jacuípe, no interior da Bahia, quando visitei em 1999 era de um jeito; quando voltei em 2010 era de outro. E sei que ali foi a mão do Lula.

LULA_ Que Deus te abençoe. Amém.

BROWN_ Obrigado.

9 de setembro de 2021

WALTER CASAGRANDE

"O que a seleção brasileira fez na Copa de 1970 eu nunca vi fazer, e nós nunca vamos ver fazer. Mas, por outro lado, aquela seleção foi muito usada pela ditadura militar. Se você for ver documentários da época, quando mostram as festas do tricampeonato, só aparece o Médici na maioria das vezes. Parece que foi o Médici que fez o gol de cabeça contra a Itália, né? E não o Pelé."

DELEGADO DA CUNHA

"A polícia de baixa renda é preta, galera. Ela é preta, tá? Ela não é branca, não. O soldado da Polícia Militar de São Paulo é preto, igualzinho ao preto que ele aborda na favela. E ele tem baixa renda, ele tem conflito mental."

CECÍLIA OLLIVEIRA

"Eu costumo dizer que a segurança pública é tratada com o negacionismo que hoje a gente vê na ciência. A gente tem bons diagnósticos, tem dados, tem visão de cenários, mas tudo isso é desconsiderado porque tem um valor político muito alto. Por isso que eu falo que quando a gente está falando sobre polícia, não é só polícia. A gente não pode culpar só o policial que puxou o gatilho, porque junto com o dedo dele, tem o do Ministério Público, da Justiça. Tem que pagar, mas tem que responsabilizar toda essa cadeia."

TXAI SURUÍ

"Eu digo que a colonização nunca acabou porque, quando eles chegaram aqui, nos expulsaram da nossa terra, estupraram nossas mulheres, tiraram nossa espiritualidade. Os não indígenas, na época os portugueses — mas persiste até hoje, né? —, continuam nos expulsando, nos matando, acabando com as nossas culturas. Então a colonização nunca acabou."

Tudo nela é bem-feito

LECI BRANDÃO

Quando a Leci chegou, lembrei da minha mãe. A aparência, o jeito de falar, a firmeza regada com doçura. Falei até pro Jorge, meu filho: “Ela não lembra a vovó?”. Ele concordou na hora! Leci é braba. Símbolo da mulher brasileira, preta, periférica, LGBT+. E ainda é ativista. Muito acima da média. É um combo de tudo o que foi feito com coragem e propósito. Como se fosse uma plataforma de reivindicações, mas muito além do discurso. Tudo nela é bem-feito, bem vivido, bem entregue. História viva. Durante a nossa conversa, falou de amor, de raça e batucou ao vivo... Coisa rara.

É um farol. Desde os tempos em que, aqui no Brasil, tínhamos pouca ou nenhuma conexão com a África, ainda acompanhando de longe e com atraso, ela foi lá e compôs, em 1987, junto com Zé Maurício, a música “Lá e cá”, com uma letra que remete ao processo violento de apartheid que ainda acontecia na África do Sul. Escreveu e jogou no seio da comunidade. Ritmo hipnotizante. E eu, como compositor, reconheci logo: é construção de gênio. Uma bala. Todo o meu respeito e a minha admiração por Leci Brandão.

BROWN_ Você tem vários hinos, Leci, como "Zé do Caroço". Sou fanzão dessa música. E tem aquela que você fala da África do Sul, ainda era o final do regime do apartheid: "Negro do lado de cá sambando sob o céu azul/ Negro do lado de lá se acabando, África do Sul". Como é essa música?

LECI_ "Lá e cá". É uma parceria com o baixista Zé Maurício. Tinha um samba todo sábado numa casa, o Consulado. Quando a gente tocava "Lá e cá", parecia que estava em Luanda, juntava a nossa negrada toda, fazia coreografia e a casa explodia.

BROWN_ "Lá e cá" é uma obra de arte. Eu faço música, sei como é difícil juntar palavra com ritmo, com sentido, com rima, com sonoridade. Você é percussionista também, né?

LECI_ Toco pandeiro, mas só partido-alto, que aprendi vendo o [Jorge] Zagaia. E toco um tantãzinho de samba, porque vi a turma lá no Rio tocando, por exemplo, o Sereno. O tantã é a razão de eu ter frequentado o centro de umbanda com a minha mãe. Eu via os ogãs tocando e ficava prestando atenção.

BROWN_ Você é da umbanda ou do candomblé?

LECI_ Comecei na umbanda e depois fui para o candomblé. É aquela história, ambos têm a sua razão, os dois são religiões que só querem o bem das pessoas, recebem todo mundo. A grande importância da religião de matriz africana é que ela não fica escolhendo quem é isso ou aquilo. Você é um ser humano.

BROWN_ Isso tá na sua música, Leci, a gente se sente acolhido pelas suas ideias. Eu fui talvez o primeiro rapper a citar o nome Leci Brandão numa música, como reconhecimento da sua caminhada, da sua luta.

LECI_ E eu nunca pertenci a nenhum movimento. Eu não sou do movimento negro, não faço parte de nada. Acho que você não precisa ter uma carteira de uma associação pra dizer o que é.

BROWN_ Tem uma frase que o MV Bill fala: "Eu não sou o movimento negro, eu sou um preto em movimento". Essa frase é genial. Você devia conhecer o Bill. Você é nascida onde, Leci?

LECI_ Em Madureira, na estrada da Portela, mas fui criada em Vila Isabel. E morei em alguns subúrbios do Rio de Janeiro, Senador Camará, Realengo.

BROWN_ Qual é a sua memória mais distante de Vila Isabel?

LECI_ Minha avó morava ali na avenida Vinte e Oito de Setembro. Na época não tinha esse negócio de telhado na favela, era madeira mesmo. E a gente subia por rua de terra. O pessoal tinha aquele espaço pra poder fazer o que era necessário, criava porco, cabrito, galinha. O Morro da Mangueira, onde a minha madrinha morava, inspirou a música "Barraco verde e rosa", porque todo mundo sempre punha na casa a cor da escola.

BROWN_ Pra rapaziada que está chegando em busca de informação, quem é o Cartola?

LECI_ Você nunca podia imaginar que um homem daquela simplicidade fosse capaz de criar a poesia que ele criou. Um sábio, um diplomata. Ele gostava de mim, me levou pra gravar com ele o *Ensaio*, do Fernando Faro. Toquei caixa de fósforo. Hoje eu me espanto muito, porque quando você lê o release de alguns artistas, é muita teoria, universidades. Mas o Cartola sempre teve conteúdo sem ter nada disso. Pessoas como ele estão perdurando até hoje sem nenhuma estrutura de mídia. O Nelson Sargento, que faleceu recentemente, era outro fera também.

BROWN_ Na minha visão, você é uma das maiores, se não for a maior, em atividade. Assim, compositores de um grau de relevância, profundidade, números e tal, popularidade, continuidade. Você tá até hoje aí.

LECI_ Eu quero que Deus me dê muita saúde, força e energia, porque eu gosto do palco. É assim, Brown: eu sou artista, *estou* parlamentar.

BROWN_ Tem esse negócio de o artista resolver mostrar que não é só artista, achar que não tá mais servindo pra nada. Você chegou a pensar isso alguma vez?

LECI_ Não, o que as pessoas sempre disseram pra mim é que eu era uma pessoa que gostava de encrenca, de fazer música com encrenca junto. Porque sempre batalhei pelo direito, pela igualdade, contra o preconceito, que eu nunca aceitei, porque passei por isso na vida. As pessoas dizem que eu fico falando de política. Não estou falando de política, estou falando da vida real. Quando vi na televisão você fazendo um depoimento sobre o Lula num show, na época da campanha, eu fiquei impactada, peguei um caderno e escrevi — até trouxe aqui, porque tem muito tempo, eu podia não lembrar. Digo o seguinte: "Quando vejo os Racionais com Mano Brown cantando na periferia, sei que aqueles ideais querem a paz de uma aparente calmaria, porque vale a pena cantar, vale a pena ensinar se acredita na ideia, porque vale a pena cantar, vale a pena pensar na vida da plateia".

BROWN_ Que linda essa rima.

LECI_ "Quando eu vejo a audiência da violência no canal de uma TV, é preciso consciência que aquele Mano está cobrando de você, porque vale a pena cantar." Aí depois vem: "Quando vejo esse meu povo que vai ao show e grita 'gol' pra ser feliz, é preciso um sangue novo para transformar e melhorar o meu país". Pra mim você sempre foi um garoto, né? "Porque vale a pena cantar, vale a pena pensar se acredita na ideia, porque vale a pena cantar, vale a pena pensar que fome é coisa séria." Não tinha pandemia em 1998, mas fome já tinha. Quando eu gravei o LP *Auto-estima*, teve um crítico que falou: "Leci, volta pro morro, fica fazendo música pro Mano Brown". Esse cara não sabe de nada, eu só faço aquilo que a minha emoção manda pra mim. Eu não toco nada, não escrevo música, vem tudo pronto. Isso é coisa de transe, é coisa de orixá. E o gravadorzinho ajuda a não perder a melodia.

"Essa tal criatura", por exemplo, uma música que fiz para o festival MPB 80, da Rede Globo, foi uma das melhores letras que eu fiz. Estava tomando uma chuveirada, e de repente veio: "Tira essa bota, pisa na terra". Então, tem umas coisas que acontecem comigo que é transe. E a sua participação no meu primeiro DVD, em "Deixa, deixa", eu não sei por que eu fiz essa música, só veio. "Deixa ele beber, deixa ele fumar, deixa ele jogar. É melhor que ele sacar de uma arma pra nos matar." Quando eu fui fazer o DVD, eu falei: "Mano Brown tem que cantar essa música comigo". Eu vim aqui na Terra para cumprir uma missão, não foi à toa. Até porque meu pai não era nenhum intelectual, minha mãe, com muita honra, foi servente de escola. Eu morei em três escolas públicas no Rio de Janeiro.

BROWN_ Sua família era caseira da escola, tipo assim?

LECI_ Nós não tínhamos condições de pagar aluguel, então minha mãe, servente, conseguiu ser moradora da escola e virou zeladora, e quem é morador tem que varrer de manhã, tem que varrer de tarde, tem que varrer de noite.

BROWN_ Limpa o dia inteiro. Qual era o preço disso: trabalhar o dia inteiro pela moradia? Já era quase uma escravidão isso.

LECI_ Uma vez uma diretora de escola queria exigir que a minha mãe fosse varrer a rua, porque tinha uma amendoeira na rua e caía muita folha, e ela disse que a mamãe tinha que varrer também a rua.

BROWN_ Se a sua mãe estivesse viva, quantos anos ia ter agora?

LECI_ Noventa e nove anos.

BROWN_ Imagina uma mulher negra com 99 anos, o que ela não viu. Praticamente um oráculo.

LECI_ Eu sinto muita falta dela, porque eu ligava pra minha mãe de manhã pra desejar um dia legal e à noite pra tomar a benção e dormir em paz. Minha mãe era tudo pra mim, meu ouro.

BROWN_ Leci, pô, lembro quando me mostraram a música "Pro Mano Brown". Fiquei lisonjeado, mas eu não sei lidar direito, fico meio bobo, meio assim. Não tenho nem como agradecer. É difícil retribuir à altura, né? Uma música feita pela Leci Brandão, que fez "Zé do Caroço", é demais.

SEMAYAT_ Vi uma entrevista em que a senhora contou que, na época de "Zé do Caroço", a gravadora disse: "Volta pra casa, escreve outra coisa", e aí acabou saindo só no disco *Leci Brandão*, em 1985, né?

LECI_ Sim, quando ela foi escrita, em 1978, a gente estava na época da ditadura. E era uma letra muito forte, uma coisa pesada.

BROWN_ Em 1978 eu tinha oito anos. A gente cantava o hino do Brasil pra chegar, cantava o hino do Brasil pra sair — direita, volver, descansar. Eu peguei essa fase, Polícia do Exército, capacete.

LECI_ A inspiração foi a seguinte: um amigo meu, chamado Cláudio, morava na rua Petrocochino, em Vila Isabel, onde começa o Morro do Pau da Bandeira. E ele me contou que tinha um prédio nessa rua onde a esposa de um militar queria ver a novela das oito, mas o serviço de alto-falante do morro atrapalhava ela, então teve todo um movimento pra que o serviço de alto-falante não funcionasse na hora da novela.

BROWN_ A primeira linha da música: "Num serviço de alto-falante". Pra abrir uma música é demais, mano.

LECI_ Aí vai contando a história de um serviço de alto-falantes no Morro do Pau da Bandeira, quem avisa é o Zé do Caroço. Ele avisava quando tinha vacinação, matrícula das crianças e tal. Era um cara muito legal, um líder comunitário mesmo.

BROWN_ Como ele era, esse cara real?

LECI_ Ele não era negão, era mulato claro e tinha uma doença que deixava uns caroços no braço. A história dessa música acabou indo pro Brasil todo. Às vezes o show tá tranquilo, mas quando canta o "Zé do Caroço", a rapaziada se abraça em círculo e começa todo mundo a pular. É um negócio muito louco.

BROWN_ Essa música é icônica.

LECI_ Quando o Seu Jorge gravou, ao invés de "distrai", ele botou "destrói": "Destrói toda a nossa gente com sua novela/ É que o Zé bota a boca no mundo/ Ele faz um discurso profundo/ ele quer ver o bem da favela".

BROWN_ Eu que levei essa música pra ele, viu, Leci? Na garagem da casa dele: "Ó, ouve esse samba aqui da Leci".

LECI_ E ele gravou bonito, porque fez uma releitura meio teatral, só ele e o violão. Agora, eu devo ao Art Popular a primeira gravação que teve aqui em São Paulo, acho que em 1993, e gravaram de uma forma legal. Aí depois, em 2000, o Revelação acelerou um pouquinho o andamento e estourou a música no Brasil inteiro.

BROWN_ Eu fui num show seu no Jardim São Luís, na rua. Na hora do "Zé do Caroço" foi demais. Mexe muito com a população essa coisa de ter uma causa. A pior coisa na vida da gente é não ter uma causa para lutar. Qual foi a primeira música que você lançou com gravação, estúdio?

LECI_ "Quero sim" foi a minha primeira música que apareceu, um samba que fiz com o Darcy da Mangueira e caiu na graça da quadra. Ganhou um festival lá em Madureira, na quadra da Portela. Aí levamos pra quadra da Mangueira. O diretor de harmonia dizia assim: "Samba tá meio devagar, vamos animar a quadra? Canta 'Quero sim'". Quando a Marrom foi gravar um LP na PolyGram, chamado *Gostoso veneno*...

BROWN_ Alcione, pra quem não sabe. "Marrom" para os íntimos.

LECI_ Nessa época, eu estava passando por um processo financeiro muito difícil. Estava pra perder um apartamento que tinha comprado pela Caixa Econômica, só que eu não consegui pagar as prestações. Marrom falou assim: "Eu vou gravar 'Quero sim', da Leci e do Darcy da Mangueira". Naquele tempo, ela tava bombada, e o *advance* era legal. Ela disse: "Vou gravar essa música e ajudar você". E cumpriu. Com a gravação dela, eu pude ir na Caixa Econômica e saldar o que estava faltando.

BROWN_ Alcione, caramba, né? Ela é a maior cantora do Brasil, você acha?

LECI_ A voz da Alcione, pra samba e pra outras coisas também, o timbre dela é diferente. Você pode escutar inúmeras cantoras, mas quando põe Alcione, todo mundo sabe que é ela. É uma coisa de Deus, né?

BROWN_ A sua primeira gravação foi samba, então?

LECI_ Foi samba.

BROWN_ Ainda bem que você tá falando, porque eu tinha uma discussão com o Lino Krizz, a gente ficava se gabando um pra cima do outro: "Não, a Leci era do funk, ela foi gravar samba depois". "Não, a Leci era da MPB." Então não é verdade.

LECI_ Acontece o seguinte, eu sou uma compositora intuitiva. Escutei muito samba, mas o meu pai tinha aqueles discos de 78 rotações, vinilzinho, e lá em casa podia não ter nada, mas vitrola tinha. Eu escutei chorinho, Waldir Azevedo, Jacob do Bandolim, Luiz Gonzaga, Dalva de Oliveira, Carmen Costa. E tinha dia que meu pai queria ouvir outras coisas: Doris Day, Nat King Cole, Harry James, Louis Armstrong.

BROWN_ E brasileiro, quem mais?

LECI_ Jamelão, Herivelto Martins, Elizeth Cardoso...

BROWN_ Só cantor brabo também, icônico, né? O "Barracão" é da Elizeth Cardoso? Isso é lindo, né?

LECI_ Só que quando comecei a ficar um pouco mais livre, sem a influência da família, aí comecei a ouvir outras coisas, bossa nova, Elis e Jair.

BROWN_ Bossa nova fez a sua cabeça?

LECI_ Não fez a minha cabeça, mas era uma coisa de que eu gostava. Escuto um pouco de tudo. Dificilmente ouço meus discos em casa, porque samba você já vive no samba. Quando tô sozinha, quero ouvir uma coisa diferente.

BROWN_ É, Racionais em casa não toca.

LECI_ Um cara que eu amei desde a primeira música que ele fez foi Jorge Ben. Quando pintou "Mais que nada", "Por causa de você, menina", "Chove chuva", eu endoidei. Isso me influenciou. Eu não tocava, não toco nada, é mais aquela batidinha e tal. Quando o Raça Negra estourou, eu falei: "O Luiz Carlos tá fazendo no violão o que o Jorge Ben fazia".

BROWN_ Bebeto...

LECI_ Bebeto é demais. Eu gravei "Neguinho poeta", dele e do Serginho Meriti. Teve uma época que você passava nos bairros do Rio de Janeiro, e era Bebeto em São João de Meriti, em Nilópolis, aqui, ali, porque o pessoal gostava de dançar, e ele tinha esse som. Eu sempre canto essa música porque ela me dá uma saudade do tempo em que as pessoas iam para os bailes. E quando você falou agora no Lino Krizz, eu fiquei muito contente, porque ele descobriu uma música [minha] que foi gravada pela Márcia Maria, que eu fiz lá atrás, "Amigo branco". Na época, eu trabalhava na Universidade

Gama Filho e tinha um amigo branco que gostava muito de mim. "Meu amigo branco, muito mais que franco, meu recado vou lhe dar. Não existe nada neste mundo que nos possa separar." Aí, quando o Lino Krizz descobriu essa música: "Você tem que gravar". "Você está querendo que eu arrume uma confusão com o movimento negro? Como é que eu vou fazer uma música chamada 'Amigo branco'?" Mas foi uma música que eu fiz de verdade pro meu amigo. Só que hoje, cara, é um problema sério. Como é que eu vou gravar "Amigo branco"?

BROWN_ Não dá. Mas você tem autoridade.

LECI_ A gente pode ter autoridade, mas às vezes não tem essa liberdade toda pra chegar e falar a sua verdade, né?

BROWN_ Tá tenso nesse nível, Leci, você acha?

LECI_ Tá mais tenso do que você pensa.

BROWN_ Eu sei que é tenso. Eu tô nessa linha de frente. Tem gente que fala que eu fiz coisa que eu nunca fiz: "O Brown não deu a mão não sei pra quem porque era branco". Mentira. Sou contra esse tipo de atitude.

LECI_ Eu digo: "Preconceito existe eu não sei, hei, hei, meu amigo branco é de lei". Como é que tu vai cantar um negócio desse hoje?

BROWN_ "Meu amigo branco é de lei" é tipo assim: todo mundo tem um amigo branco. A gente vive num país que tem uma população praticamente dividida no meio, mais de 55% negro.

LECI_ Aí o que o Lino fez? Ele apagou essa letra, fez uma outra letra maravilhosa e manteve a base da música.

BROWN_ O disco é incrível. Essa música é demais. E o disco se chama *Excelsior Café*, produzido pelo Lino Krizz. Tem música lá de Don Betto, Leci Brandão, Sonia Santos, Gerson King Combo.

LECI_ Acho incrível que você pesquisa tudo. Vai lá no fundo do baú e sabe de tudo que acontece.

BROWN_ De música eu gosto, né? A gente tem que saber onde a gente tá. A gente chegou e já tinha um terreno, a música já existia. A gente é aprendiz até hoje. Eu também não toco nada, quer dizer, instrumento de percussão eu toco, e não é pouca coisa, mas não toco cavaco, não toco violão, de harmonia não sei tocar, eu sou aquele cara de ouvido.

LECI_ Eu tenho um respeito muito grande por músico, porque é a metade, né? O show você faz, você tá ali na frente, mas os outros 50% é a banda que faz, que conclui tudo, na verdade. Não gosto que me deem um palco que é eu lá na frente e a banda atrás. Tem que estar tudo aqui, perto de mim. A gente se entende pelo olhar.

BROWN_ Você foi de uma coisa que ama fazer, que é música, compor, e foi pra outra. Essa virada [pra política] não é tão simples, né? Você é uma mulher forte, fala com naturalidade sobre encarar a luta, mas não é uma coisa que se decide de um dia pro outro sair de uma carreira em que você faz o que ama.

LECI_ Mas eu não saí. Eu não parei minha carreira.

BROWN_ Não tô dizendo que você saiu, você segue fazendo show. Tô dizendo assim, naquele momento ali, você se dedicou mais à política.

LECI_ Na hora que aconteceu a eleição, eu peguei todos os meus discos, botei na mesa e falei assim: "Eu cantei tudo isso aqui durante estes anos, então é sobre isso aqui que eu vou atuar, senão não tem coerência".

BROWN_ O brasileiro pensa que um político entra pra política, fica rico e não quer mais nada. Uma pessoa que nem Leci Brandão, que tem credibilidade, tem história, pode explicar o que é ser político e ser honesto e ter uma causa, estar lá dentro cheia de argumento por nós. Como é isso, Leci?

LECI_ A primeira coisa que preciso explicar com muita sinceridade é que foi São Paulo que mudou a minha vida em termos artísticos, e depois me colocou na política. O povo de São Paulo entendeu de forma plena e muito verdadeira por que eu sou considerada uma compositora de protesto. Lutar por uma causa é uma coisa natural, foi isso que chamou a atenção do povo da política que me fez o convite, no caso Orlando Silva e Netinho de Paula. Eles que ligaram pro Osmar [Costa, empresário de Leci] e, quando ele me ligou, eu falei: "Não quero saber desse negócio, não, Osmar. Deixa eu fazer minha música aqui". "É, mas tem muita gente falando, a pressão tá grande..." E aí eu respondi: "Eu vou saber disso espiritualmente", porque tudo meu tá ligado com os orixás, quem comanda a minha vida é a minha religião. E a resposta que eu recebi foi a seguinte: você já fez muita coisa na sua vida artística, já lutou, só que é o seguinte, é a segunda oportunidade que seu anjo da guarda está lhe dando. E ele falou: "Aceite o desafio, você ainda tem muita coisa pra fazer". Aí eu aceitei. E fui eleita. Tô no terceiro mandato agora.

SEMAYAT_ E não é um desafio pequeno. A primeira deputada estadual negra de São Paulo foi a Theodosina Rosário Ribeiro, que foi eleita deputada em 1970 e tinha sido a primeira vereadora em 1968. E aí, em 2010, a senhora entra como deputada estadual.

LECI_ Segunda mulher negra na Assembleia Legislativa.

SEMAYAT_ Teve um aumento de candidatas negras em 2020, teve um boom, mas a disparidade ainda é muito grande.

LECI_ Digo aqui com muita modéstia que todas as candidatas [falam para mim]: "Você foi minha referência, Leci. Eu vi você lá dentro, acho que eu também posso". Eu tive várias afiliadas de coração que foram candidatas a prefeita, a vereadora. Tem muita gente que fala: "As negras têm que ir pra Assembleia, pra Câmara", mas às vezes é tudo da boca pra fora. Na hora de dar condição de elas fazerem suas campanhas, não tem empenho. Ainda há um incômodo de ver uma mulher negra sentada numa Câmara, numa Assembleia, você sente pelos olhares, pelos comentários, pelos projetos que apresenta.

BROWN_ Isso é muito grave, Leci, o que você está falando.

LECI_ "Ah, vai fazer um sambinha." Eu digo: "Não vim fazer sambinha, vim fazer o projeto de lei". Teve um jornalista que me perguntou: "Como é que está o samba lá na Assembleia?". Eu falei: "Samba? Não sei, a gente está trabalhando, existe um gabinete com os meus assessores". Aí ele perguntou o seguinte: "Como é que estão os malandros lá?". Eu digo: "Malandro? Se você está se referindo a samba, escola de samba não tem malandro, não. Tem compositor, tem velha guarda, tem diretor de bateria, tem diretor de harmonia". Ele falou: "E as mulatas?". "Mulatas? Lá nós temos oito negras, eu sou uma delas." Aí a entrevista acabou, o cara não falou mais nada.

BROWN_ Esse cara foi um mandadão do inferno também, né?

LECI_ Ele não consegue entender, assimilar que uma mulher negra, sambista, compositora, tenha outra função. E a gente consegue fazer um mandato que tem uma cara, tanto que o nosso gabinete se chama Quilombo da Diversidade. Quem entra lá já sabe que vai encontrar uma diversidade de pessoas, cada um cuida de uma situação. E eu não estou inventando a roda, estou fazendo [um trabalho contra] as coisas que já sofri, e os meus amigos também. Negro é a prioridade do mandato, mas temos também brancos que estão junto conosco porque se identificam com as questões.

BROWN_ Nesse Brasil, principalmente de 2018 pra cá, tem um termo que se usa muito, que banaliza, diminui e praticamente inviabiliza a luta, que é o tal do "mimimi". Quer dizer, você traz um relato, um fato, e o cara reduz a "mimimi".

LECI_ Esse cara não sabe a história da nossa ancestralidade, o que o nosso povo passou... Mais de 50% da população brasileira é negra, no entanto, onde é que nós estamos no poder? Nós não temos lugar no poder. Nós somos aceitos se eu chegar com uma bandeja, trazendo um café ou um copo d'água. Agora, se você chega com um livro, ou se é uma mulher negra com um carro do ano, a polícia vai parar e pedir documento, mandar abrir o porta-malas, levantar o banco, porque acham que nós não temos direito a essas coisas. E nós temos direito a todas as coisas. Porque sustentamos este país, construímos este país.

BROWN_ Fizeram um estudo aí, e o público que mais consome é a mulher negra. E às vezes eu converso com alguns amigos e eles falam que tem uns canais que estão se abrindo mais, a gente tá vendo gente preta na televisão, ocupando os lugares. Mas aí fiquei decepcionado, porque outro falou assim: "É, mas não se ilude, não. É porque foi constatado que tem mercado pra isso".

LECI_ Eu percebi que realmente a publicidade mudou. Eu sei que o papo é: "Não deixa de botar um negro na propaganda, senão vão falar", mas antigamente só tinha em comercial de sabão de lavar roupa. Agora não, agora tem na indústria da beleza, as grandes marcas de perfume...

BROWN_ Tem essas pessoas que estão colocando a cara preta lá só pra dizer que tem. Mas eu acredito no outro lado, muito bonito também, que está vindo junto com esse, que é realmente de uma raça negra moderna do século XXI que ocupa o espaço com talento mesmo. Que vai ser protagonista. Com beleza, carisma, vivência, não só pela cor. Eu tive debates com amigos na época do programa da Regina Casé. "A gente não é só aquilo, a gente é muito mais." Eu falei: "Mas a gente é aquilo também, mano. Eu não tenho vergonha de ser um contador de piada, de ser batuqueiro, de ser malandro às vezes, brincalhão. Eu fui criado assim, meus amigos eram assim. Eu sou assim". Não tenho vergonha de ser brasileiro, com costumes brasileiros, morou? A gente é isso também. A nossa raça, ela não é homogênea, certo? Não é todo mundo igual.

LECI_ Claro que não. Só que eu acho que tem uma moda. A questão do assassinato do Floyd teve muita repercussão, foi todo mundo pra rua, tinha preto, tinha branco, tinha tudo. Mas daqui a pouco não tem mais ninguém na Paulista. Porque aqui, cada vez que um jovem é perseguido, ele é assassinado. Esse genocídio acontece naturalmente aqui há muitos anos, mas foi preciso que tivesse confusão lá nos Estados Unidos pra todo mundo aqui tomar uma atitude. Sabe moda?

BROWN_ Eu tô com 51, Leci, já vi muito George Floyd na minha vida, e não tinha poder pra fazer nada pra evitar aquilo. Também já fui um pouco George Floyd um dia, nós também já fomos espancados pela polícia na rua, na madrugada. E, quem escapou, a gente não sabe por quê. Os orixá defenderam? Então, quando você fala que a mídia explorou isso e que ocasionou da passeata na rua, eu também estava na passeata, fui convocado a ir. Era o meio da pandemia, estava proibido aglomeração, e teve Vidas Negras Importam no largo da Batata. Meus amigos Thaíde e Dexter, forte abraço pros dois aí, estavam convictos que tinham que ir. Eu não tive como não ir, mesmo na dúvida, família contra por causa da pandemia. Mesmo sendo impulsionado por uma moda, o caso do George Floyd impactou o mundo. Quinze dias depois morreu outro homem negro nos Estados Unidos, assassinado pelas costas. E a vida já estava numa normalidade. Então a gente tem que ver que foi um marco.

Realmente é tenso pra essa molecada negra sair de casa pra ir pra rua desprotegida e protestar. Quem garante a volta deles pra casa? A gente vive num sistema que julga as pessoas pela cor, né? Um protesto de 100 mil garotos negros na avenida Paulista... Vamos ver, Brasil, se vocês aguentam, se o Brasil tolera isso. Nos Estados Unidos teve a passeata de 1 milhão de homens em Washington. Será que o Brasil aguenta 100 mil?

LECI_ As secretarias de segurança de tudo quanto é estado do Brasil tinham que passar por um processo de humanizar esses policiais. Ver o que que incentiva, cada vez que vê um jovem negro numa esquina, o policial a imediatamente descer e "mão na cabeça!", pedir documento etc. Isso precisa mudar, porque virou normalidade, em especial na periferia. Acontecem coisas ilícitas em outras regiões, mas lá você não vê esse avanço policial para pedir documento. Basta ser negro. É isso que precisa mudar. Porque a cabeça da força policial é toda voltada pra quem é dessa cor aqui. Mas, também, onde é que nós estamos no poder, tem negro no Judiciário? Nós vivemos nessa situação de que o poder é branco e o Brasil é um país racista.

SEMAYAT_ Nas polícias em geral, os policiais negros são os que morrem mais, mesmo que o contingente de policiais negros seja inferior ao de brancos. Em 2019, os negros representaram 77% das vítimas de homicídios no Brasil. Ou seja, um negro tem 2,6 vezes mais chances de ser assassinado.

Agora, pensando em dados de agentes de segurança pública, em 2020 o número de agentes de segurança mortos no país chegou a 194, e a maioria era de policiais militares. Os brancos, que são 56,8% do efetivo das polícias, foram vítimas de 34,5% dos homicídios. Os negros, que são 42% do contingente da polícia, sofreram bem mais assassinatos, 62,7%.

LECI_ A política no Brasil é contrária às coisas que a gente reivindica. Tivemos um aumento de sonhos realizados, mas de repente mudou tudo, e agora as coisas estão cada vez mais difíceis. Mas o povo brasileiro precisa se tocar de que ainda há tempo de mudar e retomar o que nós já tivemos. É uma questão de as pessoas pensarem. O que a gente precisa resolver é o emprego. Porque você precisa ter o seu dinheiro pra comprar arroz, feijão, mas o que os governantes querem é arma. Eu acho que o país tá perdido, porque se não tivesse, você não veria uma pesquisa [de percepção popular sobre o governo] tão ruim. Por isso eu acho que não temos que ficar fazendo manifestação toda hora. Vamos reunir de verdade as pessoas pra explicar pro povo o que tá acontecendo, pra poder ter um resultado satisfatório em termos de democracia e consciência política. O poder Executivo tinha que dar espaço pra esse garoto que mora na periferia, na favela, no morro dançar, cantar, se divertir, porque ele tem direito ao lazer.

SEMAYAT_ E não ser massacrado, como aconteceu no Baile da 17, em Paraisópolis, no final de 2019.

BROWN_ Eu não vi passeata na rua pedindo justiça para o que aconteceu no Paraisópolis, só lá que teve, mas na sociedade no geral, não. O pessoal ficou quieto. Então é hipocrisia também, Leci. George Floyd teve aquele movimento mundial, e no Brasil todo mundo falou. Aí no Paraisópolis teve nove George Floyd, mas já estava normalizado, a sociedade não protesta por negros brasileiros que moram no Paraisópolis. O George Floyd é um negro americano, foi um absurdo, o cara com o joelho no pescoço dele. E aqui, no Paraisópolis, sem o mesmo glamour, foi normalizado. Esse é o jeito brasileiro de se viver. A morte do negro é normalizada, romantizada.

LECI_ Você quer saber de outra coisa que me incomoda? Se você entra num shopping, numa loja, o segurança vai ficar andando atrás de você. "Algum problema, senhor?" "Não." "Você tá andando atrás de mim por quê?" Isso acontece. E fora o pessoal que apanha de segurança nesses lugares, porque acha que você não tem direito, principalmente quando é jovem negro. Acha que você roubou o tênis. E por quê? É o racismo, cara. Institucional, estrutural, que tem aqui.

BROWN_ Eu já sofri racismo. Apesar de não ser um cara da pele escura, minha melanina me trouxe problemas também. Com dezesseis anos eu trabalhava num lugar em que o meu encarregado era meio avoado, esquecia os vaivém, aqueles envelopes amarradinhos com cordão pra levar documento de uma seção pra outra. Numa dessas, ele esqueceu um cheque em uma das muitas salas que tinha na empresa. E o cheque era aquele que precisa ir ao banco e sacar. A empresa parou. O primeiro a ser chamado fui eu: "Tem como você ir lá no segundo andar?". Aí eu chego lá, tá o investigador do mercado, carecão, pá. Aí eu, tranquilão, comecei a batucar. Ele falou: "Vai batucar na sua casa, pensa que é favela aqui? E já vou falar logo, se foi você que roubou, neguinho, você vai pra Febem* hoje". Foi assim. Aí eu falei: "É, mas infelizmente pra você não fui eu". Tenho certeza que meus colegas não passaram por esse tratamento.

LECI_ Nós não temos direito nem de demonstrar a nossa religião. Toda sexta-feira, eu tô de branco naquela Assembleia. O pessoal: "Ah, você tá de branco?", eu digo: "Hoje é dia de Oxalá, Oxalá é branco, é a paz". "E esse cordão aí?" "Não é cordão, é fio de conta. Sabe o que é?" Não sabe. "E esse barbantinho aí no braço?" "Isso aqui é um contra-egum." "O que é isso?" "Pra afastar os eguns." Você não pode exercer a sua religião, porque eles dizem que é macumba, é feitiçaria, e não tem nada a ver. Até porque a religião de matriz africana acolhe as pessoas, protege. Eu acredito porque tenho razões de sobra para acreditar na religião, nas transformações para melhor que fez na minha vida.

A coisa de todo disco meu ter uma saudação para um orixá na última faixa, eu gravo porque fui orientada. Uma vez fiz por minha conta, e me disseram o seguinte: "Passa a fazer isso". É uma coisa tão certa, tão justa e tão firme que, quando eu, em 1988, gravei um LP chamado *Um beijo no seu coração*, a última faixa era dedicada a Ogum, e eu sou uma filha de Ogum. Foi o meu primeiro Disco de Ouro. Então, quando [os orixás] disseram para mim que eu deveria aceitar o desafio em 2009, e eu aceitei, fui eleita em

* Fundação Estadual Para o Bem-Estar do Menor de São Paulo, atual Fundação Centro de Atendimento Socioeducativo ao Adolescente, Fundação Casa. (N. E.)

2010, reeleita em 2014, reeleita em 2018. A resposta que você recebe é de coisas boas, válidas.

BROWN_ Qual é o seu outro orixá?

LECI_ Iansã.

BROWN_ Ogum e Iansã.

LECI_ Ogum é que me dá essa coisa da luta. O fato de eu ser uma mulher lutadora, de defender. E a parte musical e tal, quem protege e orienta é Iansã. Eu me dou bem com o povo da música, não tenho inimigo no meio musical. Às vezes na música tem muita rixa, mas o pessoal do samba, pelo menos, é unido. Eu sou mangueirense, mas tenho amigos em todas as escolas de samba, e aqui em São Paulo é a mesma coisa.

BROWN_ Aqui em São Paulo qual é a sua escola?

LECI_ Tatuapé. Eu sou a madrinha da escola. Tenho muito carinho pelas escolas, porque sempre fui muito bem recebida. E quando a TV Globo me chamou para fazer comentário, em 2002, procurei fazer a mesma coisa que fazia no Rio de Janeiro. Não estou lá para ficar criticando nem falando mal disso ou daquilo. Eu vejo a coisa boa, o que é lindo. Sempre procuro valorizar uma coisa que não dá para discutir: Ala de Baiana, Velha Guarda, bateria, diretores de harmonia, não dá para você ficar falando contra. Pelo contrário, essas alas são o que é sólido na escola de samba.

BROWN_ Como é a sua visão da parte artística e da indústria do samba no Brasil?

LECI_ Quem gosta de samba vai às rodas, vai aos pagodes, não deixa de prestigiar. É claro que tem gente que vai lá pra beber, pra namorar, pegar a mulher dos outros, aquela confusão toda. Mas o samba tá sempre ali. É a música da alegria.

BROWN_ Você acha que o samba é a música que melhor explica o Brasil?

LECI_ Qualquer lugar do Brasil que você vá tem samba, escola de samba, grupo de samba. Se tem uma confusão, toca um samba e fica todo mundo tranquilo. Tem uma feijoada, um angu, bota um samba. Até porque nós temos um país que tem vários segmentos musicais, e todos têm a sua importância. Por isso você nunca vai pegar um LP meu que só tenha samba.

SEMAYAT_ Segundo o Movimento Paulistano de Comunidades de Samba, aqui de São Paulo, a gente tem pelo menos 150 comunidades de samba. Pra citar só algumas delas: Maria Cursi, Pagode da 27, Samba da Vela, Samba da Laje, Samba do Congo, Pagode na Disciplina. Tem muito mais. E o samba é o lazer em que a gente tem a ausência do Estado.

LECI_ Alguns secretários de Cultura têm dificuldade de entender a importância da cultura popular. E precisa, porque não é só a alegria, mas a economia. Quem mora por ali pode fazer seu pastel, seu bolinho, bota a barraquinha lá e sobrevive com aquilo. O Executivo tem que entender que essas pessoas precisam disso para sobreviver, que o lazer faz parte. E também tem que dar proteção, segurança, para aquelas pessoas poderem viver. Cultura é vida. Não só pro samba, mas também pros outros ritmos que têm referência popular. A pessoa trabalha, mas também quer se divertir. Então eu não entendi quando vários Pontos de Cultura aqui em São Paulo foram fechados. Você tem dificuldade pra comer, pra ter emprego, mas pelo menos areja a cabeça com cultura. Tem tantos coletivos fantásticos em São Paulo, da garotada que está fazendo muita coisa, não só música, ensinando outras artes também, mas alguém precisa botar essas coisas no orçamento, que é para as pessoas poderem exercer o seu direito à cidadania, senão ela não existe.

BROWN_ Bom, só quero agradecer a Leci Brandão por ter trazido seu conhecimento, sua companhia, sua poesia pra gente. Eu te agradeço muito pelo samba que você fez ["Pro Mano Brown"]. Eu também tenho orgulho de ter sido o primeiro a citar seu nome no rap, lá em 1990, 1991, e acredito que foi muito bom trazer você pra perto de nós, só acrescentou na nossa vida.

LECI_ Obrigada, meu filho, que Deus te abençoe. Eu agradeço a você, à nossa jornalista, à sua produção. O que eu quero desejar pra cada um é que Deus dê saúde pra todos e que vocês possam ter muita luz nas caminhadas. O que eu mais desejo pra todo mundo é crescimento.

14 de outubro de 2021

SALGADINHO

"A gente tinha um problema muito grande porque nosso apelido era 'gatinhos do pagode'. E gatinhos pretos, né? Então para o homem negro assumir a sua beleza, assumir que é um cara interessante, não era tão fácil. Hoje a gente fala, pô, símbolo sexual, gatinho do pagode. Nos anos 1980 isso era tabu, nos anos 1990 passou a ser orgulho, porque nós já éramos referência."

RODRIGO SILVA

"Nós, negros, não precisamos exagerar as qualidades do nosso povo para mostrar a nossa relevância."

Mano Brown com Lázaro Ramos (esquerda) e Taís Araujo (direita).

TAÍS ARAUJO E LÁZARO RAMOS

Afeto e raiz

Ícones de uma época. De uma reconstrução da família negra. De um novo imaginário sobre felicidade e dignidade na comunidade negra. Ver uma família negra existir com afeto e visibilidade, sem ser tratada como exótica ou exceção, é algo muito poderoso. Sempre existiu essa ideia de ser impossível furar certas bolhas sendo um casal negro. E aí eles vieram: Taís Araujo e Lázaro Ramos.

No Brasil, a família negra quase virou lenda. Tava nos filmes americanos, na nossa imaginação, no desejo de ver uma convivência negra sem as marcas da dor e da ausência. Não tô falando nem de sucesso, mas de presença. De uma família negra inserida nos lugares. Com afeto e raiz. Sem romantizar, como a própria Taís falou: o amor preto cura, mas só se for saudável.

Taís e Lázaro também estão na linha de frente de uma mudança que tá rolando no audiovisual brasileiro, com a criação de um universo onde atores negros podem se inserir. Mesmo com uma grande população afrodescendente, esse espaço ainda é pequeno em nosso país. Virar referência quando o papo é representatividade e questão social é uma responsa monstra. Lázaro deu bem a letra: de vez em quando cansa, mas não tem jeito, tem que aproveitar o privilégio de ter o microfone.

E tudo isso sem falar no talento! Sem exagero, eles estão entre os maiores artistas do Brasil hoje. Eles têm presença, visão, consciência. Levaram tudo isso pro *Mano a Mano*.

BROWN_ Vamos começar pelo começo. Taís, onde você nasceu?

TAÍS_ Em Duque de Caxias, no Rio de Janeiro, mas nunca morei lá. Morei na Zona Norte, no Méier.

BROWN_ Como é o bairro do Méier?

TAÍS_ Cara, é um bairro clássico da Zona Norte carioca, subúrbio. Era um bairro popular, daquele tipo que tem muito comércio, mas também é muito residencial. Antigamente tinha muitos cortiços, casas, igreja ao lado de centro de umbanda ou de candomblé... Aquela misturada linda que existe no subúrbio carioca. O prédio onde eu morava ficava bem de frente para a linha do trem, aquela que segue da Baixada Fluminense até o centro da cidade.

Eu morei lá até os nove anos de idade. Na minha época, a memória que eu tenho era de brincar muito na rua, colocar cadeira de praia na calçada, muito calor, vizinhos que conviviam bastante entre si. Tenho as melhores lembranças da Zona Norte carioca, por isso tenho tanto apego ao Méier.

BROWN_ E qual é a sua origem?

TAÍS_ Bom, sou filha de uma pedagoga, a Mercedes — uma mulher incrível, osso duro de roer, graças a Deus. Já meu pai se chama Ademir, ele é economista. Um casal de origem pobre, os primeiros que se formaram de suas respectivas famílias. Eu sou a segunda filha deles, tenho uma irmã sete anos mais velha.

Minha mãe foi professora estadual por muitos anos, lembro bastante dela estudando para concurso público. E meu pai tem três faculdades: matemática, ciências contábeis e economia. É um cabeçudo da matemática. Os dois se casaram e depois se formaram. Acho isso um dado importante sobre eles. Construíram uma família e as profissões em paralelo, algo muito difícil.

BROWN_ Lázaro, você é nascido em Salvador, certo?

LÁZARO_ Nasci em Salvador, mas passei a primeira infância numa ilha, a Ilha do Paty. Fica no Recôncavo Baiano, em São Francisco do Conde. Minha família vem desse lugar que, hoje em dia, deve ter uns 250 habitantes.

BROWN_ Fica a quantos quilômetros do continente?

LÁZARO_ Não fica tão distante, está a uma hora e meia de Salvador. Uma hora e meia de carro de Salvador até o Paty, e mais trinta minutos para atravessar de canoa.

BROWN_ Como é viver numa ilha?

LÁZARO_ Cara, eu não tinha muita noção disso. Acho que a minha saúde da infância é ter vivido lá, com liberdade e protegido de vários males. Eu não tinha preocupações além de brincar.

BROWN_ Como o pessoal mora lá? Como é a arquitetura das casas?

LÁZARO_ São casas modestas. É uma ilha de mangue e, na época da minha infância, ainda não tinha energia elétrica nem água encanada, então a água vinha da fonte e a energia, de uma casinha de máquinas. A gente botava óleo na máquina e girava pra funcionar só na hora da novela ou do jornal. Durante muito tempo se iluminavam as casas com candeeiro.

Eu morava com a minha avó, Edith. Mas fui muito cedo pra Salvador, com cinco anos de idade, pra casa de outra mulher muito especial, minha tia-avó Dindinha, que acabou de falecer com 94 anos. Ela saiu do Paty e foi pra Salvador trabalhar como costureira, conseguiu ter uma casinha e começou a levar os sobrinhos e sobrinhos-netos pra casa dela, pra estudarem na cidade.

Fiquei com Dindinha nessa casa por muito tempo, lá foram criadas dezenove crianças, a maioria primos e primas, mas de vez em quando alguém de fora da família deixava uma criança também, e ela ficava lá até voltarem para buscar. Minha família é muito fruto disso, dessa generosidade dos mais velhos e dos que iam ascendendo um pouquinho e abraçando os que ficavam.

BROWN_ Você jogava bola e tal? Gostava de esporte?

LÁZARO_ Ih, eu era péssimo nisso. Só fazia brincadeiras bem lúdicas, de criança mesmo.

BROWN_ E depois de adolescente, fez algum esporte?

LÁZARO_ Teatro! Comecei a fazer teatro quando tinha dez anos, na escola. Depois passei para o teatro do bairro e, mais tarde, fui trabalhar por um tempo no SBT, em Salvador. Então, com quinze anos de idade, entrei no Bando de Teatro Olodum. Foi tudo muito cedo.

BROWN_ Quem foi que percebeu um talento em você, a primeira pessoa?

LÁZARO_ Acho que foi a filha da diretora da minha escola. Eu dizia que era tímido, mas na verdade tinha muito medo.

BROWN_ Medo de quê?

LÁZARO_ Medo do mundo, de me expor, de falar, de não ser querido ou não ser aceito. Por isso eu me calava muito. Na escola, se precisava falar alguma coisa, era mais fácil pra mim fingir ser outra pessoa. Isso acabou se transformando em atuação, de forma intuitiva.

BROWN_ E seus pais, quem são?

LÁZARO_ Seu Ivan e dona Célia. Minha mãe faleceu muito cedo, com 42 anos de idade. Ela era empregada doméstica, e meu pai era operador de máquinas no Polo Petroquímico de Camaçari. Um cara muito responsável e justo. Eu sou um filho do Carnaval, literalmente: um namoro de uma semana durante o Carnaval. Meus pais nunca se casaram, mas sempre tiveram uma relação amistosa.

BROWN_ E você, Taís, quem foi a pessoa que te descobriu? Aquela que falou: "Essa menina é diferente, vamos investir nela".

TAÍS_ Tive dois momentos assim. O primeiro foi com a Monique Evans. Eu frequentava um salão chamado Afonjá, um salão negro, que fazia relaxamento, essas coisas, devia ser um dos pioneiros desse tipo no Rio de Janeiro. Mas a minha cabeleireira saiu de lá e foi para um outro que a Monique tinha aberto. E a gente é devoto de cabeleireiro, né? Então fui um dia nesse outro salão, e a Monique estava lá. Lembro que ela estava se arrumando, com cabeleireiro e maquiador em volta dela, e eu estava com o uniforme do colégio. De repente ela levantou e veio falar comigo: "Vem cá, você não quer ser modelo?". Eu tinha treze anos e ninguém dava nada por mim na escola. Falei, hesitando: "Modelo? Quero, mas não posso parar de estudar...". Acabou que a gente fez um book, ela indicou fotógrafo, maquiador etc.

Foi tudo por acaso, porque os meus pais jamais sairiam de casa pra levar um book meu e me apresentar em algum lugar. Mas dei a sorte de o estúdio do fotógrafo que a Monique indicou ser embaixo de uma agência de modelos. O fotógrafo mostrou as fotos para a Fernanda Barbosa, uma supermodelo na época, que era diretora da agência, então ela me ligou. Eu estava dormindo, era tarde. Ela falou que estava com as minhas fotos e perguntou se eu queria ser modelo, pediu para falar com a minha mãe. Depois a minha mãe ligou pra ela, e assim comecei a trabalhar lá, como modelo.

Em paralelo, comecei a fazer teatro. Antes disso eu era ginasta, fazia ginástica rítmica. A técnica que dava aula na minha escola também era técnica do Marina Barra Clube e selecionava algumas alunas que se destacavam pra levar pra equipe de lá. Acontece que em algum momento ela se mudou para Belo Horizonte, então parei de fazer. Minha mãe dizia que eu precisava fazer alguma outra coisa, e aí decidi fazer teatro. Lá onde eu fazia tinha uma atriz muito conhecida, a Kátia D'Angelo, que foi minha professora na época. Ela dirigia uma peça infantil chamada *Procura-se um amigo* e me chamou para participar. Foi assim que estreei como atriz, no teatro infantil. Depois, essa mesma Kátia D'Angelo me levou pela mão e me apresentou ao Régis Cardoso, que era diretor de uma novela da Rede Manchete, *Tocaia Grande*, que foi onde eu comecei na televisão.

BROWN_ Chegou chegando! Agora, voltando pro Lázaro. Quando você foi morar no continente, foi direto pra Salvador?

LÁZARO_ Fui pra Salvador. Tem duas fases importantes da minha vida, que descrevem bem quem eu sou hoje. Durante um tempo, eu estudava em colégio particular, meu pai bancava. Até que o Collor sequestrou a poupança. Isso fez com que eu fosse pra escola pública. Na época, eu já tinha feito teatro de bairro, então já queria ser ator, mas sem saber que isso era uma profissão. Eu não sabia que era possível se sustentar com isso, só queria fazer aquele negócio pra ser feliz. Comecei a fazer teatro sem nunca ter visto uma peça.

Só que meu pai tinha muito medo de que eu fosse ator, pelas dificuldades de sustento. Ele queria que eu fizesse escola técnica pra conseguir algum trabalho também na indústria do petróleo. Aí ele me inscreveu para o teste, mas eu marquei tudo letra C de propósito, pra não passar. Reprovei e falei pra ele que era apaixonado por patologia clínica...

BROWN_ Você fez isso?

LÁZARO_ Sim, porque fiquei sabendo que no Anísio Teixeira, um colégio público, tinha um curso de teatro gratuito, mas pra participar precisava se inscrever no curso de desenho industrial ou no de patologia clínica. Então eu falei pro meu pai que estava apaixonado por patologia clínica, por fazer exame de fezes, de sangue, de urina... E ele acreditou, coitado. Aí eu me inscrevi e imediatamente entrei no teatro do colégio. Depois entrei no Bando de Teatro Olodum, esse grupo formado por atores e atrizes negros lá de Salvador, o mesmo que faz o *Ó paí, ó*, que virou série e filme.

E aí a minha vida muda. Nossa! Na época eu não sabia que esse negócio de ser artista, de ter um lugar pra expressar a sua voz, era tão poderoso. Ali eu me descobri, e aquele menino com medo, calado, virou outra pessoa. Eu só queria fazer aquilo, mas estava apavorado, até que meu amigo Wagner Moura, que você conhece muito bem, interferiu. Ele tinha saído de Salvador pra fazer uma peça em Pernambuco com o João Falcão, escrita pela Adriana Falcão. Já estavam no elenco Vladimir Brichta, Gustavo Falcão e Karina Falcão, e um outro ator saiu, então Wagner me indicou no lugar dele. Mas eu neguei. Fui pra Fortaleza fazer teatro com o Bando. Wagner telefonou e me falou: "Lazinho, já vivemos bastante em Salvador, vamos ter uma experiência fora pra ver o que a gente consegue conquistar". E eu neguei de novo. Wagner pegou um ônibus, saiu de Recife pra ir a Salvador, me chamou num canto do Teatro Vila Velha e falou: "Irmão, vamos viver essa experiência!". Então me convenceu. Aí eu fui pra Pernambuco, e essa peça mudou a minha vida. Entrei faltando três semanas pra estrear. Ficamos um mês em cartaz em Pernambuco, depois fomos pro Rio de Janeiro pra fazer três semanas de espetáculo. Nesse período, eu fiz teste de atuação pra sete filmes e passei em todos: *As três Marias*, *O homem do ano*, *O homem que copiava*, *Carandiru*, *Cidade de Deus*, *Uma onda no ar* e *Madame Satã*.

SEMAYAT_ A Taís compartilhou numa entrevista algo que se conecta com o que o Lázaro contou sobre a tentativa do pai de fazer com que ele estudasse um curso "padrão", um que trouxesse um pouco mais de estabilidade.

Taís, você também é jornalista e comentou no Roda Viva que seu pai queria muito que você tivesse uma segunda opção profissional. Você disse que foi difícil começar a se dizer atriz, se apropriar disso. Vocês dois têm em comum esse cuidado dos pais, né?

TAÍS_ Sim. Meu pai tinha muito medo, porque a profissão de ator é realmente muito instável. As pessoas acham que todo ator é da Globo, que tem aquele salário garantido etc. Atores da Globo, naquela época, eram cerca de trezentos, e hoje em dia devem ser uns cem, num universo de milhões de profissionais.

Meu pai queria que eu tivesse um diploma, e a minha irmã estava entrando na faculdade de medicina, então tinha uma pressão gigante em mim. E eu perguntei pra ele: "Por que não fazer a faculdade de teatro?". Ele disse que até poderia fazer também, mas que precisava ter outra profissão. Por isso, durante anos, fiz as duas ao mesmo tempo: teatro de manhã e jornalismo à noite, e ainda trabalhava. Mas chegou um momento em que não deu pra conciliar as duas, e eu deixei a faculdade de teatro. Foi um momento em que meu pai mais uma vez interferiu: "Olha, se tiver que deixar algum curso, não vai ser o jornalismo". Então eu terminei a faculdade de jornalismo, mas não a de teatro, infelizmente.

LÁZARO_ Eu quero fazer um comentário sobre isso também. Às vezes, quando se fala dessa escolha entre ser artista ou ter outra profissão, parece que vai ter uma instabilidade, mas aprendi a ter um discurso um pouco diferente. A minha experiência é muito parecida com a de Taís. Depois que eu me formei em patologia clínica, a minha rotina era sair de Salvador às 5h30 da manhã para ir pro interior da Bahia trabalhar no hospital até às cinco da tarde e, de noite, ia fazer teatro. Então eu tinha meu dinheirinho pra me sustentar. Fiz as duas coisas ao mesmo tempo. Às vezes a galera fica num desespero de uma coisa ou outra, e acho importante dizer que existe um meio do caminho, porque o sustento é importante sim, ter dinheiro no bolso, poder botar comida em casa é importante.

Tem uma professora minha, Idalina, que também mudou a minha vida nesse sentido. Teve uma época em que minha mãe estava muito doente, e pensei em largar a escola e o teatro pra ter um trabalho que sustentasse ela. Então, uma vez, fui pra escola decidido que aquele ia ser meu último dia lá. Quando cheguei, a professora Idalina olhou pra mim e perguntou se tava tudo bem, e eu disse que sim, mas ela respondeu de volta: "Não, eu sei que não tá. Não sei o que você tá pensando em fazer, mas não faça, porque existe outro caminho". Isso é o olhar de uma pessoa que tá ali na escola pública observando os alunos o tempo todo, e conhece o olhar da desistência. Ela mudou a minha vida, porque eu decidi não sair da escola. Continuei fazendo teatro e trabalhando no hospital, e a vida foi seguindo.

BROWN_ A minha filha é atriz, estuda muito, se dedica muito, e às vezes vejo ela pensativa a respeito de oportunidades, dizendo que poderia ser melhor e tal. Olhando de fora, eu percebo que, pra atores negros, ainda é preciso criar um universo pra poder se inserir, porque mesmo no Brasil, com uma grande população afrodescendente, não existe esse universo. Talvez isso esteja mudando agora. Eu acho que está.

LÁZARO_ Tem mudança, sim. Mas a gente tem muita sede, né, Brown?

TAÍS_ Tem muita falta. No Brasil, não só na televisão, mas também no cinema e no teatro, se pararmos pra pensar, a gente não tem o país representado na maior parte das narrativas. A coisa tem mudado. Eu já tenho 25 anos de Rede Globo e sei que a coisa tá diferente, mas ainda falta. Acho que faltam criadores negros — essa galera que tá pensando as narrativas, escritores, diretores — com vivências negras. Tem que ter o povo preto representado. Tem um lugar identitário da criação negra que precisa ser mais explorado. E esses profissionais existem, eles estão no mercado, mas precisamos que tenham oportunidades de trabalho.

LÁZARO_ E eu acho que hoje em dia a gente tem uma brecha, porque os contratantes, ainda que muito tarde, começaram a entender que esse é um mercado valioso. As agências de publicidade e as emissoras de TV estão buscando esse caminho. Acho que eles ainda não têm conhecimento total pra falar da gente, pra saber como escalar, onde procurar, que tipo de personagem oferecer etc. Mas talvez o ponto positivo da época que a gente vive seja esse.

Ainda assim, sempre fico com medo de ser um momento passageiro, e foi também por isso que eu mudei minha vida. Estou nesse novo emprego por isso, porque depois de tantos anos trabalhando como ator e diretor — felizmente de forma próspera, com bons personagens etc. —, meu desejo, meu ativismo e minha ambição, pois eu também sou ambicioso, era ter o poder da caneta, de contratar. O projeto é esse. Abrir esses espaços e contar essas histórias, captar esses talentos pra falar de coisas que deveriam estar sendo contadas há muito tempo.

BROWN_ É cansativo responder sobre essas questões sempre? Porque, veja bem, você e a Taís são exemplos de talento. Às vezes acho injusto deixar de falar das coisas que você fazem, da sua capacidade, para ter que falar sobre a questão social, a representatividade. Isso cansa vocês?

LÁZARO_ De vez em quando cansa, mas tem dias que a gente tá malandro. Às vezes você ouve a pergunta e responde outra coisa, finge que não foi isso que perguntaram. Faço isso muitas vezes: quando eu tô de saco cheio, respondo outra coisa. Mas, ao mesmo tempo, é importante falar. A gente tem que aproveitar o privilégio de ter o microfone, é algo muito poderoso, temos que fazer uso disso. Não tem jeito, é a nossa caminhada, é o que estamos construindo, então mesmo nos dias mais cansativos é importante.

TAÍS_ Faz parte do nosso recorte.

BROWN_ E se a gente não aceitar o recorte, como é que faz?

TAÍS_ Eu acho que, enquanto artistas negros, não temos a chance de não aceitar. Fazendo isso, vamos deixar de mergulhar num assunto que é da nossa identidade e que nos faz melhores, inclusive enquanto artistas. Eu não me canso, porque é um assunto tão complexo que não tem resposta única. Enquanto você pergunta, eu estou elaborando. Vou elaborar cada resposta de uma maneira diferente, porque o assunto é muito complexo.

BROWN_ Então, se liga. Agora eu vou tentar me colocar aqui como um diretor de cinema branco. Quando a Taís fala que a gente precisa de pessoas negras pra falar das vidas negras, eu concordo, mas não consigo entender um diretor branco que viva no Brasil e não conheça o povo do país dele, que não saiba estabelecer um papel com um grande ator negro, ou que desperdice talentos porque não sabe como "os negros se comportam". Como assim não sabe? Ele é cego, surdo? Mora na Suécia, na Dinamarca? Onde ele mora? Se à frente dessas produções a gente não tem brancos com sensibilidade suficiente para entender o povo do qual eles também vêm, o que eles estão fazendo lá?

LÁZARO_ Brown, você está muito otimista.

TAÍS_ Ele sabe a resposta, está provocando...

BROWN_ Quero ouvir vocês!

TAÍS_ Cara, essa galera foi criada, como a maioria dos brasileiros, com uma enxurrada de narrativas muito brancas, que tentam transformar o Brasil num país branco.

LÁZARO_ Além disso, qual é a rede de relação dessas pessoas? Quem são os negros que convivem com eles? No geral, só convivem com pessoas que estão trabalhando pra eles, numa relação de serviço. Será que eles têm amigos pretos? Você acha que convivem com pretos no dia a dia, numa relação de igual pra igual? Frequentam os mesmos restaurantes, visitam as casas das famílias? É outra visão de mundo. Tudo bem que você pode pesquisar, isso é válido. Quando vou fazer meus trabalhos como diretor, eu pesquiso o universo que vou retratar, tento me aproximar dele. Mas, muitas vezes, a inspiração primeira vem da sua rede de relações, daquilo que faz parte da sua convivência.

TAÍS_ Vou falar de novela, que é o meu ambiente, em que trabalho há muitos anos. Se vão falar sobre a comunidade judaica, por exemplo, procuram um rabino. Se é uma pessoa branca, católica, ela procura um rabino. Se ela vai falar sobre a comunidade dos ciganos, ela procura um cigano. Agora, se quer falar sobre a comunidade negra, a população branca acha que sabe tudo da gente, e não sabe. Não tem a nossa vivência.

Assim como falei sobre os diretores, os autores, tem uma questão grave que separa as coisas, que é identitária. Quando cheguei na Barra da Tijuca, eu passei anos com vergonha de dizer que gostava de pagode, cara. Porque era coisa de preto, e lá era considerado menor. Pra pertencer àquele universo absolutamente branco, eu tinha que gostar do pop americano. Durante muito tempo neguei a minha cultura negra, que vinha da minha família, da Zona Norte, pra poder pertencer.

BROWN_ Como você negou sua cultura negra?

TAÍS_ Era como falei. Precisava saber inglês, precisava conhecer as coisas dos gringos. E cadê as Alciones? Até então eu só tinha a minha cultura negra, e não exatamente negava, mas só vivia ela quando estava dentro do meu universo, da minha família, protegida. Os meus amigos de escola falavam de pagode, de samba, com desprezo, todo mundo achava menor. E são essas pessoas, as pessoas brancas da burguesia brasileira, que estão com a caneta na mão. Essa galera que vai escrever sobre o que acha que é legal. São eles que ditam qual é a música boa e qual é a ruim. Acho que a internet deu uma pulverizada nisso, uma equilibrada. Mas era essa a galera que estava com a caneta na mão pra dizer o que é bom, o que pertence à intelectualidade ou não.

LÁZARO_ Eu acho que tem um fator histórico aí, Brown, que a gente também precisa considerar. O que estamos negando do Brasil nesses anos todos? Em que momento histórico estamos? Esse assunto não é novo, você mesmo sabe. Nós somos frutos daquela primeira geração de atores da televisão brasileira, que estavam lutando todos os dias, às vezes sem poder falar abertamente sobre esse assunto. Hoje, devemos pensar no que podemos fazer pra representar melhor o nosso país. Tem uma falta gigante aí. O que as pessoas estão falando nas ruas? Como a população negra quer ser vista? Por que as pessoas reclamam quando veem determinada cena numa novela? Porque estão dizendo que aquilo não as representa, que é injusto, que reforça estereótipos, que nega a complexidade delas. Nossa geração tem essa missão. Vamos assumir.

Uma grande maneira de conseguir contar bem nossa história é pesquisar, é se aproximar, é contratar, é dar a voz, é estar nos bastidores e deixar alguém contar aquela história. É o nosso tempo. É importante para o nosso tempo. O Brasil precisa passar por essa transição. Eu não sei o que vai acontecer daqui a vinte ou trinta anos. Talvez eu não queira mais falar desse assunto. Mas esse é o nosso tempo, e eu acho que fazer isso é, inclusive, uma forma de não ficarmos obsoletos: olhar pra realidade do nosso país.

TAÍS_ Acho que o que falta aos criadores brancos hoje é entender que não, eles não sabem tudo sobre a gente, e sim, eles vão ter que contratar a gente pra contar a nossa história. Se quiser contar uma história qualquer que tenha a população negra, vai precisar ter autores negros, diretores negros, produtores negros, equipe negra. Se não, eles vão sempre achar que sabem falar sobre a gente, e aí sempre vai ter crise. Não dá pra ter só um supervisor, um consultor, não é o suficiente, porque até desse consultor pode escapar alguma coisa.

LÁZARO_ E às vezes também é um lugar muito solitário. Eu já vivi isso, sendo o único negro numa equipe de roteiristas. Na hora de puxar a corda, você sempre perde, porque fica cansado. Durante uma época, eu já não me sentia autor, porque não escrevia, só julgava. Ficava limpando, limpando, limpando, contendo crises e danos que poderiam ser causados. Esse lugar também é perigoso.

BROWN_ Eu percebo também algumas cobranças que nós mesmos, a "militância", fazemos em cima do povo negro. Às vezes penso até que não existe povo negro no Brasil, é engraçado. Existe uma população de pele não branca, mas pra falar de povo teria que ter certa unidade, o que eu não vejo aqui. Uma unidade capaz de fazer essa marca de 55% da população virar realmente um fator positivo. Até pela Bahia dá pra tirar algumas conclusões. Quantos políticos negros são eleitos por lá? Você, Lázaro, fez parte de um teatro negro na Bahia, onde tudo já deveria ser negro se levar em conta a porcentagem da população. O Brasil é muito desigual. Alguém que tá ouvindo a gente falar aqui pode dizer pô, Mano Brown, Taís Araujo, Lázaro Ramos, eles são bem-sucedidos, estão na Globo, no Spotify, tão reclamando do quê? Mas não é reclamação.

LÁZARO_ Não e, inclusive, eu tento reclamar muito pouco. Tento olhar pros fatos e falar coisas que façam a gente avançar. Você me perguntou sobre cansaço. Às vezes fico cansado de ficar só diagnosticando, agora estou numa vibe de encontrar saídas. A minha cabeça funciona o tempo todo nesse sentido, e, por mais que eu fale, tento não fazer um vômito de verdades. É só pra gente conversar.

Eu e a Taís somos parceiros em várias coisas, e todas são propostas de conversa, oferecem alternativas. Quando fizemos a peça *O topo da montanha*, inspirada no Martin Luther King, a Taís fez uma personagem que questiona tudo o que ele disse e traz um outro ponto de vista, porque escolhemos essa peça para fazer caminhar, para não ficar só no diagnóstico. Acho que durante esses anos todos nós temos buscado, em tudo o que a gente produz, encontrar essa linguagem. Em primeiro lugar, tem que ser entretenimento de qualidade. Claro que tem assuntos relevantes abordados, mas é entretenimento. Além disso, se for falar das nossas questões raciais e sociais, sempre vamos oferecer uma alternativa. Em *O topo da montanha* é até simples, o que a gente indica é que a alternativa de tudo é o afeto, é saber que eu te afeto e você me afeta. É sobre afetividade, respeito, carinho, amor.

TAÍS_ Nas reuniões para *O topo da montanha*, a gente citava muito dois filmes como inspiração: *O mordomo da Casa Branca* e *Selma*. Quando eu vi *O mordomo da Casa Branca*, eu saí igual um pano de chão do cinema, era um "ai de mim!". Mas eu não queria que as pessoas saíssem assim da nossa peça, pensando: "Que merda de vida". Não. Queria que saíssem querendo marchar, fazer mudança, sendo agentes de transformação, como no *Selma*.

BROWN_ O papel que você está fazendo afeta muito a sua vida pessoal?

TAÍS_ O tempo inteiro. Você sente isso em mim, Lázaro?

LÁZARO_ Nossa... Taís, toda vez que vai fazer um personagem, vira o personagem dentro de casa, em alguma instância.

TAÍS_ Calma aí!

LÁZARO_ Vira, sim, senhora. Se o personagem for mais bélico, você fica mais dura. E se o personagem for mais carinhoso, minha vida vira uma maravilha, um mar de rosas, porque você fica supercarinhosa. Você é essa pessoa.

TAÍS_ Não é que eu vire a personagem, mas eu fico tomadinha...
LÁZARO_ Não, não vira totalmente. Mas você se alimenta disso no dia a dia.
TAÍS_ Lembrei de quando estava fazendo *Amor de mãe*, teve um dia que eu cheguei pra ele e falei: "Estou saindo desta casa!". E deixei ele com as crianças. Era uma semana muito pesada de filmagem, a semana em que a personagem descobre a identidade do filho. E eu saí de casa. Liguei para um amigo meu, dono de um hotel, disse que precisava passar uns dois dias em outro lugar. Virei pro Lázaro e disse: "Tchau!".
LÁZARO_ É muito bonito o processo criativo de Taís. Falando como diretor, uma das coisas que mais me emociona no trabalho dela é justamente essa capacidade que ela tem de se transportar, algo que eu, como ator, não tenho. Eu sou muito racional. As pessoas veem cenas emocionais como as de *Ó pai, ó* e acham que estou possuído e não sei o quê, mas é tudo técnica. Eu não sou o mesmo tipo de ator que Taís. Ela se doa tanto na vida e no trabalho, dá a alma.
TAÍS_ Eu saio exausta... E ele sai inteirinho, só na técnica.
LÁZARO_ Eu aprendi isso num filme com o Wagner, *Cidade baixa*. Com a Fátima Toledo, preparadora de elenco, que você conhece. Tinha uma cena em que o Wagner me apontava uma arma, e durante os ensaios eu precisava tomar a arma e dar uma bronca nele. No meio do ensaio, sem querer, meu joelho bateu na barriga de Wagner, que é meu amigo, meu irmão. E ele veio pra me dar um soco, cara! Eu desviei, e ele ainda tentou dar outro. Então fui pra trás dele, comecei a bater nas costas dele e gritar: "Isso aqui é um filme!". Aí ele começou a chorar, nem dava pra entender o que ele falava, e eu só respondi: "Eu te entendo, meu irmão, eu te entendo".

Esse negócio de separar as coisas é o jeito como consigo trabalhar. Mas invejo muito essa maneira de Taís, queria ter isso.
TAÍS_ O Lázaro também tem outra coisa que eu não tenho: ele é absolutamente concentrado, e eu sou muito dispersa. Em *O topo da montanha*, a gente recebe o público no palco, e eu tô sempre contando uma fofoca pra ele enquanto as pessoas estão entrando. Ele nunca me dá ideia, tá sempre concentrado, olhando pra frente. A minha diversão é desconcentrar ele. Fico o tempo inteiro provocando, provocando, e o cara não sai do trilho!
BROWN_ Sobre essa fita de trabalhar juntos, como é quando surge um cansaço, quando precisa afastar um pouco?
LÁZARO_ A gente é o oposto disso, é o trabalho que nos alimenta. Ficamos muito melhores quando trabalhamos juntos do que quando estamos separados.

BROWN_ E vocês não brigam trabalhando?

LÁZARO_ Não. No passado tivemos um desentendimento, mas...

TAÍS_ Mas não era uma briga, era só um desencaixe. Foi quando fizemos *Cobras & lagartos*. Quando acabou a novela, eu pensei: "Jamais trabalho com ele de novo". A gente até se separou na sequência.

BROWN_ E qual foi a faísca?

LÁZARO_ Eu acho, do meu lado, que na época eu não tinha compreensão do jeito dela de trabalhar e ficava tentando encaixar no meu jeito, queria que ela trabalhasse como eu.

TAÍS_ Ele queria que eu virasse ele.

BROWN_ Deixa eu fazer outra pergunta agora. Quando foi a primeira vez que você ouviu falar dela?

LÁZARO_ Eu tinha ouvido muito pela imprensa. Ainda não tinha visto *Xica da Silva*, mas já sabia quem era ela, admirava muito. E durante a novela *Da cor do pecado*, eu estava na Bahia, assistindo uma cena dela em um camarim do lado de Bruno Garcia, e falei pra ele: "Nossa, que atriz, que mulher incrível, Bruno, vou casar com ela. E vai durar!". Ela não acredita, mas aconteceu.

TAÍS_ Ah, eu acho que isso aí é a maior historinha que ele inventou pra ficar bonito.

LÁZARO_ Quando falei era uma piada, mas depois descobri que tinha um fundo de verdade.

BROWN_ E você, Taís, quando ouviu falar dele pela primeira vez?

TAÍS_ Eu vi ele no teatro, em *A máquina*, e achei um ator interessante. Depois também vi *O homem que copiava*, mas não associei que era o mesmo ator. E aí, quando chegaram no Rio, eles eram meio uma sensaçãozinha, uma modinha, esses meninos que estavam vindo da Bahia. Todo mundo queria namorar eles, e tinha umas conversas de camarim, aquela coisa. O pessoal perguntava: "Quem você acha mais bonito?", aí tinha uma que gostava do Wagner, outra que queria o Vlad e não sei mais o quê. E eu falei: "Olha, eu iria nesse Lázaro Ramos, hein". E aí eu fui.

SEMAYAT_ Meio milhão de pessoas foram assistir a *O topo da montanha*, peça dirigida pelo Lázaro Ramos. Acho que os números mostram o interesse das pessoas por histórias contadas a partir de outra perspectiva. Tem também o *Medida provisória*, filme também dirigido pelo Lázaro e com atuação da Taís, que já recebeu críticas superpositivas lá fora e criou uma expectativa pra chegar aqui. Vale pensar: o que muda quando a perspectiva de quem tá dirigindo também é outra? Além disso, a Taís deu uma declaração recentemente dizendo que a novela *Xica da Silva*, na qual ela atuou lá em 1996, deveria ser refeita, também com uma outra perspectiva. O que poderia ser diferente se essa novela, por exemplo, tivesse sido dirigida por uma pessoa negra, uma mulher negra? Acho que vale a pena falarmos disso.

LÁZARO_ Vou falar do *Medida* um pouquinho. Esse filme começou em 2013 e foi filmado em 2019. Muitos anos de pesquisa. Sempre fiquei reclamando muito sobre como são as histórias com personagens negros e pensando no que eu podia fazer diferente. Com esse processo, tem algumas coisas que agora consigo identificar. Por exemplo, é um filme que tem uma mulher negra como protagonista, uma mulher forte, que não depende do homem para tomar suas decisões e encontrar seu espaço no mundo. É a personagem da Taís. Ao mesmo tempo, é um filme que tem 35 personagens negros, cada um de um estrato social, com história própria. Tem rico, tem pobre, tem quem seja advogado, tem quem seja militante. Porque eu queria mostrar que nós, negros, temos dores e alegrias que nos unem, mas também temos direito à individualidade. Isso está no filme. Através dos profissionais negros que participaram, o filme tem uma assinatura muito única em vários aspectos. O figurino do Alex Brollo traz uma coisa que eu não encontrei com outros figurinistas. A trilha foi feita pelo Rincon Sapiência junto com o Kiko de Sousa e o Plinio Profeta. Tem uma identidade, uma sabedoria, um caminho. Estou doido para as pessoas assistirem. A gente já exibiu em mais de trinta festivais e recebemos boas críticas em todos. O filme aborda assuntos que, a princípio, parecem ser só do Brasil, mas que atingiram o coração das pessoas pelo mundo por ser algo novo, um sabor novo. Esse é o trabalho que estou a fim de fazer.

SEMAYAT_ Taís, acho que vale a pena você falar um pouco sobre essa mudança de perspectiva que ocorreu desde 1996, da época de *Xica da Silva*, de *Tocaia Grande*. Como você, como mulher negra, a primeira Helena negra em uma novela do Manoel Carlos, vê o modo como essa representação mudou ao longo do tempo? E o que acha que ainda precisamos fazer?

TAÍS_ Tem uma evolução, com certeza, mas acho que essa evolução não vem da benevolência de quem, ainda hoje, está com a caneta e o dinheiro na mão. Acredito que isso vem de uma demanda dessas mulheres negras, do cansaço com essa sub-representação em todos os lugares. O cinema brasileiro é uma vergonha, nesse sentido. É um ambiente de homens brancos dirigindo, e depois mulheres brancas. Até contam algumas histórias, tem muita coisa negra no cinema, sobretudo da década de 1990 em diante, mas, se você conferir, praticamente não tem história de mulheres negras. Se não tivermos diretoras negras trabalhando pra contar as nossas histórias, elas não serão contadas. É aquilo que a Viola Davis falou naquele discurso do Oscar. Vamos desenterrar essas histórias, tem muita coisa pra ser contada, gente. Muita história que foi negada, invisibilizada. Se mudar o ponto de vista, já temos uma história inédita. Tá caminhando bonito, mas ainda falta muita coisa. E quanto mais a população demandar, mais quem está com a caneta e com o poder vai ter que abrir esse espaço.

LÁZARO_ E é demanda de mercado. Às vezes, quando se fala nisso, parece que é reclamação, "mimimi", que a população negra está reclamando de barriga cheia. Mas é demanda de mercado. Isso vai gerar dinheiro, emprego. Tem gente querendo assistir isso. É oportunidade de negócio. É um mercado gigantesco e que ainda estamos começando a alcançar. Ninguém sabe aonde pode chegar.

TAÍS_ Quando eu era adolescente, lá na Barra da Tijuca, lembro que fui com a galera do condomínio ao cinema pra ver *Boyz n the Hood* [*Os donos da rua*]. Eu e todos os meus amigos brancos. Quando acabou o filme, ninguém tinha entendido, tinham achado ruim. E eu saí completamente encantada com o filme, que fala sobre uma realidade negra norte-americana, não é nem brasileira. Porque tem um ponto de encontro ali. Por mais que eu não seja uma negra norte-americana, tem um lugar ali que é meu, saca? E não é daquela galera que estava ali assistindo comigo. E é nesse lugar que está o que o Lázaro fala, essa oportunidade do mercado. Não é à toa. Quando a gente vê uma Viola Davis, uma Regina King, quando eu vejo uma Cris Vianna, uma Valdineia, tem um lugar ali que eu, também enquanto espectadora dessas mulheres, ainda acho inédito. E ainda quero explorar. Esse lugar me diz muita coisa, e eu quero conhecer mais desse lugar. Tem uma lacuna que precisa ser preenchida. Eu leio muitas mulheres negras hoje em dia, e vejo algo meu, me sinto pertencente. É quase um reencontro, de olhar e pensar: "Caraca, achei uma coisa com que eu me identifico e que não vi até hoje". Assim vou me encontrando com os meus. É uma necessidade de formação identitária.

BROWN_ A família de vocês é muito admirada no Brasil. Uma família negra que contraria um jeito de viver brasileiro. A gente não vê famílias negras unidas. Nossas famílias são separadas na raiz. Dos entrevistados que trouxemos aqui, muitos cresceram sem pai. Eu sempre começo perguntando, principalmente quando o entrevistado é negro, sobre as raízes, a infância, porque se o cara tem pai e mãe é uma coisa, e se não tem é outra. A gente vai vendo no decorrer da história as tropeçadas que o cara dá por não ter o pai na vida. Os que têm chegam mais longe, isso é fato. Se o branco precisa de tradição, de família e de propriedade, o negro também precisa.

Num ponto de vista do homem negro... E vou falar do homem mesmo, não da mulher, porque a mulher sempre segurou a onda. O homem negro, pela condição de foragido eterno, de proibido, é flutuante, não conseguimos ser fixos nas nossas casas, na nossa família. Então eu noto que muitos dos nossos não têm um pai dentro de casa, mas também sei dos motivos que levam a gente pra rua. Você sente isso, Lázaro?

LÁZARO_ Sinto, sinto muito. Mas preciso falar, Brown, que essa não é a minha experiência. Eu acho que fui salvo pelo tipo de família que tive. Como falei, os meus pais nunca foram casados, eu não tenho essa imagem dos dois dentro de casa, mas, ao mesmo tempo, nenhum dos dois foi ausente. A minha mãe tinha aquela vida de empregada doméstica, de segunda a sábado na casa dos outros, criando filhos de outras pessoas, mas o momento que ela estava comigo era muito intenso, eu me sentia cuidado. Meu pai não morava com a gente, ficava na casa de Dindinha, mas é um cara que nunca deixou me faltar nada. Ele não tinha um repertório de gestos de afeto pra oferecer, não era um cara de abraçar, de beijar. Era fechado, sisudo, mas nunca deixou faltar nada.

BROWN_ Você é mais carinhoso do que ele?

LÁZARO_ Muito mais, faço questão. Acho que a gente encontrou um lugar muito importante de, hoje, depois de adulto, conseguir demonstrar carinho, afeto, ligar, conversar, abraçar. Às vezes ainda tem uma coisa formal, mas é um caminho que estamos encontrando, e talvez por isso eu fale tanto sobre como é bom ser pai. Hoje em dia eu fiz a ponte para uma outra coisa, eu quero falar de como é bom ser pai, de como é bom abraçar seu filho, dar conselho, demonstrar afeto em público. É inspiração. É a tentativa de inspirar uma lacuna gigantesca que nós temos, pois esse lugar muitas vezes parece que não nos pertence. A luta é essa, mesmo sabendo que a realidade da maioria das pessoas não é. Eu sei que a quantidade de homens que não registram os filhos no país é gigante, é uma vergonha.

Eu sou um cara que tem acesso a muitos direitos — não digo privilégios, mas isso é outra discussão. E saber que você não vai dar conta de tudo, não vai resolver todos os problemas, às vezes traz uma frustração grande, então estou tentando aprender a celebrar as "pequenas alegrias da vida adulta", como diz o Emicida. Porque, se por um lado sou otimista, enxergo uma direção, por outro me entristece muito ver que existem pessoas que não têm outro caminho, e talvez nunca tenham. Que sequer sabem que têm o direito de sonhar, que não sabem que têm o direito de receber um abraço, ou de dar um abraço — e, se parar pra pensar, no final das contas, é o caso da maioria das pessoas, que não têm voz, não são escutadas por ninguém. Às vezes encontram isso na igreja, no terreiro, em algum grupo assim, mas no dia a dia vivem massacradas. Lidar com isso, pra mim, já foi muito difícil, e hoje estou num outro estágio, tentando celebrar os pequenos passos, e por isso não vou falar em pessimismo. Mas é algo que às vezes nos puxa para trás.

SEMAYAT_ Eu lembro o momento em que eu vi a propaganda de vocês como uma família preta, ou um casal preto, na televisão. E a falta que isso representa, ainda mais para a mulher negra, esse lugar do afeto, do carinho. Não só nesse sentido romântico, mas também de construção. Tem uma frase que usam muito na internet, "amor preto cura", e eu queria lançar essa pergunta pra vocês. O amor preto cura?

TAÍS_ Olha, o amor preto facilita muitas coisas. Já que estamos falando de identidade e pertencimento, o primeiro ponto é que você não tem que ficar explicando pra pessoa coisas que ela jamais vai entender. Mas quando alguém fala "amor preto cura", é só uma frase, sabe? Cura se for um amor bom. Senão, adoece. E aí vai depender de cada relação, não dá pra generalizar. É perigoso pegar uma frase como essa e colocar como verdade absoluta. Relação é relação e depende das pessoas que estão envolvidas. Então acho que o amor preto cura quando faz bem, engrandece, é de troca, respeito e cumplicidade. E nem todo amor é assim — nem preto, nem branco, nem misturado. Às vezes você acha que está numa relação amorosa, e na verdade está numa relação abusiva. A gente tem que questionar tudo, até as frases bonitas, pra não cair numa cilada.

BROWN_ Essa fechou o papo, hein!

LÁZARO_ Pô, benzão.

TAÍS_ Fechei, gente.

BROWN_ Taís Araujo e Lázaro Ramos, presença mais que especial. Inteligência negra a serviço do povo brasileiro e do mundo. Muito obrigado.

4 de novembro de 2021

“A gente precisa tomar cuidado com essa frase, ‘A favela venceu’. Eu, enquanto representante da favela, será que eu venci mesmo? Me questiono também. Aí eu volto para o coletivo, eu só vou vencer mesmo quando todo mundo vencer. Não consigo ser um cara completo sem que todo mundo também seja.”

DEXTER

PRETO ZEZÉ

“Eu fico observando essa dificuldade que a gente tem de falar de nós, principalmente os homens. Isso tem a ver com as violências sofridas na nossa infância, com as nossas escolhas afetivas, com a nossa ideia de beleza, de tesão, com a nossa fragilidade nas relações conjugais. A gente resiste em falar de psicanálise, terapia, mas é isso que vai nos ajudar a reconstruir os cacos e enfrentar tudo isso.”

IGOR 3K

"Tem muita coisa que a gente não sabe nesta vida, e é sempre maneiro conversar com as pessoas para entender o outro lado. É importante que as pessoas entendam que é possível não concordar 100% com alguém e ainda assim ter uma conversa civilizada."

FLÁVIA OLIVEIRA

"Economia: um, é coisa de mulher; dois, é a vida da gente. Só que a forma como o noticiário econômico é apresentado afasta o brasileiro comum, que sofre profundamente as consequências de todos os fenômenos econômicos. Tá desempregado? É economia. Tá procurando trabalho, tá sem carteira assinada ou vive de bico? Todos esses fenômenos são abordados sob a ótica econômica, ou são conceitos econômicos. Inflação, subiu o preço do feijão, do arroz, do leite, do óleo de soja... é economia!"

SHURE

Talento nato

Desde o começo da conversa, ficou evidente: Gloria Groove é uma artista completa. Daquelas que carregam uma história forte por trás da presença. Ela vem de uma família artística, do mundo da música e dos palcos. Dá pra sentir isso no jeito, na entrega, na segurança e na presença.

Valorizo muito conhecer a essência das pessoas para além da carreira. E naquele papo, vi inteligência, generosidade, humildade e carisma. Uma potência que se mede não só pelo sucesso, mas pelo impacto.

Gloria Groove é inspiração para uma geração inteira, e me fez pensar, como artista, no quanto é importante ser referência pra quem tá vindo. A trajetória dela é isso, é acrescentar.

E exala talento. Cantou ao vivo, sem tempo pra aquecer. Arrepiou quem estava no estúdio. Foi impressionante. Não é pra qualquer um, isso é talento nato.

GLORIA GROOVE

BROWN_ Você é natural de onde?

GLORIA GROOVE_ Da Vila Formosa, na Zona Leste de São Paulo.

BROWN_ Conta um pouco da sua família, da sua formação artística.

GLORIA GROOVE_ Do lado da minha mãe, eu sou da quinta geração de artistas. Meus avós se conheceram no circo. Meu avô era acordeonista e pianista, e minha avó fazia força capilar, ou seja, era aquela mulher que é suspensa pelos cabelos e faz acrobacias no ar.

BROWN_ Seu avô fazia som ao vivo? Tipo a sonoplastia ali pro palhaço cair?

GLORIA GROOVE_ Isso! Todo aquele *póimmm*! No circo, ele era o Meninão, e ela, a Gina Russo. Minha mãe se chama Gina por conta do nome artístico da minha avó. Quando eu nasci, minha mãe era backing vocal do Raça Negra. Eu nasci em 1995, o auge da banda. Então eu sambei diretamente do útero, porque minha mãe fez show até não dar mais. A partir dos meus seis anos, ela quis recuperar o tempo que não teve comigo na primeira infância, por estar ralando muito — o drama do pai e da mãe artistas, não é sempre que você tá num aniversário, numa data importante na escola. E pra ela fazia muita falta, pra mim também. Foi aí que eu comecei a trabalhar, e ela mudou de profissão: passou de artista pra mãe de artista. Comecei pela porta da publicidade, fazendo tanto comercial na televisão quanto gravando publicidades cantadas. Também fiz teatro.

BROWN_ E com seis anos de idade já tinha afinação, cantava bem?

GLORIA GROOVE_ Cantava afinadinho, já era muito bom. Entrei no coro da Tia Sara, uma pessoa do meio que minha mãe conhecia, e a gente era contratado pra gravar jingles. Depois, com uns sete anos, eu comecei a ir no Raul Gil. E assim comecei a trabalhar.

BROWN_ E qual era a sua inspiração nessa época?

GLORIA GROOVE_ Minha primeira diva foi a Mariah Carey, depois o Usher, que é minha maior referência de dança — aí, claro, minha mãe me explicou que o estilo de dança dele vinha do Michael Jackson, do Prince. Apesar de ter trabalhado no pagode nos anos 1990, na época que ela cantava na noite era muito forte a escola do pop romântico dos anos 1970 e 1980. O repertório da minha mãe dentro do carro é Alpha FM, Antena 1... sabe? Então a minha escola é essa também. O meu nome é Gloria Groove porque minha mãe já foi vocalista de duas bandas com Groove no nome e porque o nome dela é Gina Garcia, iniciais GG. E eu sabia que o meu nome drag tinha que ter as iniciais dela. Aí puxei o Gloria, por conta de uma banda da minha mãe que cantava Gloria Gaynor.

BROWN_ Já fui no show da Gloria Gaynor numa casa aqui em São Paulo, inclusive. Eu acendi um baseado e em uma fração de segundo o ar-condicionado levou para todos os espaços possíveis. Mas deu tempo de curtir o show. Showzaço!

GLORIA GROOVE_ Ela é demais. E Gloria vem também do contato com a igreja evangélica, porque eu tive passagem por esse espaço, sempre dando "glória!", né?

BROWN_ O nome, a força das palavras ajuda?

GLORIA GROOVE_ Glória não é só um nome, é uma sensação. Para as pessoas é um nome feminino, mas pra mim é uma sensação de glória, um grito de glória, uma coisa que você sente. É assim que eu me sinto como alter ego, não como criador.

BROWN_ Como é essa coisa do alter ego? Eu ouço falar, mas não sei.

GLORIA GROOVE_ Mano Brown é um alter ego, total. É o canal que você cria pra se comunicar com seu público, uma plataforma. Acho que essa é a relação que eu tenho com Gloria Groove, que envolve, sim, a arte drag, mas envolve várias outras coisas também. Falo isso não porque pretendo parar, como muita gente acha, mas porque tenho muitos sonhos a serem realizados. A Gloria Groove é uma construção que não me caracteriza ou me restringe.

BROWN_ Gloria Groove é um personagem imortal ou ele pode deixar de existir, pode nascer outro?

GLORIA GROOVE_ Tipo o P. Diddy, que também é o Puff Daddy... Ou o Snoop Dogg, que agora é Snoop Lion. Tipo o Kanye, que mudou o nome pra Ye. Tem muitos artistas que entram nessa onda de mudar o nome, né? No meu caso não é tanto sobre o nome. A Gloria Groove já saiu do meu controle. É uma criação que vai ultrapassar o tempo, mas não acho que vai ser esse o meu formato de adquirir prazer artístico pra sempre.

BROWN_ Mesmo porque você é um cara que tem talento em muitas coisas desde cedo, como dublador, por exemplo. Como é isso?

GLORIA GROOVE_ Cara, a dublagem entrou na minha vida meio que anexa a essa porta da publicidade cantada, porque a Tia Sara começou a trabalhar com isso e percebeu que existiam pouquíssimas crianças nesse mercado, aí o coro passou a trabalhar primeiro com dublagem cantada, depois falada.

BROWN_ Você precisou estudar, ou isso foi uma coisa intuitiva?

GLORIA GROOVE_ Foi na prática mesmo, como tudo na minha vida. Sempre me jogando na experiência primeiro. E com nove anos já estava aprendendo ali, com os grandes diretores da época. Naturalmente, aos treze anos, meu trabalho já estava num *flow* diferenciado. Foram dezessete anos dedicados à dublagem, da pré-adolescência até a vida adulta.

BROWN_ Era legal quando o filme ia começar e aí vinha: "Versão brasileira, AIC, São Paulo". Tá valendo, agora apita o árbitro, começa o filme. Você tem vontade de ingressar na carreira de cinema?

GLORIA GROOVE_ Muita. Mas falta tempo, e falta também uma ideia, uma sacada boa que faça valer a pena focar a energia. Eu quero me explorar de diversas maneiras. Cinema pra mim é apelo visual e poético, né? A Harley Quinn pra mim é a melhor de todas as personagens, amo demais. A música da Drik, comigo e com a Karol [Conká], que entrou no *Esquadrão Suicida 2*, é muito da hora. Aliás, eu que sempre fui fã da Karol, quando conheci melhor vi que ela era muito mais legal do que eu imaginava.

SEMAYAT_ A Karol foi a primeira convidada do *Mano a Mano*. E falou sobre o cancelamento que ela viveu. E "A queda", que você acabou de lançar e já está com números altíssimos, fala sobre essa cultura do cancelamento.

GLORIA GROOVE_ A música fala muito disso, e vem da minha impressão de como o ódio afeta a trajetória e o desenvolvimento artístico, trazendo também as poucas experiências que tive com isso. Não é o ódio que interessa, mas o que você faz com ele.

BROWN_ Esse cabelo, esse óculos, toda essa roupa que você tá usando hoje aqui lembra o Elton John jovem. Mas o Elton John era mais brancão, inglês, né?

GLORIA GROOVE_ Inglesão.

BROWN_ Quanto à raça, você se diz o quê?

GLORIA GROOVE_ Lá fora eu senti isso de um jeito diferente. Mas, no Brasil, sou lido como uma pessoa branca. Aqui a gente fala disso como tonalidade de pele, mas quando um norte-americano fala "*white person*" ele tá falando de um conjunto de acontecimentos e causas sociais que faz o cara ser lido como uma pessoa branca. No Brasil a gente fala "aquele branquinho" — o mais claro da turma.

BROWN_ Pode ser um pardo.

GLORIA GROOVE_ Isso. Meus pais são pessoas claras. A pessoa negra mais próxima de mim é a minha avó por parte de pai. Meu pai é tipo o Drake, tem aquela cara.

BROWN_ Certo, *light skin*. Você gosta de dança, né? Sabe aquele clipe do Drake, que no final ele vai tentar rachar com o Chris Brown e aí o Chris Brown fala assim: "*Hey, light skin together*", "os pardos têm que se unir"?

GLORIA GROOVE_ Sei! Você vê como o tema fenótipo muda de país pra país. E como o Brasil é um quintalzão da miscigenação no mundo, acho que, conforme as temáticas vão chegando, a gente vai tentando se adequar, e tem esse perigo de a gente pautar a nossa conversa a partir do ponto de vista norte-americano. Acho que isso pode atrasar mais o nosso lado da conversa. Mas eu vejo a tensão que se cria por conta de eu ser socializado como uma pessoa branca e meu trabalho ter inúmeras referências pretas. Percebo onde isso mexe, mas acho que ninguém é uma coisa só. Não acho que as referências pretas me definem, nem que eu não tenho referências fora disso. Sou mais adepta do "*show, don't tell*". Prefiro fazer e mostrar aonde quero chegar.
BROWN_ A minha professora de inglês é filha de nigerianos, caribenhos, mora em Londres. Ela falou: "Não importa o tom da sua pele, importa o quão útil você está sendo para essa causa". Ela é uma negra retinta que vê de uma forma muito democrática isso, acha que ninguém é obrigado a fazer o que não quer por causa da cor que tem.
GLORIA GROOVE_ Pouco importa onde você se enquadra ou como você se autodeclara, mas sim como você usa o seu privilégio e a posição que ocupa pra fazer a discussão andar.
BROWN_ Qual é o seu privilégio, por exemplo? A sua inteligência?
GLORIA GROOVE_ Meu grande privilégio é a estrutura familiar. O que a minha mãe foi pra mim, de incentivo ao meu talento, de rede de apoio.
BROWN_ Isso não deveria ser um privilégio.
GLORIA GROOVE_ Deveria ser o básico. E é o meu primeiro privilégio.
BROWN_ Isso é o Brasil. Quando você tem pai e mãe, é privilégio.
GLORIA GROOVE_ Mas meu pai não tava ali. Minha mãe poderia muito bem ser somente a minha rede de apoio, a provedora, mas ela era a minha principal referência, a minha diva. E fez esse papel em tempo integral e pelos dois. Isso, sim, é uma coisa que me define e me caracteriza, que mostra o que vai ser a minha vida e a minha identidade daquele momento em diante. O amor que a minha mãe teve por mim e tudo que ela me possibilitou. Só de estar ali, só de falar "vai", de impulsionar tudo que eu era capaz de fazer. Meu avô, que era músico, pianista, conhecido na noite, foi aceitar a minha mãe como cantora depois de ela já ter seus trinta e poucos anos. Então ela fez comigo o que ele não fez com ela.
BROWN_ Ele era pianista e não aceitava o fato de a filha ser cantora.
GLORIA GROOVE_ É machista. Foi difícil pra minha mãe conseguir fazer o meu avô, a grande referência musical dela, entender qual era o sonho dela.

E ela projetou todo esse amor, todo esse apoio em mim, na minha trajetória, na minha vida, na minha educação. E o que eu sou capaz de fazer hoje é resultado dessa aposta dela.

BROWN_ Você é um jovem com essa versatilidade: canta, atua, dubla, dança. Você entende que às vezes o Brasil é um país que subutiliza os seus jovens?

GLORIA GROOVE_ Acho que a gente tem que começar a retomar o bom na nossa geração, porque, pelo andar da carruagem, a geração que vem aí, os que estão saindo da pré-adolescência, estão pegando um residual de um clima muito tenso, socialmente falando. Eu fico pensando na molecadinha que perdeu o terceirão, que perdeu o segundo ano do ensino médio, quanta vida essa galera queria ter visto... Fico preocupada com a saúde mental, com a integridade física dessas crianças, elas estão buscando escapismo em muita coisa que não precisa.

BROWN_ Gostei da palavra "escapismo".

GLORIA GROOVE_ A galera tá se drogando muito. O que tá acontecendo? Quando eu tinha essa idade, não era esse o meu rolê. Então pra mim acaba assustando um pouquinho perceber que tem uma galera que deposita toda a expectativa da diversão da noite nisso. A galera tá doente, tá mal, e um pouco perdida, naturalmente, com tudo que a gente tá passando como humanidade. Quando você falou que o jovem tá sendo subaproveitado, subutilizado, eu pensei no que a gente pode fazer pra mudar isso.

BROWN_ Por exemplo, semana passada eu estava de frente com a Ludmilla, uma mulher jovem, vinda da periferia, e fico pensando: se não fosse a música, se não fosse o funk, o bailinho que ela começou lá na comunidade dela, a luta sozinha contra o mundo, como ia ser? Ela veio disso. Como foi a sua luta?

GLORIA GROOVE_ A arte drag mudou a minha vida e a minha perspectiva. Antes eu não tinha certeza de qual era o meu texto, a minha luta. Eu me preocupei em estudar pra entender onde eu me situava nesse rolê. Quem sou eu na fila do pão, chegando agora? A drag queen é uma figura milenar que se origina na Grécia antiga, nos primórdios do teatro, quando os homens tinham que representar mulheres porque elas não podiam subir ao palco. A origem é bem machista. Depois acaba se estabelecendo como uma das grandes formas de expressão artística e evolui pra uma conversa com a cultura pop, e essas culturas passam a se retroalimentar. Pra quem tá lá na América do Norte, começa com essa cultura de se apresentar no salão, que tá retratada na série *Pose* e no programa da RuPaul, que é a maior drag queen do mundo hoje. Depois vem aquela cultura de fazer dublagem, que ficou muito popular nos anos 1990. A cultura drag vai dando saltos exponenciais com o passar do tempo, salvo em épocas em que questões sociais afetaram demais o desenvolvimento da cultura. Nos anos 1980, por exemplo, estavam vindo várias paradas legais, o mundo tava começando a entender a arte drag, tinha uma vibe de glamour...

BROWN_ Mas tinha uma brutalidade também.

GLORIA GROOVE_ Tinha uma brutalidade muito grande. E que se agravou com o estouro da aids. Aí o preconceito, que já existia antes, se transformou numa sombra associada a algo mortal. A Pabllo ou eu, que nem estávamos lá, lutamos contra esse preconceito até hoje, virou uma sombra sobre todas nós.

BROWN_ Não é uma doença que se escolhe.

GLORIA GROOVE_ Nunca foi. E hoje a gente tem controle sobre isso. O Brasil é referência no tratamento da aids. E, pra mim, foi muito impactante entender a dimensão que esse acontecimento teve na trajetória artística e social da nossa comunidade.

BROWN_ Você é casado, né? Isso mostra muito do seu perfil, um cara de família.

GLORIA GROOVE_ Ah, eu não sei, eu sempre sou a piranha dos meus relacionamentos.

BROWN_ Mas você leva a sério o casamento?

GLORIA GROOVE_ Ai, levo, mas eu tenho medo dessa caixinha: "Olha, família brasileira, me amem porque eu sou um gay comportado".

BROWN_ Não, lógico que não. Mas muito do preconceito se atribui por isso, você até falou de aids.

GLORIA GROOVE_ Muitos dos preconceitos que atribuem a nós têm a ver com o mito da promiscuidade. Eu entendo isso, e vejo como nos afeta. Só que a preocupação e o foco não são fazer de tudo pra ir contra esse estereótipo. Se a pessoa acha que isso é uma coisa que me define, desculpa, mas o problema tá nela. A sexualidade tá aí pra ser explorada e vivenciada fora dessas caixinhas de comportamento. Eu não acho que tenho que ser um exemplo em como eu exerço a minha sexualidade.

BROWN_ Nem oito, nem oitenta.

GLORIA GROOVE_ Equilíbrio é tudo. Um café, um baseado; acalmar e acordar. Não adianta você sair de uma caixinha pra entrar em outra. Me interessa um respeito que é coletivo e que me inclui na discussão como ser humano, pra eu ficar cada vez mais confortável em sociedade, cada vez mais tranquilo, sentir que aquele espaço é cada vez mais meu. Não me sentir o bichinho estranho.

BROWN_ Dar continuidade é o que importa. Eu lembro quando a Rita Lee começou a fazer músicas contestando a política nas músicas. Tudo tinha ficado muito politizado mesmo, mas era o efeito de uma luta.

GLORIA GROOVE_ Assim que adentrei o cenário drag, eu investia na Gloria Groove o dinheiro que fazia durante a semana trabalhando em dublagem. Então sabia o nível do investimento só pra sair bonita, alguém me ver e falar: "Quem é você?", e eu dizer: "Gloria Groove". Sabia o quanto tinha custado estar ali.

Eu tinha o meu trabalho rolando na parte da tarde, e que ia continuar rolando, mas e as gatas que fazem só isso? Que vão lindas e maravilhosas fazer a festa acontecer? As drags estavam trabalhando em absolutamente tudo: na porta, como hostess; na pista, animando no DJ set e na performance; servindo. Sem elas, a festa não acontece, mas o dono da festa jamais vai remunerar do jeito que paga os artistas que chama de fora pra se apresentar. Então, que merda está acontecendo? Eu tinha acabado de chegar numa cultura e já percebia o nível de injustiça relacionado à grana que rolava ali, e comecei a falar sobre isso nas letras.

Foi nesse momento que o compositor chegou, porque antes da Groove eu não escrevia os bagulho. Tive que olhar no espelho essa persona muito louca, pautada no universo feminino, que me fez libertar a gay afeminada que reprimiram quando eu era criança, juntar com tudo que eu já tinha virado até aquele momento e transformar esse caldo num acontecimento artístico. Aí que o Daniel compositor chegou, no momento em que as coisas começaram a fazer sentido. O fato de poder escrever com o pronome "ela" me dava liberdade, eu não precisava mais sentir desconforto ao falar sobre atração sexual por meninos, não tinha mais problema falar sobre as minhas vontades e os meus sonhos. E aí, com a chegada do alter ego, abriu-se uma caixa de temas que eu poderia explorar.

Um deles era essa injustiça. Tudo bem, eu sabia que era esse o bagulho que ia fazer. Mas como ia ser? O que ia garantir o meu destaque? Aí é que entra o rap. Peguei todas as minhas referências no hip-hop, as minas que eu gosto: a Lauryn [Hill], a Erykah [Baduh], a Nicki [Minaj], e fiz essa figura que não é nem muito feminina, nem muito masculina, foi assim que entrou o rap na jogada. É uma ferramenta com que talvez eu consiga falar da realidade, mas também com um tom de sarcasmo, tirando uma onda de ser bonita, gostosa e ainda falar sobre os bagulho que importam, da realidade da galera que já estava aqui antes de eu chegar. Assim nasceu *O proceder*, meu primeiro álbum.

BROWN_ Esse nome é forte. Qual foi a ideia pra trazer ele?

GLORIA GROOVE_ Eu queria algo que mostrasse quem sou eu quando você aperta a minha mão, um conceito a que eu ia me referir pro resto da minha vida como o meu proceder, "é daqui que eu venho". As ideias desse álbum marcam a origem das minhas ideias artísticas, o nascimento do alter ego, de quando eu me senti confortável com a caneta. É o meu proceder, o fundamento.

BROWN_ A sua música "A queda" já é um sucesso, caiu no gosto da massa. Dichava a música um pouco.

GLORIA GROOVE_ "A queda" começa assim: "Respeitável público, um show tão maluco esta noite vai acontecer aqui, a gente vai armar um circo". Eu me coloco no picadeiro que tá apresentando esse circo dos horrores. Aí eu falo: "A gente vai armar um circo, um drama com perigo, e nessa corda bamba quem vai caminhar sou eu". Ou seja, tô chamando a pessoa pra ver um show de horrores no qual quem vai correr risco é a minha própria pessoa. Eu sou ao mesmo tempo o que panfleta sobre o drama e o que vai viver esse drama.

BROWN_ Você cantou agora aqui. E essa afinação instantânea que você tem, vem de estudo ou é intuitivo?

GLORIA GROOVE_ É uma combinação de estudo e de cantar. Acho que cantar é estudo, e eu canto sempre as coisas que eu gosto.

BROWN_ Durante a pandemia, como você fez pra manter a sua voz sem shows?

GLORIA GROOVE_ A minha voz estava mais acessível a mim porque tinha menos períodos de exaustão, então foi bem mais fácil ter esse controle.

BROWN_ E pra manter a mente ativa na pandemia, o que você fez?

GLORIA GROOVE_ Eu fiz o *Affair*, que foi meu EP visual de R&B. R&B é música romântica, né? Essa música que puxa a referência do pop romântico, americanizado. Eu acho que é um estilo que vem amarrando meu gosto musical desde a infância.

BROWN_ Sabe o que é louco? Apesar de a estas alturas parecer americanizado, eles pegaram muito da nossa música pra fazer esse R&B que fazem hoje. Os produtores desses caras todos beberam na música brasileira — Ivan Lins, Milton Nascimento, Jorge Ben.
GLORIA GROOVE_ Sim! E tem o pagode, né, que é o nosso R&Bzão. A gente é referência lá fora pro jeito de fazer a progressão, os intervalos, as coisas que a bossa nova sugere.
BROWN_ É uma troca. Às vezes a gente encontra os caras que são mais puristas, ou nacionalistas, e falam: "Vocês estão imitando os americanos". Mas, peraí, o samba tem uma mãe polonesa, um pai africano; forró é uma música inglesa que os caras trouxeram durante a construção da estrada de ferro, "*for all*", que significa para todos. Não é menos música por causa disso.
GLORIA GROOVE_ Eu não posso dizer que carecia de referências boas de R&B nacional. Eu fui criança nos anos 1990 e 2000, tinha Pepê & Neném, Fat Family, SNZ... Sandy & Junior também inspirou o que eu faço como R&B. Acho que todo mundo teve esse momento no começo do isolamento, de pensar: "E agora? O que eu vou fazer com esse tempo? O que eu vou fazer com tudo que fiz até agora? Em que eu vou jogar as minhas energias?". Ninguém sabia direito o que ia acontecer, acho que foi aí que eu tirei da gaveta essas duas ou três músicas e fiz nascerem outras duas. Quando juntou cinco, saquei que tinha alguma coisa aí. E como não era a hora de falar: "Vamos rebolar" — e eu sei fazer música pra curtir, pra pista, mas não era a hora —, olhei pra dentro e resolvi que tinha que fazer uma coisa que fazia sentido pra mim naquele momento. E o R&B tava lá. Desde "Madrugada", em *O proceder*, e "Apaga a luz", os fãs sabiam dessa ferramenta e clamavam pelo momento em que eu ia botar o foco no R&B. E foi isso que esse EP foi.
BROWN_ Eu acho que tem os dois no brasileiro. O brasileiro é um povo que dança em qualquer situação, mas a mesma pessoa que dança também pode pensar, opinar, dizer não. Tem tempo pra tudo, pra dançar e pra ler. Então eu acho que aí é onde entra o lance lúdico e artístico, a estética, e também a ideia. A palavra que você fica ali repetindo no ouvido do cara que tá te assistindo ou te ouvindo. Às vezes o cara vai estar te ouvindo, mas não vai estar te vendo.
GLORIA GROOVE_ No Carnaval de 2018, quando eu lancei "Bumbum de ouro", a música foi crescendo de uma forma diferenciada porque entrou em *playlists*, e muita gente ouvia sem se dar conta ou sem saber ao certo quem estava cantando. A pessoa tava curtindo a música pela música. E na capa

não tinha a minha foto. Muita gente passou a ouvir sem saber o que era, e quando foi ver já tava gostando. Eu fico imaginando em quantas casas eu já entrei hackeando, tá ligado? É conseguir pegar a pessoa pelo coração, pelo que a gente tem em comum.

SEMAYAT_ Queria falar aqui do seu caminho, né, que começou com *O proceder* em 2017, com a Gloria Groove sendo reconhecida, ou taxada, como drag rapper, depois esse rolê pelo R&B, pelo axé, pelo funk. E agora vem o álbum *Lady Leste*.

GLORIA GROOVE_ O conceito de *Lady Leste* nasce nesse momento da minha carreira em que sinto que já consegui mostrar várias facetas do que eu sou capaz de fazer e miro em coisas maiores. Eu já sabia pra onde estava indo, mas agora quero dar a entender que sei de onde vim. Esse nome, metade em inglês, metade em português, pra mim é uma referência a todas as ladies que eu gosto, a Stefani Germanotta, que é a Lady Gaga, a Tatá Werneck, que é a Lady Night. Quis montar um nome com esse prenúncio "lady", que é muito drag queen. E trazer o Leste como segundo nome, pra dizer: "Eu vim daí". E isso é uma coisa que denota a minha autenticidade, a minha originalidade, a minha vivência dentro desse espaço e com as mulheres desse espaço. *Lady Leste* também acaba sendo uma ode às mulheres da minha família, às mulheres da Zona Leste que me criaram e são as minhas maiores referências na vida e na música. Acho que eu vou ser Zona Leste pra sempre. E vou ter orgulho disso pro resto da vida.

BROWN_ É um marco agora, né? Você é novo, tá com 26, certo? É novo ou é nova, como é que fala?

GLORIA GROOVE_ Sou novo, mas trabalho há vinte anos, né? E eu sou superconfortável com os dois pronomes, de verdade. Não costumo me identificar muito com os neutros, por exemplo. Pra mim, "ele" e "ela" tá tudo bem. Foco na carreira e no progresso. Eu sou "ele", eu sou "ela", eu sou de tudo um pouco.

BROWN_ Legal. E você foi acolhido pelo pessoal do hip-hop? O que eles falam pra você?

GLORIA GROOVE_ Ah, eu fui acolhido por algumas pessoas importantes. A Karol é uma das principais. Mas eu nunca esperei por essa validação, meu foco tava em ter o hip-hop, o rap, como ferramenta pra ter destaque no meio onde eu sabia que estava entrando. Toda validação que eu tinha vinda de quem representava o rap era um extra: "Sério, você gosta? Que da hora!". Não é uma coisa que me define, minha intenção não é entrar no rap. É uma coisa que eu sabia fazer e que eu tinha certeza de que, se começasse a dar a minha cara artística com essa ferramenta, a história ia ser diferente, eu ia garantir um lugar só meu ali no imaginário da galera. Eu sabia que dava pra apostar primeiro nessa persona, nessa mina que ia trazer muito mais de hip-hop e rap, e depois eu ia ter tempo de mostrar outros lados.

BROWN_ Eu queria falar com você sobre música, cinema, personagens, roupas, mas a gente não tem como evitar falar de orientação sexual e do que você representa para uma grande parcela da população. E, com 26 anos, também pode até ser melhor não ter a dimensão do que você representa.

GLORIA GROOVE_ Tem um nível de ignorância que é uma bênção, não ter a noção completa de que papel eu estou desempenhando. É saudável não saber muito.

BROWN_ É, às vezes eu penso que a gente tá sempre procurando heróis pras nossas causas. Parece que o brasileiro não vive sem o mito. A minha geração não se sentia verdadeira se não falasse do coletivo, da massa. Era uma missão. Uns moleques ignorantes, faltando quase tudo na vida, e com a missão de atravessar o Mar Vermelho com o povo de Deus. Com dezenove anos, eu me sentia um zero à esquerda, mas teve um cara que falou que eu tinha que ser herói de uma ideia: "Você tem que fazer igual o Bob Marley fez na Jamaica". Ele me deu uma grandeza que eu não tinha. Eu tava com fome, duro, com o dente cariado, a pele manchada, o cabelo por cortar, roupa velha — e com a missão de Deus na mão. E eu falei isso por causa dessa busca pelo herói que vai conduzir as pessoas à liberdade. Isso é cobrado. Você tem noção de que tem uma população grande que vai te ouvir e de que você vai ser a bússola delas aos 26 anos? É muita coisa, mas é a realidade.

GLORIA GROOVE_ Tento construir uma relação saudável com isso, de um jeito que eu não venha a tolher as coisas que ainda quero conquistar, curtir e experimentar. Pra mim, o baque acaba sendo um pouquinho mais suave, porque o prestígio foi uma escadinha, veio como resultado das coisas que eu fiz, da repercussão do meu trabalho. Tudo chegou aos poucos. Toda a experiência que tive antes me ajuda a ter o pé no chão hoje.

BROWN_ O Brasil é um país interessante porque é gigante, né? É um país em que, se um artista bem-sucedido toma conta de tudo certinho, o cara fica bem de vida.

SEMAYAT_ Sem considerar carreira internacional, só aqui no Brasil, com 213 milhões de habitantes, já é bastante gente pra atingir.

GLORIA GROOVE_ O Brasil é vários países em um só.

BROWN_ Eu acredito que o jovem do Brasil vai fazer a mudança do meu mundo. Molecada nova, talentosa, esperta. A gente já pegou o bagulho pacificado pelos nossos mais velhos e tá passando pros mais novos. E a coisa chegou até onde chegou, esse monte de compositor na pista fazendo música, expondo os pensamentos. A juventude daqui vai concentrar todo esse conhecimento no Brasil, não vai diluir pelo mundo como aconteceu com o hip-hop americano, que até virou *lifestyle*, mas se considera pouco o discurso que ele traz. No Brasil, esse monte de pensadores que vai de, sei lá, Gloria Groove a Djonga, quer mudar as coisas. O que você quer mudar?

GLORIA GROOVE_ Eu quero mudar tanta coisa! Começando pelo jeito que o pop brasileiro é concebido por quem opera a grana. A gente viu o pop brasileiro quase não sobreviver, aconteceram coisas como o fim da MTV. Mas, de 2016 em diante, a gente viu muito artista da cena se unindo ao audiovisual depois de ver o que a gente do pop tava fazendo com os profissionais dessa área. Gente que sempre teve grana foi atrás dos mesmos profissionais que a gente, eu vi o que aconteceu depois que a gente mostrou essa galera pro meio. Foram as drag queens, os artistas LGBT, que fomentaram essa vitrine do audiovisual. Vejo como o meu sucesso mexe com questões que estão pra além disso também. Por mais que a gente tente não falar de tudo que impacta por conta de x, y, z questão, o assunto meio que quer sair. Porque realmente faz uma diferença tremenda pra tudo que vai acontecer depois, e eu nem sei tudo para o que eu vou servir de gás. Sei que vão ser grandes coisas. Porque, quando olho pros lados, vejo que não tem muitos artistas como nós, apontando pra onde tá indo a parada. Me pergunto o que vai ser da galera que hoje me tem como referência: vai acompanhar muito o meu trabalho, originar o seu próprio e assim por diante? Eu sempre tive minhas divas, as pessoas que eu seguia. "A queda" fala muito do que eu já sabia sobre a fama sendo fã, e do que agora eu sei estando do outro lado.

BROWN_ Você já viveu algum tipo de esquecimento?

GLORIA GROOVE_ Não digo esquecimento, mas acho que desenvolvi uma relação boa com o conceito de ostracismo. Porque na primeira infância eu tive um período de mais exposição com o Balão Mágico, com o Raul Gil e tudo o mais. Mas eu voltei, e voltei de novo. Construí uma relação boa com isso porque o meu ostracismo cênico foi o período em que eu tava focado em dublagem. Eu não tava na frente das câmeras, mas tava no ouvido das pessoas o tempo todo.

BROWN_ Você comentou comigo que tem interesse em fazer faculdade de filosofia. Onde você vai pôr filosofia no seu trabalho, nessa salada que tem funk, música baiana, batida *trap*?

GLORIA GROOVE_ A filosofia que eu uso no meu trabalho tá na raiz da criação, porque meu método atual de compor é: eu penso num absurdo muito absurdo que quero falar, que quero muito ouvir sendo dito na minha voz, e anoto no meu bloco de notas. No gravador, eu salvo um refrão, um pré-refrão, ou um primeiro... sei lá, decido depois o que vai ser aquela melodia. E aí eu volto pras minhas sacadas no bloco de notas já em busca do que se relaciona com essa melodia. "A queda" eu compus ao mesmo tempo melodia e letra, as duas vieram pelo mesmo canal. E aí eu chego no estúdio sabendo muito bem o que eu quero, tipo "timbre com aspecto de bailarina de caixinha de música".

BROWN_ Eu sou chato produzindo. Quanto você participa, de zero a cem, ali na orelha do produtor e do operador?

GLORIA GROOVE_ Ah, eu não dou uma de mixadora, não. Eu sei parar. Costumo estar presente só na hora de dar as referências pra construção melódica, pra construção do timbre. Se vejo uma progressão que ele fez que eu acho que dá pra ficar mais emocionante, ou com mais cara de estádio, de Super Bowl, mais Beyoncézona assim, eu falo. Mas não costumo avançar muito, confio demais.

BROWN_ E o lance da dança, como é que é? Você faz ensaio?

GLORIA GROOVE_ Faço com a minha coreógrafa, a Flávia Lima. Se é um ensaio pra um número que vai ser uma coisa só, a gente gasta pelo menos três horas. Se a gente tá ensaiando pra um show, que tem que envolver um passadão, aí vão cinco, seis horas.

BROWN_ Trabalha forte, né? Quantas horas por dia?

GLORIA GROOVE_ De doze a catorze. Se eu tenho tempo e oportunidade de dormir, eu durmo bem. Na adolescência, o meu sono era muito mais pesado, hoje consigo dormir três horas, acordar e ir pra vida.

SEMAYAT_ E veio sempre trabalhando, né? Daniel Garcia, depois Balão Mágico, calouro do Raul Gil, dublador. E aí Gloria Groove.

GLORIA GROOVE_ Balão Mágico foi em 2002, Raul Gil em 2005, 2006.

BROWN_ Ou seja, veio numa construção.

GLORIA GROOVE_ Balão Mágico eu tava indo do pré para a primeira série. E tinha um contrato com a Sony Music envolvido. Saiu de um concurso que aconteceu no *Domingo Legal*, do Gugu. Minha mãe me explicou que tava rolando esse concurso, e eu quis tentar. E ela me falou a realidade: "O teste vai demorar, você vai ficar com fome. Tem certeza que quer ir?". Tudo que eu fazia era realmente por muita vontade de estar ali. E a minha mãe sabia que eu era afinado. Com quatro anos, eu nem sabia falar direito e já cantava Mariah Carey. Ela foi a minha primeira diva. Fiquei cantando "Hero" nas reuniões de família até criar mais repertório. Com dez anos descobri Usher, Alicia Keys. Aí pronto. A minha vida era Alicia Keys, eu vivia por ela. Essas eram as minhas referências, tanto que era o que eu cantava no Raul Gil. Eu cantei Michael Jackson, porque depois de um tempo me falaram que minha voz era legal para as músicas dele.

BROWN_ Eu acredito no seguinte: a gente trocou umas ideias aqui, importantíssimo, mano, mas acima de tudo ficamos nessa coisa do artista mesmo.

GLORIA GROOVE_ Obrigado por isso, por preservar isso.

BROWN_ Eu achei natural não tocar no assunto orientação sexual, porque eu não faria isso se fosse um hétero, "Ah, você é o quê?". Todo o seu conhecimento sobre arte, referências, família... Penso na utilidade que a gente tem pro nosso país e pros jovens.

GLORIA GROOVE_ A gente acaba sendo uma referência de um jeito que a galera pode olhar e falar: "Isso aí dá pra acontecer, sim, é só eu querer".

BROWN_ Eu acho que você acrescentou muito à conversa de hoje. A gente só vai curtir as suas ideias. É bom as pessoas saberem quem é você.

GLORIA GROOVE_ Total. Saberem quem é o Daniel, quem é o criador. Valeu muito a pena poder estender mais a discussão, porque acho que é uma coisa que tanto eu quanto você, a gente consegue ter acesso ao conceito do que eu tô falando. A repercussão do lançamento de "A queda" pegou a gente muito de surpresa. Eu já havia tido experiência com o que é lançar um pop quebração, pra dançar, e o que é lançar um pop de mensagem, uma coisa que tá falando sobre alguma parada, botando o dedo na ferida. Então é muito gratificante ver uma criação como essa atingir esses patamares. Quando você opta por fazer algo que tem verdade, que fala com o seu coração, as pessoas vão conseguir se enxergar ali também.

BROWN_ Isso aí, Gloria Groove. Parabéns pelo seu trabalho, pelo seu talento, pela sua inteligência.

18 de novembro de 2021

"Precisamos de um sistema que corrija os problemas sociais, e eu acho que as cotas sociais, que é quando você pega o aluno da escola pública de baixa renda e inclui na universidade, são um caminho para isso. A maioria dessas pessoas é negra, mas nem todas serão, é verdade. Mas você já vai ter uma inclusão boa nesse sentido."

FERNANDO HOLIDAY

SIDARTA RIBEIRO

"Eu gosto até de dizer que capoeira e ciência têm os mesmos pilares, que é disciplina com alegria. Na ciência a gente tem que aprender a cair, levantar e botar um sorriso na cara. E é exatamente o que a capoeira ensina."

PASTOR HENRIQUE VIEIRA

"Jesus já foi utilizado para justificar a colonização, a escravidão do povo negro, a extinção dos povos indígenas, a condenação de mulheres à fogueira da inquisição, a tortura psíquica de pessoas LGBT. Agora, qual o Jesus dos Evangelhos? É o Jesus de Nazaré. É o Jesus dos pobres. É o Jesus que quebra os preconceitos. É o Jesus que denuncia o acúmulo de riquezas."

RABINO VENTURA

"Muita gente fala que Deus nos criou para louvá-Lo. Eu acho isso muito egocêntrico. Qualquer ser humano que quiser ficar sendo louvado toda hora é uma pessoa com problemas. Tem que se tratar. E eu não consigo imaginar um Deus que é capaz de criar coisas tão maravilhosas como as estrelas, os seres vivos, o nosso corpo com trilhões de células, querer ficar sendo elogiado o dia inteiro."

Arte com posicionamento

Na entrevista, o Wagner lembrou um episódio antigo. Durante um show do Racionais MC's no Pelourinho, em Salvador, eu fiz um freestyle. Lembro de ter rimado algo como "cabra da peste" com "nordeste". O público foi abaixo. Eu lembro desse dia. A galera pirou mesmo. Ele ainda era moleque. Olha como é a vida: anos depois, aquele moleque virou um dos maiores atores do país.

WAGNER MOURA

Ele é um cara muito respeitado, talentoso e que faz arte com posicionamento político, algo que tem tudo a ver comigo também. Sempre admirei o corre do Wagner, e queria que as pessoas o ouvissem. O nome dele já estava no nosso radar, lógico, mas a assessoria entrou em contato com a gente antes. Foi uma honra.

Nunca tínhamos parado pra trocar ideia depois da minha saída do filme *Marighella*, dirigido por ele. O Wagner me convidou pra fazer o papel principal, e eu aceitei. Mas não consegui seguir. Na época, estava com muitos shows, a saúde indo pro saco, e não consegui conciliar tudo. Foi difícil, eu fiquei mal, e até hoje sinto muito por ter saído. Aquele papel era meu, cara! Só conversamos sobre isso no *Mano a Mano*.

O Wagner é um cara muito generoso. Sou admirador do trabalho dele. Como artista, homem, pensador. Esse episódio foi uma conversa entre dois mundos diferentes, de dois caras conectados por aquilo em que acreditam.

BROWN_ Pô, vamos começar do começo mesmo, Wagner. Você é baiano, nasceu em Salvador. Fala um pouco da Salvador da sua época.

WAGNER_ Cara, eu nasci em Salvador em 1976, mas saí criança, porque meu pai era militar, sargento da Aeronáutica, e foi transferido pro Rio. Ele e a minha mãe são de Rodelas, no sertão da Bahia. Ele saiu de lá com dezessete anos no pau de arara e foi para o Rio trabalhar. Lavou copo em restaurante, foi garçom, porteiro e tal, até que entrou para a Aeronáutica. Depois voltou para Rodelas, encontrou minha mãe e eles se casaram. Nessa época, ele morava em Salvador, e foi quando eu nasci. Depois ele foi transferido, e assim fui pro Rio de Janeiro quando tinha uns quatro anos.

Mas meu pai era aquele nordestino saudoso, sertanejo mesmo. Serviu na Aeronáutica por 35 anos, e então decidiu voltar pro sertão, para a sua origem. Ele sofria muito por estar longe. Então a gente voltou pra Rodelas, essa cidade que fica quase em Pernambuco, no sertão da Bahia.

Anos depois fomos para Salvador de novo, para estudar, porque meus pais achavam que a gente precisava ir para escolas melhores. Até então, estudávamos nas escolas públicas do interior da Bahia. Era bem precário. Depois, meu pai conseguiu bolsas [de estudo] para mim e para a minha irmã em uma escola particular de Salvador, cada um tinha uma bolsa de 50%. Toda a grana que meu pai tinha na reserva dele, da Aeronáutica, ele usava pra pagar a escola. Fiquei em Salvador até fazer *A máquina*,* de 1992 até 2000, 2001.

BROWN_ Você era um moleque estudioso na infância e na adolescência?

WAGNER_ Tinha que ser, porque meu pai fazia um esforço da porra pra eu estudar. Meus pais sempre acharam que eu tinha que ser alguma coisa importante. Cresci para me tornar algo que desse orgulho a eles, e na cabeça deles isso significava ser um cara que trabalhava no Banco do Brasil, ou advogado, engenheiro, médico. Fazer teatro, nos anos 1990, na Bahia, querer ser ator, foi difícil. Mais por mim do que por eles, porque eu sentia que precisava corresponder àquela expectativa.

BROWN_ E qual era a fita em Rodelas, como era?

WAGNER_ Rodelas era uma cidade de três ruas, que depois foi inundada pela barragem de Itaparica. A cidade não existe mais. O que tem agora é uma outra,

* Peça de Adriana Falcão, adaptada de seu livro homônimo e dirigida por João Falcão, que coescreveu a adaptação para o teatro. (N. E.)

chamada Nova Rodelas. Por isso até hoje sou completamente contrário a esse negócio de transposição de rios e coisas assim. É brutalmente antiecológico. Mas, enfim, fui morar nessa cidadezinha, e lá eu vivia na rua o dia inteiro. Era lindo, a cidade inteira sabia quem eu era e conhecia meus pais. Então qualquer adulto tinha autoridade sobre mim. Se qualquer adulto chegasse e me dissesse pra ir pra casa, eu ia. Parecia uma grande família.

BROWN_ Qual era a estrutura da cidade de Rodelas? Era fazenda? Indústria?

WAGNER_ Hoje, Rodelas é a cidade do coco. Você pode até achar um coco aqui em São Paulo e descobrir que foi produzido lá. Na minha época, nos anos 1980, era uma cidade rural, de agricultura familiar. Meus tios plantavam cebola.

Quando eu era criança, uma coisa que vi muito por lá foi trabalho escravo. Eu nem sabia o que era. Por exemplo, tinha uns caras que trabalhavam em fazendas só pela comida e pela estadia, ou umas meninas de catorze, quinze anos que trabalhavam na casa de outras pessoas fazendo todo o trabalho doméstico, lavando, passando, cozinhando. Elas não iam para a escola, ou então iam e voltavam direto para aquelas casas. Sem receber nada, trabalhando por moradia e comida. E nem havia gente rica na cidade, só pessoas com um pouco mais de dinheiro do que as outras.

BROWN_ Era uma cidade muito negra, ou era mais mesclada?

WAGNER_ Mesclada. Havia muitos negros e também muitos indígenas do povo Tuxá, que é daquela região. Mas era separado: tinha a aldeia indígena, afastada. Na cidade, os pretos moravam na rua de trás e os brancos, na rua da frente, com uma rua no meio, misturada, que era onde eu morava.

BROWN_ E você tem mais ligação com Salvador ou com essa cidade?

WAGNER_ Com Salvador, porque eu fui pra lá bem novo e fiquei a vida quase inteira.

Mas, quando cheguei em Salvador, eu não me enquadrei bem ali, na escola particular. Não me identificava em nada com aquelas crianças. Meu apelido era óvni.

BROWN_ Por que não?

WAGNER_ Cara, eu vinha de uma cidade pequena, de crianças pobres, onde a gente vivia sempre na rua, com o pé no chão e tal. Nessa escola particular, os garotos estavam em outra onda, eu não sabia nem conversar. Eles tinham uma coisa de, por exemplo, pegar o carro do pai pra dar rolê. Eu não tinha nenhuma ligação com eles. Só passei a achar uma turma pra mim quando comecei a fazer teatro. Não por achar que era ator, mas porque uma amiga me chamou pra conhecer um curso de teatro para adolescentes, e eu topei. Nunca me esqueço da sensação de chegar naquele lugar, ver aquelas pessoas. Senti que era ali que eu queria ficar, queria andar com aquelas pessoas, namorar aquelas meninas, ser amigo daqueles caras. Achei uma tribo. Isso foi no início dos anos 1990.

BROWN_ Você acredita que no teatro, no cinema, existe essa coisa de dom, de descobrir que se tem um dom, ou é a necessidade que fala mais alto? Qual que é a fita pra você?

WAGNER_ Cara, eu acho que tem uma mistura de tudo isso. Pra mim, foi necessidade. Como eu estava dizendo, foi muito por me encontrar e encontrar essas pessoas. Mas essa necessidade já refletia algo que era diferente dentro de mim, né? Se eu não me enquadrava com aqueles outros camaradas, era porque estava buscando outra coisa.

BROWN_ Quando você começou a se interessar por política?

WAGNER_ Quando comecei a entender que certas coisas que vi não faziam sentido, como aquilo do trabalho escravo. Me lembro muito da primeira vez que ouvi falar do MST [Movimento dos Trabalhadores Rurais sem Terra], por exemplo. As outras crianças na escola falavam: "Pô, tem uns caras aí invadindo terras". Eu tinha vergonha de dizer o que pensava, mas, por dentro, achava foda que eles estavam fazendo isso. Só que a minha casa não era um lugar de gente muito politizada, não se falava de política. Depois entrei para a faculdade de jornalismo, com dezessete anos, e aí, sim, se abriu um mundo.

BROWN_ Algo que eu me lembro da política nessa época, nos anos 1980, é que era difícil pra caralho de entender. Se hoje já não é fácil, naquele tempo era pior. Era impossível entender o que estava acontecendo.

WAGNER_ Concordo. Quando teve aquele negócio dos caras-pintadas, contra o Collor, eu fui para a rua porque sentia que precisava, mas não entendia bem por que estava ali. Fui porque tinha alguma coisa dentro de mim que dizia que tinha que ir, que era pra democracia no país etc.

BROWN_ Falando em política, tem outro assunto que acho que vai render, o *Marighella*. Ontem eu assisti ao filme — e, pra mostrar como eu sou leigo, assisti na televisão. Depois você me falou que não, que precisava ver no cinema...

WAGNER_ Tem filme que vejo em casa de boa, cara. Mas outros eu começo e percebo que é pro cinema, porque a experiência é outra. O *Marighella*, em todos os aspectos técnicos, foi pensado para a sala de cinema. Além disso, tem mais uma camada: as pessoas estão tendo uma experiência catártica nesse momento ao ver juntas, no cinema, a história de Carlos Marighella e lincar com o que acontece no Brasil hoje. Existe uma vibração com o filme que não dá pra ter dentro de casa.

BROWN_ Se liga: a política é feita de ciclos, certo? Lá no ano de 1969, quando o Marighella morreu, talvez fosse o limite de um ciclo também. Você sente que esses momentos são perigosos?

WAGNER_ É, aquela época foi um final também. A guerrilha foi dizimada, todos foram dizimados. Mataram o Marighella, o Lamarca, o Toledo, acabaram com a guerrilha do Araguaia. Depois de 1969 houve realmente uma época de desilusão quanto à ideia da revolução armada. Antes, o mundo inteiro vivia esse frenesi, não só o Brasil. Isso é algo que as pessoas não entendem. Não era um bocado de gente louca que pegou arma e saiu na rua, fazia parte de um contexto mundial. Tinha rolado a Revolução Cubana em 1959, o Vietnã e a Argélia tinham se tornado independentes etc. Havia essa ideia de que através da luta armada era possível tomar o poder e transformar a situação política. De 1969 em diante, essa utopia foi desmoronando.

BROWN_ Você não acha que é exatamente isso que a gente está vivendo, o fim de um ciclo e o começo de outro? E que é nesse momento que as coisas ficam mais perigosas?

WAGNER_ De qual fim de ciclo você fala?

BROWN_ De razão absoluta da esquerda, por exemplo.

WAGNER_ Bom, hoje a esquerda está acuada. No mundo todo, mas aqui é muito claro com esse governo de extrema direita do Bolsonaro. E, naquele comício do Haddad em 2018, você mesmo apontou o que pra mim é definidor desse ciclo que talvez tenha terminado, que é a desconexão da esquerda com as pessoas, com o povo. O xis da questão é como retomar essa conexão. Você resumiu tudo muito bem naquele dia. Mas eu não sei bem se é mesmo o fim de um ciclo. Essa desconexão da esquerda com as pessoas não é nova. Acho que isso começou já durante o governo Lula. Quando a esquerda chegou ao poder, de alguma forma, essa conexão foi se perdendo.

BROWN_ Eu percebo que essas coisas se desenham conforme a expectativa do povo em relação a algo que está se formando. Para a minha geração, no começo dos anos 1990, existia um movimento mundial pedindo liberdade, legalização da maconha, com os Red Hot Chili Peppers, por exemplo, ou O Rappa e o Planet Hemp aqui no Brasil. Era a voz da juventude que estava se politizando. Era uma coisa muito dos anos 1990 pedir para os jovens ouvirem a mensagem das músicas. Na minha opinião, isso também ajudou a eleger o Lula em 2002. E ajudou a eleger o Obama nos Estados Unidos, onde a população negra não é maioria, com voto maciço de brancos jovens.

WAGNER_ Sim, concordo. A gente precisa reconfigurar as forças progressistas, entendê-las de novo. Mas já vejo isso acontecendo. Sou muito otimista em relação ao futuro. Em momentos distópicos como esse que a gente vive, com um governo de direita agressivo, fascista, escroto como o governo Bolsonaro... Não me lembro de ter visto o movimento negro, o das mulheres, o dos LGBTs, o dos indígenas tão fortes como agora.

Quando a chapa tá muito quente, fazendo paralelo com 1969, com a ditadura, é também quando os movimentos se fortalecem, inclusive na produção cultural. Nos anos da ditadura se produziu muita coisa potente na cultura do Brasil. A produção artística e a política caminham juntas. Acho que a natureza da arte é eminentemente política, de alguma maneira.

BROWN_ Vamos voltar ao *Marighella*. Você me convidou para interpretar ele no filme, e eu gostaria de te agradecer aqui, pra todo mundo ouvir. Acho que não nasci para ser ator e, depois da experiência que tive, aprendi a respeitar muito mais a profissão. Não é pra qualquer um, tem que estudar, ter tempo e compromisso. Precisa renunciar a muita coisa. Não sei como vocês lidam com isso. É uma desconstrução da pessoa para encarnar outro personagem. Não é fácil. Eu participei e foi uma experiência muito importante para a minha vida, gostei muito do que aprendi, do que vi e de entender o que consigo ou não fazer.

Quando assisti, em várias cenas pensei: “Ah, essa cena eu faria”, ou: “Essa não, essa não dá”. Se ficasse na produção, eu ia atrasar um lado. Teria que passar por um grande processo pra ter coragem de fazer tudo aquilo.

WAGNER_ Acho que você faria sim, Brown, e eu te disse desde o começo. O único problema que tivemos ali foi que você não tinha tempo. Eu não podia dirigir um filme sem exigir do protagonista uma entrega igual à minha. E você tava fazendo um monte de show naquela época. Às vezes eu percebia que você chegava com disposição, mas seu corpo estava cansado.

BROWN_ Total, você tá certo. Eu acompanhei o seu corre também, e assim foi mais fácil entender. Acompanhei toda a problemática, a falta de dinheiro e de tempo. Tinha a agenda da preparadora de elenco, que também estava correndo. Você botando a maior fé em mim, e eu cheio de show pra fazer. Ontem, assistindo, vi algumas cenas que treinei para fazer. Fiquei felizão.

WAGNER_ Vai parecer uma coisa muito louca o que eu vou falar, mas talvez você entenda: de alguma maneira, você continua no filme.

BROWN_ Eu tô ali, eu entendo.

WAGNER_ Falo disso com o Humberto Carrão, por exemplo, e ele concorda. Os caras ficaram mal, doentes, com a sua saída. A Bella [Camero], o Carrão... Foi muito difícil pra gente. Você sabe do que eu tô falando, vocês viveram algo muito forte. É algo que te conecta com aquelas pessoas para o resto da vida.

Agora vou perguntar uma coisa. Naquele dia que a gente conversou e eu te falei: "Brown, acho que não vai dar, cara", você respondeu: "Wagner, minha sensação é de alívio", e eu entendi o que você estava falando. Mas, depois, bateu uma dor em você por não estar ali com a gente?

BROWN_ Claro. Demorou um ano pra curar. Pensei: "Porra, sou um amarelão do caralho".

WAGNER_ Eu imaginei, sabia? Várias vezes pensei em te ligar, pra saber como você estava, mas acabei não ligando.

BROWN_ Mas também acho que fui, até certo ponto... não quero dizer imaturo, mas talvez tenha sido. Estava cansado. Talvez não estivesse me dedicando, e o meu todo não estava servindo. Aí eu pensei: "Porra, coloca um cara que é mais verdadeiro nisso, não é a minha". Mas nós nos encontramos, trocamos uma ideia, e eu entendi que você é um cara honesto no que faz, que não abre mão da sua convicção. Desde a escolha do personagem. Lembro que te perguntei por que você mesmo não fazia, e você me falou: "Porque eu sou branco, e o Marighella é uma referência negra. Tô pensando em chamar o Seu Jorge".

Assistindo ao filme, depois de tudo, percebi como o papel do Jorge não foi fácil nem a pau. Ele é uma figura muito marcante, deve ter sido difícil virar outro cara, ainda mais um que nem tinha o tom de pele dele. Mas entendi que, ali, o Jorge era todos nós, todos os pretos juntos. Os escuros, os claros, os mortos, os vivos.

WAGNER_ Sobre essa coisa da cor de pele do Seu Jorge, na época eu não pensei que "escurecendo" o Marighella eu estivesse fazendo um depoimento. Só pensei que precisava ser um ator negro. Mas hoje penso que eu acabei fazendo uma coisa interessante, indo na contramão do embranquecimento dos personagens e da história.

BROWN_ Interessante. Imaginei que isso já estava esclarecido na sua cabeça naquela época.

SEMAYAT_ Falando nisso, também tem muita gente que conheceu o Marighella pela sua música, não é, Brown?

BROWN_ Sim. O pessoal se identificou rápido com a história dele. Quando fiz a música para o documentário sobre ele, vi o filme três vezes. Eu já tinha ouvido falar do Marighella, mas não imaginava quem era, só sabia o nome. Foi através do pessoal do rap que chegou o convite. Alguém me falou que estavam fazendo um documentário sobre esse cara e que eu podia me interessar, então eu fui atrás. Foram quatro meses pra fazer aquela música, e naquele período aconteceu de tudo comigo. Eu não queria copiar o documentário, a forma como a diretora conduziu. Queria expressar do meu jeito, mostrar para o pessoal que ouvia nosso rap quem era aquele cara, trazer pro nosso universo.

Aliás, Wagner, tem uma coisa que eu ficava pensando. Várias vezes consultei o *Manual do guerrilheiro urbano* e outros escritos do Marighella, e a impressão que me deu foi que ele deu uma chapada em algum momento, que a realidade já não combinava com o que ele estava falando. Quando ele morreu, grande parte da população não sabia ler nem escrever. E aquele exército com que ele sonhava... Ele falava que os soldados deveriam ser meio cientistas, saber fazer arma, conhecer ervas, praticar artes marciais sozinhos no quarto, treinar tiro ao alvo sem armas, saber fazer veneno, sobreviver no mato... Quer dizer, era uma missão pro Superman, numa época em que o Brasil mal se alimentava, mal frequentava a escola. Como o povo ia aderir? Com qual qualificação?

WAGNER_ Acho que não dá para descontextualizar o *Manual do guerrilheiro urbano* do momento que eles estavam vivendo, que era um momento de guerra. O Marighella desenhou um ideal que ele próprio, no fim das contas, não conseguiu cumprir. Mas foi algo produzido naquele contexto.

Quando as pessoas falam da obra do Marighella sempre citam o *Manual do guerrilheiro urbano*, escrito nessas circunstâncias, mas ele também escreveu outros livros importantíssimos. É necessário lembrar isso. Ele falava em democracia o tempo inteiro, quem leu *A crise brasileira* ou *Por que resisti à prisão*, por exemplo, sabe. O olhar dele para o Brasil era muito lúcido.

O *Manual* é um livro para a militância daquele momento, daquele Marighella guerrilheiro, mas ele foi muito mais do que isso. A história que a gente aborda no filme, que é a do guerrilheiro, é o último ano da vida dele. Ele fundou a ALN [Ação Libertadora Nacional] em 1968 e morreu em 1969.

Mas foi um cara que militou a vida inteira pelos direitos civis, por justiça social, como deputado e como militante do Partido Comunista [do Brasil].

BROWN_ E o Pablo Escobar, Wagner? Como foi o mergulho no personagem, o que você aprendeu sobre ele?

WAGNER_ Tudo. Esse é um cara que eu estudei. Li tudo, sei tudo. Esse processo, pra mim, sempre começa com uma parada meio intelectual, de ler e estudar muito. Depois jogo aquilo tudo fora e vira uma coisa sobre encontrar o personagem dentro de mim, descobrir onde as minhas emoções se conectam com as dele.

Para o Escobar teve toda uma questão de corpo. Engordei quase 25 quilos para fazer aquele personagem. Foi massa fazer *Narcos*, aprendi muito sobre ser latino-americano, que é um negócio que pra nós, brasileiros, parece distante, mas não é. O Brasil é um paisão lindo, único, original, mas a gente é muito centrado na nossa própria cultura e na nossa língua. Quando fui para a Colômbia fazer a série, eu me liguei que faço parte daquela onda, que aquela história também me diz respeito. Eu não me sentia estrangeiro ali dentro. Isso foi essencial pra fazer o Escobar, que é um personagem importante da história da Colômbia, e também é importante pra mim. O narcotráfico afeta a nós todos, sobretudo em países que exportam e produzem drogas, como nesse caso. Sem contar a coisa da guerra às drogas, esse fiasco que serve pra matar pobre em países periféricos.

BROWN_ E o povo de lá parece com o nosso? O que você viu de semelhança?

WAGNER_ Porra, parece demais. Tem uma elite escrota também. O povo é tipo 1% com muito dinheiro contra 99% com pouca grana. A história é muito parecida. A Colômbia é exceção, mas a América Latina quase toda passou por ditaduras militares, impulsionadas pelos Estados Unidos, na mesma época que a nossa. Paraguai, Argentina, Uruguai, Chile... No Chile, aliás, a recepção do *Marighella* foi um negócio incrível, porque conversava com a história deles também.

BROWN_ No seu trabalho, seja de criação ou de empreendedorismo, você sempre sente a necessidade de tocar em temas sociais e políticos? Ou consegue ir por outros caminhos com a mesma disposição?

WAGNER_ Consigo. Não quero ficar definido como um cara que só faz filme político. Eu faço porque é da minha natureza, gosto e sempre vou fazer. Mas sou um artista, gosto de fazer de tudo. Um dos filmes que mais gosto de ter feito é *O homem do futuro*, uma comédia maneira, leve, inteligente. Acabei de fazer uma série nos Estados Unidos chamada *Shining Girls* [*Iluminadas*], interpretando um jornalista que investiga um serial killer. Mas também é da minha natureza fazer coisas que me representam, que representam a minha índole e no que eu acredito. Acho que contar a história de *Marighella* é importante, assim como a do Sérgio Vieira de Mello, ou a do narcotráfico na Colômbia, com o Pablo Escobar. Mas não deixo que nada disso me defina como artista ou como pessoa.

BROWN_ Tem algum ator que você tem como principal referência?

WAGNER_ Sempre fui muito influenciado pelos meus camaradas, pelas pessoas que estão perto de mim, sobretudo o Lázaro Ramos e o Vladimir Brichta. A gente se alimenta muito um do outro, somos muito amigos e estamos sempre atentos ao que cada um está fazendo, dando ideia quando achamos que o outro está seguindo caminhos que a gente não acha bons. É muito honesto. Tem também aqueles atores que você cresce assistindo, né? Já tive o prazer de contracenar com o Lima Duarte, por exemplo, em um filme chamado *A busca*. Fiquei maravilhado. Eu tenho uma reverência enorme pelos atores mais velhos, que abriram caminho para nós em vários aspectos, inclusive na dignidade da profissão, nas leis trabalhistas. Admiro muito os pioneiros, como vocês, os Racionais, são no rap. Mas eu troco muito com quem está mais próximo de mim, com o Lazinho, com o Vlad, que são meus irmãos. Aí, além de admiração, tem amor.

BROWN_ Existe um personagem mais complexo, mais difícil do que o outro?

WAGNER_ Todos, antes de fazer, eu acho que não vou conseguir. Sempre começo achando que é impossível, que não sei o quê lá. Mas todos, pra mim, são pessoas complexas. Ninguém é uma coisa só. O Pablo Escobar, por exemplo: para a família dele, ele não era um monstro. Nosso trabalho também é passar essa complexidade.

Por isso eu gostei muito da sua entrevista com o Fernando Holiday. Me fez olhar pra ele de um jeito que eu nunca tinha feito antes, sobretudo nesse momento polarizado, em que cada lado encara o outro imaginando um monte de coisa terrível. Quando olhamos uma pessoa com humanidade, mesmo discordando de tudo o que ela fala, a gente caminha pra um projeto civilizatório que, de alguma forma, perdemos no Brasil. No mundo, talvez. Ouvindo a sua conversa com o Holiday, pela primeira vez consegui entender quem ele é, ter alguma empatia. E essa é a natureza maior do trabalho do ator. É sentir empatia pelas pessoas, quem quer que sejam, sem julgar.

A gente tem mais coisas que nos deixam parecidos do que coisas que nos deixam diferentes.

BROWN_ E como é que tá fazer filme hoje, Wagner? Quais as condições?

WAGNER_ Acabou o cinema brasileiro como era antes, Brown. Destruíram tudo, acabou a cultura. Hoje, o audiovisual brasileiro só existe porque os streamings norte-americanos chegaram no Brasil: a Netflix, a Amazon, a HBO. É isso que está fazendo com que os trabalhadores do cinema sobrevivam. É uma indústria que emprega muitas pessoas, cara. Um monte de gente que vive disso e que, hoje, só tem trabalho por causa dos streamings. O povo do teatro está numa situação terrível. E ainda teve a pandemia, que bateu muito forte. Como foi na área da música?

BROWN_ Foi muito difícil. Alguns conseguiram ajudar seus funcionários durante uma época, outros não. Muitos ficaram desempregados por dois anos, só com o auxílio do governo. Nem todo mundo entende isso mas, na música, o dinheiro que entra é compartilhado com muitas pessoas. Às vezes a visão do cara que assiste a um show é de que o dinheiro vai para o cantor, e na verdade ele é repartido com dezenas, centenas de pessoas, toda a estrutura atrás do palco e tal. Foi um setor afetado de frente, e a gente sempre soube que seria um dos últimos a voltar, entendíamos as prioridades da sociedade. Parecia uma época de guerra.

WAGNER_ Pois é, juntou governo Bolsonaro com pandemia. Tragédia.

É difícil entenderem que os trabalhadores da cultura são diversos, que não é só o artista. O setor do audiovisual gera muito emprego e muita renda. Os incentivos fiscais, tão demonizados, são fundamentais para a nossa existência, para a nossa manutenção, e geram um retorno gigante para a sociedade. Essa indústria gera mais emprego e renda do que o setor automobilístico, que recebe incentivos fiscais maiores. Mas o discurso que está aí é esse, cruel e eficaz, que diz que os artistas são aproveitadores que roubam dinheiro público. Infelizmente, eles foram eficientes nisso.

BROWN_ Pô, essa foi uma entrevista sensacional com nosso amigo, parceiro e companheiro de luta Wagner Moura. Todos nós aqui somos seus fãs, seus admiradores. Parabéns pelo seu trabalho. Segue forte!

WAGNER_ Valeu, meu irmão. Prazer demais, fiquei felizão de estar aqui com você.

2 de dezembro de 2021

JOJO TODYNHO

“Eu tinha medo de pedir desculpa, porque não queria virar otária. Era meu maior medo. Aí, quando comecei a fazer terapia, entendi que não é porque eu tô te pedindo desculpa que eu tô me diminuindo pra você. Eu tô te pedindo desculpa porque tô entendendo o meu erro e querendo melhorar.”

MARQUINHOS SENSAÇÃO

“Minha avó era muito branca e era ela que me levava para a escola. Eu escutava: ‘Aquela senhora tá trazendo o filho da empregada pra escola’. Todo mundo via que eu não tinha condição de estudar ali. Eu estudava naquela escola boa porque jogava uma bola e porque fui campeão paulista de judô.”

"Passei muito tempo falando sobre o fato de que, em vez de pressupor que as pessoas negras nos Estados Unidos sejam as mais importantes ativistas contra o racismo no mundo, temos é que aprender a ser liderados e lideradas por nossas camaradas, irmãs e irmãos em outras partes do mundo, principalmente do Brasil. Sobretudo pela longa tradição de liderança feminina, como a liderança religiosa das mulheres no candomblé, por exemplo. [...] E eu amo o legado de Marielle Franco. Acho que em todas as partes do mundo as pessoas admiram esse legado, que reúne lutas contra o racismo, pela justiça de gênero e reprodutiva, lutas para salvar o planeta e, claro, lutas em prol das pessoas da classe trabalhadora em todos os lugares."

ANGELA DAVIS

Elegância e coragem

Cresci vendo a Glória Maria na televisão. Pra mim, com sete anos, ela era a própria Globo. Naquela época, eu ainda não entendia a dimensão do racismo. Com o tempo, ficou evidente. Hoje, olhando pra trás, é louco pensar: ela era quase um milagre. Pessoas pretas na TV eram raridade!

Eu nunca tinha visto a Glória pessoalmente. Não trombei com ela durante a vida, não deu tempo de virar parceiro, tá ligado? Até o dia da entrevista. Esse universo que separa e impede os pretos de se esbarrarem, se abraçarem, não pode mais existir. No meu caso, o podcast virou uma ponte e me conectou com pessoas até então impossíveis de acessar, no meu imaginário. A Glória, grandiosa, foi uma dessas. Me surpreendeu. Me marcou. Se entregou e chegou a dizer: "aqui é a Maria, não a Glória". Mostrou a alma dela pra gente.

Depois da sua partida, cheguei a conhecer alguns familiares e pessoas próximas a ela. E aí veio a surpresa... Segundo me contaram, ela acompanhava meu trampo, conhecia e respeitava minha caminhada também no *Mano a Mano*. Isso me desmontou. Estou aqui aprendendo, me desafiando como entrevistador. Saber que a Glória Maria considerava meu trabalho relevante é uma honra. É responsa. Ela fez jornalismo, levou informação, trocou ideia de verdade, com escuta e respeito a vida inteira. Com elegância e com coragem. Minha eterna gratidão à Glória Maria. Uma preta referência. Lenda viva, agora ancestral.

GLÓRIA MARIA

BROWN_ Nós temos trazido aqui pessoas importantes para o país, que vêm fazendo a diferença há muito tempo. Se liga nesta aqui: formada em jornalismo pela Pontifícia Universidade Católica do Rio de Janeiro; em 1970, ela se tornou radioescuta da Globo no Rio de Janeiro; um ano depois, tornou-se a primeira repórter negra da TV brasileira, numa época em que os jornalistas ainda não apareciam no vídeo; trabalhou no *Jornal Hoje*, no *Bom Dia Rio*, no *RJTV*, e foi a primeira repórter a aparecer no *Jornal Nacional* ao vivo e em cores; a partir de 1986, passou a integrar a equipe do *Fantástico* e foi apresentadora do programa de 1998 a 2007; durante esse período, conheceu cem países, passando por Europa, África e parte da Ásia; entrevistou artistas como Michael Jackson, Nicole Kidman, Leonardo DiCaprio e Madonna; em 2007, realizou a primeira transmissão em HD da televisão brasileira; em 2010, passou a integrar a equipe do *Globo Repórter*, programa que apresenta até hoje; em 2011, recebeu, nos Estados Unidos, uma premiação concedida pela Associação Brasileira de Imprensa Internacional; em 2012, foi premiada com o Troféu Raça Negra; e, em 2013, recebeu o Troféu Mulher Imprensa de Contribuição ao Jornalismo. Boa tarde, Glória Maria. Muito obrigado por ter aceitado o convite.

GLÓRIA_ Muitíssimo boa tarde. Eu que agradeço por você ter me convidado. Tô feliz, mas já quero fazer umas observações. Vamos começar logo com isso. Todo mundo sabe que eu odeio data, então já não era para dizer que em 1971, 1970 ou 1980 começou isso ou aquilo. Nada do que se fala da minha vida em termos de números é correto, porque não existem dados pra provar e porque eu invento. Então não adianta citar números assim. E isso não é porque eu tenho vontade de esconder tempo e idade, não. É uma questão de cultura familiar. Eu venho de uma família muito antiga, na qual o tempo nunca importou. Idade nunca fez parte da nossa história, porque poucos foram registrados. Ninguém sabia o ano em que nasceu. Acho que só a partir das duas últimas gerações é que começou a ter registro. Então eu fui criada assim: tempo é tempo, não é número. Até porque as pessoas não sabiam fazer conta de matemática pra calcular a idade. Minha família era quase toda analfabeta. A minha avó, que morreu com 104 anos, só sabia escrever números e ler pra, na época dela, fazer o jogo do bicho. Eu fui praticamente a primeira a estudar e me formar. Fui matriculada na primeira escola, no maternal, pela minha mãe, e depois disso eu me virei, ia pra escola sozinha e me matriculava, porque queria estudar.

Todo mundo diz: "Ah, a Glória Maria esconde a idade". Eu não escondo, não, eu esqueço, *forget about*... Como fui ensinada assim, vai continuar assim. Ninguém vai me dizer o que tem que falar. Nunca ninguém disse como é que eu tinha que viver, nem vai dizer por causa de idade. Cada um dá a idade que quer, que essa preocupação não é minha, é do mundo.

BROWN_ Glória, você é do Rio de Janeiro, certo? Fala um pouco do seu bairro, da sua raiz.

GLÓRIA_ Sou carioca, sangue bom. Sobre o meu bairro raiz... aí já começa a complicação, porque eu nasci entre três bairros: Madureira, Oswaldo Cruz e Jacarepaguá, no subúrbio do Rio. A gente morava numa ruazinha que só tinha duas famílias negras, a minha e uma outra. O resto era tudo mais ou menos... não de classe média, eram pobres também, mas gente bacana. Nós éramos os únicos muito pobres mesmo. Madureira tinha o samba, a Portela, aquela coisa toda, e Oswaldo Cruz também, eram berço do samba. Jacarepaguá já era uma coisa mais de classe média.

Eu fui criada ali durante a minha infância, acho que até os seis ou sete anos, e depois fui morar com a minha mãe em outro bairro, o Méier. Sempre fui uma garota do subúrbio. Quando era muito pequena, até mais ou menos doze anos, me mudei muito porque, como a gente não tinha grana, se não podia pagar o aluguel, íamos pra outro lugar. Tivemos uma vida meio nômade.

BROWN_ Temos isso em comum. Minha mãe ficava um ano, um ano e meio ou dois num lugar, e de repente precisava mudar. Às vezes, quando eu era criança, acordava de madrugada no meio de uma mudança.

GLÓRIA_ Nunca esqueço essa coisa da "ordem de despejo" — se não pagava, entravam na justiça e tinha que sair. Então a gente mudava, eu já estava acostumada. Às vezes íamos para um apartamento melhor. Passamos muito tempo assim, era uma coisa que já não me incomodava. Eu estava sempre preparada pra me mudar, e é por isso que não gosto de ficar parada até hoje. Tenho horror de parar muito, só paro em casa. Moro na mesma casa por muito tempo: morei durante 25 anos em uma, oito anos na outra e estou há seis anos na atual, porque quero ter estabilidade, algo que não tive na infância. Mas fora esse pouso permanente, eu preciso do mundo, preciso de mudança, senão enlouqueço.

BROWN_ Você falou dessa coisa de não ter documentos, de não ter datação do nascimento dos seus familiares. A maioria do nosso povo tem essa dificuldade de rastrear os próprios antecessores.

GLÓRIA_ Pois é. Até hoje tento saber as minhas origens. Do lado do meu pai, a minha família é muito especial, são todos muito altos, e eu sempre quis saber de onde veio isso. Minha avó Alzira, mãe do meu pai, dizia que o bisavô dela tinha sido "laçado" nas matas de Minas Gerais.

BROWN_ Então ele era índio?

GLÓRIA_ Não, escravo. Ou "escravizado", como se diz hoje... Eu aprendi a dizer escravo. Hoje tem que dizer escravizado.

BROWN_ Sim, porque é um estado, né?

GLÓRIA_ É um estado, mas naquela época, quando você "estava" escravo, você também "era" escravo. Tinha sido escravizado, de fato, mas passava um período enorme da vida assim. Às vezes essas coisas que vão mudando me incomodam — como se alterar uma terminologia fosse mudar uma situação. Me irrita porque deixamos de falar o que importa para falar sobre coisas desnecessárias. Como se mudar "escravo" para "escravizado" alterasse a situação de todo um povo que foi escravizado e passou a ser escravo.

Essa coisa de "agora os movimentos têm que ser assim", "agora têm que ser daquela outra maneira"... Parece que a gente está sendo sempre dirigido. Odeio isso. Acho que a gente tem que viver os próprios sentimentos. É como fui criada pela minha família, para ser livre. Minha avó dizia assim: "A nossa história sempre foi de correntes, então você nunca pode permitir que te acorrentem. Você tem que viver para ser livre, sempre, a qualquer custo". E eu tenho vivido assim.

BROWN_ Eu sou fascinado por esses assuntos, e você entrou nisso de cara. No Rio de Janeiro existem muitas famílias tradicionais negras, que estão lá há muitos anos, e tem também as que vieram de fora, de Minas Gerais, da Bahia etc. A sua veio de onde?

GLÓRIA_ Até onde eu sei, minha família é do Rio. A minha avó falava desse bisavô que tinha sido laçado nas matas de Minas Gerais, mas eu não conheço ninguém da família além das fronteiras do Rio de Janeiro. E aí tem o lado da minha mãe, que já tem uma mistura. O meu avô, uma das figuras mais fascinantes que conheci, trabalhou com o barão de Drummond no jogo do bicho. Era pequenininho, todo mundo chamava ele de "vovô miúdo". Foi um dos fundadores da Salgueiro. Ele dominava a região de Vila Isabel e tinha uma loja de sapataria, mas também tinha muitas mulheres, e elas iam todas, com um bando de filhos, pegar sapato lá, por isso o negócio nunca cresceu muito. A mãe da minha mãe era italiana, a vovó Almerinda. Esse meu avô se casou com ela e teve minha mãe e as irmãs, depois ainda se casou com mais umas três ou quatro mulheres. Até onde a gente conseguiu contar, ele deve ter tido uns 25 filhos. Não tenho nem noção de quantos primos ou sobrinhos devo ter por aí.

BROWN_ Deixa eu te falar uma coisa. Pra mim, é importante passar pra quem tá ouvindo, principalmente o público mais jovem, quem é você. A sua figura é a cara do Brasil. Existe um registro com o seu rosto dos últimos quarenta anos, pelo menos. Eu me lembro muito de você, daquela repórter negra, bonita, da Rede Globo, que é o maior canal da América Latina. Você era a única, a primeira, e sempre esteve lá. E, olha só, sendo tudo isso, com todo esse currículo que a gente mencionou, você está se lembrando dos seus ancestrais que foram escravizados. Olha aí a ligação, que parece tão distante pra quem vê filme sobre a escravidão ou algo assim.

GLÓRIA_ Eu não aprendi a história da escravidão em livros, aprendi com a minha família. Isso, pra mim, faz toda a diferença. Só depois, quando comecei a estudar, é que fui para os livros, mas primeiro aprendi a história real, a história original. E com isso você aprende a viver de uma maneira que não tenha ficção. É a realidade. Desde pequena eu soube que ia enfrentar preconceito, racismo. Já vivia isso na rua onde eu morava, que só tinha brancos. Na escola, no primário, havia quatro ou cinco meninas negras como eu; passei para o ginásio, e lá eram duas ou três; depois fui para o clássico e só tinha uma; na faculdade, era só eu. Então aprendi isso tudo na vida, no dia a dia, de uma maneira natural. Nunca tive uma atitude vitimista, mas sim de enfrentamento. Nunca tive medo, e não era vítima porque sabia que ia ter que passar por aquilo tudo — mas queria evitar, então precisava fazer alguma coisa. A minha atitude era: "Não vou aceitar as cascas de banana que colocam no meu caminho. Se querem que eu olhe pra isso estão perdendo tempo, porque quero ir em frente". O que era esse "em frente" eu não sabia, porque não tive referências, não tive em quem me espelhar, ninguém me ensinou nada.

Quando comecei na televisão, eu usava cabelo black power porque queria, não porque alguém me falou sobre o movimento negro. Usava porque achava lindo, e usei durante anos, de todas as maneiras — depois parei, não queria mais, porque faço da minha vida e do meu corpo o que eu quero, não o que as outras pessoas dizem. Se daqui a pouco eu resolver botar black power de novo, eu boto. Hoje educo as minhas filhas assim, elas fazem o que querem do cabelo delas. Quando falei que fui educada para ser livre, quero dizer livre em todos os sentidos e a qualquer preço. E é um preço altíssimo hoje, porque as pessoas cobram que você se enquadre no modelo delas. Ninguém me enquadra.

BROWN_ Glória, como era a militância nos anos 1970? Como você lidava com a ditadura, a militância, o "pode ou não pode" etc.?

GLÓRIA_ Comigo não tinha "pode ou não pode", era só "pode". E por isso eu me ferrei muitas vezes. Mas a minha militância era a seguinte: primeiro o meu cabelo, de negra. Eu não era linda, era uma menina dentuça, porque pobre não tem muito como cuidar dos dentes, então os meus eram pra frente. Eu não tinha nada muito certinho, mas aquilo não me preocupava nem me incomodava. Meus valores eram outros...

BROWN_ Quem te falou que você não era bonita?

GLÓRIA_ Na televisão, o padrão da época — que é padrão até hoje — eram meninas loiras ou morenas, com faces rosadas, cabelo comprido, dentes perfeitos. E eu não tinha nada a ver com isso. Era a estranha no ninho e, teoricamente, precisava me comportar como as pessoas queriam, mas não me comportava. Na televisão, eu era conhecida como a ovelha negra, porque nunca seguia nenhum dos valores, dos padrões.

BROWN_ E esse nome, ovelha negra? O que você acha disso?

GLÓRIA_ Bom, o que é uma ovelha negra? É a que não faz parte do rebanho, que normalmente só tem ovelha branca. Eu não fazia parte do rebanho e sempre gostei que fosse assim. Como falei, a minha família não se enquadrava em nenhum dos parâmetros de valores familiares, então eu também não tinha nenhum valor ou parâmetro. Me eduquei ao longo da vida, adquiri valores no mundo, viajando, aprendendo, conhecendo, lendo.

Tem um livro que mudou a minha vida, *Alma no exílio*, de um americano chamado Eldridge Cleaver. Ele foi um dos Panteras Negras e passou muito tempo na prisão, por diferentes motivos. Primeiro por porte de maconha, depois por estuprar mulheres, que foi uma maneira de ele se rebelar contra o mundo branco. Na prisão, ele teve tempo para reavaliar os próprios valores. Tem uma passagem interessante do livro, de quando ele estava preso. Lá, todo detento tinha foto de mulheres nuas na parede, inclusive ele. Certa vez, um guarda arrancou as fotos, e ele ficou revoltado: "Por que você tá tirando só as fotos da minha parede, se todo prisioneiro tem? É porque eu sou negro?". E o policial falou: "Não. Eu não sou racista, você que é, porque poderia ter botado fotos de mulheres negras na parede, mas botou de mulheres brancas. Por isso eu tirei". Coisas assim fazem você refletir até que ponto o racismo do outro pode te atingir. E essa foi uma grande preocupação que tive ao longo da minha vida.

BROWN_ Onde você estudou?

GLÓRIA_ Além da PUC, só estudei em escolas públicas. Primeiro numa chamada Delfim Moreira, no subúrbio, perto da casa da minha mãe, que era entre o Méier e o Sampaio. Depois, na Rivadávia Corrêa, que existe até hoje, ali no centro da cidade, perto da Central do Brasil. E ali acompanhei muita coisa da ditadura, porque logo atrás ficava a delegacia de repressão, e muitas vezes a gente fazia exercício de educação física ouvindo os presos políticos apanharem.

Na época do movimento estudantil, eu era uma menina de catorze, quinze anos, e ia com as minhas amigas para o restaurante do Calabouço acompanhar as reuniões dos estudantes. Mas, pra falar a verdade, não era só por motivo político. A gente ia também pra paquerar os meninos — era um olho no padre e outro na missa. Acompanhamos a Passeata dos Cem Mil com o mesmo espírito. Mas estávamos ali, no centro de tudo. Tenho um orgulho enorme de ter participado de todo esse momento, ao vivo e em cores. Eu não tenho versão, eu tenho fatos.

BROWN_ Você estudou por quanto tempo?

GLÓRIA_ Formalmente, até completar o curso de jornalismo. Depois passei a estudar o mundo. Eu viajo há mais de quarenta anos. Antes você mencionou cem países, mais ou menos, mas eu já conheci mais de 160 e tenho muito orgulho disso. Primeiro, viajei o Brasil inteiro quatro vezes. Acho que conheço o Brasil melhor do que qualquer outra pessoa. Depois fui pro mundo. E viajo mesmo, eu vou e fico. Não vou pra ver monumento, mas pra entender de gente, conhecer a alma das pessoas. Eu gosto de cultura, de sentimento. Fico entre vinte dias e um mês em um país, e sempre vou pro interior. Estive, por exemplo, em lugares como o interior da Sérvia, onde conheci uma senhora de quase cem anos que nunca tinha visto um único preto na vida, eu fui a primeira. Ela não tinha televisão, não tinha visto nem o Michael Jackson. Essa senhora me olhava, passava a mão no meu cabelo, no meu rosto, e dizia: "Não vá embora. Você não sabe a felicidade que me deu de poder morrer sabendo que você existe". Viajo pra isto: sentimento, alma.

Claro, também subi duas vezes o Himalaia, pulo de *bungee jump* etc., porque sou atrevida, gosto de tudo. Não faço coisas assim pra mostrar como sou corajosa ou aventureira, mas porque quero saber até onde consigo me desafiar ou me conhecer, porque o medo muda tudo. O pânico de quando você pula do *bungee jump* mais alto do mundo, por exemplo, sem saber o que vai acontecer, faz você descobrir um outro lado da sua alma. Eu gosto de experimentar o medo, acho que faz eu me sentir mais viva.

BROWN_ A adrenalina?

GLÓRIA_ Não, o conhecimento, a insegurança. Acho que alguém que não tem insegurança nem medo não consegue entender o que é a vida, porque ela também é feita de medo.

BROWN_ Voltando um pouco: como é ser a primeira? Você foi pioneira em várias coisas.

GLÓRIA_ Mano, eu nunca pensei que estava sendo a primeira. Nunca tive tempo. Só ia. É que tudo foi acontecendo de um modo muito natural. Eu cheguei na televisão pra ser radioescuta e, uma semana depois, já começaram a me mandar pra rua pra fazer reportagem. Na época, repórter não aparecia no vídeo, então eu saía, escrevia, e o Sérgio Chapelin ou o Cid Moreira liam. Eu não pensava que, se olhasse em volta na redação, só tinha eu — até porque não olhava em volta, já que saía todo dia pra trabalhar.

Depois de quatro ou cinco anos, os repórteres começaram a aparecer no vídeo, e nisso eu fui a última, porque tinha medo. Até que um dia tive que fazer, e depois da primeira vez a coisa fluiu. Não dava tempo de racionalizar, de pensar: “Olha, estou aqui sendo a primeira, vou fazer história”. Hoje, todo mundo faz história. Todo dia tem alguém dizendo: “Olha, estou fazendo história, estamos fazendo história”. Nunca pensei em fazer história, porque a história já estava ali. Hoje, todo mundo está muito mais preocupado em fazer história do que em simplesmente fazer. Isso, pra mim, é uma coisa angustiante. Vamos fazer, vamos abrir caminho pra outras pessoas, vamos em frente. Esse ego, essa vaidade de querer fazer história o tempo todo, me cansa.

BROWN_ Mas sabe que às vezes é legal? A gente, que não tem coragem de ostentar, fica orgulhoso quando vê alguém fazer isso. Outro dia um camarada me falou: “Pô, Marighella, o podcast tá em primeiro lugar e você não estoura champanhe, não comemora, não posta. A gente sente falta de ver a vitória dos nossos”. E eu respondi: “É verdade, mas eu sou desconfiado, não tenho essa coragem”.

GLÓRIA_ Mas aí é outra coisa, comemorar uma vitória é diferente de querer fazer história o tempo inteiro. Tem que comemorar, sim. Eu comemorei quando fui chamada pra apresentar o *Fantástico*.

BROWN_ Comemorou?

GLÓRIA_ Muito. Todo mundo falava sobre racismo, e o *Fantástico* era um programa que praticamente só tinha loiras. Quando alcancei aquela posição, eu comemorei com os meus amigos, fiquei feliz, porque foi uma conquista da minha família, não foi só minha. Significou que o que eles fizeram por mim deu certo. O fato de não terem feito praticamente nada além de terem me dado liberdade funcionou.

Mas também não tive muito tempo. Comecei a receber cartas na redação que diziam, por exemplo: "Como que você, uma negra, não tem vergonha de estar tirando o lugar de mulheres brancas e lindas que poderiam apresentar esse programa?". E eu ficava com a carta na mão, lendo várias vezes, não é um post que você pode apagar. Às vezes acabava o *Fantástico* e eu recebia telefonemas com mensagens parecidas. Os dois primeiros anos apresentando o programa foram muito duros.

BROWN_ Você já falou sobre isso em outros lugares? Sempre te achei muito discreta.

GLÓRIA_ Talvez tenha falado, não lembro. Nunca fui de falar, sempre fui de fazer. Nunca tive tempo, trabalhei demais ao longo da vida. Como vinha de uma família muito pobre, tinha que pagar todas as minhas coisas, então trabalhava muito. Comecei na Embratel, como telefonista, e ao mesmo tempo na TV Globo. Ficava na Globo de sete da manhã até às oito da noite, hora do *Jornal Nacional*, depois saía para estudar e, mais tarde, ia para a Embratel e ficava lá até meia-noite. Fiz isso durante um ano.

BROWN_ Você inaugurou muita coisa, Glória.

GLÓRIA_ E continuo inaugurando, graças a Deus, porque depois que tive essa sobrevida que Ele me deu, ninguém me segura.

BROWN_ Quer falar sobre isso, sobre a sobrevida? O que aconteceu?

GLÓRIA_ Eu tive um tumor no cérebro, de repente. Um dia caí e descobri esse tumor que me mataria em quinze dias se eu não operasse. E tinha uma chance enorme de ter sequelas ou não sobreviver. Foi uma coisa muito séria, precisei me afastar, a Globo fez um comunicado. Pouca gente acreditava que eu ia voltar a trabalhar. Hoje me vejo como uma fênix, porque a minha chance de sobreviver era muito pequena. Até os médicos duvidavam, a não ser o que me operou e tirou o meu tumor, o Paulo Niemeyer — eu chamo de "são Paulo Niemeyer" —, que acabou de entrar para a Academia Brasileira de Letras. Foram muitos os problemas, eu fiquei inchada, tive convulsões, minha boca ficou torta. Foi uma tragédia, mas uma tragédia minha, que é parte da minha história. Como Deus me adora, imagino que ele tenha me olhado como esse símbolo de energia, que sobe o Himalaia, que percorre o mundo, e me colocado diante desse desafio, o maior da minha vida.

Precisei de um período longo de recuperação. Eu pensava: "Bom, uma hora vou chegar lá, vamos ver até onde dá". E cheguei. Quando voltei a apresentar o *Globo Repórter*, o momento em que entrei no estúdio foi um dos mais bonitos da minha vida. Quase ninguém acreditava, parecia que estavam vendo um fantasma. Mas é como diz a música do Belchior e do Emicida: "Ano passado eu morri, mas este ano eu não morro". E eu vivo dentro da realidade, não tenho fantasias. Então nunca fiquei questionando por que aconteceu isso comigo. Era algo que eu tinha que viver para experimentar outro pedaço da minha existência.

BROWN_ Porra, muito forte.

GLÓRIA_ É vida!

BROWN_ Glória, durante a ditadura, você entrevistou o então presidente João Batista Figueiredo, e tem uma frase atribuída a ele que eu quero saber se é verdade: "Não deixem aquela neguinha chegar perto de mim". Foi assim mesmo?

GLÓRIA_ Sim. Ele sempre dizia: "Aquela neguinha da Globo não pode chegar aqui". Eu comecei a trabalhar durante a ditadura, no governo Médici, e depois teve o Geisel. Todos, de alguma maneira, tinham certa elegância, mas o general Figueiredo... Ele chegou pra atropelar. Na época, eu tinha acesso aos lugares mais reservados quando ia fazer uma cobertura, todo mundo já me conhecia e me deixava passar, e ele ficava indignado por causa de um episódio que aconteceu logo quando ele foi indicado para a presidência. Ele fez um pronunciamento em que dizia que, para "manter a democracia", ia prender, bater e não sei mais o quê. Só que na hora que ele disse isso, o filme da minha câmera acabou, e eu não consegui gravar. Então pedi pra ele repetir — pedi gentilmente, umas quatro vezes. E ele se irritou e falou: "Minha filha, eu já falei com sujeito, verbo, predicado e predicativo indireto que não vou repetir". Só que eu sou boa de português e... Bom, agora eu não vou lembrar exatamente o que foi, mas tinha algum desses termos que ele tinha citado que não existia mais. E eu falei: "Presidente, desculpa, mas não tem mais isso". O cara ficou puto da vida, e a partir de então tomou um ódio santo de mim. Nem tinha como se enganar, já que a única preta era eu. Então quando eu chegava, era sempre a mesma coisa: "Tira a neguinha daqui". Durante todo o mandato dele.

A ditadura foi uma época terrível, eu tive várias experiências ruins. A gente chegava na redação e tinha uma recomendação de que não podia mais falar sobre determinado assunto. Era censura atrás de censura. Me espanto hoje vendo algumas pessoas considerarem uma volta à ditadura. É como se quisessem voltar para o inferno. Ditadura nunca mais!

BROWN_ Como foi sua entrada na Rede Globo?

GLÓRIA_ Eu tenho uma amiga chamada Tânia. Éramos as mais pobres da escola — eu preta, ela branca. Sempre estudamos juntas, somos amigas até hoje. A Tânia trabalhava na TV como secretária da tesouraria, e um dia ofereceram para ela uma vaga de estágio no jornalismo, só que não tinha salário. Ela ficou só uma semana e desistiu, e então veio falar comigo sobre essa vaga, porque eu sempre escrevi bem, ganhava todos os concursos de redação da escola. Eu tinha acabado de entrar na Embratel, então tinha um salário, ainda que bem pequeno. Resolvi tentar e fui aceita na mesma hora — acho que não tinha outra pessoa que quisesse fazer aquilo sem ganhar dinheiro.

BROWN_ Glória, eu estou entrevistando a maior entrevistadora do Brasil, certo?

GLÓRIA_ Se não a melhor, eu sou uma das melhores. Eu me acho mesmo!

BROWN_ E o que você está achando da entrevista, tô indo bem?

GLÓRIA_ Tá ótimo. Aliás, no início você mencionou pessoas que eu já entrevistei e faltou citar algumas importantes, como o Freddie Mercury, que me ensinou um monte de coisa. Que pessoa maravilhosa! Também aprendi muito com o Michael Jackson. Tem pessoas que te ensinam muito, a minha vida foi feita de experiências assim.

SEMAYAT_ Vale comentar um pouco a sua entrevista com a Madonna, em que ela, a princípio, deu um limite de quatro minutos, mas você conquistou muito mais tempo. Entrevistas têm essa coisa da energia, né? É algo que você cita muito, essa emoção, e acho que tem a ver com a sua capacidade de criar uma conexão impressionante com as pessoas. Como funciona isso?

GLÓRIA_ Ah, isso é fácil de responder. Pra começar, quando vou fazer uma entrevista, sei quem está com o poder: o entrevistado. Essa é uma regra básica. Se você vai entrevistar Madonna, Freddie Mercury, Roberto Carlos, por exemplo, são eles as estrelas. Então eu chego sempre humilde, dou todo o espaço para o entrevistado, deixo bem claro que estou ali para fazer ele brilhar. E aí eles ficam à vontade, porque são superestrelas, com egos enormes, a princípio. Se conseguir quebrar a resistência daquele ego, você já ganhou.

Com a Madonna foi assim. Eram quatro minutos, tudo programado, e eu ainda tinha que fazer uma introdução para o *Fantástico*, então logo vi que não ia rolar, não ia dar certo. Mas sou malandra, né? Estava com um colar que eu adorava, e levei um igual pra ela, mas deixei escondido. Só botei o meu, bem destacado, pra ela ver — era uma pedra azul maravilhosa. O olhar dela foi direto pra pedra, e eu pensei: "Já ganhei um ponto". Depois sentei e falei: "Olha, Madonna, meu inglês é péssimo e, pra falar com você, ainda tenho que fazer uma introdução. Em quatro minutos eu não vou conseguir". Tinha ainda o fato de eu ser negra, que já era uma quebra de expectativa, eles ficam com receio de tratar mal. Tem horas em que é preciso usar isso a nosso favor. Então eu disse: "É difícil, sou a única negra lá no programa, se não fizer isso direito, vai ser um problemaço pra mim. Pô, me ajuda...".

BROWN_ Você usou isso?

GLÓRIA_ Claro! Uso sempre que necessário. Depois disso ela chamou a diretora e disse: "Ela pode falar o tempo que quiser". Então fiz a minha introdução toda bonitinha, depois fiz as minhas perguntas, e enquanto isso o olho dela não saía da minha pedra. Essas pessoas famosas não costumam receber presentes, tem que entregar para a assessoria. Mas, antes de sair, eu falei: "Me desculpa, mas adoro você e te trouxe de presente uma pedra igual à minha". Ela colocou o colar na mesma hora e deu o resto das entrevistas com ele no pescoço. É tudo uma questão de ser humilde. Humildade não é subserviência. É inteligência. E eu, na hora que preciso usar certas coisas, uso sem problema. Por isso que consigo fazer todas as entrevistas numa boa.

BROWN_ E se fosse pra fazer uma pergunta pra mim, agora, qual seria?

GLÓRIA_ Bom, é o seguinte: antes de vir pra cá eu tava tensa, porque tenho mania de falar demais e sem refletir, depois acaba dando merda. E eu pensei: "Vou ser entrevistada pelo Mano Brown, aquele cara marrento pra caramba, que não dá entrevista pra ninguém e agora inventou de entrevistar os outros". Você não era de aparecer na mídia, não gostava de ir pra programa de auditório, não gostava de um monte de coisa.

BROWN_ Sim.

GLÓRIA_ Marrento! Do jeito que eu gosto, aí é que tá o problema. É por isso que sempre fui encantada com você. Até me aconselharam a não dar a entrevista, mas decidi que viria, sim. Mas, agora, eu vou propor o seguinte: quero saber qual seria a sua primeira pergunta pra mim, da sua alma. Sem ficar consultando esse computador, sem anotação. Quero que você me faça uma pergunta do seu coração, e depois eu faço uma pra você.

BROWN_ Não sei... Cheguei com algumas questões que já tinha formado ao longo do tempo ao te assistir. Mas essa coisa de ser a única durante muito tempo marcou demais a minha geração. Você sabe que a gente... por exemplo...

GLÓRIA_ Ih, já se enrolou!

BROWN_ Me enrolei, me enrolei! Admito.

GLÓRIA_ Então vou fazer a minha pergunta primeiro. Antes da entrevista, você me mandou aquele disco de vinil, que você tá um gato na capa, e eu pensei: "Caramba, que poder!". Já me avisaram: "Ele tem mulher, hein, é casado com a Eliane". Mas fiquei toda ansiosa e escolhi bem a minha roupa. Foi tudo planejado, se você quer saber. Olha só a cara da sua mulher lá, vendo a gente ali no estúdio.

Mas, enfim, vou fazer a pergunta. Mano Brown, você, um cara que não gosta de mídia, agora tá fazendo este podcast. É algo que tá causando uma mudança na tua vida, com certeza. Você acha que depois desta experiência de entrevistador a sua música pode mudar de alguma maneira?

BROWN_ Essa pergunta é excelente. Já pensei sobre isso, se a minha música vai mudar, ou se as pessoas vão passar a me ver de outro jeito. Porque tem gente que fala assim, por exemplo: "Nossa, até que o Brown é inteligente!". Sempre teve uma aura de burrice em torno de mim, que eu associei ao racismo. Existe uma coisa pejorativa sobre nós, homens da periferia, por termos um jeito específico de falar, de se vestir, de reivindicar certas coisas.

GLÓRIA_ Mas você não é mais só o cara da periferia, a gente muda, tudo muda. De todo modo, eu falei desse jeito, te chamando de gato e tal, inclusive na frente da tua mulher, que está bem ali, exatamente pra te quebrar, porque o cara da periferia tem essa coisa do machão. E você ficou quebrado!

Talvez você tenha pensado em fazer este podcast porque estava a fim de outros caminhos, de ir além da imagem que você criou. Talvez agora seja a hora de você querer mudar sua posição em relação à grande mídia. Você vai mudar?

BROWN_ O que eu tenho percebido é que a mídia mudou. A internet me dá a oportunidade de não entrar na mídia convencional, que evitei durante tanto tempo. O que me impulsionou a fazer isso foi que alguns amigos me disseram que eu sou um contador de histórias, e então deram essa ideia de fazer um podcast. Foi no começo da pandemia, naquele momento de desilusão total, sem perspectiva. A gente estava usando a cabeça pra encontrar maneiras de não ficar louco, de poder trabalhar, de ser útil de alguma forma. Não era nem uma coisa de mudar de profissão, era uma maneira de não ficar louco.

GLÓRIA_ E agora que já tem quase um ano que você está fazendo isso, o que mudou?

BROWN_ O que mudou foi que na minha mente se abriu uma perspectiva. Eu saí de uma zona de conforto de que é só música que eu gosto de fazer, e no meu tempo, na minha casa ou nos lugares que eu gosto. Aqui estou me expondo ao erro, ao ridículo. Procuro me cercar de gente competente para não errar feio. Mas, se errar, espero que consigam me perdoar, porque essa não é a minha profissão. O lance é que eu gosto de falar bastante, tenho muitas ideias, mas também sei ouvir, e gosto. Estou aprendendo muito aqui. Porque entendo que, mesmo se informando sobre muita coisa, de alguma maneira a gente também se aliena dentro do próprio universo. Na visão do rap, ou do músico, tudo é poético. E aqui, entrevistando pessoas, nem tudo é poético, nem tudo eu concordo.

GLÓRIA_ Entrevista é uma via de mão dupla. Ou você abre a alma ou não. Hoje eu abri, porque não sei fazer de outra maneira. E só aceitei ter esta conversa porque tenho o maior respeito por você. Respeito e admiração, porque acredito em pessoas que têm verdade, e você sempre teve. Falar, todo mundo fala, abrir a alma é outra coisa.

Aliás, me surpreendi com a qualidade da informação que vocês encontraram sobre mim, porque este país não tem mais memória, e na internet as coisas somem. Vocês conseguiram fazer uma pesquisa incrível. Eu nunca tinha feito podcast, estou impressionada, adorei! Estou falando, falando... Já acabou, não?

BROWN_ Está acabando. E com estilo. Todas as informações, isso que você falou, chegam através da Semayat, que é jornalista e também é uma menina negra, que vem do gueto igual a nós. Já vou encerrar, mas falta uma coisa que era pra ter perguntado antes: essas meninas, que estão estudando e aos poucos ocupando os espaços, o que você tem pra dizer pra elas?

GLÓRIA_ Tentem ser quem são. Não se preocupem tanto com a mídia ou as redes sociais, e sim com a alma, o encantamento, a verdade. O jornalismo, pra mim, sempre foi arte, e continua sendo. Eu sempre digo isto: não sou advogado de defesa, então a minha profissão não é defender ninguém. Também não sou promotor, não tenho que acusar; nem juiz, não tenho que julgar. O que eu tenho que fazer, minha obrigação, é mostrar os fatos para a sociedade, colocar diante do olhar de todos o que acontece. O jornalista é um fiscal da sociedade. Acho que as pessoas deviam continuar pensando assim, esquecer um pouco o glamour, a possibilidade de sucesso fácil ou o charme, e lembrar que são prestadoras de serviço pra sociedade. Acho que dessa forma tudo seria melhor e mais fácil. Jornalismo é arte: de pensar, falar, se autoanalisar, olhar para o outro. E é assim que eu quero ver a minha profissão até o final.

BROWN_ Muito obrigado por tantos anos de serviço prestado às mulheres negras, às mulheres, ao Brasil.

GLÓRIA_ Muito, muito obrigada. Adorei o meu dia, o papo, a energia, o carinho, a alegria e o reconhecimento, que são tão raros. Eu tô feliz. Pra todo mundo que está aqui: obrigada, do fundo da minha alma e do meu coração. Vocês me deram um dos melhores dias da minha vida.

9 de dezembro de 2021

EMICIDA

Profundo de verdade

Um fenômeno. O cara parece que tem oitenta anos de idade na cabeça, de tanta coisa que já viveu e absorveu. É profundo de verdade, não é só de fachada.

O tempo no podcast foi curto, passou rápido demais. E foram quase três horas. Ele ama história, como eu, e lê demais, a gente viajou pra longe nas ideias.

O potencial do Emicida é gigantesco, ele tem uma energia que se renova a partir das ideias antigas, das raízes. Se comporta como um líder, morô? É estratégico, pensa o jogo. Entende que o mundo é uma guerra e tem uma visão que não é romantizada.

Na arte, ele despeja tudo, o dito e o não dito, as entrelinhas e o que tá na cara. É por aí que a gente vê a força dele.

BROWN_ Fala mais ou menos como era a sua quebradinha. Sempre faço essa pergunta. Gosto de imaginar visualmente o lugar.

EMICIDA_ Quando eu era pequeno meu apelido era Cigano, porque a gente mudava muito de casa. Eu nasci no Tucuruvi, onde hoje é o Hospital Presidente. Naquela época, era uma maternidade, e eram as freiras que tomavam conta.

BROWN_ Vocês sempre moraram na Zona Norte? Desde os avós?

EMICIDA_ Não. Meus avós por parte de pai vêm do interior de São Paulo e da Bahia. Por parte da minha mãe tem uma parcela que é do Sul, de Maringá.

BROWN_ Então você tem raiz paranaense?

EMICIDA_ Pois é, você acredita?

BROWN_ Acredito. Conheço várias famílias negras do Paraná. Interessante, né?

EMICIDA_ Sim, mas esse lado da família é branco. Minha família é misturada. O lado que "escurece" mesmo é o da minha avó que veio pra São Paulo. Ela se casou aqui, assim como meus pais, e a família foi dando uma escurecida. Uma parte escureceu, e a outra clareou.

BROWN_ Qual é a parte maior?

EMICIDA_ É uma ótima pergunta. Eu sei que minha avó fez 81 anos em 2021, no meio da pandemia, e alguém quis fazer uma comemoração no Zoom. Ela odiou esse bagulho de Zoom. Mas achei curioso, porque apareceu nos quadradinhos um monte de gente que eu nunca vi na minha vida. Vi umas meninas do Sul, loirinhas. Eu falei: "Pô, Fióti, essas meninas são minhas primas?", e ele disse: "É, esse é o pessoal lá da vó que a gente não conhece ainda". Tá ligado? Fiquei apertando o olho pra ver a cara de todos, tava todo mundo de saco cheio. O pessoal cantou parabéns e depois ficou esquisito pra caramba. Minha avó fechou a janelinha dela...

BROWN_ Emicida, eu vejo uma molecada mais jovem que curte o som e tal, mas não conhece, talvez, a pessoa por trás da fama. O Emicida que eu vejo é um cara sério, compenetrado, que tá sempre falando das coisas da vida, quase um conselheiro. Como é essa fita, você se cobra muito?

EMICIDA_ Não, eu não me cobro, Mano. Só me sinto responsável pelo que eu falo, sabe? Acho que coloco isso numa caixinha diferente. Não quero ser uma pessoa lembrada por prejudicar a vida dos outros falando coisas infundadas. E acho que existe uma tradição, também. Historicamente, o rap brasileiro tem uma série de pessoas que se preocupam com o que falam. Isso é culpa de vocês, dos Racionais!

BROWN_ Eu também fui inspirado por outros. Esse cara aqui, por exemplo, o Chuck D, desse livro que você acabou de me entregar.

EMICIDA_ Você conheceu ele?

BROWN_ Pessoalmente eu só cumprimentei, duas vezes. Foi muito prazeroso ver nosso ídolo de perto assim, pelo menos por alguns segundos. Posso afirmar para você que esse cara, em determinado momento da minha vida, foi meu pai.

EMICIDA_ Não duvido.

BROWN_ O James Brown também, quando eu era mais jovem. Depois era ele, o Chuck D. Eu não tive meu pai presente, nunca teve um homem mais velho pra me aconselhar a fazer algo que prestava. Ensinamento de vida, assim, eu peguei com esses caras. Na época chegavam poucos recortes de jornal. Só quando tinha um grande acontecimento nos Estados Unidos é que o mundo da música "buchichava" e chegava alguma coisa aqui. E aí, um dia, vi uma notícia falando desses caras, dizendo qual era a proposta deles. Pra mim, foi a plataforma de todas as ideias, tá ligado?

EMICIDA_ E por que o Public Enemy em especial? Já virou o jogo, roubei o seu trampo de entrevistador aqui.

BROWN_ É porque ele canalizou todo o discurso do Malcolm X, de uma geração anterior à dele. Tudo o que ele aprendeu com os caras das passeatas dos direitos civis, da passeata de 1 milhão de homens em Washington. Tudo o que aprendeu com os Panteras Negras, com a morte do Malcolm X, do Martin Luther King. E tinha toda aquela influência do Gil Scott-Heron e de outros artistas que falavam da questão negra. Em determinado momento, os religiosos que me perdoem, mas, pra nós, esse cara era Deus. Era o pai de todos nós. Ele ensinou: é isso, rapaziada, pra vocês sobreviverem aos anos 1990 vão ter que seguir a gente, porque vai ser difícil pra vocês.

EMICIDA_ Eu acho que tem outra parada muito louca do Public Enemy, que é o fato de que, pra minha geração, eles já chegam como um clássico.

BROWN_ Sim, tá vendo como é? Já chegou consagrado. Não é a mesma coisa.

EMICIDA_ Isso. Já não estava em disputa com os artistas que iam surgindo. Eu acho que tem uma coisa muito importante no Public Enemy de resgatar esses valores que você mencionou, em um momento em que a influência da indústria crescia muito no rap, então os grupos iam começando a se desfazer. Todo mundo lançando carreira solo, saca? O Public Enemy sempre seguiu firme, tanto na coisa do *breakbeat* quanto na parada de se manter próximo da cultura hip-hop. Se a gente olha pro rap norte-americano, por exemplo, hoje são escassos os artistas que falam sobre hip-hop como a gente, que fazia grafite, que dançava break, tá ligado? A gente queria avançar visualizando todos os elementos.

BROWN_ Você aprendeu a dançar break?

EMICIDA_ Aprendi.

BROWN_ Pô, eu nunca aprendi.

EMICIDA_ É mesmo? Eu jurava que você dançava. Acho que é o estereótipo da São Bento.* Na minha cabeça, a São Bento era tipo um *flash mob*.

BROWN_ Eu nunca soube dançar break, era do funk. E era batuqueiro, mas também não aprendi a dançar samba-rock. Eu tinha um primo, que já é finado, que dançava muito. Foi o primeiro cara que eu vi dançar break do meu lado, em 1984. Fiquei baratinado. Era uma festa que teve na favela, e ele tinha andado sumido com uns caras, com os malandros da cidade. Quando voltou, veio com esse negócio do break. A música tocou, e ele saiu fazendo o primeiro passo, aí eu olhei pra ele e... Foi a primeira vez que vi um brasileiro fazer aquilo, eu nunca tinha visto.

EMICIDA_ Tinha uma coisa do Brasil também, né? Porque o Brasil tem isso, nada entra sem sofrer influência da cultura que já existe aqui. Acho que isso é diferente de outros lugares. O caldeirão cultural do Brasil é tão rico que, até quando não é a nossa intenção, a cultura brasileira se expressa através de nós.

BROWN_ Falando nisso, você gravou um som do Pepeu, não gravou? Sua geração chegou a escutar o Pepeu?

EMICIDA_ Eu peguei, mas porque meu pai gostava. Meu pai queria ser DJ e era aficionado por rap. A minha família tinha proximidade com os bailes que rolavam na vila, então ele discotecava lá.

* Estação São Bento do metrô, no centro de São Paulo, que em meados dos anos 1980 tornou-se ponto de encontro para jovens ligados ao movimento hip-hop. Muitos artistas em atividade até hoje se conheceram e formaram grupos lá, inclusive os Racionais MC's. (N. E.)

BROWN_ Seu pai era DJ? Fala mais dele.

EMICIDA_ Eu tenho uma memória muito bacana, mas pouca, porque perdi meu pai quando tinha seis anos. Foi um mano sofrido. História trágica, brasileira, de um homem preto. Ele tinha o sonho de ser DJ, mas não era profissional. Tenho lembrança de um "entretenimento" dos anos 1990 — era foda, os "nego véio" chegavam em casa e levavam os meninos pro boteco. Eu ia com meu pai pro boteco e gostava pra caramba. Tinha fliperama, os caras colocavam uma música, ficavam queimando um churrasco e bebendo.

Meu pai faleceu em uma briga de bar. A história que se conta é que foi um homicídio culposo. Um cara foi separar essa treta, e meu pai estava embriagado, caiu e bateu a cabeça na guia. Foi uma situação muito dramática e que rachou minha família durante um tempo.

BROWN_ Você se lembra disso? Viveu isso?

EMICIDA_ Vivi, mas não consegui organizar o luto. Lembro de brincar no enterro do meu pai com meu primo Daniel. Com seis anos, eu não tinha... Não caiu a ficha que meu pai tinha falecido. E eu gostava muito dele. Essa rachadura que eu mencionei que se deu na minha família é porque o cara que foi separar a briga é meu primo. Parte da minha família acreditou que ele fez aquilo de propósito, e outra parte, menor, achou que não.

BROWN_ E você, tem uma opinião formada?

EMICIDA_ Cara, eu acho que foi uma fatalidade, mas durante muito tempo, por causa dessa relação entre a família, tive muito desse ódio alimentado em mim.

BROWN_ Esse negócio de matar MC's, Emicida... Essa raiva, que vem logo no nome, você acha que tem a ver com isso?

EMICIDA_ Caralho, você meteu o terapeuta agora. Vai me fazer chorar... Nunca fiz essa conta.

BROWN_ É que eu já te vi em várias rinhas. Tinha algumas em que você estava sem camisa e parecia que ia sair na mão mesmo. O cara te ofendendo, e você frio. Dali a pouco você ia lá e acabava com o cara. Parecia uma briga de mão mesmo, parecia que algo físico poderia acontecer a qualquer momento.

EMICIDA_ Mas tem um negócio de conseguir ativar a sua frieza, entendeu? De ter visto tanta coisa feia na vida que uma tragédia a mais, outra a menos, não faz diferença. Acho que essa é a pior consequência da pobreza, como ela corrói a nossa humanidade, e a gente começa a viver no piloto automático. A tensão de uma batalha de MC não era nada pra mim. E tem uma outra parada: eu tinha muita coisa guardada, porque era muito calado. Sempre fui muito tímido, eu nem queria ir batalhar, mas comecei a ser empurrado. Tinha essa aptidão com a coisa, com as palavras, de conseguir fazer uma rima na hora. A partir de certo momento, comecei a ficar popular e tive a sorte de a Cyber-shot da Sony estar ficando mais barata e os celulares começarem a ter câmera, porque todo mundo começou a filmar.

BROWN_ E, quando pivete mesmo, você era mais introspectivo ou era da massa, de zoar, botar apelido nos outros...?

EMICIDA_ Eu era introspectivo. Mas entendi desde cedo que, se fosse esse cara tímido na rua, eu ia ser zoado. Então conseguia emular um cara debochado. Teve uma vez que uma professora acabou comigo na escola. Ela me chamou de canto e falou assim: "Você não é engraçado, você é debochado, e esse deboche aí é pra esconder uma dor gigante que existe dentro de você". Sabe uma dessas professoras de escola pública com cinquenta anos de pedagogia que já "leu" moleque pra caralho? Quando ela falou esse bagulho, caiu uma ficha pra mim, e eu fiquei doido, comecei a querer entender quem eu era.

SEMAYAT_ Emicida, eu gostaria de perguntar também sobre seu lado empresário e produtor. Tem *O enigma da energia escura*, o *AmarElo*. Você tem investido bastante em audiovisual. Como a sua visão estratégica da Laboratório Fantasma para o entretenimento como um todo tem caminhado com esse lance da educação?

EMICIDA_ Algum desses cabeçudos do Vale do Silício falou, no começo dos anos 2000, que "o século XXI pertence aos contadores de história". Tá tudo conectado a essa grande guerra de narrativas que vivemos. A gente tem uma matéria-prima muito rica na nossa mão, nossas histórias de vida. São perspectivas contra-hegemônicas. A realidade é uma só. A cultura hip-hop, eu, você — todo mundo que a gente conhece nasceu dentro desse mesmo sistema econômico capitalista. Tem duas maneiras de essa arte existir dentro do sistema. Uma é guiada por quem não tem preocupação nenhuma com as nossas raízes, a outra é conduzida por nós mesmos. Então, com *O enigma da energia escura*, o *AmarElo*, o que a gente está fazendo não é apenas dizer "olha como eu sou inteligente", "eu li esse livro", "eu vi esse filme". Estamos oferecendo sugestões. Cada tópico pelo qual a gente passa pode ser explorado de várias maneiras, pode ser aprofundado, e existem muitas pessoas especialistas neles. O que a gente sugere é que essas discussões são importantes.

O *AmarElo* teve uma reverberação absurda, foi muito doido. Mas o que mais me emocionou foi que no dia depois do lançamento estavam passando o filme na cadeia e debatendo. Sacou? Nós, que conhecemos um pouco de como é o sistema carcerário, sabemos que não acontece nada lá dentro sem muita discussão. Tem que ter uma conversa prévia para aquilo virar realidade, e eu me senti muito lisonjeado. O filme alcançou extremos, pautou conversas em lugares que eu nem frequento. A forma como as escolas abraçaram, os trabalhos de escola que a molecada faz e me marca na internet, isso pra mim é a coisa mais importante. Fazer com que a discussão ocorra. Não quero ser responsável pela conclusão à qual as pessoas vão chegar. Acho que as pessoas pensam por si, com base nas suas vidas. Mas a partir do momento em que elas entendem que isso também é a história do Brasil, a cabeça delas expande um pouco. Se a gente tivesse tido acesso a essas informações quando éramos crianças de quatro, cinco anos, acho que teríamos uma cabeça muito diferente. Teríamos evitado muitos problemas que tivemos com nós mesmos.

SEMAYAT_ Mais uma pergunta. Tem um documento da Receita Federal, do ano passado, que traz propostas para a reforma tributária, e uma delas seria tirar uma isenção que incide na venda de livros. Um dos argumentos é que pessoas mais pobres não consomem livros que não sejam didáticos. Você tem uma relação muito íntima com a literatura, então gostaria que falasse sobre isso.

EMICIDA_ Eu acho que, se você nasce numa condição privilegiada, estudar é seu direito. Se nasce numa condição desprivilegiada, estudar é sua obrigação, porque a vida vai ser muito mais difícil. Você precisa se preparar, porque a gente tem muito menos opções, e as oportunidades não vão vir da mesma maneira. A gente precisa estar pronto para enfrentar esse tipo de desafio, e pra isso precisa ter repertório, conhecer formas de analisar certas situações que vão se impor na vida.

Eu fico feliz de você me fazer essa pergunta, porque é o seguinte: não sou simplesmente um jovem que lê, sou um jovem que descende de uma mulher semianalfabeta que lia devagar, em voz alta, gaguejando, mas lia. Que era cunhada de outra mulher que entrou na primeira série aos quarenta anos e que, quando as pessoas zoavam ela no bairro, perguntando por que ia para a escola, respondia: "Tô indo porque não quero morrer burra". Essas pessoas, em algum momento, entenderam a importância da educação.

Acredito que a gente precisa se munir de conhecimento, de ideias, para sugerir o que o Brasil pode ser. Porque ele pode. O momento que a gente tá vivendo não é o mais otimista ou esperançoso. Não é o momento que a gente gostaria de estar vivendo, mas a realidade é esta. A gente tem que se perguntar como construir o país em que gostaríamos de viver, e não vamos chegar a essa resposta sem olhar para o histórico de pensadores e pensadoras fodas que já refletiram sobre o Brasil, mas infelizmente foram solapados pelos projetos da burguesia. Quantos, desde José Bonifácio e vários dos abolicionistas, queriam muito que o Brasil tivesse um projeto de reforma agrária, por exemplo? A gente precisa entender que existiram pessoas grandiosas que sonharam com este país, e que nós que estamos aqui somos a continuidade desse sonho. Até que ele se transforme em realidade.

BROWN_ Naquele momento em que surgiu o Emicida como um novo nome, que começou a aparecer para a grande mídia... Foi mais ou menos em que época mesmo?

EMICIDA_ Acho que 2006.

BROWN_ Certo. Nessa época teve uma crise fatal para o rap. A venda dos CDs desabou e apareceu a música na internet, gratuita. Era uma coisa que estava surgindo, não monetizava, não registrava o que se ouvia, e ficou assim por uns cinco anos, talvez. Lembro dos Racionais muito sozinhos e isolados, tentando lutar além das nossas fronteiras. Tinha uma rapaziada que pregava pra ficarmos dentro das fronteiras, não romper, com medo de se corromper. Mas naquele momento era necessário para ver o que tinha do outro lado do muro. Só que o rap começou a se enfraquecer. E não teve como fazer muita coisa, mesmo estando na ativa. Era um movimento maior do que nós, um movimento social até. No final do governo Lula, a situação já tinha melhorado pra favela, mas piorado muito pro rap.

EMICIDA_ Sim, mas eu acho que tem uma coisa aí que é a falta de perspectiva da indústria, que perdeu a capacidade de fazer frente à pirataria. O grande colapso pelo qual passamos é fruto direto dessa perda de capacidade de entender como chegar nos fãs. Claro, isso é só uma das características, tem também a explosão da música digital, mas a gente tá falando de um público que ainda não estava inserido nesse universo.

BROWN_ Era elitizado.

EMICIDA_ Sim, a internet não era acessível como é hoje. Eu me lembro muito desse período, Mano. Foi muito difícil. O que empurrou a gente para o que fizemos lá na Laboratório Fantasma tem a ver com isso. Quando você ia prensar um CD na Sonopress, era 3 mil reais. Eu nunca tinha visto 3 mil reais na minha vida, sacou? Ao redor da minha casa só tinha barraca de CD pirata. Então peguei o modus operandi do CD pirata. Começaram a fazer CDs que não eram mais, por exemplo, *Nada como um dia após o outro dia*, dos Racionais. Não era um álbum, era toda a discografia dos Racionais em MP3.

O Ogi fala sobre esse bagulho direto, sobre quantos manos desistiram da música em 2006. O ambiente de descrença era muito grande. Eu também falava muito com o Rashid sobre isso. Naquela época, a gente já era saudosista do que tinha sido o auge do rap, e a molecada mais nova falava pra gente: "Era da hora quando tinha rap, não era?". Falavam do rap no passado, e nosso coração se espremia. Então eu acho que o que a gente fez foi voltar para o básico. Fazer o barato do jeito que os caras do punk faziam. Do jeito que os artistas independentes sempre fizeram. Enchemos a mochila de CDs e fomos pra rua.

BROWN_ Foi assim que começou, então? Com a mochila na saída das baladas?

EMICIDA_ Foi. Porque é o seguinte: o *freestyle* me deu popularidade, e a popularidade me deu uma capacidade de mobilizar o público. Se tinha o Emicida, as pessoas iam. Eu precisava fazer com que essa capacidade de mobilização se convertesse em alguma outra coisa, porque ela, sozinha, depois que acabasse, já era. Então a gente começou a fazer mais música, e lançamos "Triunfo" como o primeiro single porque queríamos quebrar esse fluxo de energia ruim. A gente precisava cantar uma história de vitória, mesmo que não estivéssemos vivendo aquela vitória na calçada.

BROWN_ Já que você entrou nesse tema, tem uma coisa que a gente não discutiu ainda. Há uma diferença de sonoridade profunda entre esse seu começo de "Triunfo" para o *AmarElo*, por exemplo. O que os seus fãs falam sobre isso pra você? Qual é a recepção?

EMICIDA_ Depende. Tem uns que são igual meu parceiro, que me ligou hoje à tarde porque quer que eu lance dezesseis vezes a primeira *mixtape*. Se depender dele, eu preciso relançar aquela *mixtape* em versão remix, em versão *dance*... Tá ligado?

BROWN_ E existia em você uma preocupação de fazer um disco de rap com cara de Brasil? Ou foi algo intuitivo?

EMICIDA_ Eu acho que isso é culpa de vocês, dos Racionais. Quando você fez aquela parceria com o Almir Guineto, essas coisinhas... Acho que sempre houve, mesmo que não estivesse declarado, algo de samba na forma como a gente canta nossas músicas. O cara que fez isso, a fusão de rap com samba, do jeito mais absurdo e que é referência pra mim até hoje, foi o Rappin' Hood, com a Leci Brandão. É tão bem-feito que você não consegue perceber onde está um gênero e onde está o outro, nasceu um terceiro ali. Não fui eu que criei esse bagulho. Isso foi o Hood. Foi o Athalyba, quando botava cavaco na parada. São tentativas.

É difícil existir no Brasil sem ser influenciado por uma cultura como a nossa. Tem vários lugares do mundo que você pode visitar e voltar como se tivesse ido apenas até o quintal da sua casa. E tem outros em que, a cada esquina, você fica impressionado com o que vê — o Brasil é um desses. E isso se reflete nessa tentativa de abrasileirar o rap de alguma maneira, não só pelo idioma, mas pela rítmica, pelas parcerias, pelos arranjos, que é para onde o Hood começa a migrar. Também tem você, com aquele pandeiro em "Quanto vale o show?".

BROWN_ Porra, irmão, você é um homem do nosso tempo. Você é um dos que estão fazendo muito e estão mostrando o jogo. Um cara que veio de baixo, veio da luta. As pessoas não podem esquecer de onde você veio. Quero te agradecer, Emicida, por ter aceitado o nosso convite.

EMICIDA_ Poxa, meu parceiro, eu é que estou lisonjeado aqui.

BROWN_ Você é um cara importantíssimo para essa juventude que está aí, é um cara diferenciado mesmo, tenho toda a admiração e o respeito por você. Sem mais palavras, deixa eu te dar um abraço.

24 de março de 2022

“O limite do humor é a lei. Pra ficar claro, pra não ter meia palavra. Se você fizer uma piada racista, você passou do limite. E aí você vai ser processado por isso, certo? É crime.”

MARCELO ADNET

YURI MARÇAL

“A gente não sabia que podia ter uma plateia preta. Você sobe no palco, vê todo mundo branco e quer buscar aceitação dessa galera. A primeira coisa que vem na cabeça é: ‘Pô, eu vou me zoar. Vou zoar o que a galera está vendo primeiro, que é o quê? Que eu sou preto’.”

DILMA ROUSSEFF

Nó na garganta

A caminhada é a mesma, tá ligado? A responsa de entrevistar o Lula era a mesma com a Dilma. Tínhamos convicção das muitas injustiças que rolaram, mas não podíamos ser gado filosófico de ninguém — nem dela nem de quem quer que fosse. Ela chegou aberta pra conversar, e a ideia era botar o microfone na mesa e perguntar o que a quebrada queria saber. Esse era o guia.

Mesmo diante de todas as críticas e controvérsias, a força dessa mulher diante de tudo que ela precisou enfrentar é inegável. E o tempo, esse aí é o melhor juiz. Ele mostrou tudo. Eu acredito nos ideais dela, e é assustador demais perceber como a política é feita neste país. Ver tudo o que a Dilma passou… É de dar nó na garganta. Uma mulher que peitou a ditadura, a misoginia escancarada, a calúnia e a perseguição. Sem parar. Essa história tem que ser contada, tem que ser ouvida.

BROWN_ E aí, Dilma, tranquilo? Conta um pouco do começo da sua vida, da sua família, do seu bairro.

DILMA_ Nasci numa família que tinha um forte componente mineiro. Apesar de o meu pai ser búlgaro, minha mãe é aquela mineira do interior. E a gente morava no bairro dos Funcionários, em Belo Horizonte, que é de classe média, bem família. A minha infância foi muito feliz. Estudei no colégio público, que era muito valorizado, o particular a gente chamava de PPP: "papai paga e passa". Na época que entrei no ginásio, eu fui para um colégio de freira, e nessa hora o Brasil estava saindo da democracia.

BROWN_ E como a sua família e você viam a ditadura?

DILMA_ Eu via mais de longe. Não era que o meu colégio fosse fechado, porque as freiras faziam trabalho social num morro que tinha ali perto, e lá foi a primeira vez que eu entrei em contato com a pobreza.

BROWN_ O Brasil tem muito filho de imigrante. O que você acha que trouxe de característica do seu lado búlgaro?

DILMA_ O meu pai era antifascista. A Bulgária, na década de 1930, um pouco antes da Segunda Guerra Mundial, teve um governo fascista. E meu pai era estudante. Participou de lutas políticas e teve de sair do país. Foi embora para a França e ficou lá até os alemães ocuparem Paris. Por volta de 1940 ele veio para a América Latina. Primeiro para a Argentina, depois Brasil, interior de Minas. A ideia era voltar depois que a guerra terminasse, mas ele conheceu a minha mãe e ficou pro resto da vida. Nascemos eu, meu irmão e minha irmã, que morreu.

BROWN_ Quero perguntar umas coisas pra você e também interagir. Acredito que as pessoas se identificam com os que não sabem, tipo eu. Qual foi o seu gatilho pra essa luta do rico, do pobre, do injustiçado?

DILMA_ Acho que não foi racional, sabe? Você tem de ter um sentimento forte pelas pessoas pobres. Se você não tiver uma relação emocional com o seu povo, você não doa. Eu não fico conformada. O que eu acho mais absurdo no Brasil é a absoluta insensibilidade das elites financeiras, industriais, agrícolas, o que for, pelo destino do seu próprio povo. Isso é imperdoável. Não se preocupar se as pessoas estudam ou não, se comem ou não, se têm um futuro ou não. Você tem de apostar no futuro, e pra isso tem de olhar onde é que começa a desigualdade. O fato de uma criança não ter o mesmo acesso a livros que o meu neto se a família dela for mais pobre, não é porque essa família não quer, mas porque não tem tempo de dar atenção. Então, por que eu achava que creche era fundamental? Sei que as pessoas não são iguais, mas acho que devem ter oportunidades iguais. E a creche é o lugar onde você dá os estímulos para garantir que as crianças sejam adultos mais iguais nesse sentido. Por isso a gente falava: "Temos de garantir educação da creche até a pós-graduação".

BROWN_ Mas o Brasil tem condições de dar faculdade de graça para as crianças das favelas e das periferias?

DILMA_ Tem. E não somos um país qualquer. Temos, primeiro, uma grande riqueza — a riqueza de um país é o seu povo. Nós temos 200 milhões de habitantes. Um baita mercado. E agricultura, minérios, desde o minério de ferro até aqueles mais sofisticados. Este país tem capacidade industrial, a gente faz até jato na Embraer. Tem petróleo. Apesar de todas as heranças terríveis que temos da escravidão, porque um dos problemas mais graves do Brasil é a escravidão, e tem a elite deste país, foi ela que escravizou. E só isso explica a insensibilidade que ela tem perante o seu próprio povo. O Lula falava: "Tem que botar o povo no orçamento, porque está todo mundo no orçamento, mas o povo não está". O governo federal tem obrigação de se meter, porque isso é o futuro do país. Quando nós achamos petróleo, falamos que era o passaporte do futuro, porque a gente usava todos os ganhos com o petróleo e fazia um fundo: 75% ia pra educação e 25% pra saúde. Você conhece uma coisa chamada pedalada fiscal?

BROWN_ Você quer falar disso?

DILMA_ Adoro falar de pedalada fiscal. Vou te explicar o que é. Havia certa dificuldade de me acusar de corrupção, e tinham que me acusar de alguma coisa. Eu estava gastando muito com Bolsa Família, Minha Casa, Minha Vida, educação etc. A discussão sobre pedalada fiscal começou com eles falando do pagamento dos programas sociais. Aí o Tribunal de Contas questionou coisas que nunca tinha questionado pra nenhum outro governo. "Vamos desestabilizar este governo. Para isso, vamos criminalizar o exercício do orçamento." E aí, como ia pegar mal se fizessem isso, porque a minha disputa com eles ia ficar muito clara, eles me acusaram de pedalada fiscal. O que é isso? Décadas atrás, fizeram uma lei de subsídio da agricultura. Era assim: eu te empresto cem reais a um juro de, vamos supor, 10%. Só que como você está investindo na agricultura, eu só vou te cobrar

5%. A diferença entre o 5% e o 10% quem paga é o governo do país. Mas o Brasil só subsidiava os grandes proprietários agrícolas. Quem faz isso é o Banco do Brasil. Todo ano se define quem serão os beneficiários. E quem executa é o Banco do Brasil, o Ministério da Fazenda e o Ministério da Agricultura.

Nenhum presidente da República discute se está fazendo ou se não está fazendo. Isso é previsto legalmente. Naquele momento, estávamos fazendo esse subsídio também para os pequenos agricultores, não só para os grandes, saímos de 2 bilhões para 30 bilhões para os pequenos agricultores. Os grandes e médios recebem muito mais do que isso. Do que eles me acusaram? O Banco do Brasil empresta hoje, e daí a dois meses nós pagamos. Quem pagou? O Ministério da Fazenda. Pagou o quê? A diferença entre o que ele tinha cobrado de juros e os juros de mercado. Eles acusaram a gente de não pagar imediatamente. Nenhum governo pagava dentro do ano fiscal, mas nós pagamos. Aliás, fui agora absolvida da pedalada fiscal, algo que nunca tinha sido diferente e eu tinha mudado pra melhor. Entendeu como é que funciona esse troço? Aí você me pergunta a quem interessava...

BROWN_ Quem? Quem se interessou em derrubar a Dilma?

DILMA_ O Brasil tinha, desde o início do governo Lula, focado em reduzir a desigualdade com uma política de reajuste do salário mínimo, porque é como o povo vive, você precisa reajustar o salário mínimo. Bom, reajustamos em pouco mais de 70%. Nós fizemos o Bolsa Família. Não era como as políticas sociais de antes, em que você contemplava 10 mil pessoas. Passamos a fazer política social como deve ser feita no Brasil, para milhões de pessoas. O Bolsa Família chegou a quase 14 milhões de famílias no final do meu período. O Minha Casa, Minha Vida nós fizemos também. Entreguei mais de 2 milhões de moradias e deixei 4 milhões contratadas. Primeiro, para os pobres, e entre eles para as famílias que não tinham casa. Não pode ser "Minha Mansão, Minha Vida". E a família é dirigida por mulheres, principalmente na periferia. Então, entrega para a mulher. Mulher com filho é prioritário, porque criança tem que ter um ambiente. E neste país também não tinha médico na periferia. Vocês sabem disso. Pra achar um médico, você procurava de lupa. Aqui no centro da cidade tem. Onde que não tinha médico? Não era só na Amazônia. Não era só nas tribos indígenas. Também não tinha na periferia de São Paulo, a maior metrópole brasileira.

BROWN_ Por que os médicos não querem trabalhar na periferia? Eles não querem ou não queriam? Como é que está isso hoje?

DILMA_ Eles continuam não querendo. Não tem um número suficiente de médicos no Brasil para permitir que se tenha uma distribuição mais democrática. Assim como tem menos universidades do que devia, tem poucos médicos. Nós abrimos universidade no Brasil, faculdades de medicina, e trouxemos médicos de países como Cuba. E podem não gostar, não é problema meu. Meu problema era o povo brasileiro, e continua sendo. Os cubanos são os melhores médicos em termos de saúde pública, ao contrário do que diz o sr. Temer, esse indivíduo que foi presidente do país. Esses médicos totalizaram 18 mil. Significava que estávamos atendendo 63 milhões de pessoas.

Quando fizemos uma pesquisa, sabe o que o povo disse? "Ah, eles pegam em mim. Tocam em mim. Não é um médico que olha e fala: 'Você vai fazer esse, esse e esse exame'." Médico de saúde pública examina a pessoa. Conversa com a pessoa. Alguns vão na casa das pessoas. Porque essa é a prática do médico de saúde pública. O meu país tem que ter uma dívida com esses médicos do exterior que vieram pra cá e trataram o povo de forma decente. Pode olhar todas as pesquisas de qualidade. E não estou dizendo que os nossos médicos são elitistas. É que eles preferem, como qualquer ser humano, trabalhar num lugar onde ganham mais. Como tem pouco médico, eles trabalham de manhã num município do interior, de tarde em outro, e aí eles só voltam semana que vem.

BROWN_ Foda que o médico é uma profissão divina, né? Profissão sagrada.

DILMA_ Agora, nós produzimos também um aumento no número de faculdades. E leva cinco anos, no mínimo, pra formar um médico. Eu não podia esperar, o povo não espera. Mandaram esses médicos embora e logo em seguida enfrentamos uma pandemia em que morreu essa quantidade enorme de brasileiros, mais de 600 mil. Eu não digo que dava para evitar todas, mas podia evitar muitas mortes. A pandemia chegou, e a saúde pública do Brasil estava desarmada. Tinha que ter posto de saúde, UPA [Unidade de Pronto Atendimento], para receber as pessoas, pra fazer um teste.

BROWN_ Primeiro diagnóstico.

SEMAYAT_ A gente começou toda essa conversa porque a senhora estava explicando as pedaladas fiscais, que acabaram desencadeando o seu impeachment. Mas, com a absolvição que saiu esta semana, tem pessoas comentando que o impeachment foi exclusivamente político.

DILMA_ Cansei de escutar do ministro do Supremo, ou do próprio Temer, que não foram as pedaladas fiscais que levaram ao impeachment, e sim eu não ter apoio político. Agora, não ter apoio político, no Brasil, não é razão para impeachment, porque nosso regime é presidencialista. Mas naquele momento chamaram de crime de responsabilidade fiscal.

BROWN_ Jogaram areia no olho do povão.

DILMA_ Nossa, como este rapaz tem poder de síntese! Areia no olho.

BROWN_ Eu estava no miolo da comunidade quando começou esse movimento pra te derrubar. Lá em 2016, naquelas primeiras insatisfações. Tem uma ONG lá na comunidade, tem a música, tem o estúdio. A gente vivia ali, no seio da comunidade, vendo a transformação. Onde faltava, as coisas chegaram. Foi visível ver a evolução do povo, Dilma. Se liga: esse *delay*, o tempo pra favela começar a absorver a coisa contra a Dilma, demorou também, porque a favela não sabia o que estava acontecendo. Quando começaram a falar que o Brasil estava em crise, na favela estava exatamente a mesma coisa que antes. Então muitas vezes — isso antes do impeachment, na época da tal da pedalada — ouvi pessoas falando assim: "Pô, Mano, na moral, tô ligado que pega mal falar isso, mas eu não tô vendo crise, o shopping tá lotado, nem é dia de pagamento, e fim de semana tá todo mundo bebendo, comendo na rua". Eu ficava procurando, onde tá a crise? E essa coisa foi pegando força quando todo mundo ali estava bem. Falei: "Será que eu tô alienado? Que eu não tô percebendo a crise debaixo do meu bigode? Será que eu tô conformado? Eu que não tô vendo a crise?". E a televisão naquelas ideias da crise. A crise. Brasil, crise. Porra, eu sei que podia ser melhor. Na favela as casas são apertadinhas. O que não tá bom? Moradia, escola...

DILMA_ Nós subimos dois degraus, e tinha muito mais pra subir. E mesmo com dois degrauzinhos só, eles nos dão um golpe e prendem o Lula, pô.

BROWN_ A evolução não tem que só ser da parte do político. Não é o político ditando regras e inventando milagre, o povo tem que assimilar e praticar.

DILMA_ Quanto estava o litro de gasolina quando eu saí? Na média, uns R$ 3,70. O gás estava R$ 53. Hoje tem gente parcelando o gás, não acha abaixo de cem reais.

BROWN_ Falar de preço hoje é covardia. O preço tá agressivo. É uma fábrica de criar criminoso do jeito que está. Pode ser que piore muito o Brasil daqui para os próximos anos.

DILMA_ Eu acho que não. Olha só. Um país como o Brasil, que por sua obra e graça — não foi ninguém que veio fazer —, fomos lá e descobrimos o pré-sal em 2006. Com a nossa tecnologia. Descobrimos que tinha uma reserva grande de petróleo no fundo do mar, e que era de boa qualidade. O Brasil é autossuficiente em petróleo. Com ele vamos produzir diesel, gasolina, GLP e querosene de aviação. Logo depois do impeachment, eles tomaram uma decisão. Criaram uma coisa que chama Política de Preços de Paridade de Importação, pela qual eles, tirando o dinheiro dos brasileiros, equipararam o preço dos combustíveis ao do mercado internacional. É o preço do Golfo americano mais o custo de transporte, mais o seguro, mais o frete, mais tudo que o cara gasta pra internalizar o petróleo aqui. Aí equipara com o preço da Petrobras.

BROWN_ Pra quê?

DILMA_ Quem ganha com isso, você pergunta. Ganha quem entrar no mercado, o importador de petróleo. Tem milhares de empresas importando petróleo hoje. A Petrobras perdeu 30% do mercado de petróleo. Uma empresa de petróleo no mundo tem duas riquezas: o mercado e a reserva. O mercado é brasileiro. A reserva é brasileira. Quem é dono da reserva? Cada um de nós, porque a Petrobras é uma empresa pública. A maioria dos acionistas é o povo brasileiro. A minoria são investidores internacionais que ganham uma banana de dinheiro com isso. Vamos supor que seja trinta dólares o barril de petróleo, já com o custo e o lucro. Você já imagina o exportador brasileiro vender esse barril no mercado internacional por cem. Vai ganhar setenta dólares em cada barril. Isso nos transforma novamente em um paizeco exportador de commodity. Nós, em vez de exportar o petróleo, com o trabalho humano incluído, gerando emprego nas refinarias, nas petroquímicas, exportamos petróleo bruto e ainda damos 30% do nosso mercado para o exterior, e remuneramos antecipadamente o pagamento dos acionistas da Petrobras.

E aí tem um presidente que chega e fala assim: "Isso é culpa da Petrobras". É bom lembrar que o presidente da República nomeia toda a diretoria, o presidente e todos os diretores, porque ela é de controle público, tem a maioria do conselho de administração. Ele não manda na Petrobras? Quem foi que definiu que a partir de outubro de 2016 eles iriam fazer preço de paridade de importação? O presidente. Primeiro foi o Temer, depois o Bolsonaro. Que conversa fiada é essa? De 1953 até 2006, não teve política de preços de paridade de importação. Estão tirando do bolso do povo brasileiro, que não é um bolso cheio de dinheiro, e mandando pra gente que, primeiro, não tem o menor compromisso com o desenvolvimento do Brasil, e mais, tudo que nós precisamos pra sair da pobreza não é virar uma grande fazenda nem um grande banquinho regional. O que nós precisamos é que este país tenha emprego de qualidade. Para ter emprego de qualidade, precisamos que este país se reindustrialize.

A Petrobras influencia todas as indústrias. Quando eu era ministra de Minas e Energia, o Lula me chamou e falou assim: "Tem que produzir as plataformas paradas na baía de Guanabara, tem que produzir os barcos no Brasil, ao invés de ficar mandando o nosso dinheiro pra fora". Não quero produzir tudo no Brasil, quero produzir uma parte. Agora, não aceito que um país com essas dimensões e essa capacidade tecnológica, que faz jato, não produza nada. Se a gente não quer ser só um plantador, um criador de gado, porque agricultura e criação de gado não dão emprego de qualidade, nós precisamos dar educação.

SEMAYAT_ Inclusive, foi a senhora que sancionou a lei de cotas que este ano será revisada.

DILMA_ O que é a nação? É o povo. Aqui no Brasil, nós temos que levar em consideração que o povo é majoritariamente preto e pardo. E também caboclo, por causa dos índios. Nós somos o segundo país negro do mundo, depois da Nigéria. Essa é uma questão nacional. Se é uma questão nacional, toda política social precisa ser antirracista. E a gente tem sempre que se lembrar das mulheres negras. Se você fizer uma escala de desigualdade no Brasil, a mulher negra e a indígena estão embaixo. Então, a questão de mulher e a de raça estão ligadas. No Brasil, a questão central tinha que ser a negra e indígena, mas mais a negra, porque o nosso povo é isso. Nós não somos louros de olho azul. Não é admissível que a gente não veja a raiz da desigualdade como questão racial. Na Constituição de 1988, todos os setores profissionais foram contemplados, exceto um. As domésticas. Por quê? Porque é resquício da escravidão.

BROWN_ Essa falta de reconhecimento, essa insensibilidade, você acha que vem devido ao quê? Um povo tão religioso.

DILMA_ Pois é, mas aquele povo religioso colocava os negros no Pelourinho. Eu fui presa, tá? E a prática da tortura no Brasil usava o pau de arara. Eu achava que isso tinha vindo como uma prática de tortura derivada dos nazistas, ou de qualquer outra fonte que financiava a formação de tortura no Brasil, a chamada Escola das Américas lá do Panamá etc. Um dia, eu já tinha saído da prisão, estou vendo um livro de pintura do Debret. E eu me deparo com uma pintura de um negro no pau de arara no chão. O pau de arara foi método de controle da população escrava no Brasil. Então, não dá pra bobear, não. Neste país, junto com a escravidão, as igrejas existiam. A gente espera que a religião cristã seja como foi, aquilo que ela teve de grande: que você trate os outros como se trata. Num mundo extremamente bárbaro, ter como princípio ético o outro ser igual a você foi um passo imenso. A religião cristã representou um passo civilizatório inequivocamente, com isso de respeitar o outro porque ele era imagem de Deus.

BROWN_ Olha, Dilma, o Jesus que eu ando estudando, aquele que veio pra questionar todo mundo e desempoderar os hipócritas, se ele estivesse aqui, os caras iam querer pegar ele.

DILMA_ E ele não ia aceitar os caras, os vendilhões do templo. Como não aceitou na época dele. Acho que Jesus, se não foi o filho de Deus, foi um baita cara.

BROWN_ Hoje a religião interfere na eleição, elege, derruba, manipula opiniões — é um povo que é religioso por natureza. Os três povos que compõem o Brasil são religiosos, todos cultuam alguma coisa, uma força maior, e a gente espera que a humanidade reproduza essa religião que é tão cantada nos discursos, nas músicas. Mas na vida ela não é exercida e está decidindo eleições. O que um homem bom faz? É correto deixar a criança morrer no farol com fome? É correto ver o índio lá no interior do Amazonas abandonado? Hoje em dia a religião é um elemento fortíssimo na eleição.

DILMA_ Eu acho que o homem é um ser social e um ser religioso. Todos nós achamos que precisa ter um princípio básico de humanidade. Eu acho que a religião, como todas as coisas do mundo, pode ser usada bem ou mal. Não é ela em si, é o que fazem dela.

BROWN_ E o próprio povo que está nos ouvindo agora... Eu não estou nem cobrando político porque, na realidade, quem faz a virada é o povão. Sei lá se isso é um puxão de orelha, mas é pro povão. Eu não estou querendo falar com o político. Ele tem que fazer o que o povo quer, mas o povo também tem que querer.

DILMA_ A força é essa. Nós não podemos ter essa visão paternalista de que vem o político e é ele que vai dar as coisas.

BROWN_ Dilma, o Brasil tem dinheiro pra dar escola pra esse povo?

DILMA_ O Brasil tem mais de 300 bilhões de dólares de reserva. O presidente Lula começou, e eu continuei com esse fundo, está aí. Eles não gastaram. Qualquer crise internacional que tiver, nós não vamos quebrar. Quando falo que somos ricos, não é só esse fundo, é porque nós temos um povo que teve a capacidade de descobrir um dos maiores depósitos de petróleo do mundo com tecnologia própria. E o Brasil é o segundo maior país negro do mundo, o primeiro fora da África. Hoje todo mundo sabe, mas tinha que ver as caras quando eu falei isso a primeira vez numa reunião! De lá para cá houve uma evolução. Por pior que a situação do Brasil tenha ficado, eu acho que nós deixamos uma contribuição. E uma delas foi botar na pauta a questão racial. Foi a primeira vez que teve um ministério que defendia a igualdade racial. Tenho a convicção de que tudo de mais complicado no Brasil vem do fato de termos tido mais de trezentos anos de escravidão.

BROWN_ Eu acredito nisso completamente.

DILMA_ Quem é a nação brasileira?

BROWN_ O povo.

DILMA_ O povo. Agora, sem desmerecer nenhuma outra etnia, o povo brasileiro é majoritariamente originário dos negros que vieram da África.

BROWN_ O Brasil trouxe muito escravo. Foi a vontade naquela época. Agora estão querendo se livrar dos negros.

DILMA_ Mas não podem se livrar! É essa visão absurda que dizima a juventude negra. Por que não botar esse jovem na universidade? Por que o Brasil foi um dos países que mais demorou para ter ensino universitário?

BROWN_ A quem interessa ter um povo que não estuda?

DILMA_ Interessa a uma elite ignorante, com uma tradição escravocrata. A mesma elite que, hoje, diz que quando a gente faz política de cotas está botando o sarrafo lá embaixo.

BROWN_ E essa elite era branca?

DILMA_ Não, ela não era branca, tinha outras cores. Os explorados e oprimidos nunca seriam tão explorados e oprimidos se alguns não passassem para o outro lado. Uma parte tinha outra cor, mas a cor da elite brasileira é a do escravizador. De todo aquele que ousou transformar uma pessoa em coisa.

BROWN_ E agora, quais os próximos passos?

DILMA_ É política de cotas generalizada. Uma política para impedir que a juventude negra continue sendo massacrada. A segurança no Brasil não é prender o cara que roubou uma galinha, que não tinha o que comer. A segurança no Brasil é o seguinte: a polícia não pode matar jovem negro. A mulher negra não pode ser estuprada. A mulher e o homem negros são o povo brasileiro. Somos um país em que mulher e negro integram a nação. É uma questão nacional, nem é social, é nacional. É tão nacional quanto proteger o meio ambiente.

BROWN_ Dilma, isso pra quem estudou parece óbvio, só que pra pessoa comum não é. O brasileiro tem dificuldade de entender o que é negro e o que não é, porque é assim que a gente foi criado. Pros Estados Unidos trouxeram 390 mil escravos, pro Brasil vieram 4 milhões. Tinha muito mais escravos do que pessoas livres. Muito mais negros do que brancos.

DILMA_ E tinha muito mais indígena do que português quando foi descoberto. Mas eu tô falando que deixar o povo morrer de fome é extermínio. Limpeza étnica.

BROWN_ Genocídio. E outros nomes.

DILMA_ Bandidagem. Continuar deixando a juventude morrer, as mulheres serem estupradas, os negros serem objeto de genocídio, se continuar invadindo terra de indígena...

BROWN_ Porque a periferia também é indígena, certo? A gente não tem essa divisão racial, Dilma. E, se você que é uma autoridade, que está nisso há anos, desde o grêmio estudantil, afirma que o negro não está na pauta dos governos e dos poderosos, dos que mantêm o controle... É isso que te move, Dilma? Essa injustiça racial?

DILMA_ Não só. A social me move muito. A racial, a social e a da mulher estão intimamente interligadas, e todas elas me movem.

BROWN_ Você tem pretensão eleitoral?

DILMA_ Não, por isso que posso falar o que penso.

BROWN_ E quando você tá lá dentro não fala o que acredita?

DILMA_ Quando você é presidente, tem um cuidado maior, porque fala pra todos. Então tem que levar em conta todos os lados. Mas aprendi que só tem um jeito de mudar o Brasil. Tem que começar por aqueles que mais precisam. Se eu começar fazendo política pública para aqueles que não são os que mais precisam, eu não enfrento a questão. Os que mais precisam do Brasil são a maioria esmagadora: mais da metade deste país tem algum nível de insegurança alimentar.

SEMAYAT_ Dezenove milhões têm insegurança grave. Cento e dezessete milhões têm algum nível.

DILMA_ Ou seja, algum nível de proteína está faltando, ou alguma refeição não é feita integralmente, ou o que se come é insuficiente para ser considerado razoável para um ser humano. Se tem isso no Brasil, eu começo por quem?

SEMAYAT_ A maioria são famílias pretas, nordestinas. E as mulheres mais jovens.

DILMA_ E as famílias chefiadas por mulheres.

SEMAYAT_ Assim como a população que está na zona rural.

DILMA_ O que é um paradoxo, porque ali tem alimento. Então, este país tem que saber para quem é a política. O Lula começou em 2003, e eu continuei até sair do governo, o Mapa da Fome, que mostrava onde estavam as famílias pobres, onde moravam, quem trabalhava, quantos filhos. Eu tenho o dinheiro, mas preciso saber onde gasto. Não pode desviar. Tem que olhar para a cara da pobreza e responder: quem é pobre, quem precisa, quem não tem casa, quem não tem saúde? E ao mesmo tempo você faz política pra gerar riqueza, investe na ciência, na educação.

BROWN_ E as cotas? Você sabe que nem entre os negros tem unanimidade, né, Dilma? Dentro das correntes políticas que a raça negra tem, muita gente não concorda. Pensam assim: "Nós não somos menores do que eles, não precisamos disso".

DILMA_ Na época teve essa discussão. E você sabe que o Obama é produto da educação de cota, né? E foi presidente dos Estados Unidos. Quando começou essa conversa de que as cotas iam nivelar a universidade por baixo, e nós ainda não tínhamos os dados do resultado da política de cotas, uma das coisas que a gente usava muito era o fato de o Obama ser fruto disso. Mas não precisa dele, olha o resultado da política de cotas hoje, a avaliação dos beneficiados por elas. Os indicadores mostram que o desempenho dos estudantes era acima da média. Então esse negócio de que política de cotas nivela por baixo é uma sagrada mentira.

BROWN_ Um preconceito em cima do outro.

DILMA_ Como também era preconceito quando falavam que o Bolsa Família era "bolsa esmola". Essa é outra política compensatória, que busca compensar o que foi tirado antes. Nós queremos que todo mundo tenha igualdade de oportunidade. Só que uns tiveram menos que outros. E se resolve esse problema com política de compensação. Você não sai da pobreza sem educação, e não se atinge a situação de país rico sem educação, e você precisa do seu povo educado, não de uma fração do seu povo educado, mas do povo inteiro com nível de compreensão para garantir o exercício da cidadania, o raciocínio por suas próprias cabeças. O Brasil tem que ser uma pátria educadora, como política de compensação para o povo brasileiro.

SEMAYAT_ E, Dilma, na última eleição, que a gente teve uma renovação dos deputados federais, de 513 deputados eleitos, só 77 eram mulheres. E eu acho que é legal a gente falar um pouco de gênero também, a partir da sua experiência como a primeira presidenta eleita no nosso país, e que foi atacada inúmeras vezes com misoginia.

DILMA_ Os homens da política diziam que eu era uma mulher dura, brigona, uma mulher isso e aquilo. E eu falei: "Sou uma mulher dura cercada de homens meigos, né, gente?". Vamos lembrar. Eu não sofri impeachment porque era mulher, mas porque representava um projeto de inclusão social para o Brasil. Mas o golpe utilizou profundamente a minha condição de mulher para criar o ambiente para me tirar da presidência da República, através dessa misoginia que você mencionou. A misoginia é uma questão relativa ao poder. Ela recai sobre mulheres que saem do padrão "bela, recatada e do lar", das que ousam entrar num âmbito masculino, que é o do poder.

BROWN_ Me assusta isso. O silêncio do povo em relação a essas questões, a essas ofensas a uma mulher que é presidente. Eu sinto que o povo reflete o presidente que tem no momento que vive. Eu sinto que o Brasil tem o presidente exato para o que o Brasil estava sendo, sabe? Um país que aceita aquele desrespeito que aconteceu contra você. Os seus próprios eleitores, pô. Eles não saíram em sua defesa. Ficaram quietos.

DILMA_ Uma parte foi erro nosso, do próprio governo, de toda a nossa sustentação política. Porque o povo tem que se organizar. E se você não estimula essa organização, ele tem que se organizar pelos seus próprios meios. O que é organizar? Os italianos diziam que organizar é ter estratégia, saber aonde quer chegar. Quando ocorreu o processo do golpe, não estava claro nem pra nós que era isso que estava ocorrendo.

BROWN_ Pro povão, foi vendido como corrupção.

DILMA_ Só que não conseguiram me vender como corrupta. Em qualquer lugar do mundo há corrupção. O que você não pode deixar é que ela ocorra. Então tem que ter medidas que impeçam, e precisa ficar atento. O presidente do México, o López Obrador, define a corrupção como sendo apropriação do poder político pelo poder econômico, e propôs uma emenda à Constituição proibindo que o Estado dê isenções fiscais. Você já ouviu os paraísos fiscais serem chamados de corrupção? A maior parte do dinheiro que se esconde em paraísos fiscais vem de evasão fiscal, ou seja, de não pagamento de imposto pelo setor privado. E a crise norte-americana de 2008 não caiu do céu, tinha indivíduos, bancos, vendendo aqueles créditos podres. E o que aconteceu? Essa monstruosa bolha financeira foi saneada com dinheiro público.

BROWN_ Dilma, você disse que não se sente vítima do machismo. Eu, como homem, acho que foi.

DILMA_ É o seguinte, Brown, eu me sinto vítima de ter defendido um projeto. Eu fui objeto do machismo e da misoginia, só que não foi só por isso que levei o golpe. O golpe veio porque eu representava um projeto. E, para me destruir, eles usaram a misoginia.

BROWN_ Dentro dessa ideia, como vota a mulher brasileira hoje?

DILMA_ Eu tenho orgulho da mulher brasileira. Primeiro, porque foi ela quem mais me defendeu. Segundo, porque você pode olhar qualquer pesquisa de opinião e vai ver que a maioria das mulheres tem a visão de que esse governo atual não serve para o Brasil. Mulher é crítica, sabe das coisas.

BROWN_ No seu discurso, no dia 29 de agosto, você disse ter temido a morte durante a ditadura.

DILMA_ Enfrentei a morte de várias formas. Três vezes.

BROWN_ Inclusive durante o período em que você tratou o câncer e venceu. E hoje, você tem medo de alguma coisa?

DILMA__ A gente é humano, né? A nossa capacidade de sofrer e de causar sofrimento é muito forte. Tenho muito medo de que aconteça alguma coisa com os meus netos.

BROWN__ Melhor nem pensar, vamos bater na madeira! Muito obrigado pela conversa, Dilma Rousseff.

28 de abril de 2022

KONDZILLA

"Pensando naquele papo de projetar o futuro, física quântica ou qualquer nome que inventem para isso, eu falei: 'Cara, a favela venceu'. Eu estava duro e esse era meu pensamento, meu mantra de vida, tá ligado? Depois de um tempo, as coisas começaram a melhorar para mim. As coisas começaram a ficar mais confortáveis."

GREGORIO DUVIVIER

"O contrário do capitalismo, pra mim, é a democracia. A democracia é incompatível com o capitalismo. Democracia é quando o povo tem o poder. Capitalismo é quando o capital tem o poder. E as duas coisas juntas não funcionam. Acho que quem luta contra o capitalismo são os democratas. Quem quer mais democracia? O capitalismo não quer democracia."

SALLOMA SALOMÃO

"Uma das coisas que o racismo tem feito, junto com a humilhação social, é acomodar no nosso sentimento de mundo que é justo, certo e talvez até bom que as pessoas brancas estejam no comando do país, das instituições, das organizações, das ONGs e de todos os lugares. Isso é parte de um processo educacional não verbal; é educação da sensibilidade."

ZECA PAGODINHO

"Hoje o morro tem muita guerra. Perdeu a poesia. Não tem mais aquela poesia de estar no botequim, de a tia fulana fazer um pastelzinho. Não tem mais isso."

SUELI CARNEIRO

É de Ogum

Sueli é uma das mulheres mais poderosas que já conheci. Ela parece uma arma de pequeno porte, mas com alto poder de destruição — no melhor sentido. Tem sensibilidade e, ao mesmo tempo, causou um dos maiores impactos do *Mano a Mano*. Desmontou, sozinha, uma filosofia que tava forte nas ruas. A frase "a favela venceu" já tinha virado grito, estampa de camiseta, título de música. Era usada pra justificar qualquer coisa. Um otimismo vazio, sem crítica. E ela veio, do jeito dela, e jogou luz no que ninguém queria ver: essa ideia é neoliberal e não contempla a favela em sua totalidade, tá ligado? Só serve pra quem venceu individualmente. E ainda assim, dentro de um sistema que segue esmagando a maioria.

Sua explicação foi potente a ponto de a frase sumir da internet e da boca dos MCs. Teve MC repetindo o que ela disse, refletindo de verdade. Esse é um impacto que não tem como medir. A declaração dela sobre cotas também me pegou. Aquele texto sobre "cotistas desagradecidos" me derrubou. O ponto central é: os maiores beneficiados pelas cotas no Brasil são os brancos. Foi um soco, um puxão, um alerta.

Sueli é de Ogum, tem uma energia que chegou com ela no estúdio. Eu e a Semayat sentimos na hora. Gosto de todas as entrevistas, mas algumas têm outro peso, e a da Sueli foi uma dessas.

BROWN_ Sueli Carneiro, você é de onde?

SUELI_ Nasci na Lapa, em São Paulo, só que a minha família foi empobrecendo, e fomos parar na Vila Bonilha, um território que, na época, nem constava no mapa da cidade. Ali me criei e só saí com dezenove anos. Eu nasci em 1950, a gente ficou na Lapa até 1955. Aos seis anos a gente foi para onde era mais barato, onde não tinha saneamento básico. Sou a mais velha de sete irmãos. Isso também teve a ver com o empobrecimento, a família ia crescendo, e o salário do pai encolhia. Até os quatro anos fui filha única.

BROWN_ Como era a vida do pobre nos anos 1950?

SUELI_ Minha primeira lembrança dessa época é de 1954, quando o Corinthians ganhou o Centenário. Meu pai era um torcedor fanático e me jogou pra cima, junto com rádio, moringa, tudo. Éramos pobres, mas com dignidade. Isso mudou da minha infância pra cá: nós, negros, sempre fomos pobres, mas não tinha indigência humana como tem hoje lá no centro da cidade. Meu pai era ferroviário, eles se apoiavam, tinham a cooperativa, que não deixava a gente passar fome. Se um chefe de família ficava doente, os demais se organizavam para assegurar que os filhos e a mulher não passassem necessidade. Venho dessa cultura proletária, solidária, gregária. Meu pai fugiu da roça com dezessete anos, e foi trabalhador braçal em 21 estados brasileiros, até sentar praça na ferrovia. E com esse emprego ele trouxe toda a família de Minas Gerais para São Paulo. É um homem que eu considero admirável.

BROWN_ Em que momento essa coisa de ser negro começou a fazer parte da sua vida? Fui criado por algumas famílias negras com quem a minha mãe me deixava, para cuidarem de mim. Eram famílias tradicionais: pai, mãe, filhos, escola, horário pra comer etc. Era uma vida boa, e nessas famílias essa discussão não entrava.

SUELI_ Os meus pais não eram ativistas, mas tinham consciência racial e sabiam que os filhos seriam discriminados. A minha mãe dizia: "Se alguém te chamar de negrinha e você chegar em casa chorando, vai apanhar de novo". Quando você é criança, não tem argumento para se defender, então aprendi a bater. Aos seis anos, era chamada de "Pelezinho". Eu batia sem dó e, mais velha, defendia meus irmãos. Bati muito, até que conheci o Rafael Pinto, um velho militante do MNU [Movimento Negro Unificado] e do PT [Partido dos Trabalhadores], que me falou: "A gente não pode mais fazer isso. Agora, é só no argumento". Foi um processo difícil pra mim. Muitos anos depois, quando eu fiz santo, fui saber que sou filha de Ogum com Oxumaré.

BROWN_ Personalidade de guerra. Conheci negros que reagiam violentamente, que nem frequentavam a escola, ficavam na porta só esperando os caras saírem pra bater. Esse povo foi sumindo, era um bonde pesadão.

SUELI_ Quando a gente tinha o Projeto Rappers, a preocupação era dizer para a moçadinha: "Não reaja. Guarde o número da identificação do policial, depois a gente busca a punição". A gente registrava os meninos porque entendia que a carteira de trabalho assinada podia ser um salvo-conduto na quebrada. Porque era a nossa missão, como ativistas e lideranças de uma organização, proteger a vida daqueles meninos que estavam no fio da navalha.

BROWN_ Deixa eu fazer uma intervenção. Sueli Carneiro está ligada diretamente àquela segunda geração, a mais politizada do hip-hop, de onde vêm Racionais, DMN, FNR, de onde saíram políticos, professores, artistas. O pessoal não sabe disso, mas você é mais ligada ao hip-hop do que muita gente que vive disso.

SUELI_ Naquele tempo a gente te chamava de Pedro Paulo, e entendia que vocês eram a coisa mais revolucionária que existia em termos de contestação da ordem racial e de combate à violência racial. Então a gente incorporou o rap ao Geledés, mas tinha que construir uma estratégia de proteção.

BROWN_ A gente vinha de longe: eu, do Capão; o Xis, de Itaquera. A rapaziada vinha com fome e parava ali no Geledés. Ali foi o chão da pirâmide, a base. Você podia vir do fundo de Ferraz de Vasconcelos, Itapecerica, que no Geledés você era recebido. Bastava ser útil.

SUELI_ Não tinha lugar pra vacilão. Vocês fizeram uma parte essencial da luta. E a gente abrigou porque esse potencial vocês traziam. Hoje, a gente está num dilema, porque a juventude negra morre feito passarinho.

BROWN_ Vai afunilando em direção à ratoeira. Os negros trabalham onde o risco de morrer é muito maior: segurança de banco, vigia de rua, motoboy. Todos os formatos levam o preto a morrer mais e mais rápido. Tem racismo por parte da Polícia Militar, mas não dá pra transformar a nossa causa numa história de gângster.

SUELI_ Não dá. Isso acontece porque somos pretos. Só por isso. Nós somos aqueles que podem morrer. Se houvesse a mesma quantidade de indigência humana na pele branca, este país não seria o que é, de jeito nenhum.

BROWN_ Existem acordos do sistema que até nós, negros, assinamos. Se o cara usa esse perfume, aquele tênis de 2 mil reais, ele deixou de ser marginal. Mas se ele não atravessa essa corrente, é levado para a ratoeira, para a morte física e financeira. Filosofei demais?

SUELI_ A palavra essencial para explicar a nossa existência é "racismo". Racismo é uma ideologia para produzir privilégios para um grupo instituído como superior em detrimento de outro, considerado inferior. Isso organiza a nossa existência neste país desde sempre. A abolição significou: "Vocês estão livres pra morrer nas sarjetas deste país". Não teve um projeto de inclusão social, de reforma agrária ou de educação. O projeto da elite intelectual era outro: "Com essa negrada e esses índios não vai dar certo. Vamos embranquecer este país trazendo gente civilizada pra trabalhar e formar o povo brasileiro". A missão dos italianos e alemães era civilizar, embranquecer e transformar isto aqui numa "Europa nos trópicos".

BROWN_ E eles prosperaram.

SUELI_ Mas eles vieram com todas as vantagens que não nos foram dadas. Os europeus receberam terra, educação, apoio estatal para o desenvolvimento comunitário, e a gente ficou na lata do lixo. Tem um grande historiador e jornalista gaúcho [Tau Golin] que escreve um artigo lindo chamado "Os cotistas desagradecidos". Ele mostra que esses foram os primeiros cotistas do país. E você fala: "Prosperaram". Graças a isso, meu amigo!

BROWN_ E os negros não podem ter cota. Essa coisa das cotas é polêmica até entre nós, negros. É uma coisa que envolve o quesito moral, o caráter.

SUELI_ Porque o negro é babaca e colonizado. O branco fala: "Cota é muleta. O que importa é o mérito". Mas vamos ver qual é o mérito do branco? Nós vencemos essa batalha, as cotas foram instituídas. Corremos o risco de cortarem? Claro, mas a gente não pode deixar à mercê dos adversários.

BROWN_ Se liga. Muito moleque negro tem mãe branca, ou pai branco, curte samba, rap, mulher de tudo quanto é cor. Ele não quer entrar numa ideia em que ele fique cerceado de direitos. "Por que eu não posso namorar uma branquinha?" O moleque acha que a justiça é daqui pra frente. Dentro da favela, se você é negro e trata o cara mal porque ele é branco, você vai ser punido.

SUELI_ Só que a polícia arrepia o preto, não o branco. Na década de 1990, eu fiz um trabalho com base no censo de 1980, que dizia que 6% da população se autodeclarava preta. O movimento negro instituiu que negro é igual à somatória de pretos e pardos, o que quebra com a estratégia colocada aqui desde a escravidão de pôr os mais claros em conflito com os mais escuros. Transformar em negro essas duas categorias foi uma decisão política que permitiu reunificar aquilo que sempre foi manipulado para nos separar. O que eu quero mostrar é que essa manipulação continua. E é claro que tem o menino repetindo a ladainha do dominador: "Não tem nada disso, é todo mundo pobre na favela". A despeito disso, passados quarenta anos daquele censo, que números nós temos hoje? Mais de dez por cento da população se autodeclara preta. Quase dobrou. Se a gente morre que nem passarinho, como é que aumentou o número de autodeclaração de pretos? E a de pardos passou de 39% para 45%, o que somando dá quase 60% da população se autodeclarando o que a minha geração chama de negro. Na minha geração, pessoas da sua cor se declaravam morenas.

BROWN_ Olha que louco. Lá no começo do Racionais, a gente fez um show em Suzano, e uma fã foi ao camarim pra cumprimentar. Entrou e perguntou: "Cadê aquele cantor branquinho dos olhos verdes, o que mais falava lá no palco?". Eu falei: "Ele não é branco, não. Sou eu". Ela falou: "Mas você tá preto".

SUELI_ Você já disse que precisou disputar a sua negritude. Mas esse tipo de coisa está fadada a diminuir, porque nós estamos vivendo um novo fenômeno, que é a ideologia nazifascista. Ela vem atravessada pelo supremacismo branco, em que não há lugar para o colorismo. Não adianta ter a pele mais clara, pra supremacista branco isso não interessa. A maioria dos moleques que a gente vê sendo abatidos nos morros do Rio de Janeiro é parda. Ou porque já acabaram com os pretos, ou porque ninguém tem dúvida de que pardo não é branco. Vai no IML, não tem pé retinto, ali a grande maioria é da cor do seu pé. Pardos são a maioria no Brasil.

BROWN_ Vejo a juventude negra procurando sair do estereótipo. Nem sempre porque o cara é negro ele tem que pôr um boné e jogar futebol. Quantos negros tem na seleção? Talvez o futebol já não seja mais o sonho de consumo da molecada negra.

SUELI_ Os nossos meninos foram expulsos do futebol em favor de meninos brancos de classe média. Eles não deixaram de desejar futebol. O tal futebol pentacampeão só existiu graças aos jogadores negros. O processo de exclusão é tão exacerbado aqui que [os clubes] estão preferindo não conquistar esses títulos, que os nossos meninos seriam capazes de conquistar, do que os incluir. E não me venha com teoria da conspiração de negro não desejar mais o futebol, isso é conversa de branco pra cima da gente.

BROWN_ O que você está falando eu digo a vida toda. Os números não mentem. Basta você ter um pouquinho de boa vontade e vai olhar os números das mortes em hospital, de evasão escolar e de todo tipo de má sorte que o Brasil oferece: a população negra está lá. Só que as pessoas já estavam me vendo como um lobisomem. Começaram a espalhar lendas por aí, e assustava as pessoas. Eu criava antipatia à distância com aquele cara racista. Então aprendi a abordar por um outro ângulo e pegar de surpresa. Você obriga o cara a sair do lugar confortável do branco católico que entende as dores e fraquezas do negro.

SUELI_ A gente não precisa mais deles para explicar coisa nenhuma. Já passou esse tempo. Eles não são mais referência da nossa interpretação do mundo nem da nossa interpretação desta sociedade. Os caras nos falaram o seguinte: nós vamos dizer que não existe racismo aqui, e vocês vão fingir que acreditam. Enquanto esse acordo prevalecer, não vai ter problema. Por que está dando problema? Porque a gente rompeu com esse acordo.

BROWN_ A gente tá avançando?

SUELI_ Muito. Vou listar algumas conquistas do movimento negro que nunca são atribuídas a ele, porque a invisibilidade é uma estratégia do racismo por aqui. As cotas, a Lei 10 639/2003, são a reivindicação mais antiga dos movimentos negros brasileiros, desde a Frente Negra Brasileira, na década de 1930. Em 2003, o ex-presidente Lula promulgou essa lei. A luta pela regulamentação do trabalho doméstico vem com a Laudelina [de Campos Melo], na década de 1930, e a gente conquista isso com a Benedita [da Silva], nos anos 1990.

BROWN_ Você acredita que a nossa liberdade também passa por entrar para o comércio, mexer com dinheiro?

SUELI_ São múltiplas as estratégias de luta que desenvolvemos para sobreviver nesta sociedade. Não podemos renunciar a nenhuma. Somos pioneiros no empreendedorismo, é algo que desde o século XIX as mulheres negras realizam. Agora a ideia de empreendedorismo embranqueceu, mas fomos nós que sobrevivemos às condições de miserabilidade por meio disso.

Você sabe que a Caixa Econômica Federal foi invenção de gente preta? A poupança que as pretas faziam para comprar alforria, para acumular, para fazer sepultamentos, toda uma estratégia que as irmandades negras desenvolviam porque estávamos jogados na rua. As elites brancas nos jogaram na rua, só que não contavam com a nossa resistência. É aquilo que a Conceição [Evaristo] fala: a gente combinou de não morrer desse jeito que vocês estão querendo, e chegamos até aqui. Muitos dos acenos de empreendedorismo que se faz hoje dizem o seguinte: o mercado formal de trabalho não é para vocês. Aquele emprego de qualidade, que tem carteira assinada, férias remuneradas, décimo terceiro, aquele emprego que branco tem, esse não é para vocês. É tudo uberizado, terceirizado, precarizado. E o povo acreditando que é empresário de si mesmo.

Sou uma ativista, acho que tem que buscar conscientizar a nossa gente, convencer a nossa gente de que precisamos lutar coletivamente, porque a ideologia neoliberal individualista não nos emancipa. Eu me disponho a fazer esse serviço pelo resto da minha vida. O neoliberalismo — e o hedonismo que ele traz — é uma ideologia triunfante, inclusive entre nós. A ideia do "fique rico ou morra tentando" vingou, e é um individualismo babaca. Ninguém quer investir na construção de uma estratégia coletiva de luta, e sem ela a gente não se emancipa. Sozinho, qualquer um derruba a gente. Desautorizar, destruir, cancelar uma pessoa preta é a coisa mais fácil. A gente só tem chance com estratégia coletiva. Insisto: o neoliberalismo é a ideologia triunfante entre nós, e não pode ser mais perverso sobre ninguém do que sobre nós.

BROWN_ O que é o neoliberalismo?

SUELI_ É essa ideologia individualista de que "sozinho eu sou o agente da transformação, faço a diferença". Eu, eu... A *minha* mobilidade social *individual*.

BROWN_ Você acha que a frase "a favela venceu" é neoliberal?

SUELI_ Quando você fala da favela, está falando de uma coletividade. Eu não sei quem disse essa frase e o que ela significa, mas o que eu sei é que dentro da favela tem gente lutando junto. Durante a pandemia de covid-19, a favela mostrou uma grande capacidade de organização coletiva.

BROWN_ Tanto o rap como o funk acabaram pegando essa frase. Um artista emergente, egresso da favela, faz sucesso, posta uma foto com um carrão, e essa frase vem embaixo. É neoliberalismo isso ou não?

SUELI_ É, e do tipo mais babaca, porque se há mobilidade individual, que é o projeto do neoliberalismo, nós estamos condenando o resto ao abandono.

Quem pode se dar ao luxo de ser neoliberal é branco, que está com a vida ganha.

BROWN_ Um amigo meu do funk dizia que a favela só vence quando todo mundo tiver escola, saúde digna. Foi uma coisa meio utópica. E outro amigo já falou: "Deixa a favela sonhar, porque essa frase representa um sonho, um incentivo. Tem que respeitar a liberdade poética do barato". Mas a favela não venceu, quem venceu foi o cara lá.

SUELI_ Se o sucesso dele não reverte para os nossos, o que significa?

BROWN_ Não seria um a menos embaixo das garras do sistema? Um que não vai ser tragado pra lá?

SUELI_ Mas isso o sistema sempre permitiu. A mobilidade individual dos pretos sempre foi consentida e usada contra os pretos. Ao experimentar mobilidade social, ele também é usado contra nós: "Se você se esforçar, vence".

BROWN_ É o milagre, a exceção. O lado romântico.

SUELI_ A meritocracia. No começo da nossa conversa, você falou: "Eles prosperaram". Como foi que eles prosperaram? Se você tivesse tido um pedaço de terra para cultivar, um crédito especial... Milton Santos escreveu um livro lindo chamado *Por uma outra globalização*, em que ele mostra que políticas públicas de habitação e crédito foram destinadas para os brancos. A branquitude experimentou a prosperidade coletivamente.

BROWN_ A gente nunca teve esse apoio coletivo dos nossos. A gente sempre foi sozinho.

SUELI_ E, quando alguém vence, ganha troféu do racismo. Mas, se você não ganhar, é porque a maioria é incapaz. Outro dia vi um antropólogo preto fazer um comentário assim: "Nós chegamos lá, eu estou no programa da Fátima Bernardes". Fiquei tão chocada. Se o horizonte utópico é esse, nós estamos confirmando tudo aquilo que o racismo diz que nós somos. A gente só pode ter como horizonte a luta coletiva, a emancipação coletiva. A mobilidade individual de nenhum de nós reverbera na coletividade. O fato de o Mano Brown ser um artista reconhecido não traz prestígio para a coletividade negra. Os judeus são uma coletividade. Os descendentes de italianos são uma coletividade.

SEMAYAT_ Você fala de comunidades que se orquestram em torno de um objetivo. E, conectando com uma frase sua — "Entre a esquerda e a direita, continuo preta" —, podemos pensar em quais são os objetivos para o futuro, independentemente se é a direita ou a esquerda que está no poder.

SUELI_ Veja, não é independente. O que eu digo é que a direita tem pra gente um projeto claro: ela entende que a gente nasceu pra limpar a privada deles. O nosso problema com a esquerda é que ela não é suficientemente radical. E, para compreender a questão racial no Brasil, como ela organizou a estrutura de poder da sociedade brasileira, precisa radicalizar, tem que ir para além do conflito de classe. É racial. Se fosse só um conflito de classe, a gente deveria ter uma estrutura de classe com uma camada de burgueses brancos e pretos. E uma camada proletária de pretos e brancos. Mas o que a gente tem? Uma estrutura de poder em que uma classe só tem branco, a classe A, outra que só tem gente branca, a B, e da C para baixo uma presença desproporcional de gente preta.

BROWN_ Eu não sei onde está esse acordo espiritual em que as pessoas acham que todo mundo é igual, porque na vida a gente não tem igualdade. Você tá mostrando pra nós que não tem acordo sendo respeitado.

SUELI_ Mas tem outro acordo que continua em vigor, o de nos afastar e nos excluir. E nós temos que lutar contra esse padrão. Você vê a coisa das cotas, a luta que é. Podemos perder tudo este ano, mas é uma conquista que mudou a universidade deste país, democratizou o acesso, formou gerações de novos pesquisadores, intelectuais, melhorou a universidade e a sociedade e vai impactar o mercado de trabalho. E precisamos de muito mais, porque são trezentos anos de exclusão, mas a gente começou essa virada.

BROWN_ Você uma vez falou pra mim: "Você andou sumido". Entendi o recado. Mas sabe qual é? Aquele cara que você conheceu com vinte anos, aquela cabeça fechada, assustava até meus amigos. Eu ficava sempre vendo além do que todo mundo via, e comecei a ficar sozinho, triste. Estava sempre vendo perigo. E meus amigos também viam, mas eles conviviam de uma maneira socialmente tranquila. Eles achavam que eu estava querendo ser mais preto que todo mundo.

SUELI_ Nós somos uma população que foi escravizada, esculachada, domesticada. Reagir à domesticação é um processo difícil. Especialmente para os homens negros. É entrar numa guerra que perderam, pois foram escravizados, não puderam nem defender suas mulheres e famílias. E isso tem sequelas profundas em nós. O homem negro carrega uma ferida narcísica. Qualquer homem negro sabe que se for abordado vai ter que ficar de joelho.

BROWN_ Se ele tiver uma saúde boa, vão escolher um lugar estratégico pra ele atuar, pra servir de escudo, pra defender a riqueza de alguém.

SUELI_ Sou uma mulher preta velha, cheguei até aqui com muita indignação. Me sinto humilhada de ver o nível de humilhação em que a gente vive. Ignorar isso também é um jeito de se defender. Eu entendo as pessoas que não querem ver o racismo, mas eu lamento. Alguém tem que dizer a elas que isso não vai aliviar o problema.

BROWN_ Nem todo mundo tem esse chip aí. Como sensibilizar as pessoas?

SUELI_ Só digo o seguinte: não vou permitir que o racismo me transforme naquilo que ele diz que eu sou. Ele diz que sou inferior, incompetente, subserviente. Converso com meus companheiros brancos, minhas companheiras brancas, e todos estamos de acordo em relação ao seguinte: toda pessoa branca, queira ou não, é beneficiária do racismo. Eles estão convencidos disso, sabem que toda pessoa branca, a despeito da sua vontade, é beneficiária do racismo. Se eu e uma mulher branca concorrermos a uma vaga de secretária numa multinacional, a chance de a mulher negra ser empregada é nenhuma. Se uma mulher negra capacitada para uma vaga não pode assumir porque é preta, se ela é vetada, então o racismo serve para garantir o emprego para a mulher branca. Agora, nem toda pessoa branca é signatária desse pacto perverso. Tem gente que recusa esse pacto e se pergunta como pode ser parceira na luta. Tem gente que diz: "Não em meu nome". Você pode promover diversidade nas empresas, incluir pessoas pretas. Pode ter cota nas empresas, ter cota de verdade no serviço público. Pode fazer aquilo que foi feito pra eles e que nunca foi feito pra nós. E tá cheio de gente trabalhando nisso. Tem pretos e brancos trabalhando juntos nisso.

BROWN_ Você acha que no Brasil a saída seria um partido de negros para lutar por esses direitos?

SUELI_ O que faz a diferença é a rua. Com essa densidade populacional que nós temos, a gente se constitui como uma força política capaz de dialogar com qualquer outra. A hipótese de um partido negro não substitui a necessidade de construir essa organização. Agora, precisa de comitês antirracistas, bancadas negras, deputado estadual, federal no país inteiro. Mas precisa ter muito cuidado com esse negócio de partido, porque a gente não precisa de mais negros que vêm pra lutar contra a agenda do movimento negro, contra cota. O que eu disse — "entre a esquerda e a direita, eu continuo preta" — não é dizer que serve qualquer lado. Nós temos lado. E a nossa função é empurrar a esquerda para a esquerda. A nossa liberdade vai se realizar quando tivermos direitos econômicos, culturais, políticos, civis e sociais assegurados. Isso significa ter direito à educação, à saúde, não precisar sofrer mortes preveníveis e evitáveis, como acontece todo dia.

BROWN_ O Brasil perde muito quando ignora o negro, esse povo gigante que tem dentro do país.

SUELI_ Tudo de melhor que este país produz vem de nós. A raiz da identidade musical está no samba, que vem de onde? Os artistas brancos vão para os nossos celeiros musicais, botam uma base sofisticada em cima e criam um produto novo. A bossa nova foi o quê? Eu me lembro de uma entrevista em que o João Gilberto disse que pessoas perguntavam o que é que ele cantava, e ele respondia: "Eu canto samba". E aí o empresário dele disse: "Daqui pra frente, isso chama bossa nova, e nunca mais você vai dizer que canta samba".

BROWN_ Porque ele não tinha pertencimento pra cantar samba?

SUELI_ Não, porque era um "novo" produto rebatizado pelos brancos, supostamente cheio de modernidade, e que destituía a origem da gente. Vai o Caetano: "O Haiti é aqui". Diz isso e assina o manifesto contra as cotas, contra a gente.

BROWN_ Ele assinou um manifesto contra as cotas? Estou assustado. Não esperava por essa.

SUELI_ Quando começou a luta pelas cotas, teve o manifesto dos intelectuais, artistas... A branquitude se organizou e teve o grande manifesto anticota, assinado por brancos de muito prestígio, entre eles um amigo de vocês, o Caetano Veloso. E aí fica todo mundo babando o ovo. Preto não tem vergonha na cara, isso sim.

SEMAYAT_ Voltando nesse papo de eleição, o Brown já falou que vários dos nossos elegeram o Bolsonaro. Como o racismo também impacta a forma que a gente vê os candidatos? E como isso impacta o jeito que uma grande parte da população negra vota?

SUELI_ Estamos domesticados pela violência racial, policial, de diferentes níveis, pelo fundamentalismo religioso. Estamos domesticados por uma série de ideologias que quebram as nossas pernas.

BROWN_ Que religião nos domesticou?

SUELI_ Todo tipo de cristianismo. Chegaram na África e disseram que a gente não tinha alma, que eles estavam lá pra nos dar alma. Foi isso. A primeira coisa que chegou lá na África foi a cruz.

BROWN_ Ouvindo você falar, parece que eu estou em 1992, ouvindo Public Enemy, lendo Malcolm X.

SUELI_ Quando Martin Luther King estava lá liderando a passeata... Eu me lembro sempre de uma história contada pelo Paul Newman, o ator. Em Hollywood, todo mundo estava em pânico com os pretos na rua, com o movimento de direitos civis saindo numa grande passeata. E foi dada a ordem pra ninguém se meter com aquilo. Aí eles estavam olhando na televisão a passeata acontecer, aquela manifestação vigorosa dos negros do movimento dos direitos civis, e quem é que estava na frente da passeata, de braço dado com o Martin Luther King? O Marlon Brando. Então, o que eu digo é que, em todos esses processos, sempre existiram brancos antirracistas. Dentro do movimento contra o Apartheid sul-africano existiram essas pessoas que disseram: "Não, eu não compactuo com essas indignidades humanas que o racismo produz, isso não está sendo feito em meu nome e eu me insurjo". É preciso que o antirracismo branco deste país se manifeste em alto e bom som. Isso é um projeto de nação, que todo mundo que for antirracista, antissexista, anti-homofóbico tem que se juntar para construir, porque este é o país que nós queremos e merecemos ter.

BROWN_ Nos Estados Unidos, para eleger o Obama, precisou do voto maciço de brancos. E, no final das contas, foram os brancos jovens, que ouviam hip-hop, gostavam de basquete, tinham ídolos negros, que votaram. O mesmo movimento elegeu o Lula e depois a Dilma, que foi a primeira mulher presidente no Brasil. Se nos Estados Unidos, onde os caras são 12%, eles elegeram o Obama... Vou fazer outra pergunta: um cara que nem o Obama cabe no Brasil, seria um presidente negro pro Brasil, ou teria que adaptar? Ele foi eleito com uma maioria branca, uma minoria negra e uma parcela grande de latinos. Não é, necessariamente, um cara eleito pelos negros.

SUELI_ Um desses jornalistas norte-americanos me perguntou uma vez se eu achava que a eleição do Obama representava que os Estados Unidos estavam prontos para um presidente negro. A resposta que eu dei foi que a eleição do Obama significava que os Estados Unidos não estavam prontos para eleger um negro saído das lutas históricas do movimento negro norte-americano. Ele vem de outro lugar. Ele também é isso, mas é mais do que isso. Então, por exemplo, alguém como Jesse Jackson, que tem o umbigo no movimento negro, não seria eleito. Obama tinha outras camadas que dialogavam com um espectro maior, talvez. Agora, é certo que a eleição dele não resultou num avanço em relação à questão racial nos Estados Unidos, senão o George Floyd não teria sido possível.

BROWN_ O que você, particularmente, acha do Obama?

SUELI_ No começo eu não gostava muito, não simpatizo muito com um determinado protótipo de negro de "família Doriana" preta, que propõe uma representação negra mimetizando uma família branca padrão. É um modelo difícil para as famílias negras alcançarem. A gente tem uma experiência de família extensa, de famílias de liderança feminina, e temos dificuldade, inclusive, de os homens negros assumirem o papel de provedores. Então é um modelo muito cruel.

A classe média negra da minha geração queria ser mais radical do que os brancos. A nossa experiência histórica tem tanta coisa inusitada, nós somos tão engenhosos, até por conta das dificuldades e dos desafios que enfrentamos, que temos possibilidade de criar, de ir muito além da imitação das estruturas brancas em todas as dimensões. O mundo que a gente precisa criar não vai passar por ficar reproduzindo esses modelos que os brancos desenvolveram e impõem para o outro, até porque eles também são infelizes.

BROWN_ Eu sou totalmente montado por uma sociedade dessa aí.

SUELI_ Não! Graças a Deus, não. Tá bem longe, felizmente.

BROWN_ Mas, se liga, eu gosto de correntão, gosto de carro.

SUELI_ É, mas isso tudo não é o padrão. Você sempre foi da contracultura, desde que te conheci com dezoito anos. Até por isso que eu te acho um cara interessante. Senão, também não estava nem aí pra você.

BROWN_ Muito obrigado. Isso que você acabou de falar agora valeu todo o projeto do *Mano a Mano*, desde a primeira temporada até a quarta, morô? Tá pago. Se pareço interessante pra você, realmente eu sou um cara diferenciado.

SUELI_ Você fez uma coisa revolucionária neste país. O que você fez foi grande, bonito. Li que o *Sobrevivendo no inferno* foi considerado um dos dez melhores discos [brasileiros de todos os tempos] e pensei: "Esses caras foram grandes mesmo. Esses caras foram muito grandes". O que vocês fizeram... Eu comecei a me preocupar quando vi playboy ouvindo no último volume. "Ferrou. Cooptou."

BROWN_ O mais difícil não era chegar no playboy. Era chegar em nós, no coração. A luta ainda é não perder de vista.

SUELI_ Como somos domesticados, tudo que vocês faziam era muito contracultura, muito revolucionário.

BROWN_ Com alguns amigos eu fumo, com outros eu bebo, com outros eu vou pro estádio, com outros eu pego aula. Hoje eu peguei aula.

SUELI_ Você teve a intuição, sabia o que tinha que ser feito e teve coragem de fazer. Eu não esqueço. Fez, e fez com coragem — com a coragem que a juventude tem.

BROWN_ Só a juventude tem. A fome, a fome necessária. A gente chegava com fome no Geledés, lá a gente se reunia, juntava um dinheiro, já saía um rango, saía uma letra, e vamos pra luta. Eu gostava muito, foi um aprendizado naquela época como homem, não só como preto. Porque quando eu fui buscar vocês, eu já era preto, já estava no rap, e quando eu encontrei, na rua Tabatinguera, numa festa no centenário da abolição... Teve uma grande festa do movimento negro na rua Tabatinguera, eu nunca tinha visto aquele universo. Tanto preto junto, todo mundo intelectualizado, falando bonito. As ideias mil grau. E quando eu vi aquilo, eu voltei. Eu estava com o irmão do KLJ. Foi quando o Moisés viu a Terra Prometida e voltou correndo para contar: "Meu, tem um movimento que nós temos que seguir". Ali passamos a frequentar, começou a chegar o Xis, o Jefferson, irmão do Kleber, o Ajamu, aí começou a chegar aquela segunda geração, que já era o Ruivo, o Marcão, o Rick, o LF. Que momento lindo! Sharylaine, Lady Rap e todo aquele povo, porra, saudade demais. Foi direção pra nós, ali foi o norte.

SUELI_ Fico feliz de eu ter visto você.

BROWN_ Ali todo mundo era meio perdido, procurando a alma gêmea, companheiros pra levar. Então, quando eu vi essa festa da Tabatinguera, entendi que tinha do meu lado o acesso à molecada através do rap, mas que vocês é que tinham o conhecimento que a gente não tinha. E a gente tinha que encostar pra pegar esse conhecimento. A gente não sabia nem tomar abordagem policial. Naquela época, quando o rap e o Geledés começaram a se aproximar, foi quando o primo do Ivo foi assassinado no metrô. Ele tava cantando um rap, e tinha um cara lá que tava armado e mandou ele parar de cantar. Ele falou: "Não vou parar". E o cara sacou o revólver e matou.

Ali foi um marco do rap de São Paulo. Porque ele era negro e tinha todo esse contexto que já estava vindo dos Estados Unidos pra cá. Eu tinha acabado de ler o Malcolm através da música do Public Enemy. Quando eu li Malcolm X, virei outra pessoa. Fiquei dez anos mais velho. Era um cara imaturo até então; apesar da vivência precoce, eu não aprendia muito. Era distraído, disperso, sempre em busca dos prazeres da vida, não via os perigos, negligenciava. Ali eu entendi onde era o perigo e por que a realidade era daquele jeito, em volta de mim e dentro da minha vida. Virei um homem-bomba, tava pronto pra qualquer coisa.

A gente fez o que era preciso fazer, e era coisa que podia ter acabado com a nossa vida. Quando chegou em mim essa coisa da ideologia, me senti inserido numa ideia muito importante, muito linda. Eu troquei minha vida por outra, uma vida medíocre por uma maravilhosa, de luta. Ali eu virei um...

SUELI_ Um ícone.

BROWN_ Eu me tornei homem, na essência da palavra, de entender que eu não era mais um garoto que curtia ir a baile, beber pinga com limão, como era até então, um adolescente quase adulto. Ali entendi que eu tinha uma luta e que era vítima de um sistema que eu não entendia. Quando fui ler esse livro, eu pensei: "Nossa, foi a minha bíblia". Foi decisivo. Esse eu li e mandei pra Casa de Detenção no ano de 1991. E ele nunca mais voltou. Quem lia não devolvia, ou passava, ou emprestava. Nunca mais veio pra rua.

SUELI_ E fez a cabeça de muita gente lá.

BROWN_ Fez! Ô, Sueli... Sem palavras.

26 de maio de 2022

LUIZÃO CHIC SHOW

"A Chic Show chegou pra mudar tudo. Essa coisa de ser chique era uma coisa moderna. O negro em São Paulo não estava acostumado com esse tipo de coisa. Tinha aquele baile do Aristocrata, clássico, mas de uma outra era. Não era o baile do jovem negro de São Paulo. Eu era um cara da nova geração, fazendo coisas para a nova geração."

PADRE JÚLIO LANCELLOTTI

"Eu sempre digo o seguinte: quem lê um texto sem entender o contexto usa como pretexto. Então, tem gente armamentista que usa a Bíblia para justificar as armas. Não existe cristofobia. Isso é conversa para boi dormir. O que existe mesmo é perseguição às religiões de matriz africana."

"Numa discussão na gravadora, eu já como artista contratado, o diretor artístico virou pra mim e falou: 'Artista que não tem empresário, nem assessoria de imprensa, nem gravadora, não vai acontecer'. Eu respondi: 'Mas me conta uma coisa, como vocês explicam o Racionais? Eles venderam pra caramba, tem camiseta dos caras em tudo quanto é lugar, todo mundo canta. E os caras não tocam no rádio, não falam com ninguém. Como que você explica isso?'. Ele disse: 'É, realmente eu não sei explicar isso aí, não'."

SEU JORGE

JEFERSON DE

"Você é descendente do senhor que escravizava, e eu sou descendente da pessoa que era escravizada [...]. É por isso que os nossos mais velhos, às vezes, não gostam de se lembrar dessa parte, cara, porque o jeito que foi contado pra gente é um jeito de dor, de muita escrotidão, de muita tristeza."

Mano Brown com Cici de Oxalá (esquerda) e Mãe Carmen (direita).

Sabedoria e liderança

Esse episódio me marcou demais. Fiquei orgulhoso de ter feito parte e, mais ainda, de ter aprendido tanto. Receber a ialorixá Mãe Carmen de Oxum e a Ebomi Cici foi uma honra. Duas autoridades, cada uma com sua força. A mãe de santo, com toda a sua vivência espiritual, e a ebomi, pesquisadora, intelectual, com uma visão que mistura fé, história e ciência.

Foi uma troca profunda e a missão era tirar muita crença errada, muito do estigma que existe sobre o candomblé. A religião sempre foi usada pra colocar as pessoas umas contra as outras. Não tem sido diferente hoje em dia, e as religiões de matriz africana são as que mais sofrem com isso. Para o brasileiro médio, a palavra Exu tá ligada ao diabo. De onde saiu essa ideia errada? Ao mesmo tempo, tá cheio de tambor em culto neopentecostal. Essa é uma coisa que a gente precisa entender. Tive uma aula.

Além disso, aprendi sobre o papel da mulher nas religiões de matriz africana, numa cultura matriarcal, onde a Mãe de Santo tem poder de verdade, algo diferente de muitas religiões que colocam a mulher em segundo plano. Ali não. É respeito, é liderança, é raiz.

Falamos sobre uma religião que atravessou o oceano dentro de um navio, que sobreviveu ao tempo, ao racismo, à violência. O candomblé é resistência, é sabedoria antiga, é fé que se manteve viva mesmo quando tudo conspirava contra.

MÃE CARMEN DE OXUM E EBOMI CICI DE OXALÁ

BROWN_ Sua bênção, Mãe Carmen. Sua bênção, Vovó Cici de Oxalá.

MÃE CARMEN DE OXUM_ Oxum que abençoe.

EBOMI CICI DE OXALÁ_ Meu pai que abençoe.

BROWN_ A gente vai falar sobre coisas que, para as senhoras, podem parecer muito do começo, mas a ideia hoje é tirar algumas crenças erradas sobre o candomblé.

MÃE CARMEN DE OXUM_ Isso é muito importante, porque o racismo e o desrespeito se tornaram muito graves, afastam até mesmo as crianças que já nascem na religião, pela hierarquia e pela ancestralidade, de seguir a tradição. Elas são discriminadas já na escola.

BROWN_ Tem muito desconhecimento sobre o candomblé. Mas tem uma beleza que faz a gente viajar no tempo. Vó Cici, fala um pouco das semelhanças de lugares do Brasil com a África.

EBOMI CICI DE OXALÁ_ O que eu aprendi com meu pai Fatumbi [nome religioso do fotógrafo, antropólogo e babalaô Pierre Verger], eu vi tudo lá. Eu venho da tradição do Opô Afonjá e tive a sorte de trabalhar com ele. Então, quando cheguei no Daomé [hoje Benim], vi que ainda há negros que nasceram pra mandar e outros, pra obedecer. Abomé é a cidade onde estão os palácios e os túmulos dos reis. Eu vi o túmulo de um rei que sacrificou 42 escravos pra fazer com o sangue deles argamassa pra juntar tijolos. Eu tinha lido, mas fui lá e vi. No Daomé, as pessoas são separadas por classes sociais: os negros que mandam e os que obedecem. O senhor poderia perguntar: Cici, se sua religião é de origem iorubá, por que você não vai à Nigéria? Nigéria é de onde nós viemos, mas o culto fon dos voduns, isso é no Benim.

BROWN_ Ô Vovó Cici, eu fiz o teste de DNA e tenho a honra de dizer que tenho sangue de Benim e Nigéria. Mas o meu primeiro ancestral africano era cuxita, da Etiópia.

EBOMI CICI DE OXALÁ_ Pra ir ao Benim, tive que saltar na Etiópia. Foi triste, porque tinha um percussionista comigo, e ele tinha a pele mais preta que a minha. Chegando lá, me fizeram uma revista que eu quase dei um ataque. Mas entrei. O meu amigo, não: deram laxante e vomitório pra saber se ele tava com droga, ele só entrou depois de vomitar. Etiópia é um país muçulmano. As muçulmanas passavam direto, mulheres brancas, e eu, como negra, me revistaram. O negro na África não é igual. Tem muita separação. O senhor já chega lá decepcionado, porque passou por aquele sufoco no aeroporto. Mas sai dali, o senhor vai muitos mil anos atrás, porque na frente do aeroporto só se sente cheiro de rosas e se lembra das artes da rainha de Sabá — tá na Bíblia, os perfumes, os óleos. Tudo que está escrito nos livros, o senhor vê de novo. Mas a diferença de raça e cor de pele dói muito.

SEMAYAT_ Mãe Carmen, a senhora pode falar um pouco sobre a importância da mulher para manter a religião tradicional de terreiro?

MÃE CARMEN DE OXUM_ A ialorixá, além de ser a porta-voz, a transmissora, é a provedora da religião, porque faz filhos que já nascem dentro da religião. Então, pra haver essa continuação, as mulheres se tornaram a grande maioria — as sacerdotisas, as ialorixás, mais as equedes, mais os ebomes, mais as iaôs, até as abiãs mulheres, elas tocam o candomblé. No candomblé, nós começamos como abiã, como adeptos. Depois se torna iniciante, aí você vai ser iaô. Então você vai ser iniciado dentro da religião. E depois você pode se tornar um ebome. Mais à frente, você tem a equede, as iniciadas ou às vezes confirmadas, que não recebem o orixá, que não incorporam.

BROWN_ Segura nessa parte aí. Por exemplo, as igrejas neopentecostais... Não tem um paralelo quando você fala línguas estranhas e entra em transe? A senhora vê semelhanças na forma de culto das novas igrejas pentecostais e a religião de matriz africana?

MÃE CARMEN DE OXUM_ Existe alguma semelhança, mas acontece de forma bem diferente. Na religião de matriz africana a pessoa nasce religiosa. O neopentecostal pode ter a mesma mediunidade, a mesma sensibilidade religiosa, mas por opção ou por crescimento ele se tornou outra coisa e transmite essa mediunidade de forma bem diferente.

BROWN_ Vovó Cici, a Bíblia condena o transe, não é isso?

EBOMI CICI DE OXALÁ_ Eu fui cobradora de ônibus muitos anos, e o motorista que trabalhava comigo era batista. Às vezes, eu dizia: "Seu Carlos, este carro vai quebrar na outra viagem". E quebrava. Aí ele dizia: "A senhora é adivinha, não é?". "Eu, não. Eu escutei. Só que o senhor diz que quando é na sua igreja é o Espírito Santo, e quando sou eu o senhor diz que é o diabo."

BROWN_ Pra um brasileiro médio, pros jovens, a palavra "Exu" está ligada ao diabo. Mas quem era Exu?

MÃE CARMEN DE OXUM_ Antes de qualquer coisa, nós vamos louvar os nossos ancestrais, aí Exu vem. Porque Exu é o interlocutor do orixá com o ser humano, com o filho, com o adepto. Porque Exu abre o caminho, faz a ligação. Ele é relacionado à sexualidade, à sensualidade, ele fala por várias línguas, é muito positivo dentro do candomblé. Ele que despacha a porta, que traz todo o axé pra você dar início ao culto. O sincretismo católico colocou o nosso orixá Exu como o diabo porque era a maneira que eles tinham de nos afrontar pra sobreviver.

EBOMI CICI DE OXALÁ_ O meu princípio é egungum, culto de ancestrais. Foi no Tuntum, a roça de candomblé de culto a egungum mais antiga que tem, [fundada em] 1850, em Itaparica, que me mandam fazer orixá. Eu tenho um conhecimento de orixá, e Mãe Carmen tem outro. Exu para mim é a comunicação. Ele está na entrada das cidades. Agora, o orixá dono do mundo é Ogum. No Brasil se coloca assentamento em encruzilhadas porque é o lugar de encontro de lugares, cidades, ideias, pessoas diferentes. Agora, em um candomblé jeje, o senhor não vai ver Exu na porta, vai ver Ogum. Porque existiu o saco da criação. Olodumare, o destino, dá o saco da criação a Obatalá e diz: "O senhor sai no nada. Em qualquer ponto que o senhor quiser, vire o saco da criação, que o mundo está ali dentro". Ora, Oxalá [outro nome de Obatalá], por uma história comprida, tem uma sede, não faz nada, sai por sair, não faz nada com as energias que tem entre o céu e a terra — todos nós sentimos quando acordamos de manhã: "Hoje este dia não vai dar bom". Isso é uma energia. "Esse dia eu vou fazer isso que vai dar certo." Isso é uma energia. Bem, Oxalá não faz nada, ele tem sede, cria a primeira árvore, que é a palmeira, mete o opaxorô no coração da palmeira e bebe a água, que é o vinho da palma, e dorme. Exu tá perto, pega o saco da criação e leva para Olodumare, o destino, e diz: "O senhor deu o saco da criação para meu pai, meu pai está lá dormindo. Então ele não criou o mundo". Olodumare dá o saco a outro orixá, Odudua, pra criar o mundo. Ok, o mundo tá criado. Aí precisa de alguém pra levar os orixás do céu, que são 153, tudo funfun, tudo branco, albino, pra conhecer a Terra. A raça é criada no encontro de Nanã, que é criada da terra, negra igual um pântano, e Ogum, albino. É a mesma raça, mas a pele dele é clara. Exu é aquele que leva e traz. Mas quem traz o ser humano à terra é Ogum. Sabe o que Ogum faz? Cria uma lâmina do seu braço, abre o próprio intestino e faz uma corrente com as vísceras, manda os orixás descerem para conhecer a terra. Ele torna-se o dono do mundo, aquele que está na frente de todos os orixás.

BROWN_ E quem é Oxum, Mãe Carmen?

MÃE CARMEN DE OXUM_ Oxum tem a delicadeza, mas também a conquista. Ela queria ser uma sacerdotisa, mas não tinha filhos até aquele momento, então o que ela fez? Pegou a galinha-d'angola, colocou aquele cocurutozinho que tem na cabeça dela e pintou a galinha toda de branco pra nascer nela o primeiro filho, o primeiro iaô dela. Ela é dona do rio, e rio não volta, é perigoso porque ele só vai pra frente. O que você deixou pra trás passou. E Oxum conseguiu dominar Exu. Conseguiu dominar Ogum. Conseguiu dominar Xangô.

EBOMI CICI DE OXALÁ_ Oxum é muito rica. Ela chega com uma cabaça de ouro e fica parada na porta de Ogum, que era ferreiro, e ninguém gosta de brincadeira com ele, mas ela é ousada, fica olhando. Ele pergunta o que ela quer, e ela pede pra ele fazer dezesseis pulseiras pra cada braço, dezesseis pulseiras para cada perna, uma couraça, um adê — que é uma coroa —, uma corrente com guizos pra ela botar na cintura e em cima do peito, um abebé — que é um leque — e uma faca. Quando ela vai buscar as peças de ouro dela, ela faz ele vestir ela toda. O ouro que sobrou, ela dá pra Ogum. Aí ela fala: "Cadê minha faca?". Tudo nela toca: os braceletes cantam, os guizos tocam, e ela pega a faca, vira de costas e sai. Quando chega na porta, ela vira pra ele e diz: "Esta faca tá amolada?". Ele diz: "Tá". "Pois então, venha." Menino! Ogum é tomado de ira, ele vai pra cima dela, e sabe o que ela faz? Ela dá uma reviravolta e sai rindo.

Com Exu ela fez outra coisa. Ele convidou 21 irmãos para comer, caçou todas as comidas, preparou os frangos, botou na encruzilhada. Oxum está olhando: "Ele vai dar uma festa, mas não me convidou". O que Oxum Opará faz? Enquanto Exu vai chamar os outros, ela vem e come o peito de todos os frangos. Quando ele vem com os amigos, só tem a carcaça. "Isto é a festa que você convidou a gente?", os amigos reclamam. Exu deu porrada neles, foi uma briga. Oxum ficou de longe dando gargalhada. Ela faz coisas impensáveis, como um adolescente. Os orixás são como a gente, alguns foram humanos. A gente tem coisas deles, eles têm coisas da gente. Mas o que se parece humano é só Exu. Ele não tem nada de diabo. Diabo é um negócio que eu não quero ver nem encontrar.

BROWN_ Estudando um pouco as religiões, a gente vê que tem um paralelo com as religiões do Oriente Médio. Exu também não tem semelhança?

EBOMI CICI DE OXALÁ_ Salvador foi cheia de negros muçulmanos. Nós temos o arroz de hauçá, o bolinho de estudante, tudo isso é muçulmano. Vem tudo do mesmo caminho.

BROWN_ Qual é o mesmo caminho, Vovó Cici?

EBOMI CICI DE OXALÁ_ Deus.

BROWN_ Agora indo pra política. A religião foi usada pra manobrar as massas e colocar umas contra as outras?

EBOMI CICI DE OXALÁ_ Sim, isso é antigo. Quando se diz "Jesus veio para unir" é porque é o mesmo sangue, judeus e árabes. São irmãos. Na cultura de orixá, quando o senhor traduz cantigas do culto de Oxalá, vê partes do Alcorão. Dizem que a origem do povo iorubá é judaica, da 12ª tribo dos hebreus. Tem cantigas pra Oxalá que se traduzem assim: "Onde quer que tu estejas, os olhos de Alá estão sobre você". Quer mais muçulmano do que isso? Tem uma cantiga que vocês tanto gostam de cantar, "Ê-emoriô, emoripaô, ê-moriô", tá dizendo que Oxalá vê tudo. Isso é muito muçulmano.

SEMAYAT_ Os terreiros de Vovó Cici e Mãe Carmen foram fundados em 1972 e em 1976, e eu acho legal a gente falar sobre esse santuário, o terreiro, que ainda hoje é tão violentado. Só no ano passado, segundo os dados do Ministério da Mulher, da Família e dos Direitos Humanos, teve um crescimento de 141% nos casos de violência e intolerância religiosa. As senhoras podiam trazer pra gente o que é esse espaço, o terreiro? A importância que ele teve antes mesmo do SUS [Sistema Único de Saúde], de qualquer população preta ter acesso à saúde, e por que essa violência é tão perigosa e danosa para a nossa sociedade.

MÃE CARMEN DE OXUM_ Eu sou uma sacerdotisa, ialorixá de candomblé, em São Paulo. E faço parte da Secretaria da Justiça e Cidadania do Estado de São Paulo, pelo Fórum Inter-Religioso para uma Cultura de Paz e Liberdade de Crença, em que nós vivemos com todas as religiões existentes. Todas as guerras vêm pela forma da cultura religiosa. Se houvesse a união religiosa, não haveria guerra, e sim uma cultura pacífica. Por que hoje a cultura evangélica nos ataca dessa forma? Isso não começa hoje. Somos negros, em primeiro lugar. Somos qualificados como pessoas pobres, sem cultura. Existe a homofobia, o feminicídio, e existe a quantidade de negros, de crianças negras, adolescentes negros, jovens negros que morrem simplesmente pela ignorância, pela falta de cultura em relação à cor. Aí coloca a religião de matriz africana dentro. E o que acontece em relação a isso? Nós somos apedrejados, colocados como marginais, adoradores do diabo. Aí vem a discriminação. Porque, para subir degraus, eu tenho que derrubar alguém. Então eles vão fazer isso, vão derrubar os religiosos de matriz africana, vão derrubar o negro, vão culpar alguém para poderem subir esses degraus. Só que o nosso povo é persistente. Eu uso uma palavra que chamo de "esperançar", não falo "esperança", mas que nós temos que esperançar.

BROWN_ Praticar.

MÃE CARMEN DE OXUM_ Praticar, porque no momento em que você faz isso, no momento em que é insistente, em que luta, a vitória vem. Eu, por ser uma sacerdotisa mulher, negra, dentro desta casa, dentro deste Brasil, filha da mesma África de onde todo mundo veio, eu produzo a minha religião, formo a minha religião, uma sacerdotisa tem a obrigação de amar o seu próximo como a si mesma. Não é uma palavra minha, isso vem de uma outra religião, mas você tem que amar o seu próximo como ele é. Se você aponta o dedo, se julga alguém, isso é grave. Você tem que simplesmente reconhecer, respeitar e acreditar na palavra do seu irmão. Se você não consegue fazer isso, não consegue transmitir a paz. Aí fica aquela situação: "Eu preciso de paz, eu quero paz, eu não tenho paz". A paz é nós mesmos. Quem traz a paz somos nós. Ela existe dentro da gente. Não procure paz no universo. Você tem que ser a paz. Se você transmite paz, consegue viver em paz.

Hoje eu estou vestida com uma roupa africana, mas eu uso uma saia, um camisu, um calçolão, uma bata, eu me visto dentro do candomblé com uma formação praticamente europeia, que não vem da África, porque a África se enrola nos tecidos. A roupa que nós usamos hoje no candomblé do Brasil não é a mesma que se veste na África. Então, quando eu entro num supermercado, num banco, numa farmácia, ou quando falece uma pessoa nossa e ao chegar dentro do IML [Instituto Médico Legal] você é barrado, ali já acontece a discriminação. Você não consegue ir ali fazer uma palavra, uma bênção, naquele momento em relação à pessoa que morreu, àquele familiar que está sofrendo.

BROWN_ O brasileiro médio — os nossos, os trabalhadores, esses caras que trabalham no IML — é bombardeado com falsas informações, com mentiras, com coisas que já vêm de outras gerações, mentiras eternizadas. Dentro da minha casa mesmo: minha mãe era filha de santo, de Omolu, fazia trinta e poucos anos. Eu cresci dentro de vários terreiros vendo minha mãe vestida assim, ela usava preto e branco, roupa engomada, era linda. De uma hora pra outra, ela quis romper e migrou pra seicho-no-ie. Ela tinha uma teoria que hoje vejo que estava enganada, mas que alguém ensinou a ela: enquanto a gente estivesse ligado ao candomblé, ia viver uma vida de miséria. Mas ela nunca abandonou os dogmas do candomblé, a forma de cultuar as coisas, ela pegava a religião japonesa e cultuava da mesma forma, cheia de superstição. Uma coisa ancestral.

E eu percebo que essa coisa de eles terem pegado todos os negros e colocado dentro da igreja pentecostal, achando que isso encobriria a verdadeira espiritualidade, é um erro. Porque está aparecendo agora. O povo está levando tambor pra dentro da igreja, levando pandeiro. Eu fui num monte de culto no meio do mato com os evangélicos. E o povo que vai é negro. De cada dez pessoas, oito são negras naquele culto evangelizado, mas com timba, todo mundo vestido de branco e diz que pega até fogo no mato. Essa tentativa de fazer todo mundo virar aquele cristianismo branco, europeu... Se eles quiserem realmente que o Brasil se transforme numa república evangélica, vão ter que conviver com muita gente praticando religião africana dentro da igreja, que é o que está acontecendo.

MÃE CARMEN DE OXUM_ Se você for nessa igreja evangélica que é uma das mais fortes que tem por aí, o senhor que é dessa igreja é uma pessoa iniciada no orixá Exu. Por isso ele tem todo esse domínio, todo esse controle, conduz essas pessoas todas, faz esse movimento imenso. Porque ele é o interlocutor, fica ali parado na encruzilhada. Então, essa parte que tem dentro da igreja evangélica... Eles incorporam ali dentro, falam em línguas, recebem alguma coisa e transmitem mensagens, traduzem o que vai acontecer — é por isso que as igrejas atacam as nossas religiões, para que consigam sobressair. Mas a inteligência de Exu é que fez esse movimento religioso de uma igreja ser muito forte. Fez isso para que a nossa religião tivesse essas dificuldades. Ali dentro praticamente se convive com o religioso de matriz africana. Ele que faz todo esse movimento. O religioso tá ali, e o evangélico ele recebe ali também. "Olha, vai acontecer isso, vai passar por aquilo, vai ter isso e vai ter aquela outra coisa também." Como se estivessem naquele momento fazendo premonições, adivinhando, né? Nós falamos pelos oráculos, por Ifá, por Olodumare, mas eles dizem que é a língua do Espírito Santo, e na grande realidade são espíritas religiosos que sabem exatamente o que está acontecendo. Então eles misturam isso para poder sobreviver. É uma situação muito séria que acontece, porque é uma religião mistificada, é uma mistura.

BROWN_ O brasileiro se diz democrático, adora falar que todo mundo é igual, mas na prática não é. As pessoas têm preconceito, as minorias são perseguidas. Existe a democracia em que a maioria faz bullying com a minoria. Essas religiões têm participado cada vez mais da política e das decisões do país, elegendo candidatos, defendendo suas teses. E quem defende o povo do terreiro, o povo do axé?

MÃE CARMEN DE OXUM_ O nosso povo é muito humilde, veio trazendo esse carrancismo antigo de que tem que baixar a cabeça. O nosso povo negro veio tão sofredor, tão abatido, tão abalado durante todo esse tempo, acreditando que vai ser pobre a vida inteira se for do candomblé — e hoje nós temos doutores, médicos, médiuns, professores, cantores, formadores no candomblé —, que a gente tem que se defender. Existe uma bancada evangélica gigantesca em que um coloca o outro ali dentro e fortalece a discriminação.
BROWN_ Tenho muitos amigos evangélicos, pessoas que eu amo. Esses meus amigos evangélicos músicos, muitos vêm da igreja, é lá que se aprende, que se tem acesso a um instrumento que na rua não tem. A igreja tem o seu trabalho social também, assim como o candomblé. Meus amigos evangélicos têm que saber que existe essa perseguição violenta ao candomblé e não dá pra ficar confortavelmente falando no nome de Jesus sabendo que isso acontece. Qualquer religião ou espiritualidade que conduza o povo a uma vida melhor, de paz e prosperidade, tá fazendo o que Deus quer, o que Jesus quer. O cristianismo quer a igualdade, só que a forma que o homem pratica não é igual, não é pacífica, não é justa, ela obriga o outro a servir, seguir o Deus que ele quer, vestir a roupa que ele quer, comer a comida que ele quer. E nesse ponto o candomblé se diferencia: ele é livre. Não escolhe o sexo que você tem que seguir. Aceita o branco, o preto, aceita todos. Temos autores e sacerdotes de religião afro-brasileira brancos. É uma religião democrática. Vovó Cici pode falar sobre isso também.
EBOMI CICI DE OXALÁ_ Dentro do culto de Ifá, temos o seguinte princípio: existem raças, mas todos são uma coisa só. Nós falamos sobre a morte, cantamos sobre a morte, que ela está passeando com um olho aberto e o outro fechado, procurando quem levar. Não importa que seja branco, preto, amarelo, eu aceito todas as pessoas, todas as formas de vida, de ser, só quero que me respeite, a minha pessoa e a minha religião, como eu respeito qualquer um. Eu olho o que está dentro da pessoa, que é o espírito. Nanã faz o corpo — o branco, o negro e o vermelho — e diz: "Mas eles não se movem, meu pai". Obatalá manda ela se acalmar, passa o dedo na boca e sopra o espírito. Então, as pessoas são todas iguais. Agora, os procedimentos e os caminhos do destino são diferentes.

Não é a Igreja protestante em si que não faz nada, são as pessoas de lá. Porque eu já fui discriminada por pessoas de candomblé, por pessoas protestantes, começa às vezes dentro da minha casa. Por exemplo, quando a minha mãe faleceu, se a secretária dela não tivesse guardado um copo, uma caneca, um pano da minha mãe, eu não ia achar nada, porque os da minha família acham que eu vou cultuar aquilo. Não: eu vou respeitar, porque foi da minha mãe. Já fui discriminada por causa de roupa branca. Mas toda pessoa de Obatalá, de Oxalá, tem por obrigação usar branco. Não pode botar vermelho, não bota preto. Na África, a cor mais difícil, mais cara que tem para se comprar pano é o branco. O pano branco é propriedade dos muçulmanos, porque aquele que vê a Pedra da Caaba tem o direito de usar branco, a pedra que o anjo Gabriel deu a Maomé, o otá, um seixo de rio que se cultua como um orixá. Uma força da natureza, uma árvore, tudo merece respeito.

Então, tem pessoas que não entendem, nos discriminam por causa de cor de roupa, de coisas que usamos. Eu não uso qualquer coisa. Se o senhor perguntar que objeto é este que tá no meu corpo, eu sei lhe dizer por que eu uso. Eu tenho muita, muita fé em espíritos. E sei que eles fazem esse elo entre o céu e a terra. A gente tem que ter fé em alguma coisa. E eu tenho amigos de muitas religiões. No final, eu digo: Deus é um só. Ele pode se apresentar de formas diferentes, mas é um só. O caminho, a cobrança vai ser uma só. A gente vai ter que dar conta do que fez aqui, não importa a religião. Tem religiões que são oportunistas porque as pessoas que formam determinados grupos religiosos têm sentimentos escondidos por debaixo do pano e dão vazão a eles com pessoas que estão numa situação difícil. Promete mais do que Deus, quer ser maior que Deus. Eu sou de uma religião que diz que o senhor tem o que merece. Porque, antes de nós, a nossa cabeça já escolheu o nosso destino.

BROWN_ Eu fui criado em três terreiros, por pessoas que deram abrigo a mim e a minha mãe, pessoas que eu tenho como modelo de seres humanos de primeira qualidade. Por exemplo, o sr. Isaac de Santa Rita, que é patriarca de uma grande família de um terreiro que nos criou. Ele foi um cara, um pai de santo, que praticamente inaugurou o bairro que hoje é o Jardim Valquíria. Ao longo da vida, eu vi ele praticamente carregar aquele morro nas costas, levando mulher pra ter filho, acidentados, pro hospital, socorrendo com comida, dinheiro, remédio, benzedura, material de construção. Foi um benfeitor, um sacerdote, um homem, como é homem um padre, um pastor e um rabino. Eu não acredito em perfeição, homens erram. É muito importante que as pessoas entendam que a ideia aqui não é levantar um ponto de discórdia entre as religiões. É o contrário, buscar o respeito mútuo.

Se você comparar o catolicismo e o pentecostal, são religiões completamente diferentes que tem um homem chamado Jesus entre elas. É um ponto de convergência. Fora isso, são diferentes, uma cultua o sábado, a outra, o domingo. É um movimento que nasceu no Oriente Médio, foi pra Grécia, da Grécia pra Roma, e foi trazido pro catolicismo. Por exemplo, quem foi são Jorge, Vovó Cici?

EBOMI CICI DE OXALÁ_ Salve, Jorge! Jorge da Capadócia nasceu na Turquia, onde foi decapitado no ano 303. Ele era um turco que servia ao exército romano e se converteu, então passou por muitas torturas e morreu. É onde ele mostra a força de uma ideia, de um objetivo. Tem lugares que dizem que não gostam de falar de são Jorge, mas é a maior festa do Rio de Janeiro, todo mundo sabe disso. Ele é sincretizado como Ogum, e na Bahia, como Oxóssi. Na Bahia, uma das festas mais fortes que existem é a de Cosme e Damião, que eram de origem árabe. Eles eram sírios. Eram médicos, não eram pequenininhos, não.

BROWN_ Olha só! Quantas festas de Cosme e Damião eu fui e não sabia... Realmente, são dois irmãos branquinhos. Dois sírios.

EBOMI CICI DE OXALÁ_ Mas a gente cultua o Espírito, a graça de Deus, não é? Não é a raça.

BROWN_ E como eles entraram no candomblé?

EBOMI CICI DE OXALÁ_ No céu existe uma sociedade de crianças. A dona dessa sociedade é Oxum. A primeira sociedade, o primeiro grupo — abiku, nascido para morrer —, é de crianças que pouco vivem e morrem de forma súbita. Tem os ibêjis, nascidos de dois, gêmeos. Tem os abamo, que nascem com síndrome de Down. Tem os imerês, que são terríveis. Esses meninos que dizem que — desculpa a expressão — pintam merda.

BROWN_ O candomblé cita a síndrome de Down?

EBOMI CICI DE OXALÁ_ São crianças sagradas pra nós.

BROWN_ Mas ninguém sabe.

EBOMI CICI DE OXALÁ_ Eu sei. Estou falando para o senhor porque aprendi.

BROWN_ É uma coisa linda.

EBOMI CICI DE OXALÁ_ E tem os muçôs. São essas crianças que falam sozinhas, que veem coisas, que brincam, que dividem. Sendo que são fases. Por exemplo, os imerês, se o senhor não cuida, aprontam demais, mas essa fase vai passar, eles vão se modificar. As crianças muções, aquelas que veem coisa, que falam, vão entrar na adolescência e já não vão ser tanto. Então, essas crianças fazem parte do Egbé Órun, as crianças do céu. A gente cultua e beija, as pessoas não sabem, faz parte do culto de todas essas crianças, de todos esses espíritos que se desencarnam na infância. Eles não chegam a ser adultos, muitos chegam, mas eles já nascem assim. Então cada um desses grupos tem uma explicação em Ifá. A gente agrada esses espíritos através do culto de são Cosme e são Damião, que vêm como ibêjis, que simbolizam a prosperidade. No culto, a gente agrada todas essas crianças, dá comida a todos esses grupos de crianças que vivem no céu. Quando eles querem descer, dentro do que eu aprendi, escolhem uma cabeça, uma barriga, e se metem nela.

BROWN_ Na sua ida à África, ao Benim, o que é espiritual aqui e é sólido lá?

EBOMI CICI DE OXALÁ_ Eu falo do povo iorubá, socialmente eles são muito bem organizados. Principalmente na Nigéria, que tem menos problemas. Porque não é qualquer negro nessa parte do Benim que tem acesso à escola. Comecei a observar as crianças indo para a escola. As meninas muçulmanas vão todas cobertas e usam saia. As que não são muçulmanas têm o cabelo com corte redondo, o menino corta diferente. E se a família tiver uma posição, as meninas têm o cabelo alisado. Eu fiquei numa casa que o dono tinha três esposas. Conheci duas. A primeira esposa era impressionante, tinha tudo na casa dela, ela é comerciante e só tem filhos homens, todos na escola, cada um com a sua bicicleta. A segunda esposa faz roupas, tem esses tecidos, todos pendurados. Ela tem duas jovens e dois jovens, porque lá quem costura é homem, não mulher. A mulher pode ajudar a cortar e trabalhar no tear. Essa já tinha meninos menores, todos numa boa escola. E aquela história, a mãe trabalha e leva a filha ou o filho, que também vai trabalhar. Geralmente, o menino vai fazer um trabalho que não é igual ao da menina. Por exemplo, a mãe vende verduras, a mãe vende banana frita, abará, acarajé. O senhor vê tudo da Bahia lá. Tudo que o senhor vê na Bahia — biscoitos, coisas num saquinho plástico amarrado —, lá é a mesma coisa. Balaio na cabeça, mãe e filha vendendo. O menino já vai estar na marcenaria fazendo outras coisas. Ou, se a família tiver uma condição boa, ele vai estudar fora, nos países que colonizaram. O senhor vai chegar na Nigéria, vai ver uma porção de pessoas que estudam na Inglaterra. Chega na França, tem uma porção de negros, porque a França foi a que mais teve colônias na África.

Vai encontrar tudo lá, e o mais importante, sem dúvida, é a religião. Se o senhor é da religião muçulmana, o menino vai estudar, e a mulher vai trabalhar numa loja muçulmana para vender roupas e outras coisas. E aqueles que não estudam e não têm uma classe social adequada vão vender para aquelas mulheres que têm dinheiro, que são donas das coisas, que vão ficar sentadas, aí compra isso e dá o dinheiro, a filha dela que está lá pega o dinheiro e dá para a mãe, a mãe bota na bolsa e continua conversando. Uma separação incrível. É muito diferente. Eu entrei na feira, a mesma coisa que aqui. O senhor entra pela feira, pela frente, e sai pelo fundo. Aí o senhor vê aquelas pessoas: "Agô, agô, agô!". Gente, isso foi muito forte. Como a gente diz quando vai entrar numa casa: "agô", dá licença. Eu peço licença, os seus ancestrais e os meus que me acompanham, que nos acompanham, também pedem licença. Eu vi isso lá.

SEMAYAT_ Eu vou pegar esse gancho do "agô", pedir a bênção, para falar um pouco sobre essa cultura do candomblé de ouvir os mais velhos, respeitar os mais velhos, pedir licença em qualquer lugar onde a gente vai chegar.

EBOMI CICI DE OXALÁ_ Tem um ditado que diz: quem vai onde não é chamado volta sem ser mandado. Então eu só entro onde sou convidada. Onde eu não for convidada, eu não vou. E mesmo quando me convidam, eu digo: "Quem falou de meu nome com você?". Isso é uma coisa tradicional, a gente aprende com os mais velhos. A primeira casa, casa Branca. A segunda casa, Gantois. O Gantois é uma dissidência da casa Branca, fundada por mulheres. A terceira casa, também fundada por mulher, é Ilê Axé Opô Afonjá, 1886 no Rio, 1910 em Salvador, no São Gonçalo.

Minha avó Aninha, a origem dela é ewe, de Gana, de onde vem o culto de Nanã. Ela era filha de escravos libertos que ficaram ricos com escambo. Comprou todo o terreno do Ilê Axé Opô Afonjá e deixou lá. Ela trouxe algumas pessoas da África e eles foram se estacionar no Rio de Janeiro, na praça Onze. Depois ela faz, na Pequena África, que é o centro do Rio de Janeiro, na praça Mauá, o candomblé Ilê Axé Opô Afonjá em 1886 lá. Depois passa para Coelho da Rocha, onde está até hoje, e depois, em 1910, lá na Bahia.

Então, os terreiros têm origem matriarcal, mas a origem de Mãe Aninha era muito alta, já nasceu rica, porque eram escravos de ganho, e vocês sabem que tinha escravo que tinha escravo. A gente não vai conversar isso aqui, agora. Porém tem as três matrizes, e vocês veem a intelectualidade que passou dentro do Opô Afonjá, com aquelas pessoas que tinham cargo: Roger Bastide, Pierre Verger, Jorge Amado, Carybé, Dorival Caymmi, todos eles faziam parte do grupo de mogbás. Uma das coisas mais impressionantes que tem na história do candomblé é que, na época da Segunda Guerra Mundial, Ruth Landes, que era judia, escreveu lá dentro do Opô Afonjá *A cidade das mulheres*. Ela observa o comportamento das mulheres de dentro do candomblé e fala de cada uma.

BROWN_ Mãe Carmen, como é cuidar da espiritualidade de tantas pessoas, ricos, pobres, todas as profissões, gente grande que procura seus cuidados, seus conselhos, como é? E como é lidar com a vida pessoal?

MÃE CARMEN DE OXUM_ Conduzir uma casa de candomblé sendo mulher é pesado. Quando comecei, às vezes eu precisava pegar uma pessoa pelo colarinho e jogar para fora da minha casa, porque tem que ter respeito. E foi no candomblé que eu conheci o ser humano. Lá se convive com todos os tipos de pessoa, de personalidade, de educação, de cor. O candomblé não pergunta se você tem uma carteira assinada, de onde você vem, qual é a sua filiação, a sua árvore genealógica. A primeira coisa que o candomblé faz é acolher a pessoa. Quando ela chega dentro da tua casa, no que você olha, você reconhece. Às vezes é uma pessoa muito importante; às vezes é uma pessoa que chegou ali precisando de apoio. E é nesse momento que você faz a sua religião prevalecer.

O religioso de matriz africana traz o amor ancestral, a humildade, dentro dele, porque o nosso ancestral veio com humildade. Porém, veio orgulhoso, imponente, firme. Quando a gente olha um negro retinto, sabe que tem que mostrar mesmo, tem que se prevalecer mesmo. Hoje é moda ser negro, mas o negro retinto, que passou por todas as situações, é religioso de matriz africana porque ali ele é respeitado e reconhecido, não precisa se mistificar, simplesmente diz: "Eu sou de candomblé, eu sou do orixá". Então, é uma honra para mim. E é também uma honra estar aqui hoje falando desse assunto. É uma honra estar junto com Vovó Cici, que eu conheço há muito tempo, meus filhos conhecem também. É uma honra estar com você, Mano Brown, porque o rap nos ensinou como criar filho, a sua palavra, o que você fala, ensina o filho a não fazer aquilo que não é permitido. Quando a gente diz: "O homem na estrada recomeça a sua vida, a sua liberdade que foi perdida, subtraída", isso volta, nos leva aos nossos ancestrais. O homem na estrada que recomeça a sua vida deixa pra trás onde ele foi sequestrado e escravizado para poder seguir de cabeça erguida. "Eu sou negro, eu passei por isso, eu vou levar a vida dessa forma." Então quero te parabenizar, porque essa conversa nos eleva muito. Espero que todos os irmãos de todas as religiões escutem o que você fez hoje aqui, vamos recomeçar, vamos dar as mãos, nos unir, que é uma das palavras mais fortes que nós temos, religiosos ou não. Você tem o direito de dizer: "Eu não acredito, eu não tô nem aí pra religião nenhuma". A pessoa tem que ter o livre-arbítrio. No momento em que usa o livre-arbítrio, ela é respeitada. Então eu te parabenizo, meu irmão Mano Brown.

BROWN_ Quer acabar comigo, Mãe Carmen? Muito obrigado. Vovó Cici, meu Deus do céu. Esses assuntos que a gente abordou aqui são muito ricos e profundos. Eu preciso manter contato com as senhoras, a minha ignorância não cabe nesta sala. E tenho muito respeito pelo trabalho de vocês. Não sou um religioso. Já chamei pastor pra conversar depois do culto, já confessei pro padre, sempre tive um pai de santo ao meu lado para me benzer, e tenho carinho por todos. E respeito.

SEMAYAT_ Antes de encerrar, eu queria jogar uma pergunta aqui para as senhoras: a gente usou algumas vezes a palavra "axé" durante a conversa, qual é o fundamento exato dessa palavra?

EBOMI CICI DE OXALÁ_ A palavra "axé" simboliza aquilo que está dentro da gente, o suspiro. Quando a gente acorda pela manhã, faz "ahhhh", se espreguiça. Aquele é o primeiro suspiro. Dentro da minha cultura, quando a gente levanta, põe água na boca e joga da própria boca pra rua, o que simboliza que o nosso caminho hoje seja refrescado pelo espírito que existe em nós. Porque axé é a força do espírito, é a força da vida, é aquilo que muda de corpo, mas que não termina nunca. Isso é axé, é o espírito que Deus nos põe, que nos dá a capacidade de caminhar, andar, brigar, rir, chorar, desejar o bem, desejar o mal, porque nós somos responsáveis por aquilo que falamos, pela força interna que nós temos. Quando alguém amaldiçoa, quando bendiz, aquilo acontece porque é a força que Deus nos colocou. Saibamos usá-la.

MÃE CARMEN DE OXUM_ Axé!

EBOMI CICI DE OXALÁ_ Axé! Que o Alá de Oxalá cubra a senhora e todos nós com paz, saúde, prosperidade, calma e muito silêncio. Para que dentro do silêncio do espírito as nossas cabeças possam pensar, possam encontrar respostas para aqueles problemas que a gente não está conseguindo achar a resposta com os humanos, porque a espiritualidade vem dentro do silêncio. Então que no silêncio de Oxalá a gente tenha todos esses caminhos.

9 de junho de 2022

“Eu não sou de esquerda, não sou de direita, eu sou um cara de baixo. E aqui embaixo a gente também tem um posicionamento político, um que não necessariamente pende para a esquerda ou para a direita, mas é um posicionamento político.”

GALO DE LUTA

RINCON SAPIÊNCIA

“Homem usar saia é um tabu enorme. Ao mesmo tempo, quando você olha as imagens de orixás, vê que estão sem camisa e de saia. É uma vestimenta que, se você sair da ideia ocidental, vai achar muito.”

REGINA CASÉ

"Uma crítica que me dói muito é 'você está glamorizando a favela'. Ser afirmativa e não ficar mostrando só a vala negra, a chacina, o barranco que soterrou todo mundo, mas procurar mostrar potência e quem está fazendo alguma coisa legal, foi a minha vida inteira assim. O meu trabalho foi procurar focar no positivo sem esquecer o outro lado."

FELIPE KOT

"Querendo ou não, no palco é só você e você, tá ligado? Isso aí. Você tá ali para dar sua cara a tapa."

Profeta e estrategista

Tá aí um nome desejado por mim desde o começo do *Mano a Mano*. Eu queria muito trazer o Dom Filó. Curto demais estudar história e, pra mim, é uma honra ter a chance de ouvir a história viva, assim, de perto. Se formos resgatar a trajetória da música negra no Brasil, chegaremos no nome dele como um dos caras que abriu nossos caminhos.

O Rio de Janeiro tem uma cultura própria na black music, no soul e no rap. Filó foi DJ, produtor, engenheiro, jornalista, professor e documentarista nos tempos áureos — como dizem os antigos — da cultura negra carioca e brasileira. Profeta, estrategista. Daqueles que comandaram o "êxodo" no sentido mais profundo da palavra: nos tirou de um lugar e apontou a direção.

DOM FILÓ

Homem negro com mais de setenta anos. Mente afiada. Lúcido, ativo e atuante. Isso é raridade, relíquia. Em nossa conversa, viajamos no tempo, no som, na ideia. Foi como acessar uma tecnologia preta viva e pulsante. Sou muito grato pela influência que ele teve na minha vida e na história dos Racionais MC's. O legado tá aí, ecoando...

BROWN_ Tenho você como um estrategista, um profeta. Me conta como foi crescer nos anos 1950 no Rio de Janeiro.

DOM FILÓ_ Eu nasci numa casa de cômodo em Botafogo, mas aos sete anos já estava numa casa própria. Meu pai era mecânico, estudou até o quarto ano primário só. Minha mãe era dona de casa. Os dois retintos, como eu e minha irmã. Mesmo semianalfabeto, meu pai tinha uma facilidade de articulação muito grande e foi um exímio vendedor, assim que ele deu para a família o primeiro formado, que fui eu, em 1974, em engenharia. Meus pais não tinham consciência racial, mas deram uma educação rígida. Minha mãe, como empregada doméstica, via o contexto da casa da patroa e queria o mesmo formato pra nossa família. E eu era bom aluno, só que com catorze anos a loja de carro do meu pai começou a crescer e precisava de alguém para administrar a contabilidade, então dos quinze aos dezoito anos eu administrei as finanças dele. Quando eu tinha dezoito, ele fez um consórcio e me deu a chave do meu zero-quilômetro. Aí, meu irmão, caí no mundo.

BROWN_ Sua família era de classe média?

DOM FILÓ_ Não existe classe média negra, existe aquela em melhores condições que o entorno. O meu entorno era o morro do Jacaré, desci do morro para o asfalto. Ali a gente tinha uma condição diferenciada, sim. Mas o que eu aprendi fora eu trouxe para a base. É o que eu cobro hoje da garotada formada, dos preparados.

BROWN_ O que veio primeiro: a música ou a militância?

DOM FILÓ_ As duas vieram ao mesmo tempo. A música sempre esteve dentro da minha casa. Nossos pais ouviam Altamiro Carrilho, Altemar Dutra, Elizeth Cardoso. Todo domingo tinha almoço na casa de uma matriarca, uma das três tias. Então toda a família ficava ouvindo música, mas quando os mais velhos iam dar aquele cochilinho, a vitrola ficava livre para a garotada. E naquela época tinha a coletânea da Imperial, discos com samba, samba-canção, orquestras, era uma seleção interessante. A gente curtia samba, só que a nossa galera, a galera da música, queria algo diferente. E as grandes orquestras, como a do Glenn Miller, com "The Man in the Moon", me despertaram, porque tinha uma parada rock. Na minha rua tinha a galera branca, a galera não negra, e a onda deles era ir nos clubes pra dançar rock. A gente juntava uma galera, pegava meia dúzia de discos, comprava Crush e misturava com alguma bebida quente, ou fazia gim-tônica, ou misturava Coca-Cola com cachaça e se reunia para dançar.

BROWN_ E as roupas dessa fase?

DOM FILÓ_ Calça boca de sino, já abaixo do umbigo, cintos, referência branca, do rock. Não existia nada no conceito black ainda. A rapaziada black se vestia no esquema sambão, camisa balão, calça de tergal, sapatinho brilhando e uma touca de meia-calça no bolso para fazer ondinha no cabelo. A gente dançava o que seria o samba rock, e que no Rio chamava swing. Era uma fase anterior ao soul, o que tinha eram as festas de largo, cada barraquinha tocando um som diferente, samba, pagode, outra onda. A partir do momento que eu estou lá com esse carrinho zero, já estudando engenharia numa faculdade particular — porque a pública nem pensar, meu irmão, não era para a gente —, aí meu visual já muda. Chego em 1969, 1970, com o soul já formigando, e passo a receber informação. Dos três negros da faculdade eu era o único considerado hippie, de bata afro, cabelo já em composição.

BROWN_ Como chegou esse corte de cabelo pra vocês?

DOM FILÓ_ Pelas revistas. Porque quando meu pai me deu o carro, eu caí no mundo, comecei a ir lá nas docas, onde só tinha negão, e desenrolar uns perfumes Lancaster, umas calças Lee, e vender. Às vezes ia lá e, meu irmão, chegava um gravador Akai, um Grundig, comecei a ter acesso a equipamento. E esse pessoal também trazia as revistas americanas — *Black Enterprise*, *Essence*, *Ebony*. Quando chega 1970, [a luta pelos] direitos civis nos Estados Unidos já estava arrebentando, Martin Luther King, Malcolm X, Panteras Negras — isso chega aqui através dessas revistas. E pelo Tony Tornado, que voltou pro Brasil com o visual já formado e passava esse material pra nós. Nesse momento eu estava em um clube da comunidade negra chamado Renascença, e levei essa informação pra lá. O Renascença foi fundado em 1951, por famílias que não tinham acesso aos clubes brancos — Municipal, Fluminense, Vasco, Flamengo, Botafogo —, mas queriam dançar.

BROWN_ Os clubes da elite.

DOM FILÓ_ Esses salões não eram pra preto. A galera criou o Renascença Clube, que estrategicamente agregou uma comunidade, cresceu, criou uma forma de se posicionar na sociedade. Só que, na minha época, já tinha o esquema de concurso de miss, e a Vera Lúcia Couto, uma miss negra, maravilhosa, saiu do Renascença. Conclusão: o clube ficou sendo considerado "o clube das mulatas". Isso incomodava a galera consciente preta, pra nós aquilo era pejorativo, porque a posição do negro na sociedade era samba e mulher maravilhosa. Esse era o desenho nacional e internacional. A rapaziada mais nova do clube se incomodava com isso — nosso cabelo já crescendo, a gente se ligando. O clube só tinha velho, e a gente resolveu trazer a juventude pro Renascença e fazer um trabalho com a galera do entorno para conscientizar sobre a doença de chagas, porque você via a comunidade toda picada pelo barbeiro. Nós usamos a música como referência para trazer a galera para a reunião.

BROWN_ Qual que era essa comunidade aí?

DOM FILÓ_ Salgueiro, Mangueira, Chacrinha, Macaco, Vila Isabel. Nós chamamos a rapaziada e falamos: "É o seguinte, vai ter música de James Brown lá". A parada era que o Renascença fez um acordo com o Instituto Cultural Brasil-Alemanha, que tinha filmes em dezesseis milímetros. Eles compraram o projetor, e às quintas-feiras a gente exibia na parede uns filmezinhos, uns *drops* do som black. James Brown, jazz. Imagina: a comunidade negra não tinha televisão, o lance era rádio. E de repente a gente vinha com aqueles filmes: o clube fechava! Aí resolvemos fazer uma parada diferente e montar um baile. Já rolava o baile do Big Boy, um DJ branco da Rádio Mundial que tinha todas as informações musicais da época, misturava rock, soul. Ele levou o James Brown pro Canecão, a galera pirou. Aí eu vou pro Renascença e crio a Noite do Shaft com meus parceiros.

BROWN_ Shaft era o quê, um filme?

DOM FILÓ_ Era um filme, vem naquela onda do *blaxploitation*. Mas passou batido pela ditadura. A gente dançando nosso som, pondo milhares de pessoas por final de semana no baile, e os órgãos de controle não estavam nem aí.

BROWN_ Deixavam os pretos dançarem lá...

DOM FILÓ_ Mas também não tinha confusão. Agora, o Baile do Shaft não era só música, a gente tinha discurso político e racial também. O cara da época era o Gilberto Freyre, meu irmão, democracia racial... Pô, tá de brincadeira! Eu tava lendo James Baldwin, *Terra estranha*; Eldridge Cleaver, que era um Pantera, *Alma no exílio*. A rapaziada "cabeça" se reunia clandestinamente para discutir a questão racial. A gente sacou logo que tinha que trabalhar a imagem, além da música. E no Renascença tinha um cara que trabalhava com fotolito. Ele teve a ideia de fotografar a galera do baile e as estrelas das revistas todas, Isaac Hayes, Aretha Franklin, James Brown, para projetar essas imagens na parede e a moçada se ver junto dos artistas top.

BROWN_ Vanguarda pra caralho isso. Tirar foto nos anos 1970 era uma coisa pra quem tinha dinheiro.

DOM FILÓ_ Mas isso a gente aproveitou do clube, o carrossel exibia oitenta slides por vez, com timing. E a cada baile esse carrossel ia crescendo, chegamos a ter cinco. Porque é o seguinte: o [movimento] Black Rio era palco, pista e capital. Nós fomos trilhando um por um. Começamos na pista. Depois fomos para o palco, porque até ali todos os DJs, inclusive das equipes brancas, tocavam de costas para a plateia.
BROWN_ E aquele DJ branco, qual que é a do Luizinho Disc Jockey?
DOM FILÓ_ É uma parada muito louca. Eu fui buscar esse cara na Zona Sul. O Luizinho Disc Jockey Soul era um tipo roqueiro, mas apaixonado por black music. E eu saquei no som dele a mistura com a sonoridade do rock e falei: "Tu vai tocar com a gente lá no Renascença". Porque eu queria o som dele. Foi estratégico.
BROWN_ E tinha os bailes nas comunidades. Como era chegar no contexto da malandragem?
DOM FILÓ_ Eu tinha que subir e dar uma ideia. Os caras falavam: "Meu irmão, minha comunidade vai sair do baile meia hora antes, pra não cruzar com a outra, que vai sair meia hora depois". E aí no baile não tinha problema, porque tinha o contexto. E os caras nos amavam, porque eu tinha que tocar soul, tinha que tocar Martinho da Vila, tinha que tocar tudo. A gente fazia o som pra eles, não só pra galera do soul.
BROWN_ E a polícia?
DOM FILÓ_ Naquela época, a comunidade negra era muito sofrida e levava dura toda hora. O nosso medo era a tal Invernada de Olaria, um grupo paramilitar de extermínio. Meu irmão, quando eu via o camburão amarelo e cinza dos caras, metia o pé. Nós estamos falando da época da ditadura, anos 1970. O negro tinha que ter carteira assinada. Se tu saía pra um baile, era abordado e tava sem carteira de trabalho, levava uma notificação por vadiagem. Na terceira notificação, ia preso.
BROWN_ Fui preso por vadiagem na rua Vinte e Quatro de Maio. Cadeia de poeta, uma noite no 1º Distrito. Cumpri a função de afro-brasileiro, passei pela via-crúcis.
SEMAYAT_ A Lei da Vadiagem nasce lá no Estado Novo (1937 a 1945), mas está ativa até hoje. O pessoal pode ficar preso de quinze dias a três meses. Tem projeto de lei tramitando para conseguir a revogação, mas ela está aí até hoje e tem muito a ver com a violência policial autorizada contra pessoas pobres e negras.

DOM FILÓ_ Naquele contexto ali a coisa era feia... Mas vamos em frente: ficava um armeiro cuidando das armas perto do baile, segundo eles, para se proteger. No final do baile, recolhia tudo e ia embora. Era só arma branca, não tinha revólver. Tradicionalmente, a defesa da nossa comunidade era o físico, roda de pernada, capoeira, defesa pessoal. E a arma branca está inserida nesse contexto. O peão tinha lá uma faca por causa do trabalho braçal, não colocaram uma faca na mão dele e disseram: "Vai lá fazer mal a alguém". Era por conta do trabalho.

BROWN_ E como é que foi o lance dos LPs?

DOM FILÓ_ Quando eu saio do Renascença, vou ganhar o mundo. A pista estava conquistada, o palco estava diferente, agora faltava cuidar do negócio. Um DJ chamado Ademir Lemos, parceiro do Big Boy, teve uma sacada. Naquela época, as gravadoras recebiam os fonogramas internacionais e usavam naqueles discos das novelas, LP nacional e LP internacional. Ele sugeriu de a gente fazer um LP da equipe com a seleção que tocava no baile. Ele falou que tinha uma gravadora desse tamaninho, mas que tinha os fonogramas black que a gente estava batendo no baile e estavam arrebentando, era a tal da Top Tape. Aí lançamos o primeiro LP com eles. Meu amigo, explodiu!

BROWN_ Qual que é a capa mesmo?

DOM FILÓ_ É uma mulher de black na moto, uma referência à Idalice Moreira Bastos, figura maravilhosa que introduziu a estética das tranças nos anos 1970. Era o afrofuturismo, visual top. Vendeu mais do que Roberto Carlos, explodiu no Brasil inteiro.

BROWN_ E como foi a recepção da massa quando começou essa ideia racial nos anos 1970?

DOM FILÓ_ Eu sou DJ, mas fazia o papel do MC, dava mensagem nos bailes: "Rapaziada, eu estudo, e você?". E a autoestima era uma ferramenta. O cara podia não ter consciência, mas a estética já fazia um grande papel. Por exemplo, a minha família toda esticava o cabelo no ferro quente. No final do soul, lá em 1978, minha mãe estava de black power.

BROWN_ A minha, na idade madura, estava usando cabelo afro também. Antes ela usava peruca ou colocava o pente no fogão e fazia justiça com as próprias mãos, acabava com o cabelo.

DOM FILÓ_ Entendeu a importância desse movimento? Não era a música pela música, o soul agregou uma população e até hoje é referência. E não tinha essa de "soul versus samba", estava tudo em casa. Por onde a black music passou deixou referências, criou uma sonoridade especial. Quando eu vou lançar o segundo disco da equipe, já pela Warner, sugeri botar um número de gringo no repertório, só que tocado por músicos brasileiros. A Warner tinha entre os contratados a banda Azymuth, e a metaleira, nada mais, nada menos, que Barrosinho [José Carlos Barroso], Oberdan Magalhães e Márcio Montarroyos. Aí pegamos uma música chamada "Ju-Ju-Man", da banda alemã Passport, jogamos uma percussão com pegada soul em cima e gravamos. E inventamos um nome: Hot Stuff. Aí ficou claro que dava pra gente fazer uma banda. Nasceu assim a Banda Black Rio.

BROWN_ Que inspirou várias outras.

DOM FILÓ_ Esse LP foi uma coisa fantástica. Em 1977, a Globo lançou a novela *Locomotivas*, e o tema da abertura foi "Maria Fumaça", da Black Rio. Arrebentou. Como na nossa pista ninguém podia se meter, as outras gravadoras — leia-se: Polydor, PolyGram etc. — correram pra lançar as suas bandas. Aí nasce na Polygram a banda União Black, que vinha com o Gerson King Combo. Nessa veio também o Tony Bizarro, pela CBS. E o Carlos Dafé, que também teve uma música em novela. Esse nosso disco influenciou bastante gente. Mas tinha uma galera hors-concours, tipo Tim Maia, Hyldon. Hoje considera-se soul, mas eles, o Jorge Ben Jor também, eram da indústria da MPB. Quando chega o Dafé e a Banda Black Rio tocando Edu Lobo, os caras ficam: "Mas não é soul?", não sabiam classificar. Quando o Caetano [Veloso] chamou a Black Rio pra fazer o *Bicho Baile Show*, Banda Black Rio, Carlos Dafé e tal entraram pro hall da MPB.

BROWN_ E, na sua visão, quando vira MPB o movimento dilui?

DOM FILÓ_ Não, porque era o nosso som que tava ali. É o maior orgulho uma equipe de som fomentar a MPB, tá entendendo? Mas, paralelamente, a mídia hegemônica jogava o samba contra o soul. A mídia em comum acordo com a ditadura. "Vamos acabar com esse movimento. Ele é incontrolável, milhões e milhões de negros na rua, consumindo. Isso é perigoso. Tem dinheiro internacional envolvido." O negócio era barra-pesada. O *Dançando na mira da ditadura*, do Lucas Pedretti, é fantástico, fala da violência contra a população negra nos anos 1970. Hoje avançamos — pouco, mas avançamos. A gente tem pesquisa, tem referência. Eu não tive. E eu podia não estar hoje aqui, podiam ter sumido comigo. Mas eu estou aqui, essa é a minha missão.

BROWN_ Essa mentalidade, essa faculdade de engenharia, fizeram muita diferença para construir a Soul Grand Prix? Quem deu esse nome foi você?

DOM FILÓ_ A questão do nome é o seguinte: vira Soul Grand Prix a partir do momento em que eu saio do Renascença com a Noite do Shaft. Todo aquele aparato eletrônico, visual, preto... Como é que eu vou pra um clube branco com aquele som? Os caras achavam que era "racismo", "muito preto, muito preto".

BROWN_ Muito preto o quê? Eu não tô entendendo. A parede, as pessoas, as roupas, o que é muito preto?

DOM FILÓ_ Pois é, meu irmão, o bagulho era doido. A pressão começou a surgir, nós criamos uma empresa. Agora a gente pagava imposto, então não podiam barrar nosso baile. E quando mudou o nome pra Soul Grand Prix, eles acharam ótimo. Soul em alta velocidade. Lembra que eu te falei aqui do paredão [onde eram exibidas imagens] da nossa galerinha lá do baile mais as estrelas? James Brown, Aretha Franklin etc. Nós colocamos os pilotos de Fórmula 1 da época.

Colocamos lá na tela: "Soul em alta velocidade". Então, vamos usar os pilotos junto com o James Brown, a Aretha Franklin, e aí deu tudo certo. Porque os caras gostavam do dinheiro, e era muito dinheiro.

BROWN_ A população negra consome muito.

DOM FILÓ_ Exatamente. Então, por esse fato, nós conseguimos ganhar o mercado. Aí a Soul Grand Prix atrai outras organizações: vem a Furacão 2000, a Black Power, que já existia, a Dynamic Soul.

BROWN_ Você tinha que idade nessa época?

DOM FILÓ_ Ah, eu tava lá na fase dos 25, 26. A galera das outras equipes era mais velha, trinta e poucos. Mas só quem falava em política era a Soul Grand Prix, que se posicionava politicamente. Lutando contra a ditadura, *brother*. Eu e meus parceiros — quero citar aqui Carlos Alberto Medeiros, José Reinaldo Marques — começamos a escrever num jornal chamado *Última Hora* como um personagem que ninguém sabia quem era, chamado J. Black, que dava umas picotadas na ditadura, no sistema.

BROWN_ Mas falava do quê, racismo, de violência policial?

DOM FILÓ_ "Tem gente atrás da gente, mas nós estamos aqui em bando, unidos", um negócio assim. Ao mesmo tempo, a gente falava mal da gente um pouquinho. Aí os órgãos de segurança ficavam doidos, os infiltrados começavam a querer saber quem era o J. Black. Chegou um momento em que eles decidiram que era melhor detonar a gente. Aí é que vem a matéria do *Jornal do Brasil*.

SEMAYAT_ O título era "Black Rio: O orgulho (importado) de ser negro", da Lena Frias, uma repórter negra, inclusive.

DOM FILÓ_ Imagina só: 1976 arrebentando, 1977 arrebentando, aí vem uma matéria no *Jornal do Brasil*, arquitetada pelo sistema, em comum acordo com a mídia hegemônica, para detonar o movimento soul. O que os caras fizeram? Puseram a música contra a música. Criaram um outro movimento para se contrapor, a disco music. A coisa muda. Em 1978, o André Midani, da Warner, fala: "Ó, não vai dar pra fazer outro disco, não. Falaram pro movimento parar, ou eles vão me deportar". Ele era gringo. "E a Warner não quer briga. Ela veio pra se estabelecer no Brasil, e nós vamos seguir com o sistema." Aí, meu irmão, a casa caiu pra mim. A mídia hegemônica — leia-se: a TV Globo — faz uma novela chamada *Dancin' Days*.

BROWN_ Lembro bem.

DOM FILÓ_ Eles trocam a Soul Grand Prix e contratam As Frenéticas pra fazer o tema da novela. Mesmo formato. "A Soul Grand Prix só pode seguir se for disco", o Midani falou pra mim. E realmente a pegada soul já estava mudando naquela altura.

BROWN_ Tem alguns documentários sobre a disco music que falam o ponto de vista deles sobre o contexto. Por exemplo, o James Brown em 1975 já tinha feito disco. Depois ele ficou contra. Eu gosto de disco, veja bem, eu sou uma vítima dessa fase. Porque eu sou um pouco mais jovem, sou aquele público que recebeu essa remessa de disco no peito. Mas veio com funk junto. Você já achava que isso já era uma coisa transformada pelo sistema?

DOM FILÓ_ Eu adorava a disco, só que a disco que veio para o Brasil não foi a disco black, era uma disco, assim, John Travolta.

BROWN_ Você já viu o documentário do John Travolta? Ele é ítalo-americano, e o personagem dele [no filme *Os embalos de sábado à noite*] se chama Tony Manero. Então eles aproximam o Travolta do público latino com esse nome, pra no automático aproximar da população negra. Com o nome latino ele se aproxima do povo negro, usa uma camisa vermelha por baixo do paletó branco. Aquele gingado ele aprendeu com um amigo negro da escola, eu vi no documentário. Ele fez um personagem negro, só que ele é branco. Porque a disco também teve essa coisa da mistura das raças, né? Que foi uma coisa combatida tanto pela extrema direita branca como pelos militantes da causa negra, que ficaram contra.

DOM FILÓ_ Exatamente, foi utilizado como forma de derrubar o movimento soul. E não teve jeito, irmão.

BROWN_ O pessoal do rock acusou da mesma coisa. Porque foi um trem também, foi um bonde, né? A gente vê agora o *trap*, que é um movimento que vem de dentro do rap e vem atropelando. Quem não faz *trap* vai pro final da fila, porque é um ritmo mundial. E a disco foi assim também.
DOM FILÓ_ Só que ela chega e derruba todo um conceito. O visual da galera muda. Tinha meia colorida, [sandália] Melissa. A indústria veio com tudo. Você tinha uma novela, tinha os fonogramas, tinha uma estética. Eu simplesmente falei: "Galera Soul Grand Prix, pode continuar. Eu tô fora". Saí da equipe. Porque ou era aquilo, ou você tombava. Mas eu falei: "Tô fora, mas quero deixar uma obra de soul". Aí eu fui para uma outra gravadora, chamada K-Tel, e fiz o LP *Soul Grand Prix 78*. A capa é um negão, black, bacana, todo no jeans num banheiro quebrado de um clube, com espelho quebrado. Qual é o contexto ali? Podem me quebrar, mas eu vou continuar firme no meu sentimento, minha cabeça não será derrubada.
BROWN_ Essa capa é muito louca. Eu aprendi a usar roupa jeans, calça e jaqueta, com essas capas de LP. Quase ninguém usa calça e jaqueta jeans da mesma cor, combinando, eu uso. Mas queria voltar nesse momento ali: você começou a ser percebido pela ideia, a ditadura descobriu que unir os negros podia ser prejudicial para o Brasil, podia ter uma guerra racial. Eu lembro que o número declarado de negros nos anos 1970 era inferior ao de hoje. As pessoas não se declaravam negras. Até negro retinto era pardo na certidão.
DOM FILÓ_ Eu era pardo, amigo! Minha mãe era parda... Até hoje tem esse grilo. Quando eles me pegaram, me deram uma dura, eu dei uma voltinha bonita no camburão. Isso antes de sair [da Soul Grand Prix], em 1978. Me pegaram no final de um baile, me botaram um capuz, e ali eu senti que ia dançar. Mas fui blefando o tempo todo, acho que isso influenciou.
BROWN_ Você já falou uma vez que a equipe Soul Grand Prix foi indo para um outro lado depois que você saiu, que foi se transformando no funk que está hoje aí. Querendo ou não, tem uma genealogia, mesmo que o funk não conheça o avô dele, que também era funk. E o movimento herdou o nome.
DOM FILÓ_ Mas era "funky", com Y. As batidas que foram aplicadas inicialmente pelas equipes de funk eram as do *Miami bass*. E em cima dessas batidas foram criadas as primeiras rimas.
BROWN_ Você não vê ligação daquilo com o que tem hoje? Rompeu, desconectou e começou um outro movimento?
DOM FILÓ_ Eu vejo ligação. Mas tenho que te passar como foi a minha estratégia para sobreviver depois que eu saí da equipe. Eu saí, mas não dei-

xei a música, eu agreguei a música à imagem. Em 1978 eu jogo o tapete, vou para os Estados Unidos, e aí minha cabeça pira no sentido do audiovisual. E volto para cá com as primeiras câmeras VHS. Naquela época, você tinha condições de trazer o material, mas no risco, porque chegando com as malas aqui podia perder tudo.

BROWN_ Não dá pra comprar câmera sem dinheiro. Esse dinheiro vinha do baile, certo? Quanto, mais ou menos, em dinheiro de hoje, o baile tirava por noite, com a casa cheia?

DOM FILÓ_ Vamos lá. Você tem 5 mil pessoas num baile, isso em média, no sábado. No domingo, um baile menor, 2 mil pessoas. E tinha hora que você tinha que fazer festival, aí não conseguia fazer baile no mesmo dia. Chegavam no Portelão, por exemplo, 15 mil pessoas no festival, mas além da Soul Grand Prix tinha as outras equipes, Furacão, Black Power. Você tinha aí uma grande despesa, porque não tinha internet, a divulgação era rádio, panfleto e aquelas faixas feitas à mão na frente do clube. Coloca aí vinte reais por ingresso em São Paulo, tinha que ser palatável para a comunidade, dez reais no Rio.

BROWN_ No Rio era menos?

DOM FILÓ_ A bilheteria em São Paulo sempre foi o dobro. Imagina, quanto você pagava na Chic Show para ver um artista internacional?

BROWN_ Ah, a gente pagava bem. Eu ia nos bailes do Chic Show e lembro que o dinheiro era o salário, dava o ingresso e sobrava um pouco. A gente comprava a roupa também. Era a calça, a camisa e o ingresso. Ou era a calça, o tênis e o ingresso. E pode-se dizer que era até bastante coisa, porque teve uma época que só o tênis era o salário.

DOM FILÓ_ É o caso do pisante na época lá, o plataforma. Mas vamos aos números: 5 mil vezes vinte daria o quê? Cem pau. Com isso você paga a equipe, sobra metade. Cinquenta pau.

BROWN_ Salário mínimo era baixo, a população nossa era bem pobre também.

DOM FILÓ_ Era muito baixo. Lá, naquela época, os valores eram baixos.

BROWN_ E você tem noção de qual era a escolaridade do nosso pessoal naquela época?

DOM FILÓ_ Meu amigo, era muito difícil, porque para a comunidade passar do ginásio era complicado. Tinha que trabalhar e fazer dinheiro, ajudar a família. O máximo que se podia almejar, era o caso da minha família, era ser professora ou enfermeira. Esse era o limite, o top. Estudar, vencer e trabalhar. Geral na minha família era isso, chefe de cozinha, enfermeira e tal...

BROWN_ O povo nosso sempre cuidando da saúde, né? Do estômago, da saúde dos filhos.

DOM FILÓ_ A miséria sempre esteve do nosso lado, mas a gente sempre comeu bem, na resistência, na perseverança. Hoje não aguento comer angu...

BROWN_ O povo do quintal [onde eu cresci] comia muito angu. Na minha casa a minha mãe falava: "Paulo, angu nós não vamos comer". Boicotava.

SEMAYAT_ Só pra fazer uma retrospectiva aqui a partir do artigo que você mencionou do *Jornal do Brasil*, de 1976. Foi o mesmo ano em que você foi preso. Em 1978, você saiu da Soul Grand Prix e, em 1988, lançou a sua produtora audiovisual.

DOM FILÓ_ Exatamente. A minha produtora chamava-se Cor da Pele. O que aconteceu? Falei que fui para os Estados Unidos, voltei, aí cheguei no Rio de Janeiro em 1980 e já tinha dois produtores pretos, da Enugbarijó: o Ras Adauto, um afro-brasileiro, e a Vik Birkbeck, uma inglesa. Eles conseguiram um equipamento mais sofisticado e começaram a registrar. Eu tive que ir lá fora, pegar esse material e começar os meus registros em fitas VHS.

BROWN_ Onde está esse material?

DOM FILÓ_ Ele está numa plataforma chamada Cultne. Hoje é o maior acervo digital de cultura negra da América Latina. Lá tem muita coisa dos últimos quarenta anos, você vai ver personalidades, pessoas incríveis, a primeira vinda de Nelson Mandela ao Brasil, por exemplo, nós registramos. Michael Jackson na Bahia, Olodum, Ilê Aiyê, Lélia Gonzalez, Abdias Nascimento... Inclusive nós gravamos material dos Racionais na Cidade de Deus, 1996, lembra? Esse material todo está nesse acervo, que hoje é disponibilizado gratuitamente e é uma grande referência para a nossa comunidade. Além de ter esse material antigo, a gente também está sempre registrando coisa nova. Tem imagens da Cultne no *AmarElo*, do Emicida, tem no material histórico dos Racionais lá pela Preta Portê. A gente está disponibilizando a nossa história, é a gente contando a nossa própria história. Recentemente levamos, com uma rede de professores, trezentos alunos para assistir o *Medida provisória* numa sala de cinema, uma plateia eminentemente jovem, alunos de escola pública, maioria negra, e o Lázaro Ramos foi. A garotada de hoje está com uma consciência... Jovem de doze, treze anos está com uma cabeça que eu não tinha, só fui acordar com dezoito, dezenove anos pro discurso racial.

BROWN_ Sabe por que eu tinha um pouquinho? Porque antes vieram uns caras igual a vocês, o Luizão, o Black Mad, que reuniram a raça num lugar e deram condição de ter orgulho, de usar o cabelo, de se expressar, de dançar. E acabei não perguntando uma parada que me interessa: se tinha diferença do som do Rio de Janeiro pro de São Paulo.

DOM FILÓ_ Rolava uma rivalidade, eu acho que mais pela questão do estilo, da pegada. A gente achava "não, nós somos raiz, a gente não toca MPB no baile", até porque, no Rio, se botasse, nego ia embora. Ali era só soul, soul, soul. Aí quando lançamos o Soul Grand Prix em São Paulo, foi a Warner que bancou o tour, e teve um erro estratégico no primeiro baile aqui. A gente foi tocar no Lega Italica. Só que eu tinha que ter chegado e desenrolado antes, como fazia no Rio, mas como a gravadora é que montou tudo, nós chegamos e já fomos tocar. Meu irmão, quando começou, entrou uma galera e falou assim: "Ninguém vai ficar neste baile", pararam uns ônibus e geral foi saindo, soltaram alguns ratos dentro do salão. O cara veio direto na nossa direção: "Como é que tu entra na minha casa e não desenrola?". E eu dou a mão à palmatória, foi um erro estratégico que hoje eu não faria.

BROWN_ Foi a única oportunidade de vocês tocarem em São Paulo?

DOM FILÓ_ Enquanto Soul Grand Prix, sim, mas eu tenho parceiros aqui da época, né?

BROWN_ Aqui de São Paulo era o Tranza Negra, Poder Negro, Chic Show, Black Mad, Zimbabwe.

DOM FILÓ_ William Santiago, da Zimbabwe, meu parceiro, falou: "Pô, Filó, deu mole, tinha que ser de tal jeito". Mas o som de São Paulo a gente achava que tinha uma mistura, eu gostava, era um estilo que a gente chamava de black Filadélfia, tipo The O'Jays, Archie Bell and the Drells. Já no Rio de Janeiro a parada era raiz mesmo, a galera do soul era de samba, era só no pé, dançava mesmo.

BROWN_ Tinha uns mano bom de dança aqui, abria a roda no James Brown. Às vezes tocava aquele som do Barry White. Aí na minha fase, que é depois, o chão era bem encerado, de mármore, todo mundo colocava a jaqueta no chão e fazia a roda em volta, cultuando as próprias jaquetas.

DOM FILÓ_ Que barato. Isso é muito da nossa comunidade, a arte da dança.

BROWN_ Essa dança não se perdeu totalmente. Ela mudou um pouco, né? A coisa do individual. Um pessoal da antiga falou pra mim que os mais velhos, quando chegou o James Brown, não aceitavam, porque até ali tudo se dançava de casal. Sempre estava com a dama. Quando ele chegou, os caras largaram a mão das meninas e foram dançar sozinhos. O malandro mais velho falou: "Que negócio é esse, tá rebolando aí?".

DOM FILÓ_ Eu dançava legal. E tinha aquele cabelinho de onda que eu falei. O piso dos clubes era de taco, porque tinha que deslizar. E qual era a malandragem? A gente levava uma parafina no bolso. Ia dançando, aí tu jogava parafina naquele espaço, pra poder deslizar. Nessa parada toda de com dezoito anos ter meu carro e poder rodar, os caras mais velhos me levavam pras paradas. Eu queria dançar, e na minha época, para dançar com uma dama, não era mole, não. Tinha um lugar chamado Máximo Dance no Rio de Janeiro. As damas ficavam lá com um cartão, cada dançada tu tinha que furar o cartão. Aí no final da noite, por cada furadinha, por cada dançada, elas recebiam uma grana. Eram os dancings. Só tinha fera dançando, cara de gafieira, pá e tal. Ali foi a minha escola, meu irmão. Quando a gente vai para o show, está trazendo uma bagagem. Já vem sabendo tudo.

SEMAYAT_ E parte dessa bagagem você continua trazendo hoje, com o Cultne, né? Ali tem registros que ninguém mais tem, da Lélia Gonzalez, da Thereza Santos, da Beatriz Nascimento. E você acompanhou a delegação brasileira em Durban, que teve uma influência muito grande, inclusive de mulheres de Geledés. E Bob Marley, muitos registros.

DOM FILÓ_ O Bob Marley veio ao Brasil, mas colou com uma galera da MPB. E tinha um futebol que era só de diretoria. Chico Buarque, Pitanga, um futebolzinho que a gente, pô, vamos fazer uma brincadeira e tal. E eu amarradão, né, o cara é uma referência. Nós estivemos em 1986 com o Gil na África, filmamos a mensagem dele para o Centenário da Abolição, em 1988. E aí nessa foi Joel Rufino, Benedita da Silva, Lélia Gonzalez, João Jorge (do Olodum), Carlos Medeiros, Zezé Motta, Vera Lúcia (presidente do Araketu). E em Durban, na África do Sul, estivemos filmando a delegação brasileira. Foi ali que nasceu a questão das cotas. O Brasil chega ali, e a cabeça "bum"... Aí traz essa ideia para o Brasil. Eu sou um privilegiado, porque consigo estar lá atrás, e lá de trás ainda estar vivendo hoje esse processo, entendeu? Mas isso é graças à ancestralidade.

BROWN_ Eu enxergo assim: você abriu mão de uma felicidade individual e foi dedicar a vida a uma felicidade coletiva.

DOM FILÓ_ Sim, esse é o grande lance. Eu tive duras na vida, barra-pesada, mas também tive muitas felicidades. Tive momentos críticos por conta das escolhas, mas o que me fortalece é o coletivo. Nós só vamos crescer na unidade.

BROWN_ Como é que você se sente hoje?

DOM FILÓ_ Próximo da missão a ser cumprida, porque na minha formação, no meu conceito espiritual, eu sei que isso aqui é uma passagem, e hoje eu estou aqui enquanto homem preto. Pode ser que eu volte em outra encarnação numa outra condição. Eu quero tirar o melhor de agora, saber que fui lá nesta Terra, neste planeta, fiz a minha missão, aprendi, fui melhor, quebrei a cara, mas sem saber o final, que é o grande lance. Ninguém sabe o destino.
BROWN_ Pelo que eu estou percebendo, você tá atuante, tá na linha de frente aí de gente que é bem mais jovem, que tá fazendo trabalho. Você consegue enxergar o seu legado? Essas coisas que você falou, Soul Grand Prix, Furacão 2000, Black Power, Cash Box... Pra mim esses nomes estão muito ligados à minha formação de música, como se fossem heróis também. Porque as músicas que me fizeram fazer o som que eu faço vêm desses discos, que eram vendidos no Mappin, no Largo Treze de Maio, nas lojas do povão. A gente não comprava importado. Muitos da minha geração só tiveram acesso à música quando vieram nesse formato aí, de coletânea.
DOM FILÓ_ Imagina, tinha disco que só tinha em dólar. Na coletânea vinha tudo. Esse da Soul Grand Prix 78 só tem balanço... É o mais completo. Então, meu irmão, é isso. Não sei se eu respondi. Eu viajei aqui pra caramba.
BROWN_ Pô, conversar com você é uma viagem, Dom Filó. E o bom é que você tá ativo, tá executando o plano, que foi se adaptando aos novos tempos, às novas armas, e sempre tecnológico, ideológico e marqueteiro. Marketing é a alma do negócio?
DOM FILÓ_ Sim. Tecnologia preta, amigo. O que nós fazemos é tecnologia preta. O conceito é o mesmo. A gente só se adequa. A minha velocidade é outra, mas a cabeça tá rolando, tá acompanhando. Eu vejo que a unidade é o nosso caminho. Tu vai ver isso daqui a alguns anos, vão chegar e referenciar: "Pô, Brown, aquela parada lá que tu falou...".
BROWN_ Pô, sensacional. Só posso te agradecer por trazer uma parte boa da nossa história aí, da história do negro do Rio de Janeiro, que irradiou pro resto do Brasil. E eu posso te falar que fui contemplado com essa informação que você irradiou nos anos 1970, eu e a minha geração. O legado tá aí. E os novos vão vingar, porque eu acredito nessa rapaziada.
DOM FILÓ_ Muito bacana a importância dessa narrativa aqui, isso vai reverberar. Como reverbera no livro, no verbo e na prática em si.

16 de junho de 2022

"A maior fanfic que inventaram sobre mim foi que eu era bolsominion. Eu pensei assim: 'Gente, ninguém vai acreditar nisso, pelo amor de Deus'."

LUDMILLA

GILBERTO SORRISO

"O jogo da minha vida foi no Maracanã, contra o Flamengo. Foi inesquecível, porque todos os jogadores na época tinham o sonho de fazer um gol no Maracanã. E eu, como lateral, fiz um gol no Maracanã."

JUARY

"Sempre gostei de jogar futebol. Nunca imaginei que Deus ia me dar a oportunidade de conquistar tudo o que conquistei. Mas eu pensei: 'Preciso ajudar minha família; ou eu estudo ou vou pro futebol'. E estudar eu já não era muito chegado, né?"

PITA

"Antigamente, o cara na várzea, jogando no primeiro quadro com dezesseis ou dezessete anos, tinha que jogar bola pra caramba. Naquela época, na várzea e no amador, só tinha cobra."

Fã realizando um sonho

Embora eu ainda não o conhecesse pessoalmente, naquele dia, a sensação era de muita proximidade. Como se já tivéssemos conversado antes. Na verdade, ele sempre esteve ali, presente na trilha sonora da minha vida e na dos meus parceiros também, de todos os Racionais. Foi como encontrar um mestre. Fui um fã realizando um sonho. Ao mesmo tempo, me vi na condição de entrevistador.

Lembro do rosto do Djavan nesse dia. Ele ali, sentado na minha frente, preencheu a sala com seu jeito calmo e firme, um combo que só os gigantes têm. Quando perguntei como ele praticava a fé, ele contou de uma capela que construiu num sítio, da importância da conexão com a natureza e da vontade de homenagear sua mãe Oxum, Nossa Senhora da Conceição. Na hora, pensei: “Isso é muito a cara do Djavan! Eu faria a mesma coisa!”. Esse trecho da nossa conversa me marcou demais.

Tive a honra de ouvir histórias nunca contadas antes, memórias guardadas que foram divididas ali, comigo e com a Semayat. E isso tem um peso, uma responsabilidade. O Djavan é sem dúvida um dos maiores artistas que o Brasil teve, tem e terá. A música dele é uma parada atemporal.

DJAVAN

BROWN_ Trinta e cinco anos esperando por este encontro. Fala um pouco de onde você nasceu, Djavan. Como Maceió, Alagoas, influenciou o seu som?

DJAVAN_ É um estado pequeno, o segundo mais pobre da federação. A minha origem é de gente pobre mesmo. Mãe lavadeira que criou cinco filhos sem marido. Nasci e me criei na parte alta de Maceió, no bairro Farol. Mas a característica principal de lá, que eu poderia te dizer, é ter um povo acolhedor.

BROWN_ E sua história com o futebol?

DJAVAN_ Eu tinha jeito pro negócio, achava que ia ganhar a vida com isso. Todo mundo achava. Jogava na várzea, no campinho, depois fui pra base do CSA, que é um time grande de lá, aí com dezesseis, dezessete anos, todo mundo falava: "Vai em frente, você joga bem", mas eu descobri o violão. Porque desde os quatro anos minha mãe me colocava na sala para cantar para as amigas dela. Mas depois que eu descobri o violão, o futebol, que tinha um protagonismo na minha vida, acabou. Sabe quando uma coisa é arrebatadora? Quando descobri o instrumento, eu entendi que aquela seria a minha profissão.

BROWN_ Quem te levou pra gravar?

DJAVAN_ A história foi a seguinte: eu tinha uma banda que tocava Beatles, eu fazia o Paul McCartney, e a gente viajava o estado inteiro, tocava em festa, comício, em qualquer lugar. Quando comecei a compor canções, o pessoal da banda odiou, aí saí da banda e achei um meio de ir embora pro Rio. Eu estava casado, já tinha uma filha, e a minha mulher estava grávida. Fui sozinho primeiro, não conhecia a cidade, não conhecia ninguém. Passei um mês chorando, sem perspectiva. Um dia lembrei de Edson Mauro, que tinha sido locutor esportivo da Rádio Gazeta de Maceió e agora era locutor esportivo da Globo. Liguei e disse que estava sozinho, perdido. Depois de uns dias, ele me deu o telefone do Adelzon Alves, da Rádio Globo. O Adelzon me achou curioso, me apresentou pro Waltel Branco, que disse: "A sua música é diferente. Não muda uma vírgula, pelo amor de Deus!". Aí me levaram para o João Araújo, o pai de Cazuza, que era presidente da Som Livre. Ele me ouviu e disse que a minha música ainda não estava pronta, mas queria me usar como cantor. Foi gravando temas de novelas que ganhei projeção.

BROWN_ Você também tocava na noite nessa época?

DJAVAN_ Pra me manter, trabalhava nas boates, mas em banda, não cantava nada meu. E foi bom, porque me fez adquirir uma técnica pra proteger a minha voz que uso até hoje, cantando dois tons acima do meu naqueles ambientes enfumaçados. Um dia o João Araújo me pediu uma música pra um festival em São Paulo chamado Abertura. Eu fiz "Fato consumado". E peguei segundo lugar. Foi aí que gravei o primeiro disco, que tem "Flor de lis" e mais dez canções. Esse disco mostrou a diversidade musical que eu trazia de menino. Queria entender como era um gênero e outro, qual era o tempo forte de um, de outro. Quando eu tinha uns treze anos, o pai de um colega de escola me mostrou um salão imenso com som quadrifônico e uma parede sem fim de discos do mundo inteiro. Eu ia lá quase todo dia ouvir jazz tradicional: Ella Fitzgerald, Sarah Vaughan, Miles Davis, Coltrane, Charlie Parker.

BROWN_ A proximidade do som do aboio, você consegue me explicar isso?

DJAVAN_ A música nordestina tem influências mouras, mas americanas também. E o aboio tem ligação com o cordel, com os violeiros.

BROWN_ Você falou que o Nordeste tem influência americana, mas um cara do interior talvez não tenha ouvido Ray Charles.

DJAVAN_ Acho que não. Mas, por exemplo, o Jackson do Pandeiro ouviu. Ary Lobo também. E o Luiz Gonzaga, que pra mim está no mesmo patamar de Pixinguinha, Dorival Caymmi, Tom Jobim, ouviu. Além de ter uma voz linda, ele tinha um senso de harmonização sofisticado. Nessa diversidade que me compõe, tem Gonzaga e tem Beatles. Com dezesseis anos, eu estava envolvidíssimo com a dissonância da bossa nova, que odiava acorde perfeito. Aí os Beatles vieram ensinar ao mundo como usar acorde perfeito. Porque a melodia e a harmonia são uma simbiose em que uma depende da outra. Eu descobri isso com "I Want to Hold Your Hand". Passei a ouvir os Beatles de maneira compulsiva. O meu interesse pela dissonância da bossa nova não acabou, mas perdeu o protagonismo ali. Eu uso até hoje o acorde perfeito. A dissonância é legal, mas ela se presta a uma tendência musical. O acorde perfeito é mais amplo, o que é um paradoxo.

SEMAYAT_ Em 1981, veio o álbum *Seduzir*. No encarte você escreve: "O pouco que aprendi está aqui. Pleno. Dos pés à cabeça". Esse álbum simboliza esse jeito Djavan de fazer, com essa diversidade?

DJAVAN_ Foi quando eu comecei a fazer arranjo e produzir. Porque até o disco *Alumbramento* eu tinha dificuldade quando alguém fazia um arranjo lindo para uma música minha, mas inadequado. Isso me matava. E, não adianta, se não for como eu penso, não vai ser. Aí, a partir do *Seduzir* eu não quis me desgastar mais com os músicos, produtores. E consegui o impossível nessa fase. Eu pedia: "Me deixa trabalhar. Quando estiver pronto eu mostro", e os caras não gostavam.

BROWN_ E aquela música: "Se o senhor me for louvado/ Eu vou voltar pro meu serrado/ Por ali ficou quem temperou/ O meu amor e semeou em mim/ Essa incrível saudade". Isso é lindo. O que é o "azul e encarnado"?

DJAVAN_ Ali eu tô falando de saudade, e o azul e encarnado é um folclore que tem em Alagoas, no Recife também, que se chama Pastoril, e eu amo. Se constitui de duas fileiras de meninas, uma vestida de vermelho, outra vestida de azul, e uma menina solitária no meio, que é a Diana, que tem as duas cores.

SEMAYAT_ Em 1981, você fez uma viagem para a África. Foi para Angola?

DJAVAN_ Foi, fiz "Luanda" na volta de lá. Nessa época eu ainda sofria, os músicos não entendiam a minha música, era uma dificuldade enorme gravar. Mas quando eu fui para esse festival em Angola — fomos num grupo enorme, Dorival Caymmi, Chico Buarque, Martinho da Vila, Paulinho Nogueira, eu —, um dia nos levaram para conhecer a ilha do Mussulo. Fomos num barco com quarenta pessoas, os brasileiros e os guias angolanos. Quando estávamos chegando na ilha, ouviu-se um canto. Os guias disseram: "Vamos fazer silêncio que a ilha tá cantando pra nós". Foi uma emoção, todo mundo começou a chorar. Aí eu comecei a me emocionar, tive uma identidade enorme com aquilo, a música me era familiar, eu tinha vindo dali de alguma maneira.

BROWN_ Você fez teste de DNA?

DJAVAN_ Deu muito Angola, deu muito aquela parte ali. Muito, muito, muito. Mas acho que no meu sangue tem o mouro acentuado. Tenho feito o flamenco nos meus discos. Tem Marrocos. Quando estive a primeira vez em Sevilha, no sul da Espanha, que é o berço da Andaluzia, do flamenco, entrei naquelas vielas medievais e comecei a sentir um cheiro perturbador, familiar. Eu nunca tinha estado ali, mas comecei a chorar e pensar: "Meu Deus, eu já vivi aqui". Uma mulher daqui de São Paulo fez meu mapa astral e disse que eu já fui um tuaregue, o cavalo era meu instrumento constante de andança, de briga. E que eu tinha estado ali mesmo, porque tinha vivido na Espanha. Músicos que tocam flamenco já gravaram músicas minhas, tudo vem de uma ancestralidade.

BROWN_ Você acredita que tem essa harmonia pelo sangue?

DJAVAN_ Acho que sim. Essas harmonias que eu persigo tanto.

BROWN_ Flamenco, blues, o aboio é a melodia árabe, atônica, né?

DJAVAN_ Tem uma influência forte. E me faz chorar, porque eu acho que a música flamenca é muito emocionante. É a música do sangue, né? É a tourada musical, digamos assim.

BROWN_ Isso é herança de raça negra?

DJAVAN_ Pode ser, mas eu acho que tenho mais coisa. Além de Angola. Sabe que eu vi isso com a curiosidade de quem vai esquecer daqui a cinco minutos. Não me interessei muito.

SEMAYAT_Numa entrevista sua muito antiga, você diz que tem um pai branco e uma mãe tão negra, tão negra, que você veio negro também.

DJAVAN_ Meu pai era louro dos olhos azuis. E ele era vendedor ambulante, vendia perfume, óleo de capim, mutamba, rosa. Ele se foi, nos abandonou, eu com três ou quatro anos de idade. Meus irmãos eram mais velhos. E a minha mãe era aquela mulher negra poderosíssima, não sobrou nada do meu pai na gente. Eu nasci com o sangue da minha mãe. Aquela negritude muito profunda, né? Bocão, nariz de preto, tudo. A coisa europeia vem do meu pai, mas eu gosto do negro mesmo. O negro é aquele cara que não tem dúvida do que tem que seguir pra manter a sua negritude, a sua cultura, pra defendê-la. Porque o que a gente tem que fazer nessa vida é defender a nossa cultura, as nossas raízes.

BROWN_ A mãe dos seus filhos é uma mulher branca. Como foi a educação deles nessa questão racial?

DJAVAN_ Eu quase faço a mesma coisa que a minha mãe fez. Pra me proteger, ela dizia: "Meu filho, você tem que saber onde vai. Tem lugar que você não pode ir, senão vai ser hostilizado". Dizia isso naquela bondade e inocência dela, achava que estava me protegendo. Evitar frequentar lugares em que eu não ia ser bem recebido, podia ser agredido. O entendimento da época não era o mesmo de hoje. Minha mãe só teve o primário, mas era sábia, aprendi muito com ela. Sou muito ela.

BROWN_ Qual era a religião da família?

DJAVAN_ Católica. Mas ela também gostava da umbanda e do candomblé. Nasci e me criei nesse trio. Eu gosto muito dos rituais das religiões africanas.

BROWN_ O candomblé em Alagoas é diferente?

DJAVAN_ Não. Oxum lá é amarelo, no Rio é azul. Tem essas pequenas diferenças, mas é a mesma coisa. Oxum continua lá, como a Nossa Senhora da Conceição, porque essa simbiose entre o catolicismo e o candomblé se dá no Brasil inteiro. E ela é Oxum em qualquer lugar. Como são Sebastião é Oxóssi, que é meu pai.

BROWN_ Como você pratica a sua espiritualidade?

DJAVAN_ Vou te dizer. Eu queria comprar um terreno de uns 10 mil metros pra construir uma casa, mas depois de procurar durante um ano e não achar, a pessoa que estava me orientando me levou a um lugar dizendo assim: "É muito grande, talvez não seja pra você. Mas é bonito, e como você gosta muito de planta...". A primeira coisa que eu vi quando cheguei nesse lugar foi uma paineira de duzentos anos. Enlouqueci: "É meu! Quero conviver com essa planta o resto da minha vida". Depois que eu fiz a casa, eu falei: "Preciso homenagear a minha mãe Oxum". E construí uma capela linda em homenagem à Nossa Senhora da Conceição. E vivenciei momentos incríveis, porque eu queria fazer uma capela barroca, mas não queria que ela tivesse uma cara *fake*, tinha que parecer ter duzentos anos mesmo. Fui pra Minas buscar artistas pra fazer isso, encontrei três rapazes, todos pretos, com um ateliê no fundo do quintal, adorei o traço deles, e eles fizeram o altar. Aí achei um homem chamado seu Miguel pra construir a Nossa Senhora da Conceição, que além de fazer santo, também trabalhava com pedra-sabão. Ele fez a entrada da capela, um arco na porta. E depois encontrei um cara em Belo Horizonte, o Pedro Miranda, que faz vitrais.

BROWN_ É um lugar onde você passa as férias?

DJAVAN_ É um lugar que eu gosto porque tem uma natureza exuberante, incrível. E eu, na mata, me sinto mais confortável que na sala. Tenho uma afinidade com planta, natureza, água, pássaros. Se deixar, eu fico, durmo ali, porque sou bicho mesmo.

BROWN_ E o seu 25º disco? Fala um pouco sobre isso.

DJAVAN_ Foi feito na pandemia, fiquei recluso e sofrendo, porque não podia ter contato com ninguém, só com a família mesmo. Eu não podia cantar, minha voz ficou horrível, porque é um exercício, se não usa, perde. Mas em junho de 2021 eu comecei a compor, aí gravei de outubro até abril de 2022.

BROWN_ Você ainda tem a sua gravadora própria?

DJAVAN_ Sim.

BROWN_ No primeiro disco que você fez nela, tem uma música que eu ouvi numa loja de roupa e nunca mais consegui ouvir. É uma coisa meio eletrônica, meio *disco*. Você sabe dizer qual é? É uma música moderna que eu nunca tinha ouvido.

DJAVAN_ Não sei se você está confundindo com o disco eletrônico que eu fiz com o Liminha. Eu só botei voz pra ser compatível com o arranjo eletrônico que ele fez. Aí eu comecei a achar aquilo curioso e instigante. Então fizemos esse disco, mas é praticamente dele.

BROWN_ E como foi gravar com o Stevie Wonder?

DJAVAN_ Stevie é uma pessoa incrível, aquele músico que a gente já sabe. A gente estava nos Estados Unidos gravando, quando o Ron Foster, que era produtor do disco, perguntou se eu gostaria que o Stevie Wonder viesse fazer uma participação. Eu comecei a rir: "Como assim?". Aí ele disse que mandou o *Alumbramento* e o *Seduzir* pro Stevie e ele amou. Disse que era possível que ele quisesse participar. Aí eu compus "Samurai" lá em Los Angeles, com aquela estrutura pensada para eu cantar e ele tocar. O Stevie adorou.

A entrada dele no estúdio foi muito engraçada, a gente ficou esperando, esperando... Dali a pouco ele chegou num Rolls-Royce marrom maravilhoso. "Onde é que tem um piano aqui?" Aí levaram ele pro piano. Ele começou a cantar Cole Porter, Irving Berlin, Gershwin. Todos aqueles clássicos americanos pra gente ali, só ele e voz. Coisa linda. Depois de umas dez músicas, ele disse assim: "Compus uma música esta semana, vocês querem ouvir?". Era "Overjoyed". Aí depois ele disse: "E a música em que eu vou trabalhar? Posso ouvir?". Aí a gente tocou "Samurai", ele ficou ouvindo. Aí tirou a harmônica do bolso, foi pro estúdio, começou a brincar, dali a pouco...

BROWN_ Isso é história. Rapaziada, quem tiver acesso, já vai procurando aí "Samurai", Djavan, 1982. Tem uma gaita lá que é Stevie Wonder. Tem gente ouvindo a gente que é muito jovem e não sabe quem é Stevie Wonder.

SEMAYAT_ Indo pra política agora. Surgiram vários rumores associando você a um eleitor de Bolsonaro. Mas recentemente você declarou o seu voto no Lula e reforçou que sempre votou nele. Pode falar um pouco dessa polêmica?

DJAVAN_ Eu nunca votei no Bolsonaro, nunca apoiei o governo dele, porque é incompatível uma pessoa como eu apoiar uma pessoa como o Bolsonaro. Eu tenho mais de quarenta anos de carreira e todos os meus posicionamentos políticos são públicos, ninguém se transforma tão violentamente. Agora, na internet, quanto mais você desmente uma coisa, mais a mentira ganha força. Ninguém está a fim da verdade. Nunca votei no Bolsonaro e acho que o Brasil merece uma vida normal, voltar a uma normalidade que seja possível projetar um futuro seguro, bom, justo. São milhões de brasileiros passando necessidades. Eu conheço muito bem o Brasil, viajei por ele estes anos todos. É um país incrível, lindo, um povo promissor a fim de fazer o melhor. É preciso que tenha projetos governamentais que ajudem nisso. Hoje não temos. A gente tem tudo para ser um país rico, distribuir renda de maneira igualitária, de maneira justa, para que o povo tenha o que precisa para viver com dignidade. O que eu penso é isso.

BROWN_ Como é que você lida com isso de declarar voto, ser opinativo? A Semayat se interessou porque ela é bem mais jovem que eu, ela quer saber, mas eu acho que o Djavan está até acima do voto dele. Porque a imagem que eu tenho do Djavan é anterior a isso, na minha construção como homem, como preto. Em 1983, ali, na minha formação, era ainda a ditadura, e a representatividade era o cabelo do Djavan. Aquele preconceito fodido. Aqui em São Paulo, a polícia pegava as pessoas pelo cabelo. A gente sempre usou cabelo baixo, até pela repressão. Só do black power pra frente o negro sustentou o cabelo. E, nos anos 1980, o Djavan pra nós tinha um corte de cabelo moderno. Não era o black power, já era um cabelo mais radical. A gente passava parafina, e o nome do corte era Djavan.

DJAVAN_ No *Alumbramento*, que foi em 1980, o meu cabelo já começou com essa tendência. Tem só uns pitoquinhos assim, pode ver na capa. Eu tava usando black power nessa época.

BROWN_ Isso é política. Eu cheguei nessa ideia pra falar isso, que é política.

DJAVAN_ Você tá colocando, mesmo com uma consciência meio diáfana, um modo de ser, você sendo negro. Então é uma atitude política forte. Porque não se usava. Eu vi muitas vezes acontecer de gente atravessar a calçada quando eu vinha vindo. Bicho, os caras me prenderam aqui em São Paulo porque eu tava usando esse cabelo. Eu e Tadeu, que trabalhava como divulgador na EMI-Odeon, de onde eu era na época, entramos numa loja pra comprar um piano Fender Rhodes, imagina. Não gostei do modelo que tinha lá. Quando saí da loja tinha dez policiais, eu contei, na porta. Todos brancos. Pegaram a gente. "O que você estava fazendo aí dentro?" Eles não deixavam a gente responder. Eles pegam a gente de um modo que a gente fica sem mobilidade. Pegava por aqui...

BROWN_ É humilhante mesmo, eu sei como é. Pra quem não tá vendo, ele tá fazendo o gesto de pegar pelo cós da calça com o cinto junto. Ou seja, humilhação.

DJAVAN_ A gente usava umas bolsinhas, era moda na época, com os documentos e tal. Levaram a gente dessa maneira até chegar na praça da Sé. Ali já fez uma aglomeração enorme pra ver o que tava acontecendo. Eles pegaram as nossas bolsas e despejaram tudo no chão. Queriam a carteira profissional, a carteira de trabalho. Eu disse: "É essa azul aí, tá na sua mão". "Isto aqui é coisa de bandido. Carteira de música? Quero a carteira de trabalho, pô!" Aquela agressividade. Isso foi em 1981.

BROWN_ Pô, em 1982, um ano depois, você se tornou o maior nome da música brasileira.

DJAVAN_ Alguém naquela aglomeração me reconheceu, ligou pra Odeon, e eles disseram: "Ó, negão, agora você vai cantar. Vai cantar na delegacia. E esse cabelo de preto, horrível, não sei o quê". Foi uma coisa decisivíssima, comecei a entender que o cabelo era mais que o cabelo, era uma atitude política. É um negro querendo passar a sua posição. Quando, para a sociedade branca, negro não tem posição, não tem que dizer nada, tem que ouvir e obedecer. O negro, desde o início, foi plantado como sendo intelectualmente inferior. A gente mete muito medo, muito medo.

BROWN_ Você tem noção de que é um dos homens negros brasileiros mais influentes de todos os tempos? E tá falando sobre racismo.

DJAVAN_ Eu sei que uma palavra minha sobre essa questão vai ter um eco importante, porque eu tenho uma carreira claramente visível pra todos. E com um posicionamento político e moral inabalável. Sempre achei, como a minha mãe me ensinou, que eu tinha que ter um norte que me conduzisse a uma posição inatacável. As pessoas podem me atacar por qualquer coisa, menos pela minha moral. Porque antes da música vem o homem, a pessoa. Quem sou eu e quem quero ser pro mundo: isso eu persegui com rigidez. Pro negro isso é muito difícil, tem que provar dupla capacidade pra chegar aonde eu cheguei. Porque não adianta você achar que o seu percurso é igual ao do branco. A sociedade não foi construída pro negro.

BROWN_ O Brasil não foi construído pro negro.

DJAVAN_ O americano, que começou essa luta antes de nós, teve uma formação distinta do brasileiro. Foi a sociedade inglesa, irlandesa, que formou o americano. A gente foi formado por portugueses. Os portugueses vieram pra cá sem força, tutelados pelos ingleses, com medo do Napoleão. Foram homens que não tinham moral nem pra construir uma sociedade capaz de discernir o joio do trigo. A abolição da escravatura pra gente foi um tiro no peito dos negros. Enganaram a todos, deram aquele papel que não significava porra nenhuma e não fizeram um programa agrário, não fizeram um programa social pra amparar os negros. Eles foram jogados na sarjeta. Tanto que muitos negros começaram a achar melhor a escravidão do que aquela vida que estavam levando, porque antes eles tinham o que comer, pelo menos. Fora dali, não tinham nada. Foi uma coisa cruel. No Brasil, foi tudo errado, sempre.

BROWN_ Nós aqui, na sala, tamo falando de nós. O negro é eu, você, os nossos. E o negro tinha o poder da erva, o poder de ler as estrelas, de antecipar os fatos. O medo que o hebreu tinha da África! "Esses pretos feiticeiros. Cuidado com eles." Tá lá na Bíblia. O medo da religião foi a primeira coisa.

DJAVAN_ Todo dia eu agradeço a Deus por ter me feito negro. Eu amo ter a música que eu tenho. Eu amo ter o pensamento que eu tenho. Eu amo ter a consciência de que vim pra contribuir. A gente precisa conscientizar o negro. O que é o racismo?

BROWN_ Tem que perguntar pro Max como é ser filho de uma mulher branca. É diferente de ser filho de uma mulher negra. Porque a visão do racismo, quando você é filho de uma mulher branca, deve ser diferente. Você vê os caras falarem mal de branco. "Pô, minha mãe é branca. Tá falando da minha mãe." Pra mim, que não tive pai, ficou meio que confortável.

DJAVAN_ Mas isso é também de educação, tem muito branco que tem um negro na alma. É uma frase até meio difícil de dizer, porque pra saber o que é ser negro, tem que ser negro. Só o negro conhece as questões do negro. Mas tem branco que tem um pensamento diferente em relação ao negro.

BROWN_ A minha mãe falava umas coisas, a dor que ela alcançava eu não alcancei. Aquela coisa da mulher preta mesmo. Algumas dores, amarguras. Algumas coisas que ela falava que eu nunca consegui sentir. Por mais que ela me passasse.

DJAVAN_ E quando você tem uma mãe branca que tem um pensamento negro, social, psicológico, emocional, é bom, porque você vê aquele lado do qual a gente foge porque só atrapalha, condena, joga pra baixo. É uma mulher branca dizendo: "Você é o máximo". A minha mãe dizia: "Você é preto, mas isso não quer dizer que você seja inferior a ninguém. Você é o máximo. Você vai ser uma grande pessoa neste mundo".

BROWN_ Tem o Max do Simonal e tem o Max do Djavan, que são filhos de mulheres brancas. Homens negros, bem-sucedidos na música, filhos de mulheres brancas. E esses caras são contemporâneos meus. A gente é da mesma geração praticamente. Eu, o seu Max, o Max, o Simoninha. Então a gente conversa sobre essas coisas, né? A temática da raça, se existe realmente uma vantagem do pardo sobre o negro em alguma questão. Eu contesto o meu lugar de fala, não aceito falar que o pardo é favorecido por ser mais claro. Olha na cadeia. Olha nos sanatórios. Olha nas esquinas. Quem está lá? Isso tá muito presente hoje na nossa comunidade, o colorismo. Quem é mais preto? Quem é mais merecedor? Quem é menos merecedor? Quem passaria na cota? Quem não passaria? O que é decisivo para passar na cota? Melanina ou vida pregressa? O Brasil tem essa coisa.

DJAVAN_ Se eu fosse uma pessoa que pudesse fazer uma análise sobre essa questão com alguma base, eu diria que o que deveria importar era a meritocracia. Agora, você vive em um país desajustado como o Brasil, com uma tremenda confusão em torno da sociedade, como é que você vai querer ser contra as cotas? Se dependesse de mim, não existiria cota, mas para ela não existir, é preciso que haja justiça social, é preciso que haja investimento na sociedade, porque o negro não quer esmola, não. A cota não deixa o negro orgulhoso, apenas dá a oportunidade que ele precisa.

BROWN_ Mas esmola também não é.

DJAVAN_ Não é, porque a cota dá oportunidade igual. Se a gente tivesse isso, a cota não tinha cabimento. Mas ela tem cabimento, porque o Brasil não tem programas sociais que tragam equanimidade para as raças. A cota é um mal necessário. Ela foi instituída mais para favorecer o lado de lá do que o lado de cá. Porque é como se o branco tirasse um pouco da culpa dele. O que negro quer, na verdade, não é cota, é ter a mesma oportunidade de entrar na faculdade, de arranjar um emprego. E ele não tem.

BROWN_ E, segundo a nossa especialista, a nossa filósofa Sueli Carneiro, os brancos são os maiores cotistas deste país. No modelo máfia: "Se não me dá a minha parte, eu meto bala". Foi dessa forma que eles adquiriram cotas.

DJAVAN_ É, tudo é deles. Você vê que a cota pro negro é pequeníssima, é aquela ração.

SEMAYAT_ A gente tem as cotas raciais, mas junto com essa política que foi pensada pelo movimento negro existem também as cotas sociais. Então não existe uma cota só pra população preta, mas pra população pobre também.

BROWN_ Isso que você tá falando é importante, mas pra mim também é confuso. Me explica isso de cotas sociais.

SEMAYAT_O movimento negro consolidou uma política de cotas para o Brasil. E, a princípio, essa política era pensada para reduzir a desigualdade de acesso à educação, que é um dos fatores pra gente ter uma ascensão econômica. Mas, junto com as cotas raciais, existem as cotas sociais, que consideram aqueles estudantes que vieram de escolas públicas, por exemplo. Assim como também existe uma parcela pra população indígena. Então, a política de cotas que foi pensada pelo movimento negro não contempla só a população preta. Tem uma diversidade aí de pessoas que também são contempladas por essa política. E considera-se muito o fenótipo, por se entender que, no Brasil, quanto mais o seu fenótipo e o tom da sua pele se aproximam das características que estão mais propensas a sofrer racismo, menos possibilidades e oportunidades você tem. Por isso que, inclusive, foi criada a comissão de heteroidentificação, que é para garantir que essas vagas específicas para a população preta vão de fato para essas pessoas.

DJAVAN_ A cota se justifica exatamente pelo desequilíbrio social que a gente vive.

BROWN_ Herança da escravidão.

DJAVAN_ Eu acho que não tem discussão: é a educação que resolve problemas, inclusive o racismo. É preciso que a educação seja estabelecida no Brasil de maneira concreta, porque é só com ela que a gente consegue fazer um país evoluir.

BROWN_ Você tem tempo pra fazer música?

DJAVAN_ Quando eu preciso, sento e componho. E só preciso por causa do tempo, quando eu tô próximo de fazer um disco. Ou se alguém me pede uma música. Mas eu não componho o tempo todo. Tenho feito um disco de três em três anos, mais ou menos. As turnês vão ficando cada vez maiores, cada vez mais você tem que, sei lá, ficar um ano e meio em turnê. Hoje a internet impõe uma carga de trabalho descomunal. Eu trabalho o tempo inteiro, mesmo se não estou compondo ou fazendo show. O pessoal não considera que é trabalho.

BROWN_ Eu falo isso pras pessoas: "Eu trabalho o tempo todo". Elas dizem que não. Não consideram como trabalho. Voltou pros primórdios: "Você é o quê, músico? Vagabundo". Vou ter que voltar pra escola, terminar a oitava, fazer o ginásio...

DJAVAN_ Eu não gostava da escola, só da convivência. Conheci pessoas interessantes nessa fase da vida. Mas eu só pensava no violão que eu tinha acabado de descobrir.

BROWN_ Eu também era assim. Agora, uma outra discussão: as mulheres negras querem saber sobre a presença de mulheres brancas nos clipes do Djavan. Seria diferente hoje?

DJAVAN_ Vou confessar uma coisa que é um pouco ruim, mas os clipes sempre são guiados pelas pessoas que fazem os clipes. Na época que eu comecei a fazer esses clipes, eu não tinha esse pensamento de "ah, tem que ter gente negra, gente de todas as cores". Hoje a gente sabe que tem que fomentar a igualdade. Mas confesso que nunca foi uma coisa que eu persegui conscientemente.

BROWN_ A gente é de outra época. Esse assunto era muito velado e proibido. Mas pro seu público jovem, essas mulheres querem saber por que tinha mulheres brancas no clipe.

DJAVAN_ É óbvio que eu não ter tido contato com essa preocupação antes é fruto daquele momento. Até porque você só toma as rédeas dos projetos que circundam a sua vida artística quando você tem algum poder para isso. Hoje em dia, as coisas que eu faço já têm um pouco mais dessa preocupação de dividir igualmente os espaços, porque se nós que somos pretos não fizermos isso, quem vai fazer? A gente tem a consciência que tem hoje sobre todas as questões sociais, e temos que passar pra frente. Uma das grandes deficiências da luta contra o racismo é exatamente a falta de entendimento dos negros sobre isso, sobre como lutar. Porque as escolas não falam dessas questões — como é que foi de fato a abolição da escravatura, como é que é a estrutura social dos negros em todos os quadrantes do país. Na sala de aula você não aprende o que é o racismo, então não aprende a se defender e a brigar contra o racismo.

BROWN_ Como você se entende na cena atual da música brasileira?

DJAVAN_ Estou sempre muito ligado nos músicos, porque quem eu mais atinjo de maneira concreta com a música que eu faço são eles. É uma legião que se interessa muito pela diversidade da minha música. Eu tenho um apreço muito grande pelos músicos brasileiros, porque são pessoas que vão criar famílias, que se puderem vão fazer um trabalho que agrega, que traz uma coisa ao mesmo tempo mais inteligente e inteligível, que querem ser entendidas como eu ainda quero.

BROWN_ Talvez mais do que a figura do artista, a do influenciador de músicos mesmo. Gerações de músicos aprenderam a tocar ouvindo Djavan.

DJAVAN_ Quero fazer as pessoas aprenderem a desenvolver uma boa música. Tem músicas que levam para um lado, tem músicas que levam para o outro. Eu quero que a minha ajude as pessoas a irem fazer uma música que tenha um conteúdo capaz de ser absorvido, com o objetivo de fazer a pessoa crescer. Boa música não faz você crescer apenas musicalmente, mas intelectual e socialmente, como pessoa. Essa é a minha grande vaidade, o meu objetivo.

BROWN_ Sim, eu percebo um comportamento do povo que é diferente dos anos 1980. Vejo que as relações humanas mudaram muito, a abordagem do amor mudou, e as músicas mudaram também. Se você faz hoje uma música de amor simples e pura, ela pode virar chacota na boca das pessoas. Tiram sarro. O tipo de amor que se canta hoje é um deboche do amor, ou do desamor: "Ah, não vou sofrer por isso, vou tirar onda". Não sei se é o povo que leva os artistas a se comportarem dessa forma, ou se os artistas induzem o povo. Nos anos 1980, essa coisa dos namoros, dos romances, era levada muito a sério. O cara ouvia as músicas românticas da época e lembrava do casamento, de um namoro, do primeiro filho. A relação com o amor mudou, tudo mudou. Mas especificamente composições de música romântica, que é o que você faz, ninguém pega.

DJAVAN_ Toda palavra que você diz tem que ter uma base por trás. Um passado, uma história. A palavra chega com o peso correspondente ao currículo. O amor nunca vai mudar e nunca vai ser o mesmo. É um paradoxo, mas é verdade. Não bastasse ele ser advindo de pessoas diferentes, elas estão conectadas também a épocas diferentes. E o amor é o quê? É a vida.

BROWN_ É tudo. Você acha que é banalizado?

DJAVAN_ As pessoas às vezes banalizam o amor, mas o que falta é perícia mesmo, saber como dizer. Pode dizer a mesma coisa mil vezes, mas cada vez é de um modo diferente. É isso que eu tento fazer nas minhas músicas.

SEMAYAT_ Você acha que o seu público é mais feminino? Circula um pouco essa ideia de que quem consome música que fala de amor são as mulheres. Mas será que existe isso mesmo?

DJAVAN_ O mundo tá trazendo uma igualdade maior nisso. Antigamente, eu ouvia muito grito da plateia de "lindo" em voz feminina. Hoje eu escuto a mesma coisa em voz masculina. O homem tá se integrando a essa cultura do amor. O amor é fundamental, traz consciência, piedade, perdão. Traz o construir, faz a pessoa se interessar pelo outro. Nada é mais importante na vida do que ouvir o outro. Eu não tomo uma decisão sozinho, tenho de ouvir outras opiniões.

BROWN_ Falando em ouvir, que música você tem ouvido e o que te inspira a fazer música?

DJAVAN_ Eu ouço a garotada, que é o que me ensina mais. Mesmo que eu não goste de alguma coisa, me ajuda. E os clássicos eu escuto num momento mais de lazer, por deleite. Mas o que me inspira é geralmente quando, terminando uma turnê, sinto aquele frisson de fazer música nova. Tem momentos na vida em que só uma música nova me salva. E não é maneira de dizer: fico arrasado, me sinto inútil. Pra mim só vale o que eu ainda vou fazer, não o que eu já fiz. Tenho que saber que vou fazer.

BROWN_ Como é que você entende um disco novo do Djavan no Brasil de hoje?

DJAVAN_ Esse último disco tem alcançado muita gente pela mensagem de otimismo. Era pandemia, e eu quis fazer exatamente o contrário do que estava vivendo: um disco luminoso, com esperança. Na pandemia a gente só estava se defendendo da morte. É óbvio que uma posição como essa não inspira. Eu só consegui compor a partir de junho de 2021, pra me salvar. Só escrevendo canções é que isso foi possível. Aí fiz a música chamada "Iluminado" e trouxe a minha família pra falar desse otimismo. Mesmo "Num mundo de paz", que acabou indo pro rádio primeiro, fala de dias melhores. O ruim eu já tinha.

BROWN_ Quando eu lembro daquele momento da pandemia... Eu fiz cinquenta anos em abril de 2020, quando explodiu. Me senti um grão de areia. Vi minha família dentro de um apartamento, todas as famílias isoladas umas das outras. Foi uma guerra. Agora eu quero ouvir esse seu disco, ver o que passava na mente desse disco.

DJAVAN_ Você não vai lembrar da pandemia, isso eu te garanto.

BROWN_ Espero que não. Isto aqui foi uma troca de ideia maravilhosa com um dos maiores músicos que você já viu. O meu inspirador e de várias gerações. Muito obrigado, forte abraço.

3 de novembro de 2022

"Agradeço a Deus todos os dias porque, desde que ingressei no movimento negro, eu sempre dizia: 'Faço parte desse movimento para preparar um mundo melhor para os meus filhos e para os meus netos'."

ZEZÉ MOTTA

CRAQUE NETO

"Eu fui a favor da vacina, a favor da vida, a favor das pessoas. Briguei muito, bati forte em muita gente pra provar que a vacina era a favor da vida. Eu tomei todas as vacinas possíveis e tomei a vacina da covid-19. Ela salvou milhões e milhões de pessoas no mundo."

"Eu vivo em um país cristão, extremamente evangelizado e tenho a entidade mais demonizada e odiada no meu nome artístico. Então, medo de crítica, de ódio gratuito, de que as pessoas não entendam o que estou falando? Nunca tive. Eu sempre falei exatamente o que eu penso, da forma que eu penso, e nunca dei um passo atrás sobre isso."

BACO EXU DO BLUES

"É uma mentira esse bagulho de que a universidade é um lugar de doutrinação da esquerda comunista. Antes fosse. Mas não é."

CHAVOSO DA USP

Um povo só

SONIA GUAJAJARA

Era fevereiro de 2023 e as manchetes falavam sobre crise humanitária e a situação dos povos ianomâmi, uma pauta nova pra mim. Distante da minha vivência, mas urgente. Por isso a gente convidou a ministra dos Povos Indígenas, a Sonia Guajajara.

O *Mano a Mano* tem essa missão também: dar visibilidade para assuntos de impacto para o nosso povo, mesmo quando a quebrada ainda não se deu conta. Para um jovem da periferia, vivendo a correria dos grandes centros, isso tudo parece coisa de outro mundo, fora do cotidiano. Mas é nossa responsa fazer essa pauta chegar. E, mano, não é simples.

Me coloquei com humildade, com a intenção de contar um bagulho complexo para um trabalhador, que tá no corre por dez horas seguidas em cima de uma moto, cansado, às vezes distraído, mas que tem o direito de entender o que tá acontecendo com o povo dele, mesmo que esse povo esteja longe. Porque é tudo Brasil, e precisamos nos reconhecer.

Com o apoio da Semayat, fui na responsa. E vou ser sincero: fiquei inseguro. É um tema sensível, muito específico, muito sério. Por vezes, uma pergunta pode parecer até ridícula. Mas não estamos aqui pra pagar de entendedor de tudo, e sim para construir pontes.

BROWN_ Seja bem-vinda, ministra Sonia Guajajara. É uma honra ter você com a gente nesse momento urgente. Pra começar, queria que você falasse daquela questão com os ianomâmi, que escandalizou o mundo.

SONIA GUAJAJARA_ Muito obrigada, Mano. Também foi uma honra pra mim receber esse convite. Essa situação do povo ianomâmi é uma emergência e chegou em um momento em que o Brasil se prepara para receber a participação indígena no governo federal. É a primeira vez que nós, indígenas, estamos ocupando esse lugar de ter um Ministério indígena, uma presidência da Funai, uma Secretaria Especial de Saúde sob o comando de pessoas indígenas. Isso nos ajudou muito a tratar a questão como emergência. A realidade do povo ianomâmi se agravou nos últimos anos, e se não tivéssemos essa presença no governo para mostrar a dimensão do problema, talvez não tivesse a visibilidade que ganhou agora. É muito importante o presidente Lula entender essa emergência e se colocar de prontidão para resolver, levar a presença do Estado até lá para fazer uma ação direta.

Os ianomâmi vivem uma situação grave pela falta de assistência médica ao longo de todos estes últimos anos, e tudo isso se agrava por conta do garimpo ilegal no território. São, em média, 30 mil indígenas ianomâmi e 20 mil garimpeiros, a quantidade de invasores e a quantidade de indígenas está quase equiparada. Então não dá para ter uma vida tranquila ali, ter liberdade, porque não existe segurança para andar pelo território, comer e plantar como faziam antigamente. Com essa presença de garimpeiros, os indígenas não conseguem mais produzir o próprio alimento, e a escassez de comida gera essa desnutrição que o mundo inteiro está vendo.

Além da falta de alimento, tem a questão da água. Os rios que estão no território ianomâmi estão praticamente todos contaminados com mercúrio. Eles bebem essa água, e isso causa ou agrava muitas doenças. Muitas pessoas acabam desenvolvendo verminoses. E tem ainda a malária. Esses são os principais problemas de saúde que afetam o povo ianomâmi. É um caso que hoje está tendo grande repercussão, assim como o de Dom Phillips e Bruno Pereira, os indigenistas que foram assassinados no vale do Javari, no Amazonas. Nós também temos problemas sérios em várias outras regiões. Esses casos são um retrato do que é o Brasil indígena hoje.

BROWN_ Vou fazer algumas perguntas leigas. Como alguém que vive na cidade grande, o que a gente pode fazer daqui para contribuir com essa luta?

SONIA GUAJAJARA_ Mano, eu acho que você está fazendo já um pouco aqui, e é algo que muitos podem fazer, que é trazer à tona essa realidade que o próprio Brasil desconhece. Nós, povos indígenas, embora sejamos originários deste país, ainda vivemos num mundo muito distante da sociedade como um todo. A sociedade brasileira não sabe dessa presença indígena no país. Não sabe quantos povos tem aqui, quantas línguas são faladas, os conflitos que a gente enfrenta no dia a dia, toda essa disputa pelo território tradicional.

No Brasil, hoje, são 305 povos indígenas diferentes. Cada um tem seu costume, sua cultura, sua tradição, seus rituais próprios. São 274 línguas faladas no Brasil. Nós temos, em média, 114 grupos de povos isolados, que não têm contato nenhum com a sociedade, ou de recente contato. A maior parte está concentrada na Amazônia brasileira, no vale do Javari ou no parque do Tumucumaque, e nós fazemos essa luta toda pra proteger o território onde eles estão. Porque, se estão ali, precisamos respeitar essa autonomia e essa decisão.

É muito importante trazer essas informações. Primeiro, para que a sociedade conheça essa presença indígena. Muita gente aqui em São Paulo, ou no Rio de Janeiro, ou no Sul do país, imagina que só tem indígenas na Amazônia. Aqui, na Grande São Paulo, nós temos cerca de 20 mil indígenas somente no contexto urbano. Todos os estados brasileiros, sem exceção, têm indígenas. Até recentemente se escutava que no Piauí e no Rio Grande do Norte não tinha. Foram os dois últimos estados a reconhecer essa presença, que agora já está comprovada. É urgente espalhar esse conhecimento.

Hoje, com o governo Lula, temos uma boa oportunidade de levar essa presença do Estado, que, por tanto tempo, mesmo nos governos anteriores do PT, não foi tão apoiada. Acho que agora o Lula traz um pouco dessa reparação. A criação do Ministério dos Povos Indígenas é o início da reparação pela invisibilidade e pela negação de direitos.

BROWN_ A gente sempre escuta falar da Funai, mas como funciona? Qual a função dela?

SONIA GUAJAJARA_ Até o ano passado, a Funai era a Fundação Nacional do Índio. Agora, embora a sigla continue a mesma, mudamos o nome para Fundação Nacional dos Povos Indígenas, porque índio é um termo pejorativo e já superado pela Constituição Federal quando nos reconheceu enquanto povos. A Funai tem essa missão constitucional de proteger e promover os nossos direitos, o que significa cumprir o que é de responsabilidade da

União: demarcar territórios indígenas, proteger esses territórios com ações de fiscalização e monitoramento e garantir a cidadania dos povos indígenas com políticas públicas adequadas.

Por muito tempo, a Funai foi muito respeitada enquanto instituição. Nestes últimos anos, com o governo Bolsonaro, ela foi totalmente desmontada, teve a sua missão desvirtuada e, ao invés de atender aos interesses dos povos indígenas, estava atendendo aos interesses do governo, do presidente. Foi aparelhada, com militares tanto na presidência quanto nas coordenações regionais. São quase quarenta coordenações regionais espalhadas pelo Brasil inteiro, e cada uma tem coordenações técnicas locais, que ficam mais próximas das aldeias e dali fazem todo o acompanhamento: fiscalização, monitoramento, documentação, supervisão das políticas públicas. A saúde, por exemplo, não está sob a responsabilidade da Funai, e sim do Ministério da Saúde. Então a Funai tem o papel de fiscalizar as ações de saúde. Antes, era vinculada ao Ministério da Justiça, agora passou a fazer parte do Ministério dos Povos Indígenas, que assume toda essa estrutura como uma autarquia, assim como é o Ibama para o Ministério do Meio Ambiente, por exemplo.

BROWN_ Na década de 1990, a Funai foi fundamental pra retirada dos garimpeiros das terras. Essa luta foi vitoriosa na época, certo? Por que agora ela voltou?

SONIA GUAJAJARA_ Sim, foi bem-sucedida. Inclusive, agora estamos fazendo um plano, junto com a Polícia Federal e com o Ministério da Justiça, baseado no que foi feito na década de 1990. Mas, se não tem fiscalização e uma base de apoio permanente nesses locais, é claro que os invasores voltam. Nestes últimos seis anos, desde o golpe contra a Dilma, houve inclusive uma incitação a essas invasões. Esse discurso de ódio, de que tem muita terra para pouco "índio", de que os indígenas são improdutivos, gerou uma movimentação de volta desses invasores para os territórios indígenas, o que motivou o garimpo, a exploração ilegal de madeira e a grilagem. Hoje, mesmo os territórios demarcados têm um processo violento de invasão. Agora é preciso fazer praticamente uma operação de guerra para retirar os invasores.

A gente também sabe que esses garimpeiros estão ali porque não têm alternativa de renda na cidade, não têm políticas sociais que atendam às suas necessidades. E aí acaba que o próprio Estado ficou incitando atividades ilícitas pra resolver o problema da falta de renda. Eles vão pra lá com recursos dados pelos empresários, por donos de garimpo ou até por políticos coniventes.

SEMAYAT_ Acho que vale a pena trazer para a conversa uma fala recente do Antonio Denarium, governador de Roraima, que disse que os povos indígenas precisavam se aculturar e parar de viver como "bicho", usando inclusive o argumento de que eles querem continuar sendo pobres mesmo estando em cima de ouro. Dentro do que você acabou de esmiuçar, acho que vale explicar o porquê de o ouro não representar algo tão valioso para os povos indígenas, para a comunidade ianomâmi. O que é pobreza, na perspectiva indígena?

SONIA GUAJAJARA_ Pra nós não é o dinheiro que significa riqueza, mas o bem-estar, a liberdade dentro do próprio território. É poder produzir seu alimento, encontrar o que a natureza oferece para comermos. O que os ianomâmi querem é a condição de preservar seu próprio modo de vida, e não dinheiro para ir morar na cidade. Precisamos respeitar os diferentes modos de vida. O Brasil é muito diverso em culturas, povos e territórios, e isso precisa ser respeitado pelos políticos. Eles precisam entender essa diversidade que é o Brasil, e não querer trazer todo mundo para um padrão único de sociedade, pensar que todo mundo quer ter um apartamento ou um carro. Muitos indígenas querem sim alguns bens e querem ter trabalho para isso. Mas não é um padrão.

BROWN_ Qual a diferença entre o modo como vive o seu povo, no Maranhão, e os que vivem no Amazonas, por exemplo? Como é a vida dos indígenas no Maranhão?

SONIA GUAJAJARA_ Olha, Mano, a gente precisa entender que hoje, no Brasil, temos pelo menos quatro níveis de contato entre os povos indígenas. Existem os isolados, que não têm nenhum contato com a sociedade não indígena e nem mesmo com outros indígenas que estão no mesmo território; outros povos têm trezentos, quatrocentos anos, como o meu, os guajajara, que já tem 430 anos de contato; há também os de contato recente, de vinte a cem anos; e tem ainda os indígenas em contexto urbano. Como mencionei antes, somente na Grande São Paulo há uma média de 20 mil indígenas. Todas as capitais brasileiras têm uma presença indígena forte. Muitos estão na cidade porque foram estudar ou trabalhar, outros simplesmente porque a cidade chegou até eles. No meu território, Arariboia, além dos guajajara há o povo awá-guajá, que nunca quis papo nem mesmo conosco. E a gente precisa lutar para que essa autonomia seja respeitada.

BROWN_ E qual é a maior ameaça para os povos indígenas?

SONIA GUAJAJARA_ No Maranhão, é a exploração ilegal de madeira. Ali há um conflito permanente com madeireiros. Muitos indígenas já foram assassinados, inclusive na terra Arariboia, e a situação segue impune. Só nesse mês de janeiro, dois indígenas foram mortos e dois foram baleados na minha terra, e houve o assassinato de um guajajara no Maranhão, na terra indígena Cana Brava.

BROWN_ Vi uma notícia ontem a respeito de uma pessoa ligada a você que foi assassinada. Quem era?

SONIA GUAJAJARA_ Foi esse rapaz do território Arariboia. Foi anteontem, 31 de janeiro. Era um servidor da Sesai [Secretaria de Saúde Indígena], trabalhava dirigindo o carro que conduz os pacientes para atendimento. Ele foi executado com sete tiros, dentro do carro, justamente enquanto estava levando pacientes — eles ficaram bem, mas ele foi executado.

Completando a sua pergunta anterior, os principais problemas no país são, na Amazônia, o garimpo e a exploração ilegal de madeira, além das queimadas, que agora também atingem o cerrado e o Pantanal. No Sul do país, tem a questão do arrendamento de terras para monoculturas. E, no Nordeste, há o problema da especulação imobiliária.

O que também favoreceu isso foi que, durante a ditadura militar, muitos territórios indígenas foram entregues pelo próprio Estado brasileiro para esses setores, empresários do agronegócio, fazendeiros etc. Eles receberam título de posse de terras que não eram deles. É por isso que existem casos como o dos guarani kaiowá no Mato Grosso do Sul, de que todo mundo já ouviu falar. Eles vivem num conflito permanente porque suas terras foram entregues para fazendeiros e, entendendo que é um território tradicional, eles se organizam e fazem retomadas, instalam acampamentos nas fazendas, com lona, plástico, de qualquer jeito. O histórico antropológico comprova que é território indígena, mas tem uma fazenda ali, um fazendeiro com um título de posse. Como o Estado entregou, o fazendeiro diz que é dono e se recusa a sair. Em alguns casos, é negociada uma indenização para esses fazendeiros, e assim os indígenas conseguem voltar para a terra, mas encontram um território totalmente destruído, onde não é mais possível produzir e viver conforme a cultura deles.

Em outros lugares tem também o problema do agrotóxico. No Mato Grosso e no Mato Grosso do Sul, por exemplo, já ficou comprovado que mulheres grávidas perderam o bebê por tomarem água ou respirar ar contaminados com agrotóxico.

SEMAYAT_ Falando nisso, seria interessante a gente aprofundar a questão da contaminação por mercúrio. Existem estudos que mostram que o mercúrio é extremamente perigoso para as mulheres inclusive por isso, porque passa para o feto durante a gravidez e pode causar problemas neurológicos. Ministra, a senhora pode falar um pouco sobre qual é a ameaça para o futuro dessas comunidades?

SONIA GUAJAJARA_ Olha, se seguir nesse ritmo, se não frearmos esse modelo econômico do agronegócio, das monoculturas, das atividades ilícitas, há um risco de perda de identidade, de esses povos indígenas simplesmente serem extintos, porque, para seguirem existindo, eles precisam ter um território para viver conforme sua cultura, sua tradição. O território é necessário para reprodução física e cultural. Sem ele, nossa identidade está ameaçada.

Já foi até dito por alguns estudiosos indígenas que, seguindo esse ritmo, os indígenas no Brasil são um povo sem futuro. É uma forma de ler a situação. Mas eu creio que, se a gente resistiu por 522 anos com todo um processo colonial violento, com a ditadura militar, que matou mais de 8 mil indígenas, e ultrapassamos o governo Bolsonaro, não seremos extintos facilmente. Agora estamos num novo momento de ocupação de espaços e precisamos trazer muitos outros indígenas, seja para continuar lutando na base, fazendo a resistência, seja para ocupar a institucionalidade, estando nos lugares onde as decisões são tomadas. São várias formas de luta. Precisamos fazer com que a sociedade entenda a importância dessa reconexão com a ancestralidade, a importância de proteger as florestas e a biodiversidade. É importante que todos entendam o papel dos povos e dos territórios indígenas não só para nós, que vivemos neles, mas para toda a humanidade. Nós, indígenas, somos apenas 5% da população mundial e protegemos 82% da biodiversidade do mundo. Isso quer dizer que, se os direitos indígenas estão ameaçados, se esses territórios não são protegidos, não somos apenas nós que estamos em risco, mas toda a vida no planeta.

BROWN_ E o que cada pessoa pode fazer? O que um jovem, o cara que está acompanhando esta conversa agora, voltando do trampo, com a bolsa nas costas, no metrô, pode fazer para ajudar com a causa? Assistir e chorar junto? Fazer alguma doação, mandar um pix?

SONIA GUAJAJARA_ Olha, Mano, essa questão da arrecadação, das vaquinhas, que a gente sempre vê circulando, é muito importante para questões emergenciais, quando tem um povo passando por necessidades urgentes para comprar coisas básicas. Mas acho que agora é a hora de o Estado brasileiro se fazer presente, de termos políticas públicas que resolvam o problema, e não só de atender de formas pontuais como essas. É hora de o Estado assumir essa responsabilidade e criar políticas adequadas e suficientes, entendendo as especificidades de cada povo. O Bolsa Família, por exemplo, é uma revolução, algo que tira muita gente da miséria, mas não serve para os indígenas que estão nas áreas mais remotas da Amazônia. Para pessoas que precisam andar três, quatro dias de barco para chegar até o ponto mais próximo onde vai poder receber o benefício, não compensa. Se é para pensar políticas públicas, precisamos considerar essas realidades distintas. É difícil resolver, mas é preciso começar a discutir e encontrar as melhores alternativas.

BROWN_ Tenho uma pergunta sobre os garimpeiros. A senhora falou que eles também são trabalhadores, que não foram inseridos no mercado de trabalho da cidade e que o Estado não se responsabiliza por eles, fazendo com que se direcionem para o trabalho ilegal. Quem são os garimpeiros? Qual o perfil deles?

SONIA GUAJAJARA_ São homens simples, pessoas que têm dificuldade para entrar no mercado de trabalho e buscam uma forma de sobreviver e de sustentar a família. Muitos são analfabetos, sem nenhuma instrução. Pode ser polêmico dizer isso, muita gente afirma que não se deve ter pena deles. Mas eu sei que esses garimpeiros às vezes também são vítimas desse Estado que não dá conta de atender às necessidades humanas, não tem políticas sociais inclusivas para essas pessoas. Então eu também me preocupo. Se tiramos os garimpeiros invasores desses territórios, isso pode gerar outros problemas nas cidades próximas, já que muitos não vão ter condição de voltar para o seu estado de origem. Boa parte deles vem de outros lugares, chegaram ali procurando formas de sustentar a família. Por isso acredito que quem deve ser penalizado são os donos do garimpo. São eles que garantem a estrutura que mantém essas pessoas na ilegalidade. E o Estado também precisa assumir políticas alternativas de geração de renda e dar condições para que esses garimpeiros sejam inseridos na sociedade de forma legal.

SEMAYAT_ Ministra, sei que você também é muito envolvida com o movimento das mulheres. Pode falar um pouco sobre a condição das mulheres indígenas neste momento?

SONIA GUAJAJARA_ Claro. Fora as consequências que já mencionei, como a contaminação da água, uma outra coisa que o garimpo deixa nos territórios indígenas é a prostituição infantil, o alcoolismo e doenças que afetam principalmente as mulheres, inclusive doenças sexualmente transmissíveis. Além da malária, que é típica dessas regiões. E, em 2020 e 2021, durante a pandemia, o principal vetor para contaminação por covid-19 nas terras ianomâmi foram os garimpeiros.

Este ano fiz um sobrevoo no território ianomâmi junto com o Greenpeace e o *Fantástico* para averiguar uma denúncia sobre a construção de uma estrada clandestina. Assim confirmamos que havia ali uma estrada de 150 quilômetros, que levava até um maquinário que, antes, nunca tinha chegado dentro do território. Avistamos quatro máquinas pesadas usadas para fazer garimpo. Agora me diga, Mano, como é possível fazer uma estrada de 150 quilômetros sem os órgãos responsáveis se darem conta? Como eles não acompanham e impedem uma construção assim, que é proibida? É um acesso por terra que chega dentro do território, no garimpo, nas aldeias, e aí leva também bebida alcoólica, abre caminho para a prostituição de meninas, que às vezes seguem com uma gravidez fruto de estupro. Existem alguns dados sobre isso, mas que nem sabemos o quanto são reais. Podem ser subestimados, já que se trata de uma área muito extensa e com aldeias distantes umas das outras. São cerca de 370 aldeias de difícil acesso, mas os garimpeiros conseguem chegar pois têm seu próprio sistema de comunicação, sua própria internet, suas aeronaves.

BROWN_ Acho que a gente tem que tentar sensibilizar a rapaziada dos centros urbanos, o moleque da periferia, aquele que bate no peito para dizer que é de favela, que tem orgulho dela e tal. Lá no Rock in Rio eu encontrei o pessoal do Brô MC's, um coletivo de rappers indígenas. Eram uns quinze manos, de oito povos. Um deles falou pra mim que, às vezes, um helicóptero passava baixinho sobre a aldeia metendo bala. E ninguém vê isso. Nós estamos vendo televisão, com o controle na mão, jogando video game, vivendo a nossa vida — e muitas vezes reclamando dessa vida, inclusive. Enquanto tem gente passando de helicóptero dando tiro em famílias ali embaixo. Eu pensei: "Nossa, os moleques da favela precisam saber que isso acontece". Imagina você estar na sua favela, mexendo no seu iPhone, jogando video game, e aí passa um helicóptero metendo bala.

A gente tem que sensibilizar as pessoas, principalmente os nossos, que julgamos que vão ser os mais corretos nessa coisa de exigir justiça, porque nós mesmos somos injustiçados e perseguidos. É por isso que estamos aqui, falando isso. Tem que mostrar que não é só a gente que tá sofrendo, como cantamos nas letras de rap. A gente luta pelo preto o tempo todo, mas também somos indígenas, somos negros e indígenas. Também está no meu sangue. O brasileiro tem que parar de ser fanfarrão e usar fantasia de indígena no Carnaval, ou no Sete de Setembro, e exigir justiça como um todo, não só aquela que vai nos favorecer enquanto segmento social, como o negro da periferia de São Paulo, o negro do morro no Rio ou os negros da Bahia. Não. Neste momento estamos falando de humanidade, de justiça total.

É lógico que estamos animados com essa primeira ministra indígena, mas tendo esta conversa entendi que essa luta é longa, que estamos só no começo. Vai precisar de mais gente, mais equipamento, mais dinheiro, mais tudo, para que não haja uma limpeza étnica, porque é esse o risco. A extinção desses povos.

Ministra, e também a Semayat, me veio um pensamento aqui. Vou filosofar um pouco. Às vezes parece que não há solução para o Brasil porque o país foi construído em cima do sangue do indígena e do preto e, no dia em que deixar de ser assim, já não é Brasil. Cai tudo por terra. Parece que é essa estrutura, isso que a ministra contou, que faz o Brasil ser o que é. Essa é a riqueza que o Brasil pensa que tem, poder tirar o que é do indígena, explorar o preto, fazer trabalhar por menos dinheiro e lucrar em cima disso. O Brasil pensa que é isso. Sei lá, ideia de cantor de rap. Mas parece que a gente não vê solução se o Brasil só vê o território indígena como um lugar para tirar riqueza, e ainda coloca o preto pra trabalhar tirando essa riqueza de lá. Claro que existem exceções, mas a rapaziada que costuma estar nesses lugares com as piores condições de trabalho, na ilegalidade, são os nossos, que são empurrados pra fazer esse tipo de serviço que o sistema quer fazer, mas não tem coragem. Imagino que lá no meio da rapaziada do garimpo também deve ter descendentes de indígenas e de negros, às vezes misturados, totalmente ignorantes da própria história, da própria ancestralidade.

SONIA GUAJAJARA_ Eu me lembrei aqui de outra coisa que gostaria de trazer para a conversa, sobre a nossa conjuntura política e o que estamos tentando fazer agora, que é reconstruir a política indigenista para avançar com os processos de demarcação. Nós tivemos seis anos de total retrocesso, quatro deles sob a decisão política de não demarcar essas terras. Bolsonaro encerrou sua gestão com o legado de ser o único presidente a não demarcar nenhuma terra indígena. Ainda há muitos territórios a serem reconhecidos e regularizados. Na década de 1990, houve um avanço grande na demarcação na Amazônia, com cooperação internacional. Alemanha e Reino Unido, por exemplo, investiram recursos no Brasil para isso, e a preocupação maior já era com a Amazônia por conta da pressão ecológica. Mas ainda faltam muitos territórios.

Agora o presidente Lula assume afirmando, desde a campanha, que vai voltar a demarcar. Estamos falando de desintrusão de garimpeiros, retirada de madeireiros, acabar com a grilagem. São pautas históricas, seja de enfrentamento direto ou não, que trazem uma ameaça real para nós que estamos no Ministério, para as lideranças que estão no território e para as equipes que trabalham com a gente. Então é um momento de muita tensão e atenção, porque sempre que decidimos, junto com o governo, demarcar terras indígenas, vem a reação contrária dos invasores, do empresariado que é contrário, da bancada ruralista do Congresso. Existe um risco que a gente enfrenta por querer fazer diferente, por combater esse retrocesso. Quando a gente luta contra o garimpo ilegal e a exploração de madeira, estamos mexendo com forças muito poderosas: políticos, empresários, a própria estrutura do Estado.

Era para ser uma coisa que todo mundo compreendesse, a importância e a necessidade do território demarcado e protegido, que traz benefícios para todos. Mas acaba imperando uma versão contrária do que realmente precisa ser feito. Então esse é um momento de chamar a sociedade para o nosso lado e criar essa consciência, fazer com que as pessoas entendam por que lutamos por isso.

Até hoje o povo diz: "Ah, o Brasil já tem 13% do território nacional como terra indígena, pra quê esses 'índios' querem mais?". Poucos entendem que nessas áreas demarcadas, com presença indígena, é onde se encontra água limpa, alimentação sem veneno, floresta de pé, que garante inclusive o ar que chega aqui pra todo mundo respirar, que traz a chuva para abastecer os reservatórios de água. Quando a gente fala sobre como sensibilizar, eu acho que é isto: fazer as pessoas pensarem em qual água vão beber no futuro se não tem água limpa no seu estado, se não tem floresta em pé para garantir chuva. Só assim você consegue tocar as pessoas de forma pessoal, fazer com que saibam como isso as afeta e por que também precisam lutar pela demarcação dos territórios, pelo modo de vida e pelos direitos dos povos indígenas. Você consegue respirar sem o oxigênio que vem da floresta? Consegue ficar sem beber água, sem água doce e limpa? Tem os rios por aí e tudo, mas estão todos poluídos. Essa é a hora de fazer um chamado para reconexão com essa ancestralidade, essa necessidade que todo mundo tem de manter a natureza viva, e isso não é o garimpo que faz nem a retirada da madeira, as invasões, o arrendamento de terras ou as monoculturas.

SEMAYAT_ Ministra, pensando em quem não conhece o termo, acho que é interessante explicarmos o que é uma monocultura. Qual é a diferença disso para uma terra indígena ou a agricultura familiar, por exemplo?

SONIA GUAJAJARA_ Como o nome diz, é quando existe no modo de produção uma cultura só, só um tipo de cultivo. Como a soja, por exemplo. No Mato Grosso, a plantação de soja é tanta que você perde de vista. É soja e pasto, não se vê um pé de árvore. Já na Paraíba, no Nordeste, há uma grande extensão de cana-de-açúcar. Monocultura é essa grande extensão de plantação de uma única espécie. Elas ficam ali por um tempo, e depois de alguns anos o local já não serve para nada, porque isso empobrece totalmente o solo. Aí fica aquela área sem utilização nenhuma, vira "deserto verde", mas é um verde que não vale muito. A gente defende a agrofloresta, a agroecologia, que é quando se juntam vários tipos de espécies diferentes, e isso dá uma riqueza para o solo.

BROWN_ Vou fazer uma pergunta para as duas: vocês acham que é possível conciliar esse jeito moderno, como o mundo está vivendo, com o jeito natural dos indígenas? Tem como os dois existirem ao mesmo tempo ou isso é sonho, letra de música?

SEMAYAT_ Eu acho que não é possível conviver, a não ser que a gente tenha mudanças drásticas de cultura. Se mantiver como a gente vive hoje, é impossível. E aí a gente está caminhando para a morte, tanto a nossa quanto a dos povos que defendem a floresta em pé. Nenhum de nós vai sobreviver se continuar assim. Quem está na cidade, quem está muito habituado ao modo como vivemos aqui, precisa mudar. Precisa dar uma ré. Não sei se somos capazes, mas a gente precisa.

SONIA GUAJAJARA_ É, eu acho que é preciso um freio. Nós estamos em um momento em que, seguindo nesse ritmo, vamos chegar a um ponto de não retorno, isso é inclusive comprovado pela ONU nas conferências do clima. Não é uma ameaça só para os povos indígenas. Hoje estamos lutando para evitar emissões de gás carbônico e não alcançar os 2° C a mais de temperatura no planeta. Pouca gente está escutando isso.

O aquecimento global é real, a Terra não é plana, e o que afeta um afeta todos. Essa destruição provocada pelo homem vai atingir todo mundo. Se essa ganância para destruir, explorar, não tiver um basta, a gente vai chegar nesse ponto irreversível. Por isso que este é um momento tão importante para a chamada a uma nova consciência política ecológica global.

Eu acho que tem que ter rastreamento das empresas, saber onde e o que estão produzindo. Empresas que compram e financiam produtos que destroem o meio ambiente, que violam direitos, precisam ser responsabilizadas. Tem que ter sanções para aquelas que não respeitam os princípios de direitos humanos e o meio ambiente. É uma preocupação humanitária, civilizatória, e essa consciência precisa ser incorporada pela sociedade como um todo.

Esta nossa conversa de hoje é um espaço importante para fazer as pessoas escutarem e terem curiosidade sobre o que cada um pode fazer. É difícil pensar uma mudança global a partir de uma mudança pessoal, mas acho que é fazendo esse chamado, a partir do pessoal, que vamos conseguir chegar no global. Porque somos pessoas, e somos nós que estamos provocando toda essa destruição com aquilo que a gente consome.

BROWN_ Sensacional. Espero ter contribuído. Foi muito bom falar e aprender um pouco com você, ministra Sonia Guajajara. Muito obrigado pela presença.

9 de fevereiro de 2023

ELISA LUCINDA

“Quando eu quero desmoralizar essa ideologia de superioridade da branquitude, eu falo: ‘Se é superior, se é mais inteligente, como pode ser racista? Ser racista é ser burro’. Tem algo errado aí. E isso dói pra quem se diz superior.”

SUPLA

“Eu me lembro do papai no banco da frente, lendo pra gente enquanto a minha mãe dirigia. Ele ia lendo o livro *Roots*, “Raízes”, sobre o Kunta Kinte. Dando a real assim pra gente, sabe? Para a minha formação, para a nossa formação, isso sempre foi uma coisa.”

“Eu tenho tido uns diálogos com Deus, pedindo que me dê uma boa saúde para eu ver, ainda durante a minha vida, a realização da renda básica universalmente implantada no Brasil.”

EDUARDO SUPLICY

THAÍDE

“Você pode trilhar quantos caminhos quiser, mas eu só aprendi isso depois de adulto, entendeu? Antes eu achava que era um caminho só, que eu não podia fazer duas coisas ao mesmo tempo. Isso é uma forma de minar a sua autoestima, fazer você duvidar do seu potencial. A gente acaba tendo mais coragem de roubar do que de levantar de madrugada para conquistar o pão de cada dia. Quantos e quantos falavam: ‘Eu vou ficar ganhando mixaria? Por quê, mano?’. É o ego, tá ligado? O ego inflado, mas a autoestima lá embaixo.”

Ela enxerga a alma

Lembro do momento em que a Conceição soltou uma frase marcante, que ficou ecoando. Perguntei se ela toparia escrever um livro sobre outras realidades, tipo, sei lá, a história de uma família branca. E ela, na lata, sem rodeio, mandou: "Eu precisaria me compadecer primeiro, não sei se consigo. Tenho que ter admiração".

Mano, aquilo foi de uma honestidade absurda, que te acerta em cheio! Porque é isso: no fim das contas, o primeiro e o último sentimento que te move muitas vezes é a compaixão, é se colocar no lugar do outro. Percebi que ela se conectou demais com a Semayat também, no olhar, numa sintonia particular de mulher preta pra mulher preta. Foi bonito de ver, tá ligado? A Conceição Evaristo é uma mulher de inteligência profunda, com um olhar que fala sem precisar de palavras, silencioso, que enxerga a alma. Essa é a Conceição.

CONCEIÇÃO EVARISTO

BROWN_ Seja bem-vinda, Conceição Evaristo. Me conta qual é a sua memória mais antiga e como ela influencia a sua escrita.

CONCEIÇÃO_ Eu venho de Belo Horizonte, a memória mais viva de minha infância é de minha mãe, de minha tia, de um tio velhinho que eu tive e nove irmãos. E de uma trajetória pelas ruas de Belo Horizonte — eu menina andava pelas ruas numa procura material, catando coisas, me alegrando com aquilo que me valia, mas ao mesmo tempo como se Belo Horizonte já não me coubesse. Como se naquela cidade faltasse alguma coisa para toda a minha família.

BROWN_ Sou um pouco mais jovem que você, mas eu nunca deixei de recorrer à minha infância para solucionar problemas atuais. Sempre busco algum defeito meu lá. E as melhores memórias também. E uso pra escrever.

CONCEIÇÃO_ Nós somos memorialistas. Você realiza isso através da canção, e eu, da poesia, do conto. E, apesar de todas as dificuldades que a gente vive na infância, da incompreensão, dos desejos frustrados, é uma fase bonita da vida da gente, em que você crê em alguma coisa. E como a gente tem que ficar a vida inteira fazendo esse exercício de recuperar a inocência, porque se você for viver com maldade o tempo todo adoece, a gente acaba sempre voltando à infância.

BROWN_ Quem é o seu familiar mais antigo na memória?

CONCEIÇÃO_ O tio Totó. Ele foi o marido da minha tia. Na minha infância ele já tinha mais de oitenta anos, era o preto velho. Contava muitas histórias, me alimentou muito. Ele contava muitas histórias da escravidão, como a minha tia e a minha mãe também contavam. No *Becos da memória* eu narro uma dessas histórias. Minha mãe contava que havia uma família tradicional de Pedro Leopoldo que tinha entrado num processo de decadência, foi perdendo as coisas, e que um homem dessa família tinha uma ferida na perna que nunca curava. O pai ou o avô dele teve um preto velho escravizado que tinha uma ferida na perna, e toda vez que os senhores passavam, chutavam a ferida dele. Ele abaixava e só falava assim: "Ui ui, senhor! Ui ui, senhor!". Anos depois essa família entrou em decadência e um dos membros ficou com uma ferida na perna. Segundo minha mãe, não teve medicina, benzeção, não teve nada que ajudasse, e, ao mesmo tempo que aquela ferida apodrecia, a família perdia tudo. Eu pensava: "Bem feito!". A literatura é o meu espaço da vingança.

BROWN_ Fala mais sobre isso.

CONCEIÇÃO_ A literatura não é espaço de vingança só pelo texto em si. Toda a minha família — minha mãe, minhas tias e minhas primas — trabalhou para famílias tradicionais de Belo Horizonte. Minha mãe trabalhou na casa de duas irmãs que eram escritoras, Alaíde Lisboa de Oliveira e Henriqueta Lisboa de Oliveira. O pai dessas senhoras foi padrinho da minha irmã mais velha. Naquele momento, ainda se vivia um sistema em que as pessoas pobres e negras davam os filhos para os patrões batizarem, na expectativa de receber proteção. Outra prima trabalhou na casa de um grande pensador mineiro, Eduardo Frieiro. Passaram-se anos, e eu também fui lidar com escrita. A minha literatura me persegue desde o ventre materno, quando a minha mãe vai trabalhar em casas de famílias, quando eu mesma trabalho em casas de famílias proeminentes. Depois foi publicado em Belo Horizonte um livro que trata de escritores mineiros — e o meu nome está na mesma obra que traz nomes de escritores que foram patrões de minha mãe. Tem vingança melhor do que essa? Não tem. Não derramei uma gota de sangue.

BROWN_ Ganhar dinheiro é a vingança da vingança.

CONCEIÇÃO_ Ganhar dinheiro com literatura é possível, mas... o autor costuma ganhar somente dez por cento de cada livro publicado. Já aconteceu comigo de o livro ser vendido para o governo, aí tem uma possibilidade de ganhar mais. Eu já tive três livros vendidos para o Programa Nacional do Livro Didático. Ou então você ganha um grande prêmio literário, porque às vezes você ganha um prêmio mas só recebe uma imagenzinha, como o Jabuti. Quando ganhei do governo de Minas Gerais um prêmio pelo conjunto da obra literária, aí recebi dinheiro. Fora isso, não dá pra viver de literatura no Brasil.

BROWN_ E o teor da tua escrita vem de onde?

CONCEIÇÃO_ Sem sombra de dúvida vem da vida, e também da minha memória e da memória coletiva. Eu gosto muito do termo "assuntar a vida". Gosto demais de ficar assuntando, arquitetando, e gosto muito de inventar na situação comum para ver se você vai acreditar. Às vezes você acredita, e é mentira pura. Mas sempre é uma história muito comprometida com a vida, com o nosso cotidiano. A maioria das personagens dos meus textos é feita de mulheres e homens negros. Escrevo muito sobre nós.

SEMAYAT_ No *Canção para ninar menino grande*, tem o Fio Jasmim. Numa entrevista, a senhora disse que a sua intenção era construir um personagem de um homem negro, e, no final, ele acabou sendo contado pelas personagens mulheres. Quem seria o Fio Jasmim se ele tivesse saído como a senhora queria?

CONCEIÇÃO_ Se o Fio Jasmim tivesse saído do jeito que eu queria, ele mesmo iria declarar a solidão dele. No texto, a solidão dele fica clara, mas não é ele que fala sobre isso, e sim as mulheres é que vão analisando, a narrativa vai percebendo a solidão dele. Ele tem a ilusão, que é a de muitos homens negros brasileiros, de se comparar aos homens brancos. E a Luiza Bairros, uma grande intelectual que faleceu, falava que na sociedade brasileira a única hora em que o homem negro se equipara ao homem branco é na hora de exercer machismo. Por causa do machismo, o homem negro pensa que pode ser igual ao homem branco, mas não é, porque o homem negro é vulnerável, e o branco não.

Não estou falando que os homens negros não são machistas. São, sim. O que eu quero dizer é o seguinte: não precisa que as mulheres negras sejam algozes dos homens negros, porque a sociedade brasileira faz isso com muita competência. Então, eu acho que é preciso os homens negros criarem uma cumplicidade com as mulheres negras. Seria mais fácil tanto para eles como para nós.

A grande frustração de Fio Jasmim é que ele, ainda na infância, quis ser um príncipe na escola. E como era um menino negro, foi substituído por um menino branco. Ele vive isso sem ter muita consciência, e isso acabou se construindo numa ausência. Ele vai vivendo, vira um homem bonito, até me lembra um dos homens que eu namorei em Belo Horizonte, ainda muito jovem. Não é inspirado só nele, a maneira como ele lida com os filhos me lembra também a ausência do meu pai.

BROWN_ Você também não teve um pai presente?

CONCEIÇÃO_ Não. Depois eu tive um padrasto, é diferente. Fio Jasmim foi feito com muito cuidado, porque eu quero que os homens negros se reconheçam nesse personagem, mas não se sintam aviltados. Acho que não vão se sentir, alguns até já me escreveram dizendo que se encontraram no personagem. Quero ajudá-los a compreender a própria solidão.

BROWN_ Eu adorava entrar nessas ideias antigamente, hoje fico preocupado com isso de "negro isso, negro aquilo". Quem é esse negro? Queria encontrar dois que pensam igual...

CONCEIÇÃO_ O branco sempre nos estereotipou, tentou nos fazer à imagem e semelhança dele. E hoje nós mesmos estamos tocando nas nossas dores, reconhecendo as nossas potências e limitações. E isso é muito positivo.

SEMAYAT_ Tem uma entrevista que a senhora deu para a BBC, em que disse que foi reconhecida tardiamente, com 71 anos, mesmo tendo começado a publicar muito antes, na década de 1990. Acha que as pessoas tentam encaixar a senhora em uma caixinha de "escritora negra"? Como a senhora se coloca diante disso?

CONCEIÇÃO_ Depende muito das circunstâncias e do que pretende a entrevista, de qual é o lugar onde estou. Se estou no meio de escritores de maioria branca, faço questão de afirmar a identidade negra justamente para mostrar que aquele espaço também é meu de direito. Se estou entre nós, acho que não tem necessidade de afirmar a negritude. A gente se conecta pelo olhar, pelo jeito de ser. Temos as nossas individualidades, mas olho para você e me lembro da minha sobrinha. Você pode olhar para mim e se lembrar de alguma avó, de alguma tia. Você vai para países africanos e pensa: "Nossa, já vi aquela mulher lá em Madureira". Uma vez, eu estava numa feira em São Tomé e Príncipe e de repente uma mulher se levantou, me abraçou e disse: "Nossa, você está tão sumida. Quanto tempo eu não te vejo!". Aquilo me causou uma emoção tão grande.

Então, dependendo dos espaços, eu acho que a gente não precisa se afirmar. Mas, principalmente na Europa, faço questão de afirmar que sou uma escritora afro-brasileira. Gosto de usar essa nacionalidade hifenizada. Mas também gosto de afirmar, mesmo quando dizem "escritora negra", que sou uma escritora brasileira. Gosto muito quando falam: "Conceição Evaristo, uma das escritoras brasileiras mais conhecidas". A crítica literária branca tem que reconhecer que a literatura produzida por uma autoria negra faz parte do sistema literário brasileiro. Mas, em determinados momentos, essas afirmativas de "escritora negra" e "escritora afro-brasileira" são políticas, usadas para confirmar uma identidade, então é bom dizer isso com a boca bem aberta para todo mundo escutar.

BROWN_ Você fez parte dos Cadernos Negros. Conta um pouco da história desse movimento.

CONCEIÇÃO_ O Cadernos Negros é aqui de São Paulo, do grupo Quilombhoje. Esse grupo é marcado por uma militância, inclusive a mais antiga.

A própria imprensa negra, o Cuti, fala muito de José Correia Leite, aquele velhinho danado que só vi uma ou duas vezes, mas nunca tive a oportunidade de conhecer mesmo. O Quilombhoje é marcado pelo movimento negro e por lideranças negras que vêm da imprensa. A gente fala muito que os nossos passos vêm de longe, tem toda uma corrente, eu até diria uma influência ancestral que nos segura. A literatura brasileira tem vários escritores e escritoras negros que edificaram esse sistema literário, só que a crítica não trabalha muito com eles. Conseguimos reivindicar a descendência negra de Machado de Assis, mas foi muito custoso para a crítica literária.

BROWN_ Tem gente que contesta até hoje isso aí, inclusive negros que dizem: "Pardo não é negro".

CONCEIÇÃO_ Minha mãe dizia que "se passou de branco, negro é". O grupo Quilombhoje traz também influências ideológicas de pessoas que já estavam na liderança negra. E aí, quando a gente fala em influência ideológica, não pode deixar de citar Abdias Nascimento. Quando fala em literatura, não pode deixar de citar Maria Firmina dos Reis — a primeira romancista negra brasileira —, não pode esquecer de Lima Barreto, de Cruz e Sousa. Sem sombra de dúvida, o Quilombhoje fez escola, porque inclusive essas rodas de poemas que tem hoje nas periferias de São Paulo, Belo Horizonte, Rio de Janeiro trazem em si um desdobramento das rodas de poemas feitas pelo grupo. Em 1990 eu publiquei no Quilombhoje — eu gosto dessa ideia de quilombo: nós é que apresentamos, lemos, criticamos, bancamos nossos textos, porque as cotas de publicação são divididas por cada autor. O Quilombhoje foi o meu primeiro lugar de produção. E, como tinha um público leitor, você sabia que ao publicar lá ia ter gente para te recepcionar. É por isso que eu também afirmo em toda entrevista que os meus primeiros leitores foram os meus pares, as pessoas negras. Se vou para o Salão do Livro de Paris e coisa e tal, quem me deu a chave disso tudo foram os leitores homens e mulheres negros, e não dá para, ao chegar em certo estágio, esquecer isso.

BROWN_ A gente sabe que homens e mulheres negros, quando não gostam, simplesmente viram as costas e vão embora. Não vão gostar só por essa coisa de cor.

CONCEIÇÃO_ Também não é em toda pessoa negra que eu vou me colar. Porque, além de ter que existir essa sinceridade, também é uma questão de nos reconhecer como sujeitos humanos. Todos nós somos passíveis de enganos, erros, safadezas, mau-caratismo, e também de bondade, compreensão extrema.

BROWN_ Não é o que nós estamos falando, mas estou com uma temática engasgada aqui. É a inveja. O que aconteceu com o Vinícius Júnior na Espanha, por exemplo. É um cara esteticamente perfeito, saudável, dos melhores jogadores do mundo jogando num dos maiores times do mundo e com um dos maiores salários do mundo. É muito poder na mão de um jovem negro. Tem gente que acha que ele sofre racismo no estádio por ser o mais escuro. Acho que não: tinha várias pessoas negras no campo naquele momento.

SEMAYAT_ Essa história da inveja a gente pode trazer para todos os universos, inclusive para a literatura. Na literatura negra também acontece: "Ah, literatura negra é panfletária", "Fala de racismo, então é um livro ativista". A senhora concorda que essa palavra, "inveja", também cabe na literatura? Acho que escritores brancos também precisam estar entre eles para acharem que são bons o suficiente. Então, como admitir que uma mulher negra escreve tão bem quanto, ou muito melhor? E existe essa ideia de que se você está escrevendo sobre a questão racial é porque é um escritor limitado, que só fala de racismo.

CONCEIÇÃO_ A Ana Maria Gonçalves, que escreveu *Um defeito de cor*, tem um texto bem interessante em que fala que só escritores brancos podem escrever mal. Se um escritor branco escreve mal, ninguém vai dizer que a literatura branca não presta. Brancos podem fazer uma grande obra literária, negros podem fazer uma grande obra literária. Mas se parte do pressuposto de que a literatura de autoria negra só fala de racismo, de testemunho ou de memória. Há um incômodo quando o negro sai da expectativa daquele lugar que o branco colocou para ele.

BROWN_ Como o seu público é distribuído?

CONCEIÇÃO_ Eu tenho um grande público negro e um grande público branco. Acho que é equilibrado. Mas acho que chega um momento na vida em que você não tem mais que negociar, o que ganhar é vantagem, o que perder não faz mais diferença. Eu acho que nesse momento é que você tem que fortalecer aqueles que estão vindo. Aos 76 anos, se eu ganhar, ótimo. Se eu não negociei a minha dignidade, se não me deixei seduzir até hoje, não é agora que eu vou negociar. Então chega o momento em que a gente tem voz ativa para falar junto com aqueles que não podem.

BROWN_ Mas esse olhar me fala outra coisa. Você não parece conformada com aonde você chegou.

CONCEIÇÃO_ Não, eu mereço mais. Além disso, conquistas que estou tendo agora já deveriam ter vindo antes. Então nada que eu conseguir agora eu considero "nossa, que bom que eles me deram". Já deveriam ter dado. E nem é dado, porque eu trabalho pra caramba. A colheita não pode ser só pra gente, é pra quem vem. Tem o tempo da semeadura, e pode ser que não seja você que vai colher.

SEMAYAT_ Eu conversava com o Brown sobre a campanha que fizeram para a senhora em 2018 para a Academia Brasileira de Letras, não sei se a senhora ainda pretende concorrer em algum momento ou não. A senhora falou numa entrevista que não doeu não ter sido a primeira, o importante é abrir o caminho para que outras possam fazer isso. Foi uma campanha popular, nunca vista antes na Academia Brasileira de Letras. Será que esse é o lugar onde a gente quer e precisa estar?

CONCEIÇÃO_ Algumas pessoas estão me dizendo que eu devo me candidatar novamente. Não sei. A minha primeira candidatura foi um gesto que veio de fora, as pessoas começaram a fazer uma campanha, e a Academia não gosta de nenhuma interferência externa. Eu nem sabia que a campanha estava no ar. E cumpri alguns rituais, mas parece que precisava cumprir mais. Por exemplo, levei minha obra para a Academia. Mas parece que você tem que ir visitar os acadêmicos e conversar. Não sei fazer isso. Algumas pessoas acham que eu devo estar lá pela história da literatura de autoria negra. Mas penso que o importante não é eu estar lá, mais cedo ou mais tarde a Academia vai acolher mulheres negras e homens negros. O importante é que a minha campanha levou a Academia a pensar nisso, o meu papel já está mais ou menos cumprido.

BROWN_ E você acha que a literatura negra diverge da literatura feita por não negros? Qual é o nosso público?

CONCEIÇÃO_ A minha literatura, até pelo fato de ter surgido num ambiente de movimento negro, nasceu focada para esses leitores e depois foi se ampliando. Hoje eu tenho a pretensão e a felicidade de ter obras traduzidas para outros países e tal. Então, essa literatura se expandiu muito em termos de leitores. Mas hoje ainda me preocupa muito o livro ser um negócio tão caro no Brasil. A grande maioria da população negra ainda não tem possibilidade de comprar, então, quando esse Plano Nacional do Livro e Leitura compra livros e eles chegam à escola, é uma maneira de atingir esse público.

Acho que a nossa literatura difere da literatura de autoria branca porque é uma criação que sai de dentro. Isso não quer dizer que a autoria branca não possa fazer uma obra interessante, um texto, um romance interessante sobre nós. Não é qual livro é melhor ou pior, nós estamos medindo aqui de onde nasce, de que grupo social, de que grupo étnico, de que gênero sai essa literatura. São locais de experiências diferentes, que por isso produzem um texto diferente. E nasce contaminado com a subjetividade de quem cria.

BROWN_ E por que o universo criado pelos brancos parece ser mais atraente até para os nossos?

CONCEIÇÃO_ Acho que é uma falta de formação literária. E também porque nós fomos criados acreditando que tudo o que o branco produz é melhor. Por exemplo, a pessoa vai para a Europa e volta de lá falando: "Nossa, o povo europeu é muito educado". O tanto que esse povo europeu roubou! É um povo muito gentil, mas a gente esquece todas as violências que os europeus produziram e ainda produzem. Tem uma ideia de que tudo que é de branco é melhor. A nossa estética mesmo: como foi custoso para nós, negras principalmente, acreditarmos que somos bonitas. Bonita era aquela mulher branca de olho azul, de cabelo liso. Bonita é a casa do branco, é o que o branco produz. Bonito é aquilo que o branco está escrevendo. A pobreza no Brasil tem cor. Os espaços onde a maioria é branca são onde está o dinheiro, e o espaço da grande maioria negra é onde a pobreza atravessa com mais força. Então tem que pensar que raça e condição social se atravessam.

SEMAYAT_ A senhora acha que tem algum público que ainda não é alcançado pela sua arte?

CONCEIÇÃO_ A elite brasileira eu não sei se quer acessar a minha escrita. Mas venho construindo um público leitor muito grande. E tem uma coisa a meu favor: fujo da imagem de uma mulher escritora ou de uma mulher que pode estar na mídia. Já tenho uma certa idade, e isso chama a atenção. Eu encontro com várias pessoas que me abraçam, choram e às vezes não leram nem uma linha minha. Ou até compram o livro para "ver se essa mulher escreve mesmo". Então eu tenho uma classe média, mesmo que não me leia. Um livro caiu no vestibular, eu dei entrevista, fiz isso e aquilo, mas não deixo de estar nesse lugar de uma escritora negra. Muitas vezes falam: "Uma das melhores escritoras negras". Esse "negra" é sempre colado. E isso é perigoso, porque o branco pode achar que a minha literatura é só para o negro. Eu quero que o branco leia para aprender. E as pessoas têm uma curiosidade muito grande por mim. As pessoas brancas me olham como uma fruta rara. O que é isso? Que mulher é essa? Isso é bom, eu quero é mais! A minha voz calma e tal. E jogo todo o meu charme. Mas não queira me ver com raiva...

BROWN_ Quanto dessa raiva vai parar nas coisas que você escreve?

CONCEIÇÃO_ Dependendo do personagem, ele recebe uma dose maior. Se eu não gosto dele, aí vou com tudo. Mas com esses personagens que nos representam eu tenho todo o carinho. Se me pedissem para escrever uma história de uma empregada que, sem querer, queimou com o ferro o vestido da patroa que estava se aprontando e ficou com medo de algum castigo, eu estou mais interessada em construir os sentimentos dessa empregada do que os da patroa. Se ela ficou com raiva, problema dela. Eu não vou parar nesses detalhes na construção dessa personagem. É com a moça que vou ter complacência. Ela carrega um pouco de mim, das mulheres que eu conheço. É mais fácil me compadecer pelos personagens que me representam, o que não significa que eu não possa me compadecer por uma pessoa que esteja numa situação de sofrimento e venha de outros grupos. Não posso tripudiar em cima da dor do mundo e de outros que também passaram por situações dolorosas. Mas a situação do povo negro é uma que me fala de perto.

SEMAYAT_ A senhora já disse que gostaria de escrever a história de uma pessoa negra sem passar pela dor. Dá para construir a história de um personagem negro sem falar de racismo? Como seria esse personagem?

CONCEIÇÃO_ Acho que para escrever a história de um personagem negro sem falar sobre racismo — vou fazer uma piadinha —, só se ele morasse apenas no meio de pretos. Numa sociedade racista como a nossa, vez ou outra eu posso até querer não tocar no assunto, como aquelas pessoas que são meio inconscientes, negros que nunca perceberam o racismo, que afirmam que não existe, ou mulheres que nunca perceberam o machismo. Mas aí a minha maldade é tanta que eu construiria esse personagem de modo a indicar que ele era meio alienado, meio distraído. Uma mulher, por exemplo, que não percebe que o homem está todo dia exercendo machismo sobre ela, e poderia criar um personagem totalmente alienado, mas a narradora iria contar. Existem pessoas assim, que inclusive estão em lugares de subserviência e não percebem.

BROWN_ O resumo das coisas é que só tem dois lugares: mandar ou ser mandado. O negócio é ser bem pago ou mal pago, na real. Se a gente no fundo não manda no nosso negócio, com certeza vai ser subserviente a alguém.

CONCEIÇÃO_ É uma das coisas que a gente observa quando vai para determinados eventos, até eventos ótimos. Tem toda a estrutura do evento e ainda o dinheiro para nos pagar, só que quando você olha quem está na coordenação, quem tem o capital para girar aquilo, normalmente descobre que são as pessoas brancas. Acho que talvez a gente tenha que nos educar para isso também. Às vezes vejo associações negras em que você tem que dar uma contribuição de dez reais por mês, mas os membros esquecem. Eu acho que falta pra gente a instrução para trabalhar esse compromisso em coletividade.

SEMAYAT_ E quando a gente fala de trabalhar com criatividade, ainda tem a questão de fazer primeiro e receber depois. Depois que a obra está feita. Como é que faz para ter dinheiro para criar? A senhora consegue ter dinheiro para só escrever?

CONCEIÇÃO_ Esse momento ainda está longe. Eu sou professora de primeira a quarta série aposentada do município do Rio de Janeiro, então calcule quanto eu ganho. Este ano estou fazendo um trabalho aqui na USP que nunca poderia negar. Tenho convites para palestras que nunca poderia negar. Não estou falando que passo necessidade. Mas, para sair do que é permitido às pessoas negras, tenho que trabalhar muito. Quando eu saio de casa, eu tenho uma acompanhante para minha filha, a Ainá. Quando eu saio para viajar, eu tenho essa acompanhante para ela, mas fora disso, talvez até por hábito mesmo, eu é que tomo conta da minha casa. Então é escrever, é cuidar de casa, é cuidar de Ainá, é preparar palestra, aula. Também estou fundando a Casa Escrevivência. A escrita nasce nesse turbilhão.

BROWN_ Você vê paralelo entre a sua escrita e a música, por exemplo, a que eu faço? E você acha que pode colaborar com essa juventude que faz rap?

CONCEIÇÃO_ Toda produção de sujeitos que experimentaram uma interdição social eu considero como escrevivência. Eu tenho umas poesias que começo falando do Abdias do Nascimento, uma voz madura, e termino falando do jovem rapper que está aí, abrindo caminhos. Inclusive eu tenho vontade de fazer um rap, mas não me julgo com competência.

BROWN_ Qual que é a dificuldade?

CONCEIÇÃO_ É a métrica.

BROWN_ E se você só se preocupasse com as rimas e a filosofia?

CONCEIÇÃO_ A filosofia eu tiro de letra, a rima mais ou menos.

BROWN_ São vários departamentos: quem põe no ritmo é o MC, você escreve a rima, a filosofia é sua também, e outro faz a batida. O bom rap hoje é feito a quatro, cinco mãos.

CONCEIÇÃO_ E eu metida a fazer sozinha! Você me falando agora, o Emicida também já me falou. Eu acho que uma hora vou acabar fazendo um rap.

BROWN_ Eu vejo mesmo essa possibilidade de essa rapaziada mais experiente, que tem muita coisa pra trocar, receber de volta um pouco do que a molecada tá fazendo. Vejo o rap na vanguarda dessa juventude negra que tá ocupando espaço e exigindo direitos porque não é só ocupar, é garantir o direito dessa juventude que tá na frente.

SEMAYAT_ Depois da eleição do Bolsonaro, em 2018, uma frase de *Olhos d'água* viralizou: "combinaram de nos matar, mas a gente combinamos de não morrer". A senhora acha que a gente combina de alguma forma de não morrer no Brasil, ainda que seja sem dinheiro?

CONCEIÇÃO_ Eu acho que nós temos espaços comunitários, quilombólicos, de aconchego e proteção. Quando você pensa em grupos que se organizam a partir da periferia, isso organiza tanto que conseguiu entrar na cena musical e na cena literária. Não estou dizendo que não tenha um querendo pisar no pé do outro. Não vivem de abraços e beijos, mas conseguem criar uma rede de proteção. Outro exemplo, que é um pouco complicado, mas acho que ainda cabe, são os espaços das escolas de samba. Apesar de a direção estar com brancos e muitas vezes as rainhas da bateria serem brancas, ainda são espaços que vivem essa prática quilombola que o Abdias fala. Os espaços religiosos também são contraditórios, mas estão aí como espaços de proteção. Tanto as religiões afro-brasileiras como uma igreja evangélica na periferia servem muitos negros como um espaço de proteção. Esses grupos de estudantes negros dentro das universidades, os Neabis [Núcleos de Estudos Afro-Brasileiros e Indígenas], também se constituem em espaços de proteção e formas de enfrentamento ao meio opressor. Mas essas células precisavam ser em grande escala. Se ao longo da história os negros não tivessem criado espaço de proteção, nós não estaríamos aqui.

BROWN_ Quer falar sobre sua mãe?

CONCEIÇÃO_ A minha mãe faleceu há dois anos. Faltavam três dias para ela completar 99 anos, uma mulher que teve nove filhos e passou por uma série de dificuldades e situações de miserabilidade muito grande. Só à medida que os filhos foram crescendo e todo mundo começou a trabalhar foi que a vida dela se tornou mais tranquila. E já há bastante tempo ela chegou num estado de velhice e teve tudo digno, com dificuldade de andar ela tinha manicure, pedicure em casa. Quando teve um derramamento de sangue na vista, fez cirurgia. E nós pudemos fazer isso sem dificuldade alguma, então não há como lamentar. Há a saudade, mas não há como lamentar a morte de uma pessoa que faltava três dias para completar 99 anos, e que não morreu de covid-19. No fim, a minha mãe já pedia pra ir, porque se sentia muito solitária. Antes da covid-19, a casa era cheia de bisnetos, vizinhos, netos, filhos, e ela foi entrando num processo de desejar as pessoas e elas já não estavam ali.

Eu tive duas mães, minha mãe e minha tia, irmã da minha mãe, uma morando no fundo da casa da outra. Foram essas duas mulheres que me criaram. Então a minha mãe sem sombra de dúvida foi meu prumo, minha inspiração. Ela nos paria o tempo todo, no sentido de indicar o rumo. Era uma pessoa silenciosa. Cantava muito, contava história, era de ficar assuntando, mas com as questões dela era muito silenciosa. Aprendi muito com ela.

SEMAYAT_ A senhora já disse que gostaria de ser uma escritora tão corajosa quanto Carolina Maria de Jesus. A senhora está conseguindo?

CONCEIÇÃO_ Um pouco, mas não como Carolina. Gosto muito das pessoas que são afirmativas sem dificuldade nenhuma, eu não sou muito assim, vou devagar nas coisas, se puder não ser vista me sinto até melhor. Estou aprendendo, mas não tenho a coragem que Carolina teve, não. Sou uma pessoa muito livre, mas se ninguém notar a minha presença, vou ficar quietinha no meu canto. Eu gosto justamente de ficar observando o entorno.

BROWN_ Conceição Evaristo, quer falar alguma coisa que ainda não foi falada?
CONCEIÇÃO_ Sim, eu quero falar da Casa Escrevivência. Minha preocupação é organizar o meu acervo e deixar para uma geração futura. Vou demorar, mas quero deixar tudo organizado, então nós estamos fazendo uma casa que se chama Casa Escrevivência justamente por causa desse conceito que está aí no ar e que nós temos trabalhado muito. Vai ser uma casa residência mesmo, para bolsa de criação, para atender pesquisadores brasileiros e de fora, trabalhar com formação de professores, com oficinas para crianças. E todo o meu acervo, meu acervo pessoal, rascunhos dos meus trabalhos, tudo vai ficar lá guardadinho. Tem muita tese, tem muita dissertação de mestrado, muito artigo sobre meus trabalhos, sobre escrevivência. O eixo central da casa é uma biblioteca. Fui juntando ao longo dos tempos um acervo muito bom de livros, cartazes, quadros, faixas e folders. A casa fica na Pequena África, no Valongo, que é um lugar que tem um peso e uma espiritualidade muito grandes. Agora em julho vamos fazer a inauguração desse projeto que não está me deixando dormir, de sonho e de cansaço.
SEMAYAT_ Que bom poder organizar. Tem uma repórter, a Beatriz de Oliveira, do Nós, Mulheres da Periferia, que fez uma denúncia dizendo que o acervo da Carolina Maria de Jesus, em Sacramento, Minas Gerais, está abandonado. Muitos dos escritos dela estão amarelados, rasgados, embolorados. Então é importante que você consiga organizar isso.
CONCEIÇÃO_ O espólio da Carolina tem muita coisa que nem a filha dela, a Vera, consegue acessar. Tem parte do material que está em Sacramento, muito malcuidado, tem parte que está com o Instituto Moreira Salles, tem parte que está na Biblioteca Nacional, tem parte que está na UFMG, em Belo Horizonte. E tem parte que não se sabe, mas a Vera calcula que ainda esteja com a família do jornalista Audálio Dantas. O espólio de Lélia Gonzalez também foi difícil de organizar; o de Beatriz Nascimento não, porque como ela trabalhou no arquivo foi para o Arquivo Nacional. O da prof. Azoilda levou sete anos para que uma universidade em São Paulo recebesse. E são materiais que estão aí, para uma geração futura, para pesquisa. E eu estou aí organizando o meu, mas "eu não sou de morrer, porque a gente combinamos de não morrer", então ainda vou ter muito tempo para organizar esse acervo e escrever milhões de livros.

BROWN_ Sensacional esta conversa. Só posso agradecer. Muito obrigado!

CONCEIÇÃO_ Eu que agradeço, gosto de estar com pessoas mais jovens, com pessoas potentes. Estar aqui era um desejo que eu já tinha, estava achando até que estava demorando.

BROWN_ Foi pra ter condições de te receber melhor.

15 de junho de 2023

IVETE SANGALO

"Acho foda eu ter 51 anos e ter esse fogo no rabo, puta merda! Eu não tenho onde dissipar essa energia minha. Então não sinto a idade como um fator depreciativo. Eu sinto a idade como uma potência, tipo: eu estou viva, estou realizando."

JOÃO SUPLICY

"Uma das alegrias que eu tenho de ser brasileiro é justamente essa mistura que não tem tanto, por exemplo, nos Estados Unidos, de preto com branco. Aqui os povos se misturaram muito mais. E eu amo essa mistura que ocorre também na música."

"Você acha que no Brasil as pessoas morrem mais por homicídio ou pelo consumo de produtos ultraprocessados? É pelo consumo de produtos ultraprocessados. São quase 60 mil mortes de pessoas entre 30 e 70 anos de idade por ano. A gente se preocupa muito com homicídio, e tem que se preocupar, sim. Mas estamos cometendo também um 'nutricídio', um genocídio contra a população brasileira, vendendo e fazendo com que as pessoas consumam esse tipo de alimento."

BELA GIL

DENIZE ORNELAS

"As pessoas também comem por necessidade de se preencher. Preencher o vazio da solidão, preencher o vazio da falta. Eu não posso comprar o tênis mais caro, mas posso comprar o salgadinho e me encher dele. Aí eu tenho a sensação de que cultivei o poder de compra. 'É isso, aqui eu posso!' Então minha geladeira pode estar cheia de porcaria, mas ela está cheia."

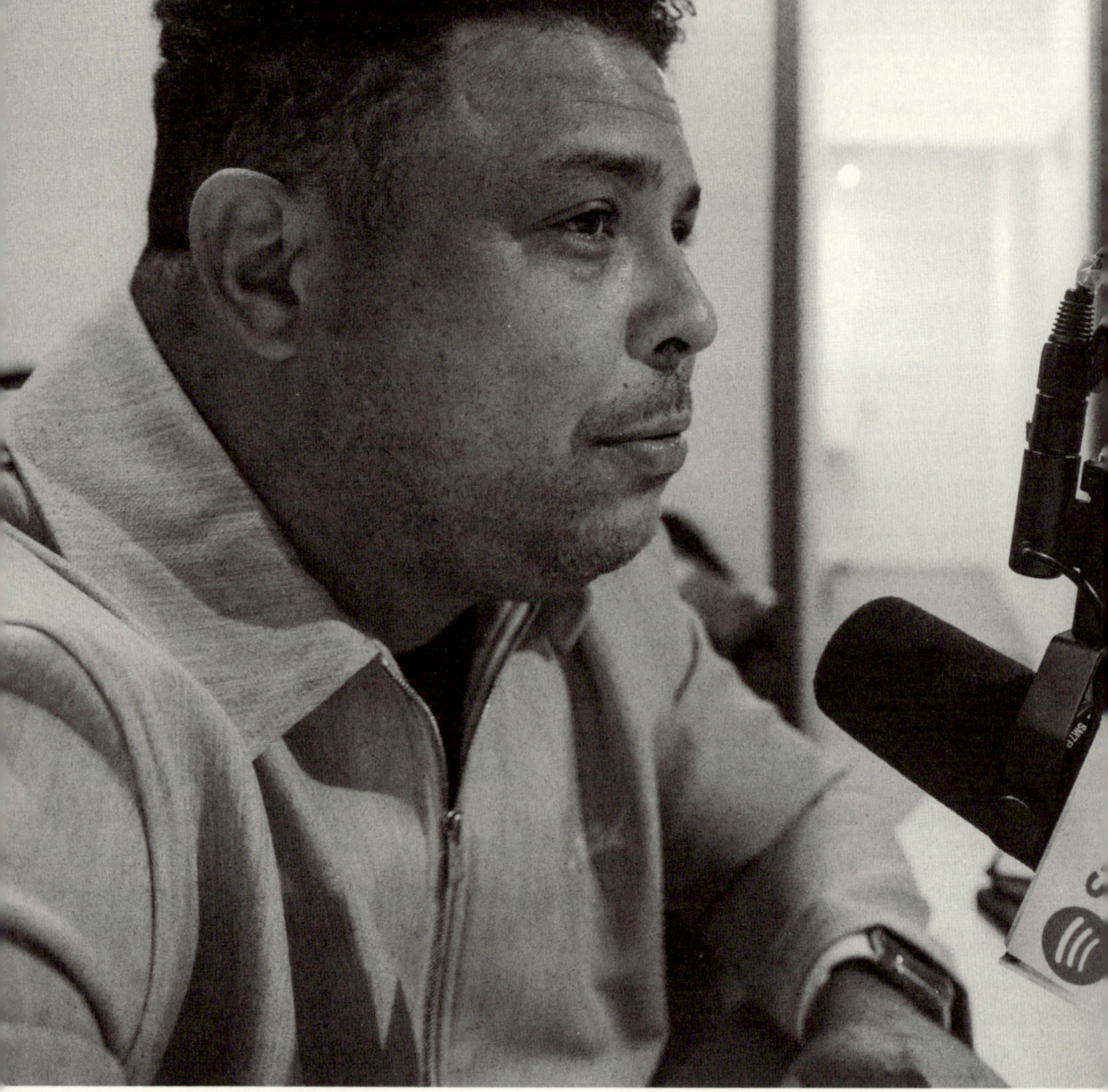

O homem por trás do fenômeno

O Ronaldo sempre foi ídolo absoluto, símbolo de um país inteiro. Mas também carregou muita polêmica. Parte herói, parte enigma — pelo menos pra mim. Eu o observava de longe, com várias perguntas na cabeça. Já tínhamos nos esbarrado antes, mas com poucas trocas. Me faltava entender o homem por trás do fenômeno.

A parte do esportista eu já conhecia. Nossa impressão sobre ele era de tanque de guerra: só vitória, só golaço. Como fanático por futebol, eu vi de perto. Mas a parte humana me pegou. O cara foi transparente. Não correu. Não teve vergonha de assumir que tem derrota também. Tem medo. Tem dúvida. Tem silêncio. No podcast, o jogador abriu o jogo. Falou umas paradas inesperadas, que eu jamais imaginei ouvir, tipo a dificuldade dele em se aceitar como homem negro, o receio de isso atrapalhar sua carreira. Olha o peso disso, morô? E é um peso carregado de silêncio, por muita gente.

Ronaldo mostrou ser mais do que um craque, mostrou ser gente. Ele é o retrato do Brasil. Um cara com superpoder em campo, mas com as mesmas dores e feridas presentes na vida de pessoas negras e pobres. Naquele papo ele tirou a armadura por algumas horas. E isso vale mais do que qualquer gol.

RONALDO FENÔMENO

BROWN_ Você é de Bento Ribeiro. Como é Bento Ribeiro?

RONALDO_ É um subúrbio do Rio. Perto de onde tem todas as escolas de samba, Portela, Tradição, Império Serrano. Na linha do trem é estação Madureira, Oswaldo Cruz, depois Bento Ribeiro. E lá começou a minha história com o futebol. Eu fui fazer uma peneira no Valqueire Tênis Clube pra futsal, que sempre foi forte no Rio. Cheguei lá, tinha cinquenta crianças, a fila da ala direita tinha uns dez; a da ala esquerda, outros dez; de pivô, mais dez; todas tinham dez, menos uma. Na fila de goleiro só tinha dois meninos. Qualquer coisa que eu fizesse ali eu ia passar. E aí fui aprovado. Na semana seguinte cheguei para o treinador e falei: "Cara, preciso que vocês me vejam jogando na linha". Quando ele me viu na linha, na hora eu assumi a ala direita — e assim comecei no futebol. Isso com oito, nove anos. Depois fui para o Social Ramos Clube, outro time de futsal, e lá o pai de um colega levou a gente pra fazer um teste no São Cristóvão, aí já para futebol de campo, e lá eu fiquei mais uns três anos, depois fui vendido para o Cruzeiro. Se eu fosse mal na escola, não podia jogar bola. E aí eu fazia o básico pra ficar bem na fita e ter a permissão de jogar bola.

BROWN_ Qual é a raiz mais antiga da sua família?

RONALDO_ Meu pai é brasileiro, mas acho que o bisavô dele era africano. A minha mãe é baiana. E aí somos cinco irmãos, três do casamento do meu pai com a minha mãe, e os outros dois filhos que o meu pai teve. Seu Nélio tá meio caidinho, dona Sônia tá firme e forte.

BROWN_ Eu queria te perguntar muitas coisas sobre futebol, mas vejo que o Ronaldo hoje ultrapassou o limite do esporte: é um cara de 46 anos, um empresário, uma personalidade. Você sente o peso de ser influente para a juventude?

RONALDO_ Não carrego isso como um peso, mas como uma responsabilidade que eu tenho com as pessoas e o futuro da molecada. Eu me coloco no lugar de outras crianças, porque cresci pegando três conduções até a Gávea só pra ver o Zico jogar no Flamengo. Ele era o meu ídolo máximo, eu queria ser igual a ele, prestava atenção em tudo que ele falava e fazia. Então eu sei da responsabilidade de passar bons exemplos para a molecada. E o futebol é uma via de escape muito grande para milhões de crianças que sonham em sair da periferia, usar o esporte como uma ferramenta de inclusão e pra melhorar a situação da família.

BROWN_ Um garoto pobre, como você foi, teria condições, hoje, de chegar num clube de futebol? A categoria de base é justa?

RONALDO_ Os clubes fazem peneira constantemente com a molecada, e lá prevalece quem joga mais. Existe muita gente olhando os atletas. Eu acho que a criança determinada, disciplinada e que quer chegar lá consegue, só depende do esforço e do sacrifício dela pra chegar aonde quer. Vai estar disputando com outros cem moleques, é a lei da selva — se você for melhor do que o outro, vai passar. Eu nunca vi um que jogasse mais do que o outro ficar para trás. Não tem que escolher porque tem um pai rico ou empresário. Cheguei agora no Cruzeiro e deixamos muito claro que a gente busca talentos. Infelizmente, muitas crianças vão ficar para trás, a maioria esmagadora vai ficar para trás nesse caminho. Porque vai afunilando até só ficarem os melhores. O Santos é um que faz uma bela de uma captação, sabia? Eles fazem um trabalho muito bacana na base lá. E não só na base, mas como eles captam bem e têm uma metodologia bacana, usam isso no profissional. Porque tem muito time que tem bons jogadores na base, mas que chega no profissional e não usa. E aí passa a ir para outros clubes. O Santos, não. O Santos bota a molecada logo para jogar. Eu acho isso muito bacana, um time formador.

BROWN_ Mas tem um problema muito sério. A cidade de Santos é maravilhosa, o povo é maravilhoso, as praias são lindas, tem uma puta tradição de dança, de *black music*, de soul, de funk, de tudo. Mas tem pouca gente. Como você vai manter um clube lá dentro, isolado? Nada chega, tudo é difícil, no enterro do Rei não tinha como ir. Fiquei três horas na estrada. Eu entendo o orgulho da cidade, do clube, do Pelé, da história, mas o Santos vai morrer.

RONALDO_ O Pacaembu voltando, eu acho que o Santos vai voltar a ter aquela política de jogar muito em São Paulo. Vai captar mais torcedores.

BROWN_ Esse é o pensamento do cara que quer crescer. Eles, não. Se num jogo no Pacaembu tem 38 mil, eles fazem questão de que o próximo seja para 10 mil na Vila, que é para se desculpar com o morador de lá, que é mais velho. Ou o jovem que não tem dinheiro para subir. Porque para o jovem de lá também é difícil. A cidade de Santos não tem tanto emprego. O jovem tem que vir para São Paulo. Lá fica aquela rapaziada que tem um dinheiro, mas é aposentado, vida mansa e tal. Dá para manter um clube com 7 milhões de torcedores que quase não vai ninguém no estádio para ver o jogo?

RONALDO_ É muito difícil. Tem uma coisa que está acontecendo agora, que é a discussão da Liga. E tem dois blocos. A maior discussão é o tamanho da fatia, o tamanho da pizza e a fatia para cada um dos clubes. O que eu falo nessas reuniões é o seguinte: a gente está perdendo tempo e dinheiro discutindo isso. Com a criação da Liga, a gente vai padronizar os gramados no Brasil, a transmissão, ter iluminação de LED para 4K, isso é uma imagem que vai para o mundo todo. A gente vê a imagem hoje praticamente escura de um jogo, [precisa de] melhorias de infraestrutura, tanto estádio como centro de treinamento, uma série de outras coisas, e a negociação já tem dois blocos, um da Liga Forte União e o outro da Libra. São dois blocos com dois fundos, cada um querendo pagar bilhões. E os clubes não se entendem para pegar esse dinheiro. Não entra na minha cabeça a gente não se entender, profissionalizar o futebol e aumentar a receita da indústria. Hoje a receita do futebol brasileiro é 0,7% do PIB brasileiro, sem medo de errar. Eu falei isso com o Fernando Haddad em Brasília. A gente fez um jogo lá contra o América Mineiro e eu tive um encontro com ele. Falei: "Cara, a indústria do futebol pode facilmente chegar a 3% do PIB brasileiro". É muito dinheiro, mas os clubes não se entendem pra pegar esse dinheiro que tá voando.
BROWN_ Desorganização, falta de conhecimento, má vontade, rivalidade: qual é a fita?
RONALDO_ Cada um tem uma desculpa, que o conselho não aprova, que isso e aquilo, e a gente não olha para a frente. Nós vamos perder mais um ciclo de venda de direitos de televisão em conjunto. E aí vai negociar cada um por si, porque eu tô vendo que tá longe de ter um entendimento entre as duas partes. Nós, Cruzeiro, Botafogo e Vasco, demos um passo atrás e falamos: "A gente não está com grupo nenhum por enquanto. Vamos ver o que vai acontecer". E na minha cabeça eu já tô querendo criar também um novo bloco pra venda centralizada. Eu vou criar um bloco meu. O Botafogo já tá dentro, o Vasco também. Se eu consigo trazer, sei lá, o Corinthians, o São Paulo, quero conversar com a Leila, tenho conversado com o Atlético Mineiro, de fazer um novo bloco muito forte, nós vamos negociar esses direitos de televisão. Mas isso tudo porque não há entendimento entre os clubes.

A gente não está olhando o futuro como tem que olhar, a nossa indústria, com o respeito pelo torcedor que a gente tem que ter. Porque nós temos obrigação de melhorar a indústria do futebol. Estamos parados no tempo, e a gente fica numa discussão boba de quem ganha mais, quem ganha menos. Todos os clubes vão ganhar muito mais dinheiro com isso. Só que, no momento, cada um tá olhando pro seu umbigo, travados com seus conselhos, e a gente não avança. Já tem quase dois anos que a CBF [Confederação Brasileira de Futebol] autorizou a gente a criar uma liga, mas a gente não consegue.

Eu trouxe o presidente da Liga Espanhola para falar com todos os presidentes aqui em São Paulo, e aí o presidente da La Liga veio e falou: "O acordo foi assim, assado, o Real Madrid vai somar um ganho assim, os outros tanto". Tudo explicado direitinho. Era pra gente copiar e colar o modelo espanhol, que é um modelo de sucesso e é justo. Só que eu sou ex-jogador, proprietário do Cruzeiro, novo nessa minha função de dirigente, e os caras olharam pra mim e falaram: "O que esse cara tá fazendo, chegou agora, já quer organizar tudo". Ninguém quis nem discutir o projeto. E aí se passaram alguns dias, já apresentaram um novo bloco, e o outro lado também apresentou um outro bloco. Os dois buscaram fundos, só que acho muito difícil que a gente encontre uma solução para o próximo ciclo de venda de direito de televisão, que é o dinheiro grande que vem para os clubes e que já está ali na esquina. A gente tem que negociar isso agora! Senão vai ser que nem foi até aqui: cada um negocia por si, e negociando sozinho todo mundo perde dinheiro.

BROWN_ Tem que ter uma liga pra representar.

RONALDO_ Tem que ter a venda centralizada pra todo mundo ganhar mais. E pra todo mundo negociar em bloco. Todo mundo vai ganhar mais, é impensável que nós não vendamos o nosso direito de transmissão pra fora. Ninguém fora do Brasil assiste ao nosso campeonato, mas acho que tem demanda. Todo mundo olha pra cá, quer ver os talentos daqui. A Liga Espanhola e a Premier League fazem — vou chutar um número só para dar um exemplo — 2 bilhões. Com o direito internacional deles, eles dobram. É que a gente não consegue vender o nosso.

BROWN_ Dizem que os clubes estão quebrando porque a qualidade dos jogadores brasileiros tem caído. Você acredita nisso?

RONALDO_ O futebol mudou muito nos últimos vinte anos. É inegável. Mas o Brasil continua sendo uma fábrica maravilhosa de atletas. Nossos atletas completam dezoito anos e já vão pra Europa. A nossa fábrica de talentos continua ativa. Mas o Brasil vai dar um salto de qualidade daqui a uns cinco, seis anos. A CBF começou a investir muito em cursos de treinador e metodologia, o que vai mudar o patamar do futebol brasileiro, principalmente pra base, porque durante muitos anos os talentos que saíam eram vendidos brutos. O Vinicius Júnior chegou com dezoito anos no time B do Real Madrid. Não era aquele atleta refinado, mas quando chegou lá e entrou no programa de treinamento, com metodologia, com grandes profissionais no Real Madrid, foi da água para o vinho em dois anos. Hoje é o jogador mais decisivo no futebol mundial. E o Vinicius jogou no Flamengo, não prepararam corretamente ele na base, não melhoraram a perna esquerda dele, nem fundamentos técnicos, nem a relação dele de tempo e espaço dentro de campo. Ele só foi melhorar lá fora.

A gente vai melhorar o futebol brasileiro, e nos próximos dez anos veremos o cenário reformulado. Os clubes que não pegarem esses profissionais preparados vão ficar pra trás. A gente cansou de ouvir de treinadores: "Se a gente igualar na raça, a gente ganha o jogo". Mas tu vê a preparação física, a organização tática, o padrão de gramado, de iluminação do campo no futebol europeu, tudo isso faz muita diferença. Você vê na Série A do Campeonato Brasileiro nove ou dez treinadores estrangeiros mais bem preparados do que os brasileiros. Muita gente vai achar que não tenho patriotismo, que prefiro estrangeiro. Futebol é isso, você tem que contratar os melhores.

BROWN_ Me fala uma coisa que o brasileiro não aprendeu a fazer e que é desenvolvida na Europa.

RONALDO_ Fisicamente, os grandes clubes já trabalham a parte física individual de cada atleta há uns vinte anos. Taticamente, ensinam o cara a entender o jogo ali na hora e a tomar decisões. O europeu está na frente no futebol porque é mais organizado taticamente. E mais bem preparado fisicamente. Ainda não tem o talento do brasileiro, mas tem começado a sair jogadores como o Cristiano Ronaldo, que ganhou muitas vezes o melhor jogador do mundo.

BROWN_ O que o Cristiano Ronaldo tem que você admira e que você não tem?

RONALDO_ Tecnicamente nada, mas fisicamente o cara é uma máquina. Ele vive pra isso, foi buscar o limite dele. O treinamento dele de ser o mais forte, o mais resistente, equilibrou a falta de técnica. E o futebol hoje é extremamente físico.

BROWN_ Qual é o cara que você fala: "Pô, esse é foda"?

RONALDO_ O Messi.

BROWN_ Por quanto você comprou o Cruzeiro?

RONALDO_ Ninguém queria o Cruzeiro porque ele tinha uma dívida de 1 bilhão de reais e o *transferbank* estava pra cair. Se não pagasse, não poderia inscrever jogador. E o Cruzeiro podia cair pra Série C do Campeonato Brasileiro. Eu senti não a obrigação, mas que devia algo ao Cruzeiro por ele ter me projetado pro mundo. Não olhei o risco, só o potencial: 10 milhões de torcedores, uma história maravilhosa. Esta semana nós tivemos uma vitória espetacular, que foi a aprovação por assembleia da recuperação judicial. Ou seja, de todo o dinheiro que a gente deve, a gente já não vai pagar esses juros altíssimos, a dívida já está toda calculada e planejada para os próximos oito anos. E a partir do outro ano a gente começa a criar receita e ser mais competitivo.

BROWN_ Você falou do Vinicius Júnior. Tem umas ideias que a gente troca aqui no Brasil que são assim: "Fulano descobriu que era preto quando estava na Espanha". Aqui no Brasil não sabia o que era — mulato que nem eu, que nem você. O Vinicius Júnior é retinto, o cara não descobriu que era preto. Vi uma entrevista sua uma vez em que você falou que seu cabelo é "ruim" e tal. Eu pensei: "Pô, o cabelo da gente não é ruim, é bom demais, foi feito pro nosso povo sobreviver no deserto". Você é um moleque do gueto, mas não teve essa formação de raça, porque o Brasil maquia muito. Vários jogadores da sua cor descobriram que eram pretos quando jogaram a banana no campo. No Brasil, o cara pensava que era branco, aí os espanhóis jogaram banana pra chamar ele de macaco. Qual é o lance do espanhol?

RONALDO_ O racismo sempre existiu, mas agora, com a velocidade da informação, tudo toma uma proporção muito grande. Eu sofri racismo, mas, como você falou, falei umas coisas ridículas, disse na televisão que a minha pele era branca, mas que eu me sentia preto. Isso só confunde mais. O racismo sempre existiu no futebol, mas é um problema da sociedade inteira. E a gente, enquanto sociedade, principalmente os políticos, não está acompanhando a luta do Vinicius Júnior, porque ainda não acabou com a impunidade. O cara é preso e sai duas horas depois da delegacia. Devia suspender o torcedor racista do estádio pra vida inteira. Só que aí tem uma lei que proíbe por três anos. Ou seja, de alguma maneira, os políticos estão permitindo isso. Racista tinha que ter uma pena severa. Eu sinto que é uma doença.

BROWN_ Uma doença que pode vir da inveja, da admiração, de realmente reconhecer que o cara é superior a você, como o Vinicius Júnior — fisicamente perfeito, funcional, um dos mais bem pagos do mundo. Só resta xingar. Acho que é inveja. Não há o que fazer quando você vê tanto poder. A raça passa a ser mais um detalhe no meio de tanto medo do que ele pode estar trazendo para aquele clube. O futebol mexe com o medo de frustração do cara, de ver o inimigo superar ele.

RONALDO_ Eu não iria tão profundo pra entender a cabeça do racista, Brown. É crime e basta. Esse cara tem que ser punido severamente, e as novas gerações têm que ver isso acontecer. O racista não vai deixar de ser por causa de uma campanha antirracista. Campanha é para os jovens, é educação. Para o racista, é cadeia, é pagar 100 mil dólares para a vítima. Aí tu vai ver que não vai ter racismo nos estádios.

BROWN_ Essa questão racial chegou pra você em que época?

RONALDO_ Essa questão sempre foi muito clara pra mim. Meu pai, negro, sofreu a vida toda. Ele escreveu um livro bem didático sobre as experiências de racismo que sofreu na vida. Ele conta que, quando tinha dez anos, estava lendo um livro na calçada e o vizinho racista dele falou: "E aí, dr. Jacarandá?". O meu pai tinha dez anos e não sabia quem era esse Jacarandá. Quando foi pesquisar foi que ele descobriu que era uma agressão racista.

SEMAYAT_ O dr. Jacarandá era Manuel Vicente Alves, um homem negro que nasceu em 1869 em Alagoas. Ele fazia trabalhos braçais, mas se escolarizou e começou a atuar como solicitador em pequenos casos judiciais. Naquela época, você não precisava ser bacharel para atuar na área do direito como advogado. Ele era alvo de chacota porque não era um advogado formado. As pessoas faziam chacota, não concediam esse lugar de advogado a ele.

RONALDO_ Imagina! O meu pai lendo um livro na calçada com dez anos e o cara mandou essa. Meu pai fez uma palestra sobre racismo na escola das minhas filhas. Elas têm cabelo crespo e começaram a sentir um pouquinho de preconceito lá, então organizamos essa conversa. Foi muito maneiro, a criançada absorve bem. É só questão de educar mesmo. E tem o racismo estrutural, que o meu pai menciona muito, em que a pessoa nem sabe que está cometendo racismo. Antigamente eu era menos conflitivo nesse aspecto, fazia as coisas de forma silenciosa pra tentar mudar esse cenário. Minha responsabilidade maior era contra a pobreza, mas eu só não era ativo na luta contra o racismo por ignorância. Comecei a raspar a cabeça com dezoito anos, e agora cheguei à conclusão de que fiz isso a vida inteira pra não entrar nessa briga contra o racismo. Eu achava que podia ser uma guerra perdida, que ia ser dar murro em ponta de faca. Mas, de uns quinze anos pra cá, me tornei muito mais ativo nessa luta. Estou evoluindo.

BROWN_ É louco você falando isso porque a gente se acostumou a ver você grande desde cedo. Você acha que quem se posiciona se dá mal no meio do futebol? O jogador no Brasil precisa de proteção pra poder falar de racismo?

RONALDO_ A proteção ainda é muito escassa. Olha a proteção que a Fifa [Federação Internacional de Futebol] e a Liga dão nesses casos, como orientam os árbitros: no caso de ofensa racial, você pede para anunciar no estádio para parar. Caso volte a acontecer, você para o jogo durante dez minutos. Caso volte a acontecer, você suspende o jogo. Que proteção é essa? Eu não vejo proteção aí. Tá valendo muito mais o negócio do que a vítima. Os políticos têm o poder de criar leis severas. Hoje temos tecnologia para identificar os racistas. É só obrigar, tem duzentas câmeras no estádio. Já identificou, já puniu financeiramente? Agora é cadeia. Os racistas vão pensar duas vezes antes de fazer aquilo.

BROWN_ Porra, Ronaldo, se você falasse isso em 1994 no Cruzeiro, pelo amor de Deus! Imagina você com essa consciência aos dezoito anos. Tipo o Muhammad Ali. Você falar que se vê como preto, que o seu país, seu pai, seu avô… Isso é lindo demais, morô? É isso que nós queríamos ouvir de você há trinta anos, quando você estava no Cruzeiro.

SEMAYAT_ Mas tudo bem, está sendo hoje.

RONALDO_ Eu também carrego a frustração de não ter levantado essa bandeira muito antes.

BROWN_ Mas você pode fazer muito mais hoje, nos bastidores, trabalhando na vida prática. Muito mais do que só fazendo declarações bombásticas.

RONALDO_ Hoje, através da minha fundação, trabalho muito nas comunidades, apoiando lideranças negras nas periferias. A gente identifica líderes e fenômenos nas comunidades e financia os projetos deles. É um projeto de formação, de metodologia, de mentoria e de financiamento também. E a gente também vai apoiar a causa indígena. É um trabalho de formiguinha, mas que me enche de orgulho, tentando correr atrás do tempo que eu perdi com a minha ignorância.

BROWN_ Com a idade que você tá, com esse alcance e essa mentalidade que você tem, se você quiser, vira presidente do Brasil.

RONALDO_ Eu adoro política, tenho amigos políticos, e adoro isso. Mas a gente está na pré-história da política ainda, discutindo coisas que tanto a direita como a esquerda já deveriam ter feito. O sistema político brasileiro atual é feito para não funcionar — a distribuição de cargos, de funções, de dinheiro e tal. Acredito que está evoluindo, o brasileiro está se politizando, mas eu ainda acho que existe muita intolerância.

BROWN_ Essa mente de empresário, essa aptidão para negócios, você, antes de ser jogador, sempre teve ou foi uma coisa já tardia?

RONALDO_ Começou com o meu próprio dinheiro. Tinha que tomar conta e ser responsável com o meu dinheiro, cuidar e tomar decisões.

BROWN_ Eu sou displicente. Você deve ter vários amigos assim, mas você é ligadão no negócio, entende, fala, sabe o que está falando. Eu distraio rápido, mas não tenho paciência com gente que é igual a mim, artista, sabe? Que só quer coisa que brilhe. É louco, porque você é um artista da bola também, criativo e tal, cheio de estilo, mas também tem essa mente pragmática do negócio, de enxergar com clareza.

SEMAYAT_ Tem um dado que você deu, acho que foi no podcast, de que quase todos os jogadores que ganharam dinheiro — não sei qual é o nível de dinheiro que você está falando, mas imagino que seja muito —, que chegaram ao ápice, quebraram depois de cinco anos que encerraram a carreira.

RONALDO_ Isso não é exclusividade do brasileiro, não. Na NBA é assim também. E isso sempre foi uma grande preocupação minha. Imagina, ter ralado pra caramba e depois perder tudo em cinco anos. Normalmente, o jogador quer manter o nível de vida, o padrão, continuar gastando, mas, uma vez que para de jogar, se não continuar entrando dinheiro, ele quebra. Sempre cuidei com muito respeito do meu dinheiro, mas a minha preocupação era muito além disso. Então criei um *family office* para cuidar do dinheiro de outros atletas também. Hoje a gente tem dezoito atletas. A gente oferece um serviço de *concierge*, de pagar as contas, mas também de investimento do dinheiro do cara e, lógico, aconselhando, né? "Pô, vai comprar três carros de 1 milhão pra quê?" Tem que investir o dinheiro corretamente. É um trabalho muito bacana que eu faço com a Vivi, que toca esse negócio, que é garantir que doze, dezoito desses caras vão ter uma vida longa com o seu dinheiro. A gente vai cuidar direito, e esses caras têm uma confiança muito grande. A gente não abriu ainda pra massa, porque nem tá preparado pra isso. Mas num momento mais pra frente, quando eu me organizar pra preparar isso, a gente vai abrir pra muito mais gente, porque, se eu fizer isso, vou estar garantindo o futuro de muita gente, né?

BROWN_ Você vai ser muito mais útil depois que parou de jogar. Se manter útil é a melhor maneira de não gastar o próprio dinheiro, né?

RONALDO_ É, e ocupado.

BROWN_ Ficar ocioso também é foda, né? Você tem se cuidado? Saúde, pá.

RONALDO_ Porra, direto, cara. Treinando direto. E agora eu vou casar, né? Em setembro. Tô emagrecendo pra caber na roupa e tal. Amarradão, me cuidando demais. Agora estou aqui em São Paulo, próximo dos meus filhos. Estou muito feliz de estar perto dos meus. Eu sou carioca, mas sou apaixonado por São Paulo. Encontrei um lugar, pra mim, perfeito, sabe? São Paulo é oportunidade pra todo mundo. E te abraça, né, cara?

BROWN_ Tenho o maior orgulho de você ser pretão igual eu. Estou emocionado de falar de você. Muito obrigado.

6 de julho de 2023

GILBERTO GIL

Força da natureza

Durante essa entrevista fui condecorado sem faixa, sem medalha — condecorado pelo Gil. Nas palavras dele, tinha me tornado um "neoerudito". Foi o encontro entre um "velho conhecido" e um "ilustríssimo amigo novo". Pra mim, isso foi tipo ser abraçado por um orixá.

O Gil é um cara que atravessa o tempo, sempre dois passos à frente. Um poeta de verdade, um gênio. Não é qualquer um que escreve como ele. Com a leveza de quem entende a dor, mas também a beleza. Seu olhar pra vida traz a sagacidade de quem já viu muito, mas não perdeu a fé. Pode até ter sido um homem comum algum dia, mas hoje não é mais. É uma força da natureza.

Ele e Djavan são artistas sem época. Eternos. Mestres. Em muitos momentos foram nossos pais, irmãos e professores, sem cobrar absolutamente nada. Nos piores dias estavam lá, cantando amor e esperança. Dizendo: "Ó, tem saída!". Mostrando que o bem compensa e que, se a gente for à luta, vai dar tudo certo. Eles alimentaram nossa alma em época de fome, tá ligado?

Ainda hoje, é isso que o Gil faz. Ele canta e a gente respira de novo.

BROWN_ Gil, quero muito saber sobre a sua ancestralidade, sobre o familiar mais antigo que você conheceu e o que ele falava sobre o mais antigo que ele conhecia.

GIL_ Minha mãe viveu até 99 anos. Morreu cerca de dez anos atrás. Ela me ajudava muito a recuperar a memória da família, a árvore genealógica. Em conversas com ela, cheguei a fazer anotações sobre as três ou quatro gerações anteriores à nossa. Ela conhecia os parentes dela e os do meu pai. Sabia, por exemplo, que meu bisavô João era filho de um escravo alforriado. Também me ajudava a recuperar o nome dos tios, dos primos. Era uma árvore genealógica bem frondosa.

Do lado da minha mãe tinha certa mestiçagem. Ela não sabia tanta informação a respeito, mas tinha uma mistura de índio. O fenótipo dela era uma pele mais ou menos do tom da sua, um pouco mais clara do que eu, e com traços indígenas muito nítidos, misturados com traços negros e um pouquinho de traços de branco, também.

BROWN_ Eu me lembro de ver você comentar que foi para a África e lá percebeu seu tom de pele como mais claro, teve uma percepção diferente sobre isso do que ocorre no Brasil. Fala um pouco sobre isso.

GIL_ Assim, a primeira vez que eu fui à África foi em 1969, para Angola — que ainda estava sob domínio português, mas já com a rebelião em andamento. Em Luanda se via o Exército português vigiando a cidade, porque os movimentos de rebeldia já estavam se instalando. Depois, em 1977, fui à Nigéria, para um festival.

BROWN_ Em Angola você foi fazer show também?

GIL_ Também. O Itamaraty convidou a mim e a uma cantora paulista, a Tuca, para irmos a Angola representar o Brasil. A nossa origem comum, de colônia portuguesa, nos aproximava muito, e isso se refletia nos costumes, nos modos de estar da população, na institucionalidade governamental. Depois teve essa viagem à Nigéria e, dali em diante, conheci vários outros lugares: Senegal, Camarões, Moçambique. Só nunca fui na parte mais leste, próximo da Etiópia.

BROWN_ E que diferença você percebeu entre Angola e Nigéria, nos povos dos dois países?

GIL_ Olha, a primeira coisa é o sistema de governo, eram bastante diferentes. E as origens tribais também, os modos tribais que ainda se refletem na maneira de ser daquelas nações. Tem bastante diferença entre as nações de origens nagô e as de origens banto, de Angola para baixo. Também tem coisas em comum, evidentemente. No continente africano, em especial nessa região a oeste, tem muita coisa parecida, já que todos se civilizaram ali ao lado do mar.

BROWN_ É fascinante, a África. O brasileiro deveria estudar mais o continente.

GIL_ Sim. A história da África precisa ser mais divulgada em sua essência, na sua origem. O que acabou ficando conhecido é basicamente o período colonial, depois da ocupação de algumas partes do continente pelos portugueses, espanhóis, franceses, ingleses, belgas etc. O que mais se conhece é a partir disso, dessa visão do colonizador branco.

BROWN_ Por que você acha que a gente não consegue valorizar isso, Gil? Que o brasileiro não consegue ver que tudo isso é um diamante a ser lapidado?

GIL_ Eu tenho a impressão de que é porque a gente é um povo que surgiu para o mundo a partir da colonização europeia. E a leitura que se faz da história aqui é a partir disso, dessa visão eurocêntrica e basicamente branca.

SEMAYAT_ Gil, antes de começar a gravação, nós conversamos um pouco sobre a sua família. Seu pai era médico, e sua mãe era professora do primário. Salvador é esse lugar mágico, que tem uma parcela enorme da população preta do Brasil, e pensando nisso me vêm várias questões. Por exemplo: quem eram os amigos do pai do Gil? Lá tinha mais médicos negros? Como ele conseguiu se tornar médico? Como era o seu ambiente familiar?

GIL_ Tem uma música de Caymmi que ilustra muito essa especulação sobre a questão do negro na Bahia: "São Salvador, Bahia de São Salvador/ A terra do branco mulato/ A terra do preto doutor". Muitos negros tiveram oportunidade em lugares como Salvador. Oportunidade de ascender socialmente, de usufruir dos processos educativos, dos processos de inserção social. Meu pai teve muitos colegas negros na faculdade de medicina, e minha mãe também teve muitas colegas professoras afrodescendentes e "indiodescendentes". É essa coisa da mestiçagem, que agora é relativamente contestada. Hoje desqualificam a ideia de mestiçagem porque a atribuem a uma suposta distorção. Mas o Brasil é vastamente mestiço, né? É caboclo, é cafuzo, é mulato, essas denominações todas. E a Bahia tem um papel importante nisso por ter sido o primeiro lugar onde essas misturas se deram, e os descendentes dessas misturas foram se qualificando socialmente, se tornando figuras importantes na vida da cidade e também de outros lugares da Bahia. Por isso eu não desqualifico a ideia, o conceito de mestiçagem. Acho que o brasileiro é um povo mestiço.

BROWN_ Isso também traz problemas. Enquanto você tá falando, eu tô aqui viajando na minha mestiçagem. Hoje em dia se fala muito de cor, de colorismo. E tem pessoas que contestam o pardo, por exemplo, dizem que não é negro.

GIL_ É que não é uma questão só de cor, é de cultura de um modo geral. Qual é a utilidade de estabelecer esse isolamento do negro? "Mais negro", "menos negro"...

BROWN_ Eu me lembro de quando você falava: "Eu sou mulato suficiente pra ser chamado de negro, e o Caetano é mulato suficiente para ser chamado de branco".

GIL_ Isso: "Eu sou mulato suficientemente escuro para ser chamado de negro. Caetano é mulato suficientemente claro para ser chamado de branco".

BROWN_ Não era tão claro...

GIL_ Na Bahia, era.

BROWN_ Já ouvi falar que o Bob Marley era considerado branco na Jamaica. Não aceitei!

GIL_ Pois é. Até você é suficientemente claro pra ser considerado branco.

BROWN_ Com esse cabelo aqui, Gil?

GIL_ É, o cabelo já entrega...

BROWN_ Eu sou obrigado a filosofar em cima do cabelo.

GIL_ O seu cabelo entrega, como o do Marley. Mas o cabelo do Caetano não entrega.

BROWN_ Num país onde tem uma etnia com cabelo crespo e todas as outras com cabelo liso, se você nasceu com cabelo crespo, é um sinal de raça. É um sinônimo de negritude. Mas, Gil, agora vou sair dessa conversa sobre misturas de raça porque eu tenho outra ideia muito louca pra trocar contigo. Quando você estava lá pelos cinquenta anos, você resolveu se aventurar na política. Como foi a virada do poeta, do cantor, pra esse caminho? Por quê?

GIL_ Na verdade, eu fui meio estimulado pela glasnost e pela perestroika. Lembra disso? A queda do império russo, Gorbatchóv...

BROWN_ Como assim?

GIL_ Quando eu era estudante, um jovem estudando história, acabei tendo conhecimento sobre Karl Marx, o marxismo, o comunismo e a transformação daquela região da Rússia, Ucrânia etc., enfim, a ideia de renovação do antigo Império Russo a partir desse novo Império comunista, que chegou a ocupar partes importantes da Europa. E quando isso tudo deu com burros n'água — como aconteceu logo depois do Khruschóv, com a chegada do Gorbatchóv, do Iéltsin —, houve aquela queda gradual do Império, que foi ruindo e ruindo até que surgiram esses conceitos de glasnost e perestroika, uma outra fase do modo de pensar o Estado e a sociedade ali naquela parte do mundo. Aquilo, pra um menino que tinha se formado nos campos da esquerda, na fronteira entre o Ocidente capitalista e o...

BROWN_ Você foi um exilado, né, Gil? Estava no olho do furacão durante a ditadura, foi um perseguido político...

GIL_ Sim, sim. E, por tudo isso, quando houve a queda desse mundo imperial soviético, eu fiquei muito estimulado, percebi um ar de renovação, de liberdade, de uma coisa auspiciosa chegando para a humanidade. Então achei que valia a pena contribuir, na medida do possível, pra isso. Foi nessa época que eu pensei que poderia, ali na Bahia, me juntar a um grupo político que também compartilhava desse espírito, dessa nova respiração, solta, livre, que a queda do Império soviético trazia. Coincidentemente, algumas pessoas desse grupo eram minhas amigas, pessoas próximas que estavam naquele momento ligadas ao Mário Kertész, que era um descendente de judeu, não um judeu descendente, então prefeito de Salvador. Enfim, a proximidade com esse grupo despertou em mim a ideia de fazer alguma coisa. Ainda antes de ser ministro da Cultura, foi lá em Salvador que tive as primeiras experiências com gestão pública, como secretário da Fundação Gregório de Mattos e como vereador.

BROWN_ E candidato a prefeito?

GIL_ E depois candidato a prefeito, ou melhor, pré-candidato.

BROWN_ Qual foi a maior dificuldade que você encontrou durante o seu tempo no Ministério da Cultura?

GIL_ Fazer, trabalhar. Trabalhar é difícil. Lá você representa o Estado, é uma instância estatal, não privada. A maior dificuldade era ter recursos pra implementar uma visão política. O Ministério da Cultura é relativamente novo. Antigamente, as responsabilidades de gestão cultural ficavam com o Ministério da Educação — lá nos anos 1940, até os anos 1950, era "Ministério da Educação e Saúde". O Ministério da Cultura só vai aparecer com essa denominação na época do Celso Furtado. Foi ali que se estabeleceu uma dotação orçamentária específica para a cultura.

Então, quando eu cheguei no Ministério, ele ainda engatinhava, como até hoje segue engatinhando, especialmente nesse sentido de ter um orçamento robusto o suficiente para cobrir as políticas culturais que se queira fazer no país. O presidente Lula compreendeu a importância de um Ministério da Cultura robusto e fez o que pôde, junto ao Planejamento e à Fazenda, pra que tivéssemos uma dotação orçamentária mínima. Mas era mínima mesmo, era pequena. A gente tinha um pouco mais de 1 bilhão de orçamento, enquanto outros ministérios, como o da Educação, tinham dezenas de bilhões. Por isso tinha muita dificuldade. Mas, ao mesmo tempo, tinha muita animação conceitual, muito dessa coisa que a gente acabou de conversar sobre a perestroika, a glasnost e o estímulo que surgiu em mim. Isso tudo estava no Ministério da Cultura, e de certa forma compensava a escassez de recursos materiais — além das coisas novas que apareciam, já que era um momento em que estava surgindo a internet e, através dela, toda uma possibilidade nova de atuação do governo e da sociedade. Com esse espírito, nós inventamos os Pontos de Cultura, por exemplo, que promoviam grupos comunitários em várias partes do país. A gente criava um processo de relacionamento entre a sociedade e o Ministério, fornecia recursos, especialmente recursos novos, digitais.

BROWN_ Isso foi na sua gestão, os Pontos de Cultura? Vocês iniciaram?

GIL_ Sim, na minha gestão.

BROWN_ E eles ficaram!

GIL_ Muitos deles, pelo menos.

SEMAYAT_ Os Pontos de Cultura foram muito importantes nas periferias. É um puta legado.

BROWN_ Que legal, eu não sabia que era algo que vocês tinham começado.

GIL_ Sim, foi a minha gestão, foi quando essa coisa da atuação mais orgânica entre Estado e sociedade se estabeleceu. Por isso mencionei que, coincidentemente, cheguei no Ministério no momento em que a internet se tornava um meio de comunicação importante, como está estabelecida hoje.

Na época, também houve contato do Ministério da Cultura com o da Ciência e Tecnologia para implantação e ampliação extensiva da rede de cobertura digital no país. Trabalhamos muito nesse sentido, vendemos essa ideia pro presidente Lula e ele comprou. Depois, quando eu saí do Ministério, o Juca Ferreira me substituiu e levou adiante esse processo, com essa mesma visão de gestão cultural amplificada, ramificada, descentralizada.

E tudo isso era um pouco resultante daquele impulso inicial lá na Bahia, na época da Câmara dos Vereadores e da Fundação Gregório de Mattos. Era uma ampliação daquele pequeno sonho inicial pro plano nacional, da gestão federal.

SEMAYAT_ Só pra gente deixar marcadinho: em 1987, o senhor foi presidente da Fundação Gregório de Mattos, que era uma espécie de Secretaria Municipal de Cultura em Salvador, certo?

GIL_ Sim.

SEMAYAT_ E em 1988 o senhor se lançou como pré-candidato a prefeito de Salvador, mas acabou não vencendo.

GIL_ Sim. Acabei não vencendo porque a velha política prevaleceu, né? Os velhos acordos, os velhos *players*...

SEMAYAT_ E imagina a chance de vencer! Quando o senhor se candidatou à vereança, foi o vereador mais bem votado.

GIL_ Também naquele momento a lei orgânica municipal, que é a Constituição municipal, estava sendo renovada na Câmara de Salvador, acompanhando a nova Constituição de 1988, e estava sendo criada uma comissão de meio ambiente. Era a primeira vez que a Câmara Municipal de Salvador tinha um setor voltado a esse tema, e eu tinha criado o movimento Onda Azul, em defesa das águas brasileiras. Então estendemos esse trabalho para o plano da Câmara Municipal, estabelecendo uma comissão relativamente ativa em relação ao meio ambiente. Criamos uma articulação com os movimentos ecológicos e ambientalistas da cidade. O Onda Azul não atuava só em Salvador, também tinha ramificações em outros lugares do Brasil, no Rio de Janeiro, em São Paulo etc. Então juntava à dimensão cultural esse outro elemento que estava chegando no grande cenário político mundial, que era a ecologia.

SEMAYAT_ Nós conversamos, antes de começar a entrevista, sobre a sua trajetória e essa sua preocupação com o meio ambiente, com a ecologia. Algo que naquele período veio bastante forte, e que ainda hoje a gente...

GIL_ Agora é que está sendo implementada a relação mais intensa da sociedade com o governo nesse sentido, com a questão amazônica, dos biomas brasileiros, a importância do conjunto da vida ecológica brasileira para a economia mundial, para a preservação da natureza no mundo inteiro. Essa coisa toda. Isso ainda era embrionário naquele momento.

SEMAYAT_ O que o senhor carrega no seu jeito de viver que está completamente de acordo com esses valores que já trazia naquele momento? Porque ainda hoje a gente tem certa dificuldade de imaginar essa vida com respeito às águas, à ecologia. Como o senhor exercita isso no dia a dia?

GIL_ Eu tive várias maneiras de me aproximar, digamos assim, de vivências pessoais relacionadas a esse modo conceitual de viver. Uma delas foi a questão alimentar. Adotei um sistema de alimentação macrobiótico, por exemplo, ainda lá atrás — comecei na prisão, aqui no Rio. A ioga foi outro exemplo. A adoção de processos mais exigentes na relação da nossa dimensão física com a natureza, com o relacionamento social, o estar no mundo. Eu mudei minha maneira de me encarar como ser humano. De certa forma, eu me replantei, como árvore. Tentei uma espécie de replantio da minha pessoa no mundo por meio de costumes novos e mais engajados, digamos assim, quanto ao futuro. Me tornei mais ecológico num momento em que essas coisas ainda estavam começando a ser discutidas no Brasil.

Hoje tenho, por exemplo, uma filha que se dedica completamente a isso, a Bela Gil, que é totalmente interessada nessa questão da renovação das políticas públicas brasileiras em relação à alimentação, como a qualificação da merenda escolar, a denúncia dos processos agrícolas predatórios, com excesso de agrotóxicos etc. Tudo isso ela aprendeu lá em casa.

BROWN_ Essa discussão sobre alimentação vai longe. Eu acho que muito do que está rolando de ruim com o nosso povo entra pela boca.

GIL_ Sim, é evidente. Muito da degradação física, no sentido de saúde, que o homem moderno enfrenta tem a ver com isso. Não é só um problema brasileiro, é mundial. É um problema da produção de alimentos, do modo de produzir e distribuir alimento no mundo. A adoção do que a gente chama de alimentação saudável pela sociedade, e o apoio institucional dos governos para isso, ainda são pequenos. Quer dizer, como é que se come menos sal? Como é que se come menos açúcar? Essas questões todas estão sendo colocadas no mundo agora.

BROWN_ Esse tipo de coisa deveria ser ensinado na escola. É sobrevivência.

GIL_ Pois é. É uma perspectiva que hoje em dia alguém como a Bela Gil tem, uma menina que foi criada nesse contexto. Foi lá atrás, na prisão, que entrei em contato com esses modos novos. Eu vi em uma revista — não me lembro bem se era *Manchete* ou *O Cruzeiro*, mas era uma daquelas publicações importantes na época — uma reportagem com o John Lennon e a Yoko Ono em Amsterdam, quando eles ficaram numa daquelas jaulinhas onde ficavam as prostitutas da cidade.

BROWN_ Eu fui nesse lugar uma vez. Foi quando eles ficaram naquela cama, né?

GIL_ Isso, aquela cama. E eu me lembro de ler na reportagem que eles faziam a [dieta] macrobiótica. Foi ali que ouvi falar sobre isso pela primeira vez, eram o John Lennon e a Yoko já sinalizando a importância do aperfeiçoamento da nossa visão alimentar.

BROWN_ Você chegou a conhecer eles?

GIL_ Eu vi o Lennon de passagem numa festa, em 1970, mais ou menos, quando fui a Nova York pela primeira vez. Era uma festa onde estava o Andy Warhol também. Quando cheguei, o John Lennon estava saindo, e nos cruzamos rapidamente, só cheguei a ver ele de soslaio. Depois me aproximei um pouco mais do George Harrison, que era companheiro dele.

BROWN_ Teve uma amizade?

GIL_ Cheguei a ter. Ele foi ver uns dois shows meus em Londres, e eu mandei algumas fitas que ele pediu, de músicas minhas. Trocamos papos sobre instrumentos, ele era interessado em guitarra e violão, era um belo musicista nesse sentido.

BROWN_ O George Harrison era o mais *beatle* dos Beatles. Foi quem continuou fazendo o som deles, mesmo solo. O que os Beatles faziam com quatro pessoas, o George Harrison fez sozinho.

GIL_ Olha aí, você mostrando erudição.

BROWN_ Gil, você fala calmo, né? Sempre calmo. Fala de uma maneira pausada, dentro de uma razão, uma coerência. Nunca te vi exaltado, falando coisas sem pensar.

GIL_ Sim, eu sou assim sempre. Gosto de falar o que eu estou pensando, e o que eu estou pensando é uma coisa cuidadosa. É um ato cuidadoso que tenho o tempo todo, no sentido de ter honestidade, a mais profunda possível, comigo mesmo. Quer dizer, o que é que eu sei e não sei das coisas? O que eu digo do que sei? E o que digo do que não sei? Isso é fundamental.

BROWN_ Agora eu vou polemizar, Gil. E vou pôr mais política na conversa. Você sempre foi um cara intelectual, sempre falou dessa maneira, usando muito bem as palavras. Você fala de várias formas: pode falar simples, conversando com pessoas iguais a nós, com estudantes, jovens, e também pode falar com político, presidente, chanceler, enfim, qualquer um.

GIL_ Um erudito como você, por exemplo. O novo erudito, Pedro Paulo!

BROWN_ Mas, então, eu fui de uma geração que cresceu vendo programas de humor que usavam essa coisa boa do Gil de forma pejorativa. Usavam a sua inteligência contra você. Isso é racismo. Eles sempre nos colocaram no lugar do ignorante, do que não sabe falar, do que mal fala o português, ou que transforma o português para se fazer entendido. O Gil fala de todas as formas, mas nem isso evitou que fosse colocado numa caixa, como eu já fui colocado.

GIL_ Folclorizado.

BROWN_ Sim, folclorizado. Isso é racial. Eu já fui colocado na caixa do burro. Falei disso várias vezes aqui no programa. Ficava de fora observando os caras me colocarem no lugar do cara ignorante, agressivo, temperamental. Tipo assim: "Ele tem os motivos dele; é doido, mas tem seus motivos". E não é isso. Eu até tenho motivos e sei que de louco e de médico todo mundo tem um pouco, mas, na maioria das vezes, tudo que eu falei foi com total consciência.

GIL_ Sim, nesse sentido que acabei de dizer aqui, você é uma dessas pessoas que pensa o que fala e fala o que pensa. Pensa enquanto fala, fala enquanto pensa — é um movimento articulado de corpo e mente, entre a condição intelectual e a condição natural, física, corpórea. Você é assim. É um desses meninos novos, meninos do mundo de hoje.

BROWN_ Nem tão novo...

GIL_ Comparativamente, é. Você tem 53 anos, eu já tenho 81... Mas, enfim, prossiga com o "vou polemizar" que você falou.

BROWN_ É essa coisa da raça. No Brasil, a gente tem um cara como o Gil como referência de inteligência, de sucesso na vida e na carreira — porque você é um cara que tem uma longevidade artística enorme. Isso é exemplo. O que serve de certo pra você também serve para mim nesse sentido: viver, viver mais, viver atuando. Eu vi seu show há pouco tempo e fiquei pensando: "Isso aí é o sucesso. Saúde, mente sã. O cara atuante até a longevidade, falando, contestando e mudando pensamentos".

GIL_ É, confrontando na medida do necessário e contemporizando também na medida do necessário. Estabelecendo esse fluxo natural entre endurecimento e suavidade.

BROWN_ Eu falei de tudo isso porque você não reclamou de nada do que eu perguntei. Perguntei sobre o grande problema durante o mandato no Ministério da Cultura, e o Gil quase não reclamou. Todo mundo que eu conheço reclama, ele não.

GIL_ Eu não tinha que reclamar de nada. Quer dizer, eu reclamava um pouco internamente, ia lá na Casa Civil, no Ministério da Fazenda, dizer que precisava de mais recursos, precisava disso e daquilo. Mas, publicamente, tentava fazer o que podia com o pouco que tinha. Era essa a minha atribuição, minha responsabilidade. Foi assim que fiquei lá por quase seis anos.
BROWN_ E saiu por que mesmo?
GIL_ Saí porque estava na hora. Meu compromisso inicial era de quatro anos, os anos iniciais do presidente Lula. Depois, quando estava completando o quarto ano, ele me chamou e me pediu para ficar, e eu aceitei. Então, quando estávamos entre o quinto e o sexto ano, eu disse a ele: "Olha, presidente, preciso retomar um pouco mais intensamente o meu trabalho artístico, livre dessas restrições naturais que o cargo público impõe, que não pode isso, não pode aquilo. Deixa eu voltar mais plenamente ao meu trabalho como artista". E nesse momento, reconhecidamente, o próprio presidente Lula também já tinha uma visão sobre o trabalho do Juca Ferreira, que era meu secretário-executivo no Ministério.
BROWN_ O fato de ser artista te ajudou a ser ministro? Fez diferença?
GIL_ Acho que sim. Primeiro, pela questão da visão de mundo. O artista tem uma visão de mundo mais ampla, mais aberta, mais humana, profunda e tal. Segundo, porque a vida artística me propiciava extensões muito grandes no mundo, em termos de contatos. Eu tinha muito conhecimento da Europa, das Américas, muitos contatos na África etc. Era uma contribuição nesse sentido de visão diplomática para o Brasil, na nova diplomacia do país junto ao mundo.
BROWN_ Gil, você vem de uma grande caminhada, de muitas lutas, viu várias fases do Brasil. Como você vê a questão da raça no Brasil hoje? Nos últimos tempos tem se falado muito sobre isso, talvez por causa do advento do celular e da internet.
GIL_ Eu acho que o fato de termos passado a falar muito é positivo. Acho que isso tudo tem melhorado no Brasil. E também a capacidade de denúncia da injustiça, da violência. Tem melhorado no mundo inteiro.
BROWN_ Tem algum ponto de que você discorda de como as coisas têm sido feitas? O que o Gil falaria para a juventude militante? Você sabe que algumas pessoas falam até que você é um orixá, né?
GIL_ Pois é, eu sei. O ancestral contemporâneo!

BROWN_ Contemporâneo, ancestral em tempo real. A gente tem você como vanguarda, uma visão do que vai ser. O que você está vendo? Você acompanha a cena musical negra jovem? O que você tem ouvido?

GIL_ Eu acompanho na medida do possível. Vocês todos, rappers novos, meninos do R&B, do funk e do rap — tanto no sentido de *rhythm and poetry* quanto no sentido de repente, os repentistas novos, improvisadores extraordinários como você.

BROWN_ O Emicida é melhor improvisador, eu não sou bom nisso. Eu escrevo, e com dificuldade.

GIL_ É como eu, então. Da minha geração, se comparar, por exemplo, eu e Alceu Valença, ele é um repentista de marca maior. Mas, enfim, eu presto atenção a esse tipo de coisa, nos meninos e nas meninas novos que adotaram essa suavidade vocal pra expressar a voz, e o apreço deles pela música, pela melodia e tudo o mais. Também tem os meninos egressos do Carnaval baiano e os herdeiros do movimento jovem pernambucano, herdeiros do Chico Science.

BROWN_ Pô, Gil, eu tenho uma legião de amigos músicos que gostariam de fazer perguntas pra você.

GIL_ A gente teria que ficar aqui a noite toda pra responder. São 81 anos!

BROWN_ Esse é o Gilberto Gil, galera, um vencedor na música e na vida. Um exemplo pra nós. Gil, só posso te agradecer por ter aceitado o nosso convite.

GIL_ E eu agradeço também. Estava muito curioso em relação a tudo, ao que você é e representa em termos de inserção coletiva, a sua atuação em São Paulo e tudo o mais. Ainda não tinha experimentado o gosto da sua "neoerudição". Você é um estudioso, é aplicado.

BROWN_ Estou curtindo. Eu segui por esse caminho na pandemia. Fui estudar pra não ficar louco. Sou um estudioso tardio, já que na escola era um aluno displicente, sem concentração durante a classe porque estava com fome.

GIL_ Pois é. Mas teve ainda a possibilidade e a felicidade de encontrar, no auge da vida, aos quarenta e...

BROWN_ Cinquenta...

GIL_ Mas você já está há alguns anos estudando e já tem uns dez desde que se tornou essa figura importante pro conhecimento cultural brasileiro e universal. Eu gostava muito de uma expressão que usava naquela época de

Londres: “No papo é que eu me safo”. E eu não tinha tido ainda oportunidade de ter um papo com você. Hoje, aqui, foi uma nova possibilidade de ilustração. Você é um ilustríssimo amigo novo.

BROWN_ Muito obrigado. Você é um velho conhecido meu! No bom sentido da palavra, claro. Com muita coisa pra falar da vida, das músicas que você fez...

GIL_ É isso, o velho conhecido e o ilustríssimo amigo novo. Nós dois somos aficionados do poético, do modo poético de uso da palavra, da palavra cantada. Você é um grande poeta. Quando um outro poeta, como eu, encontra alguém como você, é júbilo.

13 de julho de 2023

IGÃO

"A gente teve um senso de urgência. Os mais jovens, às vezes até os mais periféricos, gostam do Bolsonaro. E aí eu pensei: 'Mano, preciso fazer essa galera entender que esse cara não é da hora, que esse cara quer matar eles. Tá ligado? A gente vai tomar porrada, mas vai escolher um lado, que é o nosso lado desde sempre'. Foi aí que começou uma cobrança: 'Beleza, levaram o Lula. Não vão levar o Bolsonaro?'. E aí o Mítico falou: 'Nem fodendo'."

MÍTICO

"As pessoas começam a olhar a gente como uma oportunidade. Imaginam que você tem dinheiro e só querem chegar em você por esse motivo. Isso me irrita muito."

"A nossa geração, principalmente a galera dos anos 2000, pegou um caminho muito facilitado pela galera dos anos 1990, porque teve uma explosão, e o samba virou música pop de fato."

THIAGUINHO

EVANDRO FIÓTI

"O entretenimento tem a capacidade de projetar nomes sólidos dentro da pirâmide social, de uma maneira que nenhuma outra indústria tem. Talvez só o esporte, mas mesmo o esporte ainda é muito mais limitado e elitista. Esses dois segmentos fazem as pessoas negras vindas da periferia conseguirem ascender socialmente e mudarem o comportamento da sociedade. Quanto mais integrado a gente estiver, melhor pro mercado como um todo e pra sociedade. Quanto mais a gente tiver essa compreensão, mais potência teremos pra disputar protagonismo dentro da indústria."

Da esquerda para a direita: Emílio Figueiredo, Juliana Borges, Mano Brown e Jackeline Barbosa.

Informação liberta

Esse episódio me rendeu muitas abordagens na rua. As pessoas vinham elogiar, trocar ideia, agradecer. Montamos uma mesa diversa e chamamos pras ideias a Jackeline Barbosa, médica e doutora em ciências médicas pela UFRJ, o Emílio Figueiredo, advogado e membro da Comissão do Direito do Setor da Cannabis Medicinal do Conselho Federal da OAB, e a Juliana Borges, pesquisadora e autora do livro *Encarceramento em massa*.

Os três convidados trouxeram informações fundamentais para um movimento forte: a descriminalização do uso consciente e do comércio da cannabis. É um tema do dia a dia, cotidiano, conectado com assuntos relacionados a saúde, leis e direitos do povo. Utilidade pública, uma das coisas que mais prezo no *Mano a Mano*. A conversa foi muito em cima da especialidade de cada um deles e isso fez toda a diferença.

Não é achismo, é estudo, vivência, pesquisa, ativismo. Saúde é prioridade: mental, física e até espiritual. Quando a saúde vem em primeiro lugar, qualquer episódio tem grande repercussão. Toca as pessoas, de verdade. E esse da cannabis foi exatamente isso. Fiquei muito orgulhoso. Informação liberta!

BROWN_ Hoje, a estrela da noite é a causa canábica. Vou começar com uma curiosidade minha: como a cannabis chegou no Brasil? Quem pode me falar mais sobre isso?
EMÍLIO_ Os estudos existentes indicam a chegada de duas formas: uma é como material para a sobrevivência humana, digamos assim, como cordas, velas de navio etc., e nesse caso teria vindo com os portugueses; a outra é para uso cultural, como uma ferramenta terapêutica, de relaxamento ou de uso ritualístico, que veio com as pessoas escravizadas de África.
BROWN_ Veio da África?
EMÍLIO_ Sim, dentro de pequenas bonecas de pano. Eu não sou historiador, estou entre a advocacia e a antropologia, então não posso explicar detalhes. Mas existem alguns estudos que apontam nesse sentido, de que as sementes da planta vieram com as pessoas escravizadas, dentro de bonecas de pano. Já existia o uso ritual, cultural, terapêutico, algo que fazia parte do bem-estar e da harmonia daquelas pessoas que foi aproveitado e mantido aqui no Brasil mediante muita luta, principalmente nos últimos oitenta anos, porque tentaram de toda forma acabar com essa cultura, inclusive com violência.
JULIANA_ Entre os escravizados, o nome popular era pito do pango. Tem uma pesquisadora, a Luisa Saad, que fez a dissertação "Fumo de negro", em que fala desse uso da cannabis entre os escravizados e desse processo de criminalização. No Brasil, por muito tempo a gente criminalizou o usuário. Criminalizar o comércio é algo relativamente recente, do Código Penal de 1940. E existem decretos da década de 1830 que tentam proibir o uso do "pito do pango" nas cidades do Rio de Janeiro e Salvador, entre outras.

Então tem sempre essa criminalização de uma cultura, que é executada dentro de uma parcela da população que acaba sendo subalternizada, violentada e marginalizada. Não tem nenhum argumento científico para a proibição dessa substância, só argumentos políticos e sociais de tentativa de manutenção das engrenagens de desigualdades. E aí a gente pode levar a discussão para vários caminhos, por exemplo a contradição de os Estados Unidos, um dos países que mais exportam esse modelo de guerra às drogas e proibicionismo, serem também um dos que mais detêm patentes de princípios ativos dessas substâncias — quer dizer, é permitido quando eles conseguem ter controle por um discurso medicamentoso. Então não é à toa que a gente vê hoje chegar no Brasil a ideia de que cannabis medicinal pode. Mas por que não pode a terapêutica, por que não pode a recreativa?

BROWN_ O que difere a medicinal das outras?

JULIANA_ Bom, vou falar do ponto de vista e do conhecimento que eu tenho, que é mais sobre o proibicionismo, a criminalização. Existe, por exemplo, um registro da participação do Brasil na Liga das Nações no início do século xx, em que o país, junto com o Egito, fez uma defesa da criminalização da cannabis com o argumento de que era necessário fazer isso porque o uso por aqui seria uma espécie de vingança dos escravizados. Isso está documentado. Ou seja, qual é o argumento? Quando alguém fuma, quando faz uso dessa substância, a pessoa fica relaxada, e havia um incômodo dos senhores de escravizados naquele período porque, dessa forma, as pessoas deixam de ser um corpo preparado para a exploração do trabalho.

No Brasil, as pessoas negras sempre foram vistas como objeto — não é nem mão de obra, porque mão de obra é quando você já está integrado à sociedade capitalista. Tem um amigo meu que sempre fala que, depois do pau-brasil, nossa segunda commodity foi o corpo negro. São pessoas vistas como mercadoria. E como essas mercadorias poderiam ter um momento de bem-estar, recreativo? Elas precisam estar sempre prontas para o trabalho, para a exploração. Por isso se torna necessário criar mecanismos para impedir o uso.

JACKELINE_ Eu posso contribuir trazendo uma reflexão. A gente gosta de falar em "uso terapêutico", e não recreativo, para não separar do uso que a gente também chama de social. Em medicina, quando vamos fazer uma anamnese, a gente coloca todas as drogas dentro de uma história social. Por que não fazer o mesmo com o uso da maconha? Por que você usa para socializar, né? E aí, quando se fala nessa divisão de uso recreativo, adulto, social e medicinal, como se houvesse uma distinção, a gente ajuda a reforçar o estigma de que existe uma cannabis que é pura, limpa e do bem, e existe outra que é suja, impura e do mal, que causa danos, quando na verdade a planta de onde se extrai é a mesma, tanto no uso terapêutico, com finalidade social e recreativa, quanto para fazer um extrato para beneficiar a saúde mental e física. É a mesma planta, e às vezes é o mesmo uso. Quem pode dizer que o uso de cannabis fumada não é medicinal se o paciente está tendo melhora da sua saúde social, mental e física?

A gente tem observado que essa nomenclatura tem a intenção de diferenciar a cannabis prescrita para uso médico da que é usada de forma não lícita ou não legalizada. Há uma distinção que reforça a discriminação.

É bom lembrar que, lá atrás, antes de proibirem, a cannabis estava nas farmácias, a exemplo do que acontecia na Europa e nos Estados Unidos. Ela estava nas farmácias brasileiras no início do século passado.

BROWN_ Em forma de folhas?

JACKELINE_ Em forma de extratos e formulações diversos. Havia cigarro, e até crianças podiam fumar com finalidade terapêutica. Também existiam os frascos de manipulação. Os farmacêuticos preparavam o extrato da mesma forma que hoje se prepara o extrato artesanal, e a forma de manipular esses medicamentos foi inclusive descrita na primeira edição da *Farmacopeia brasileira* — depois foi retirada. O médico Rodrigues Dória fez o desserviço de escrever artigos dizendo que a cannabis era uma ferramenta do mal, que causava malefícios à saúde. Ele assinava esses artigos nos jornais atendendo a um desejo da classe econômica dominante de que o uso da planta fosse cada vez mais visto como de uma segunda categoria da sociedade.

EMÍLIO_ Chamavam de "veneno africano".

JACKELINE_ Exatamente. "Veneno africano", algo que causa dor, causa mal, que levava as pessoas à loucura e à criminalidade. Um médico — e outros tantos depois dele — assinava esse tipo de frase. E aí a gente entende por que até hoje os conselhos médicos estão numa tentativa de dizer que só pode prescrever o CBD [canabidiol] isoladamente.

BROWN_ Mais uma pergunta nessa parte de saúde. Eu ouço falar sobre o uso de cannabis para o tratamento de doenças terminais, doenças muito sérias. Mas e para a prevenção, existe esse tipo de uso?

JACKELINE_ Sim, sem dúvidas. Em relação a isso, existe o conceito de tônus canabinoide. A gente produz canabinoides no nosso corpo, e existe uma percepção de que algumas pessoas, por diferentes motivos — como uma tendência herdada geneticamente ou sujeição a estresse —, têm essa produção reduzida. Com isso, é necessária uma reposição, que pode ocorrer através do uso da cannabis, que tem esses canabinoides na sua composição e produz eles justamente para se defender de predadores e outras ameaças no ambiente. São os mesmos canabinoides que servem à regulação da nossa saúde.

Durante toda a minha graduação, eu nunca ouvi falar do sistema endocanabinoide. A gente deveria ter endocanabinologia como disciplina, assim como temos endocrinologia, cardiologia, nefrologia. Não que seja uma especialidade médica, mas é um sistema fisiológico amplamente descrito em artigos científicos desde os anos 1960, pelo menos. Todos os sistemas do organismo têm suas funções muito bem estabelecidas, e o sistema endocanabinoide navega pelos outros, modulando as ações do organismo. Uma das características dele é agir no sistema nervoso central. A transmissão do impulso nervoso ocorre sempre numa direção, vai de um neurônio que a gente chama de "pré" para um que a gente chama de "pós". O sistema canabinoide navega no sentido oposto, de pós para pré, e essa transmissão é muito característica desse sistema. Ele é um grande regulador: freio para algumas coisas e estímulo para outras. Além disso, ele não se acumula no nosso organismo, é utilizado por demanda. Depois que você consome, aqueles canabinoides se dispersam. É necessário fazer uma mobilização desses elementos cada vez que você precisa regular alguma coisa na sua fisiologia. Então ele é, por excelência, um sistema preventivo, além de ser curativo ou paliativo em uma série de circunstâncias.

Existem muitos estudos disponíveis sobre isso. É claro que a gente poderia ter ainda mais pesquisas, mas precisamos lembrar que existe a proibição, e não só no Brasil, do cultivo da planta. Como estudar algo de uma forma controlada, totalmente regulada, se você sequer pode ter o cultivo? Existem muitos dados que são sobre o uso fumado de qualquer coisa, que sequer dá pra saber se é cannabis pura ou, se for, qual o tipo, já que existem vários. Mesmo assim, cada vez mais existem estudos de qualidade, felizmente.

BROWN_ Emílio, quais são os maiores problemas que você tem encontrado nessa luta que vem desenvolvendo? Qual é o tipo de trabalho que você faz?

EMÍLIO_ Então, Brown, eu defendo pessoas e demando o reconhecimento dos direitos delas em várias esferas. Já defendi ativistas, usuários, cultivadores, pesquisadores, pacientes. Já fiz uma defesa bem ampla e em vários campos diferentes, do direito e outros, como na política. Já estive na Câmara dos Deputados e no Senado Federal. E assim, cara, acho que a minha maior dificuldade, o que mais me dói, é a sensação de impotência diante da lentidão e da crueldade envolvidos nesse processo. A gente vive o sofrimento cotidiano de ver pessoas sendo mortas, presas, ficando sem tratamento, tendo todo tipo de dignidade violada por conta da política de drogas. Essa crueldade cotidiana é a minha maior dificuldade. O Estado é uma máquina de matar e de prender, e o governo tem uma política de drogas voltada para a punição.

BROWN_ E qual é o pensamento dessa força contrária à legalização? É religioso? É moral? É questão de saúde? Qual o grande argumento, a parte científica do argumento deles?

EMÍLIO_ Não tem parte científica. Não há nenhum embasamento científico que fundamente a política baseada na proibição. O que existe é que a proibição é um grande esquema econômico de controle de pessoas e territórios. Ela faz muito dinheiro circular. Vender arma, fazer policiamento, esse formato militarizado que vem sendo recorrente na segurança pública brasileira, dá dinheiro. E tem toda uma questão de controlar determinadas pessoas — em grande medida definidas pela cor da pele — e os territórios onde elas estão. Prender, matar, internar, deixar essas pessoas sem tratamento adequado, é a coisa mais cruel que eu vejo. A gente tenta desenhar isso para as autoridades para mostrar a contradição do que está acontecendo. Como uma política que diz que quer preservar a saúde pública viola a saúde pública cotidianamente? Como a gente vai ter saúde vivendo uma guerra?

BROWN_ Agora vou passar a bola para a Juliana. Eu percebo, dentro da nossa comunidade, que em vários casos o usuário vem de uma casa altamente moralista, repressora e, muitas vezes, religiosa. A relação de recriminação e violência começa em casa. Com a proibição do uso em casa, o jovem é "alçado" à rua pra procurar um jeito de se esconder e poder fumar. Eu queria que você falasse um pouco sobre isso, e também sobre o encarceramento em massa dos nossos.

JULIANA_ Sim. Eu tenho uma história — virou até uma coisa pra rir — sobre a escrita do *Encarceramento em massa*. Fui convidada pra escrever sobre esse tema na Coleção Feminismos Plurais, fiz a pesquisa, a pré-escrita, e quando lancei o livro foi uma festa lá em casa. Imagina, né? Uma jovem negra, escritora e tal. Então a família inteira foi no lançamento, e uma parte da minha família é muito religiosa. Todo mundo estava lá e celebrou. Minha mãe não tinha lido, e ela foi a estrela do evento, acho que tirou até mais fotos do que eu. Passado um tempo, ela leu o livro e me mandou uma mensagem: "Filha, a gente precisa conversar... Que negócio é esse de legalizar todas as drogas que você está defendendo aqui no livro? O que é isso? Acabar com a prisão, que negócio é esse? Se acabar com a prisão, o que vai acontecer?". E ela continuou: "E as famílias que são destruídas pela droga?", coisas assim. Então eu já tive que fazer esse exercício de conversar dentro de casa sobre esse outro tema que defendo, que é o abolicionismo penal, o fim das prisões como resposta ou saída para mediação de conflitos na sociedade.

BROWN_ Em relação à cannabis?

JULIANA_ Em relação a tudo, é o que eu defendo. Mas o abolicionismo penal é um movimento que tem várias correntes, tem alguns abolicionistas penais que entendem que não é possível mediar algumas situações sem nenhuma punição. Já eu me filio a um setor que entende que a punição é um instrumento de controle, de manutenção e reprodução das desigualdades, que não resolve nada. A punição, em geral, amplifica, aprofunda violências e conflitos na sociedade. Então, em vez de punição, talvez a gente tivesse que falar mais em restauração, mediação de conflitos, restauração de relações, reconciliações, reparações.

O tema da reparação, inclusive, é extremamente importante para o que a gente está debatendo hoje. Foi bom que a Jackeline trouxe um contexto sobre a questão da cannabis medicinal. A gente tem visto essa discussão avançar, uma sinalização de que é possível aprovar a cannabis medicinal no Brasil. Mas o que acontece com as milhares de pessoas que estão presas, por exemplo, por tráfico ou associação ao tráfico, muitas delas detidas com quantias irrisórias de maconha?

Tem um levantamento da Agência Pública de 2019, a partir de dados de defensorias públicas do país, que mostrou que quando uma pessoa negra é presa por porte de maconha ou associação ao tráfico, ela tem, em geral, uma quantidade de substância oito vezes menor do que uma pessoa branca que também foi detida — e que também não deveria ser presa, obviamente, é o que a gente defende, queremos legalização pra todo mundo. Mas a questão é que hoje existe esse recorte racial e social nas prisões. A gente costuma dizer, entre os ativistas, que em alguns lugares das cidades o uso já é legalizado, tem até *delivery*...

BROWN_ Sabe um lugar onde é proibidíssimo fumar maconha? Escola de samba. É o último lugar onde você pode fumar um baseado. Você pode ser desde convidado a se retirar até ser "alçado" por cima do muro. É muita perseguição e memória ruim.

JULIANA_ Exato, é porque tem essa memória da criminalização, da violência.

EMÍLIO_ É isso, é o medo. O que move as pessoas nesse sentimento é o medo de ser criminalizado, de morrer por isso.

JULIANA_ Tem a ver com essa questão que você disse, Brown, de por que é difícil fazer esse debate nas nossas comunidades. Elas estão vivendo cotidianamente essa violência, vendo filho, irmão, marido serem assassinados e presos. Ninguém quer isso para os filhos. E como é que faz se você não tem como mudar a legislação, não tem poder pra isso? A gente é destituído de poder, então as pessoas vão criando mecanismos de um modo que acabam se tornando totalmente refratárias a isso, porque é uma maneira de se proteger.

BROWN_ No uso da cannabis medicinal, qual é o cenário? Como está o acesso para chegar em mais pessoas?

EMÍLIO_ Então, é uma evolução muito lenta. Meu sentimento de impotência diante da lentidão do processo passa por isso também, por essa limitação do acesso ao tratamento. Hoje ainda é uma iniciativa muito ligada à elite, são pessoas brancas que foram para as ruas, para a porta da Anvisa e tudo o mais. Mas isso está mudando, num processo histórico admirável de ver. Até 2011, defender a legalização da maconha era proibido, era considerado apologia ou incitação ao crime. Em 2011, a Marcha da Maconha, que é esse grande acontecimento em várias cidades do Brasil, conseguiu no Supremo Tribunal Federal o direito de criticar a proibição e propor a legalização sem ser criminalizada. Até 2011 era um problema, a gente não poderia nem estar aqui, tendo esse debate. Em 2013, as famílias de crianças com epilepsia se mobilizaram e a coisa começou a andar no campo medicinal. Tem também um julgamento no Supremo Tribunal Federal, que está parado há anos, sobre a descriminalização das condutas relativas ao porte para consumo próprio.* Então tem várias iniciativas nesse campo, tudo muito lento.

O processo legislativo federal tem algumas coisas interessantes, mas o que está acontecendo de mais pungente é o movimento social, o fato social em torno do uso da cannabis, do empoderamento do usuário. O usuário deixa de ser essa pessoa que vinha sendo punida há quase dois séculos, desde a Lei do Pito do Pango de 1830, e passa a ser um sujeito com direitos, passa a demandar direitos. O primeiro direito que o usuário de maconha conquistou é poder criticar a proibição. Isso foi crescendo, temos agora o uso medicinal, e acredito que a qualquer momento o Supremo Tribunal Federal vai destravar esse julgamento e reconhecer que a pessoa que usa drogas não deve ser criminalizada — possivelmente vai ditar algumas regras básicas, alguns balizamentos, mas o uso vai deixar de ser crime, o que é

* O julgamento mencionado foi concluído em junho de 2024, descriminalizando o porte de até 40 g de maconha para uso pessoal. (N. E)

muito importante. Vai continuar ainda a questão do tráfico, mas vamos construir uma política de drogas que vire essa mesa, que mude essa história. Eu acredito que uma reforma da política de drogas pode ser a grande oportunidade para o Brasil fazer uma verdadeira revolução.

Além disso, falamos muito do uso medicinal, do uso recreativo, mas também existe o uso industrial. A maconha pode servir até para fixar o carbono que está solto na atmosfera. Podemos deter as mudanças climáticas a partir do uso ecológico da planta. Mas é isto: não dá pra fazer uso ecológico ou terapêutico de maconha enquanto tem menino sendo morto a tiro de fuzil na favela. A gente precisa fazer uma política de drogas coerente, precisa de inteligência institucional pra transformar isso em algo positivo. Transformar em bônus algo que, hoje, é um ônus. É reparação histórica, justiça de transição. Tem um monte de coisa sendo debatida. A Iniciativa Negra, a Rede Reforma, os ativistas da Marcha da Maconha, a Articulação Nacional de Marchas da Maconha, a Renfa, que é a Rede Nacional de Feministas Antiproibicionistas, a Renca, que é a Rede Nacional de Coletivos e Ativistas Antiproibicionistas: tem um monte de espaços onde estamos debatendo como transformar essa política de drogas — que é um negócio nefasto, infame, que acontece cotidianamente no Brasil — em algo revolucionário, que signifique comida no prato, emprego, saúde. Dá pra fazer. Esse é o desafio.

JULIANA_ Eu concordo muito com o que o Emilio trouxe. Existe essa morosidade no processo. Antes de começar nosso papo aqui, a gente estava conversando sobre a mudança que aconteceu nos atores políticos da Marcha da Maconha. Eu lembro que antigamente, na minha roda de amigos, nós falávamos assim: "Não, a gente não vai nessa marcha de um monte de branco", coisas do tipo. Agora você vê a discussão se ampliar. Em São Paulo, na marcha, você já vê mais gente periférica, preta. Isso tem se ampliado no Brasil todo.

No Congresso Nacional temos discutido, por exemplo, com o pessoal da chamada "bancada BBB" — da bala, do boi e da Bíblia. Tentamos diálogos com esse setor para que eles compreendam que a legalização também significa geração de emprego e riqueza para o país. Entendemos que o discurso que talvez consiga pegar esses setores — que nem sempre são extremamente conservadores, mas estão num campo de centro-direita — é o que se baseia no argumento econômico. Por outro lado, dentro dos nossos movimentos, que atuam mais à esquerda, a gente também faz uma discussão de que, uma vez que a legalização avance, ela não pode estar somente na mão do agronegócio. Existe uma disputa a ser feita para garantir que essa produção ocorra pela agricultura familiar, numa relação que também gere, de alguma maneira, reparação a territórios cotidianamente afetados pela guerra às drogas. Não dá para ser, por exemplo, um modelo californiano, precisamos pensar num processo a partir das nossas demandas, da nossa realidade, e que não pode prescindir da reparação. É o que o Emilio falou sobre justiça de transição. Quando legalizar, o que a gente vai fazer, por exemplo, com as pessoas que cumpriram pena por tráfico? A minha defesa, e a defesa da Iniciativa Negra, é que elas sejam anistiadas. Em alguns lugares dos Estados Unidos, por exemplo, eles legalizaram, mas proibiram pessoas que já tivessem sido presas por tráfico de participar desse novo mercado. Isso não pode acontecer aqui. Essas pessoas têm que poder participar desse processo, e esse processo precisa trazer riqueza para as nossas comunidades de alguma maneira.

EMÍLIO_ É interessante notar que também tem muita mudança na política. Hoje, alguns dos projetos de lei que existem sobre isso no Legislativo são iniciativas de políticos de direita, inclusive. Até um tempo atrás, a maconha era um cadafalso pro político. Hoje, é um palco. É bom para um político falar de maconha, principalmente da medicinal, que é uma zona de conforto. Então está acontecendo essa mudança aqui no Brasil, e isso é um grande sinal pra quem é progressista, de esquerda, pra ir adiante no debate. É hora de debater reparação histórica, justiça de transição, anistia, arranjos produtivos locais...

JULIANA_ Desencarceramento...

EMÍLIO_ Desencarceramento! Tem que ter anistia. Como que vai legalizar a maconha no Brasil e deixar as pessoas presas? Não faz sentido, né? Já não faz sentido vender maconha na farmácia e ter meninos presos por vender maconha. Isso é inconcebível, já deveria haver a abolição do crime desde que se começou a vender na farmácia. Não faz sentido as pessoas serem presas por maconha hoje em dia no Brasil, é incoerente. E continua acontecendo todos os dias.

BROWN_ Agora quero fazer uma pergunta para a dra. Jackeline. Que tipo de pessoa não pode fumar maconha? Porque o grande vilão, na verdade, é o cigarro de maconha, né? Ninguém tá falando aqui do comprimido, da pomadinha, estamos falando do baseado, do neguinho que fuma uma ponta no beco. Todo esse dinheiro que foi desperdiçado com o falso combate às drogas é pra ir atrás desses moleques. Gastos com moto, viatura, gasolina, soldado, com papelada... Isso alimenta um sistema. Mas que tipo de pessoa não pode usar?

JACKELINE_ Bom, vamos dar nome às coisas. Que tipo de pessoa não pode usar o que tem lá na comunidade, na periferia, nas rodinhas? Aquele prensado, nenhuma pessoa pode fumar. Fumam porque não têm alternativa. Esse é o primeiro ponto, a qualidade do que está sendo usado. O tráfico alimenta o pior tipo de produto que existe nesse mercado, o produto clandestino, que é um tablete de prensado com tudo que é imundície que se pode imaginar. Se tem cannabis ali, o pouco que tem faz algum bem — imagina se fosse uma coisa pura e cuidada, uma planta que a pessoa sabe onde foi cultivada, que cresceu em solo livre de poluentes, metais pesados e tudo o mais. Então, aquele lixo ninguém deveria poder fumar — mas ainda tem sua utilidade terapêutica, porque a planta é tão boa que mesmo misturando com um monte de porcaria ela ainda consegue fazer bem. Além disso, você está falando do uso fumado, carburar não só a planta, mas também o que se usa para envolver a planta, o papel etc., e tem ali uma série de substâncias que não fazem bem à saúde.

Pensando em redução de danos, quem pode fumar é o adulto, que já tem o cérebro formado e por isso não terá questões que ocorrem com a atuação dos ativos da cannabis num cérebro mais imaturo. De 21 anos para cima é a idade em que esse uso não seria tão problemático, em comparação com uma criança ou um adolescente com o cérebro em formação, cheio de sinapses acontecendo, em que um produto de cannabis que seja rico em THC [tetrahidrocanabinol] vai estimular ainda mais essas sinapses. Maconha não é droga pra jovem, a gente não deveria estimular esse uso, principalmente fumado, porque estamos falando de temperaturas altas que extraem muitos produtos da planta e subprodutos do que se usa para envolver a planta. Também não deve ser estimulado o uso por pessoas com tendência ou histórico de psicose — não só esquizofrenia, mas qualquer tipo de doença em que ocorra uma psicoatividade patológica. Isso porque, falando também da maconha fumada, o THC também tem o potencial de estimular mais esse cérebro que já está em funcionamento excessivo, uma das características dos quadros psicóticos. Por isso, para pessoas que têm histórico familiar ou estão apresentando psicose, ou mesmo que já usaram maconha no passado e entraram numa viagem que não foi legal, ficaram muito ansiosas etc., não se recomenda que usem cannabis fumada.

De forma geral, nessas situações, o uso contraindicado, tanto para a cannabis fumada quanto para outros produtos, está relacionado ao THC, que é a fração mais psicoativa da planta. Mas existe documentação científica que indica a melhora desses quadros com outros tipos de uso, como na associação de crises de ansiedade a uma cannabis mais rica em CBD, por exemplo. E, num contexto de redução de danos, quando você aproveita outras substâncias, a cannabis é uma porta de saída da dependência química, e não de entrada, como se costuma dizer. Ela alivia as crises de abstinência e pode promover neuroplasticidade, mudando a bioquímica de um cérebro em situação de dependência.

Outra coisa: a gente não conhece dose letal de cannabis. Não se tem notícia de morte direta pelo consumo da planta ou de seus produtos. Porém, se formos contabilizar as mortes que acontecem em decorrência da guerra às drogas, sabemos que 47% das mortes intencionais, dos homicídios, no Rio de Janeiro são por causa disso, e, em São Paulo, são 28%.

BROWN_ Qual a diferença entre CBD, THC, CBG [canabigerol] etc.? O pessoal acha que tomando essas gotas, receitadas pelo médico, vai dar brisa... Me explica isso. É verdade?

JACKELINE_ Quando a gente fala de maconha, tem sempre que perguntar qual maconha. A planta tem uma coisa que chamamos de canabinoides, que é uma parte daquilo que ela produz para se proteger no ambiente, para prosperar, se reproduzir. Os canabinoides são esses "tijolinhos" que fazem com que a planta cumpra sua função de sobrevivência. Cada um deles tem uma função diferente pra ela, e também tem funções diferentes pra nós, no nosso organismo. O CBD tem um papel, o THC tem outro, e existem mais de quinhentos outros. A gente costuma falar mais de CBD e THC porque são as substâncias encontradas em maiores quantidades e na maior parte das plantas de cannabis. Existem plantas que têm mais CBD e menos THC, e vice-versa. Algumas têm quantidades iguais de CBD e THC, e existem aquelas que não têm quase nada desses dois e têm muito de outro canabinoide. Como vários tipos diferentes de cannabis se cruzaram ao longo da história, hoje tem planta que dá tudo. Tem planta que dá onda, que não dá onda, que ajuda a ser criativo, que diminui a dor, que aumenta a fome, que diminui a fome, que ajuda a dormir... No Brasil, a maior parte dos produtos que estão nas farmácias atualmente é rica em CBD e com um pouquinho dos outros elementos, ou só com CBD mesmo. Os que têm só CBD não dão onda. Os que têm um pouquinho dos outros elementos, dependendo da sensibilidade do indivíduo, podem dar.

Eu trabalho com produção de fitomedicamentos, ou seja, plantas medicinais em grau farmacêutico. O nível de análise que a gente tem é do maior rigor possível, e o que a gente despreza de matéria-prima por causa de contaminação, não só de cannabis, mas de outras plantas medicinais, é assustador. Porque você pode ter todos os controles, mas se não controlou a água, por exemplo, já não se aproveita. Uma rega contaminada por metal pesado, por agrotóxico, pelo que quer que seja, já pode reduzir a qualidade e a segurança do medicamento. Essa questão de planta medicinal é muito sensível.

BROWN_ Eu acho que, nessa luta, também pode ser importante trazer a indústria de alguma forma. Sinto que sem a industrialização é difícil ganhar a causa.

JACKELINE_ Sim, e também pelo tamanho do Brasil. A gente precisa ter escala industrial para atender a nossa população, que é continental. Só que a gente não pode ter só a escala industrial. Existe um programa nacional de plantas medicinais, é questão de saúde pública também. Você precisa ter a possibilidade de plantar no seu vasinho em casa, que nem boldo. Não deveria ser diferente. Você deveria ter a chance de ir numa ervanaria, pegar o seu saquinho com as flores e usar da forma que quiser e precisar. Em paralelo, deveriam ocorrer extrações artesanais e, em escala maior, a produção industrial. Isso é o que acontece com todas as plantas medicinais, mas a coitada da cannabis...

EMÍLIO_ Mas tem que ter isso com inclusão social, né?

JACKELINE_ Claro, esse contexto que eu trouxe abrange a questão social na medida em que você tenha farmácias vivas, tenha o arranjo produtivo local fazendo esses cultivos pra uma outra escala, que não é industrial. Não pode ser só indústria.

JULIANA_ Exatamente, eu ia falar isso. Essa é uma discussão que a gente pincelou, de como convencer um setor da indústria do agro de que esse é um bom negócio. Mas, quando a gente vai falar de geração de emprego, geralmente estamos falando de pequenos agricultores, de agricultura familiar. Já tem um setor do empresariado se mobilizando, fazendo as suas disputas, pensando no modelo de produção em escala e tudo o mais. O que a gente tem discutido no nosso campo é como fazer para evitar que isso seja um instrumento para manter a concentração de riqueza e reproduzir desigualdades. A gente vive em um país com alta concentração de terras, por exemplo. Não caminhamos com o nosso processo de reforma agrária, e mesmo assim esses pequenos agricultores fazem o que fazem e são pessoas que, muitas vezes, estão sofrendo diretamente o impacto da guerra às drogas no campo. A gente fala muito do impacto disso nos centros urbanos, mas tem toda uma discussão sobre esse cenário no campo e em territórios de fronteira.

JACKELINE_ Essa é uma questão muito pertinente, a justiça que há de se fazer ao abrir o mercado para a cannabis. Não dá pra quem está chegando agora ficar com todo o lucro e deixar quem está morrendo há muito tempo por causa disso sem nada, nem mesmo o acesso ao produto. Uma indústria que está explorando os benefícios da cannabis precisa repartir os lucros e reverter parte deles para a inclusão social e laboral dessas pessoas.

JULIANA_ Esse é um debate que a gente faz muito na Iniciativa Negra. Quando você legaliza sem debater a reparação, sem essas preocupações que a gente está trazendo, o que vai acontecer? Cria-se um mercado em que é preciso ter conhecimento técnico ou formação universitária para fazer a plantação. Para abrir uma loja e vender o produto você precisaria do conhecimento especializado que se adquire na universidade. Assim, o jovem periférico perde emprego. Será que os jovens que estão trabalhando na biqueira hoje vão ser empregados, vão ser absorvidos por esse mercado? São eles que, hoje, estão sendo criminalizados, estão correndo riscos. Reparação não é só gerar alguns empregos, garantir umas migalhas nesse mercado que vai ser regulamentado. A gente também quer a distribuição da riqueza gerada.

SEMAYAT_ Até porque, pelo que estou entendendo, uma elitização dessa forma de produção e venda não vai aniquilar a produção clandestina...

JULIANA_ Não. A gente já conhece a experiência de alguns lugares onde houve legalização, como o Uruguai, e o processo acabou se tornando muito elitizado, a quantidade que se pode comprar nas farmácias é muito pequena. Com isso, continua existindo um mercado ilegal funcionando no país, e aí volta a discussão sobre falta de qualidade do que está sendo consumido e criminalização das pessoas envolvidas. E, se você olhar qual é o território que segue com esse mercado ilegal em funcionamento, vai ver que são regiões periféricas, onde moram pessoas com ascendência indígena, afro-uruguaios, pobres etc.

BROWN_ Então existe automaticamente uma elitização na legalização?

JULIANA_ Se a gente não fizer disputa política, vai acontecer. Eu falei rapidamente, por exemplo, do modelo da Califórnia. Quando a gente pensa na legalização que aconteceu lá, vem à mente um branco de classe média, universitário, ou grandes corporações.

EMÍLIO_ Por outro lado, é interessante o caso de Nova York. Lá, já havia muitos anos que a opinião pública era favorável à legalização da maconha, mas esse processo foi travado pelo movimento negro porque a proposta que estava sendo discutida era branca, igual à da Califórnia, igual à do Colorado. Nova York segurou durante dois anos o processo de legalização, e quando aconteceu foi realmente pautado na equidade. A foto inicial da legalização de lá é muito interessante, porque é uma mulher negra vendendo para um homem negro — ou seja, quem vai girar aquele mercado é quem foi marginalizado.

A gente precisa adotar isso no Brasil. Precisa fazer uma legalização à Robin Hood, que tire a riqueza dos ricos e passe para os pobres. Não vai fazer sentido se no dia seguinte à legalização ainda tiver menino na boca pegando em arma. Não é possível uma legalização efetiva em que um garoto vai continuar traficando depois de o processo acontecer. A gente precisa pensar na destinação dos recursos para essas pessoas e esses territórios atingidos pela violência da guerra às drogas. Tem que pensar em isenção tributária, incentivos — se eles quiserem, porque também é necessário ouvir, entender como querem fazer esse processo. Querem que determinado local tenha um ponto onde se possa vender maconha? Então, beleza, a gente coloca aí e vai ter isenção tributária.

Eu recomendo o trabalho da professora Eliane Barbosa, que pesquisa essa questão de reparação histórica e justiça de transição, é uma grande referência. Ela fala sobre isso em outros campos, e a gente precisa trazer para a legalização da maconha no Brasil. Não dá pra fazer uma legalização pra branquinho. Quem trouxe, quem fez a luta, quem sofreu todas as atrocidades do Estado brasileiro não foi o branco rico que agora quer surfar essa onda.

JULIANA_ No Brasil, a gente tem uma dificuldade a mais, a gente trava os debates. É difícil fazer a discussão com quem é diretamente impactado porque tem esse estigma da prisão, da criminalização, esse estereótipo que se cria principalmente em torno do homem negro. E a gente precisa que essas pessoas participem do processo. Como o Emílio disse, não dá pra fazer uma legalização em que o jovem negro siga morrendo ou não possa participar do processo porque não tem a especialização pra isso ou tem uma "passagem". Imagina, não ser absorvido por esse mercado por ter passagem por tráfico — quer dizer, essa pessoa tem um know-how, um conhecimento, e isso tem que ser valorizado, tem que estar presente no processo.

A reparação parte disso, mas pode se ampliar para várias outras coisas. Por exemplo, a gente está falando de pessoas que ainda estão vivas, mas como reparar famílias que perderam entes queridos na guerra às drogas? Existe ainda uma discussão sobre saúde pública dos nossos territórios, saúde mental, porque com toda essa violência as pessoas ficam em constante estado de alerta dentro do seu território, e isso causa um estresse emocional enorme. Tem estudos que equiparam essa situação ao estresse pós-traumático, porque é um cenário de guerra, de pensar "se eu levo o meu filho na escola, será que ele volta?". Ou o medo de voltar pra casa à noite, de sempre existir uma desconfiança em relação a você. A reparação também tem que lidar com isso. Não é só abrir loja pra poder vender cannabis tranquilo. Envolve uma série de outras políticas que precisamos pensar.

BROWN_ No mundo, qual é o lugar mais avançado nessas questões?

EMÍLIO_ Eu acho que o lugar que a gente pode trazer como paradigma hoje realmente é Nova York, por conta de terem conseguido fazer uma política com equidade. Mas, na comparação com o Brasil, também vale pensar na Colômbia e no México, que são menores em termos territoriais, mas têm problemas sociais bem semelhantes aos nossos no que diz respeito à violência, à corrupção endêmica e à desigualdade social. A Colômbia está fazendo uma reforma da política de drogas a partir da legalização da maconha, com reconhecimento do cultivo pelos indígenas. O México também está fazendo um debate grande sobre a descriminalização. Mas não existe um país que a gente olhe e pense que é um modelo ideal para o Brasil. Acho que a gente tem que fazer o nosso próprio debate público para que isso seja confrontado com os nossos problemas, com o paradoxo que a gente vive.

BROWN_ E qual é o produto rival da cannabis no Brasil de hoje?

EMÍLIO_ Cara, não dá pra falar de um produto, mas de uma série de coisas, desde religião, televisão, até álcool, tabaco, remédios...

BROWN_ Mas no sentido de ocupar o lugar da cannabis, da utilidade que ela tem, entendeu? Quem seria o grande rival?

JACKELINE_ Se a gente for pensar em prescrição, são os benzodiazepínicos. Documentadamente é o clonazepam, que é sujeito a receituário de controle especial. É um ansiolítico.

EMÍLIO_ Ele tem um nome comercial bem famoso, que a gente não vai falar aqui, mas é um remédio bem popular.

JACKELINE_ É até sinônimo de "indivíduo avariado do juízo". Tipo: "Esse fulano é...".

BROWN_ Ah, sei qual é! Eu já fui balconista em farmácia. Então é esse o grande rival...

JACKELINE_ Não é o único, mas é um dos.

SEMAYAT_ A gente tem visto também a onda do K9, né?

JACKELINE_ Sim, que dizem que é maconha sintética, mas na verdade não tem nada a ver com maconha. Já pegaram esse K9 para analisar e encontraram todo tipo de lixo químico, menos algo que lembra cannabis. Esse não é nem subproduto, é uma invenção de fundo de laboratório clandestino de substâncias ilícitas.

BROWN_ Vale a pena a rapaziada do comércio, do varejo, dar atenção a este episódio, mano. O que a doutora falou sobre o prensado é muito grave. E essa maconha é a que a maioria do nosso pessoal usa. Durante muito tempo eu tive o santo prensado de cada dia... Ele é visto assim, quando falta é pior. Se é ruim com ele, é pior sem ele. E é necessário a galera ter um padrão de qualidade, visar o lado certo da coisa, o lado da saúde pública, do respeito ao ser humano. Pra que a maioria tenha menos aversão é necessário um passo à frente da rapaziada que vende.

EMÍLIO_ Acho que dá pra aproveitar esse chamamento seu para mais uma coisa. Falei agora há pouco da Colômbia. Lá teve uma questão importante e que talvez faça muito sentido aqui no Brasil, um pacto de paz. A gente podia realmente chamar um pacto de paz nacional. Porque já existe uma guerra. Na Colômbia, era uma guerra mais ligada à política; aqui é mais ligada ao comércio dessas substâncias. E aí, como a gente está pensando numa legalização com função social, reparação histórica, anistia e justiça de transição, também é preciso pensar em como pacificar esses territórios.

JULIANA_ Eu gosto dessa perspectiva sobre a Colômbia, e também desse chamado pra responsabilidade com as nossas comunidades, a nossa sobrevivência e o nosso bem-estar. Indo além disso, acho que precisa estender esse chamado para o poder público, porque essa é uma problemática do pacto de paz na Colômbia. Quem começou a descumprir foi justamente o governo, o Estado. Eu conheci algumas companheiras colombianas que fazem um trabalho de reconciliação nos territórios afetados pela guerra no país, e elas me falaram sobre isso. Lá, quando foram pensar sobre essa questão, viram que o modelo de justiça existente não daria conta das reconciliações, então criaram uma série de novos parâmetros, outras regulações, para que essa repactuação acontecesse. Mas é isto: quando a gente vai estabelecer um acordo, é importante que os envolvidos cumpram sua parte. E o Estado tem uma responsabilidade muito grande para puxar esse processo.

SEMAYAT_ Como que a gente poderia definir pra quem está ouvindo como isso poderia ocorrer? O que significa um pacto de paz?

EMÍLIO_ Acho que, já que estamos falando de uma guerra, a gente tem que começar com um armistício. Temos que parar as operações, começar a ter muito mais operações de inteligência do que de confronto. E fazer um chamamento, com uma promessa verdadeira de que não vai existir qualquer tipo de retaliação, de que não estamos chamando o pessoal para levar para o "abate". Precisamos chamar para começar uma vida nova. Claro que, com quem tiver algo muito grave sobre o que responder, crimes contra a vida, coisas assim, é preciso ter uma outra discussão, precisamos pensar caso a caso. Mas, de todo modo, o ponto inicial é abrir o diálogo.

BROWN_ Bom, este é o episódio de hoje, um programa muito técnico, altamente informativo e também didático. Muitas das informações são coisas que eu mesmo não sabia, e acho que a maioria das pessoas que estão ouvindo também não sabem. Ter três pessoas na mesa pra falar de um assunto tão complexo não é fácil, né? Mas acho que a gente conseguiu fazer a ideia chegar mais longe, e só posso agradecer a vocês pela generosidade e pela malandragem de passar a palavra para os outros. A minha visão de fora é que parece que o Brasil não se conhece e não se resolveu. O pessoal da cannabis já sabe tudo, está com o projeto pronto para o país. É o Brasil que não se resolveu ainda pra poder entender isso que vocês explicaram aqui com muita clareza. Espero ter contribuído um pouco para a luta. Muito obrigado, Jackeline Barbosa, Juliana Borges e Emílio Figueiredo, pela generosidade, pela inteligência e pelo conhecimento de causa. Sem palavras.

3 de agosto de 2023

“De uns tempos para cá começaram a falar muito do futebol europeu, e trouxeram pra CBF um curso com treinadores portugueses. O que Portugal ganhou no mundo? Nada. O que eles sabem da nossa cultura? Absolutamente nada. E o que aconteceu? Nós não evoluímos como técnicos brasileiros em cima da nossa essência, da nossa cultura. Mas eles levaram coisas nossas pra lá. E passamos a perder pra eles.”

VANDERLEI LUXEMBURGO

ANDRÉ CARAMANTE

“Não tem como dissociar a redução dos homicídios no estado de São Paulo e em muitos lugares do Brasil do poder paralelo estabelecido e exercido com mão de ferro pelo crime organizado. Não tem como.”

MARINA SILVA

Incompreendida por muita gente

No Brasil e no mundo, muitos ainda não compreendem a importância do trampo e da caminhada da Marina Silva. Representante de uma das pautas mais urgentes do nosso tempo, é a ela que eu devo o pouco que sei hoje sobre o assunto. Antes da entrevista eu conhecia o básico sobre meio ambiente, povos indígenas e a região Norte do país. Era ignorante mesmo. Em São Paulo, crescemos achando que vivemos no centro do mundo. E não vivemos.

No *Mano a Mano*, me coloco num lugar realista: estou ali pra aprender. Sou cheio de dúvidas, cheio de "não sei". Sou o cara que faz as perguntas que, talvez, muita gente gostaria de fazer e não tem coragem. Perguntas bobas, óbvias. Nesse ponto, achei meu lugar. Fui mais aprendiz e ouvinte do que qualquer outra coisa.

Marina já estava no nosso radar havia tempos, queríamos ela ali. Mas o que me emociona, até hoje, é lembrar que ela se mostrou interessada em participar antes mesmo do convite oficial. Me senti honrado. E mais que isso: senti o peso da responsa. Eu, Mano Brown, carrego a história dos Racionais MC's, mas o *Mano a Mano* tem vida própria. Quando alguém do tamanho dela reconhece isso, nossa missão fica ainda maior.

E nosso compromisso com a pauta do meio ambiente segue firme. Se é urgente e emergencial pro povo e pro mundo, é pra nós também!

BROWN_ Ministra, eu quero falar um pouco da sua origem, do seu começo. Fala de quando a senhora era criança. Como era o bairro, a arquitetura local, a sua família?

MARINA_ Olha, eu nasci e me criei na floresta amazônica, até os dezesseis anos eu morava num seringal chamado Bagaço. Um seringal é uma unidade produtiva com pelo menos umas duzentas famílias. No caso desse em que eu morava eram 265, com uma média de trezentos hectares por família, no mínimo. Meu pai era seringueiro, extrator de caucho, de borracha. Ele vivia da extração da borracha e da castanha, e a gente trabalhava para o dono dessa unidade, o seringalista — tem o seringueiro e o seringalista. Era um regime de semiescravidão, porque você vendia com exclusividade para o patrão a borracha produzida e comprava com exclusividade os manufaturados. O preço da borracha era sempre muito baixo, e o dos manufaturados era muito alto, então você nunca pagava a conta. O meu pai foi para o Acre ainda muito jovem, em 1945, como soldado da borracha. Depois minha mãe, que também era cearense, foi para o Acre. Eles se conheceram, se casaram e tiveram onze filhos. Três morreram, somos oito: sete mulheres e um homem.

Eu sou de uma família de matriarcas. A minha avó, mãe do meu pai, morava ao lado da casa dele, a uns quinze minutos andando. Tinha uma cerca natural que o meu pai fez entre a casa da minha mãe e a da minha avó, com uma capoeira bem densa para não misturar as galinhas das duas, para não ter briga, né? Minha avó morava nessa casinha, uma palafita, e eu, pequenininha ainda, ia fazer cinco anos, escolhi morar com ela. Foi uma escolha minha, eu me lembro até hoje.

Eu fui uma criança criada com pessoas idosas: minha avó, uma tia solteirona, um tio solteirão que era mateiro, cerameiro, cesteiro, xamã. Foi criado com os indígenas do alto rio Madeira. Aprendi muita coisa com ele, inclusive artesanato, porque ele fabricava para mim tudo que as pessoas adultas tinham. Se os adultos tinham machadinho, eu tinha um machadinho. Uma faquinha de seringa, um defumadorzinho, um roçadorzinho... Tudo que um adulto tinha, eu tinha para uma criança. Até me emociono falando.

O meu tio era, digamos assim, um místico da floresta, a minha avó era católica praticante, e eu cresci nesse universo de pessoas adultas, idosas, muito sábias. Eu ia brincar com as minhas irmãs e depois voltava para o meu cantinho, com os meus sábios. Isso foi muito rico, sabe? Porque eu fui uma criança muito introspectiva, naquele silêncio dos idosos, mas também muito estimulada. Minha avó adorava literatura de cordel. Ela era analfabeta, mas tinha uma inteligência fora do comum. O meu pai sabia ler, então ele lia os folhetos, os romances de cordel, e a minha avó decorava tudo. *Alonso e Marina*, *A peleja de Cancão de Fogo*, a *Peleja do cego Aderaldo com Zé Pretinho*, *Juvenal e o Dragão*, ela decorava e cantava pra mim. No Ceará tinha as cantorias dos repentistas, e a minha avó adorava, então ela interpretava os repentes. Pegava dois banquinhos, quando sentava em um era o Zé Pretinho, quando sentava no outro era o cego Aderaldo. E aí fazia a cantoria pra mim. Eu sou psicopedagoga e sei que tive um estímulo muito grande desde a mais tenra idade, importante para o meu aprendizado.

E também um aprendizado muito grande da floresta. Acho que eu conheço mais de quarenta espécies de frutíferas nativas da Amazônia que podemos comer sem risco. Conhecia muitas espécies de árvores, de cipó, de pássaro. Não o nome científico, obviamente, né? Sempre brinco que eu fui analfabeta até os dezesseis anos, mas já era ph.D. em saber narrativo, que é o saber das populações tradicionais.

BROWN_ E em que época era isso?

MARINA_ Olha, eu comecei a cortar seringa com o meu pai por volta de 1969. Eu tinha entre dez e onze anos de idade. E aí entrou pelos anos 1970, de sorte que eu trabalhei com ele até 1975.

BROWN_ Não era uma vida perigosa, ministra?

MARINA_ Era uma vida difícil e ao mesmo tempo maravilhosa. Tinha a beleza da floresta, o cheiro da floresta, todo um encantamento das aves, da diversidade, dos pássaros, do canto. Mas ao mesmo tempo eu tinha medo da onça-pintada. Era divertido tomar banho nos igarapés, coletar frutas. A gente geralmente chegava cedo porque a minha irmã queria ouvir a novela do rádio, minha irmã mais velha e minha mãe. Era uma loucura pelas novelas do Benedito Ruy Barbosa e da Ivani Ribeiro, novelas com uma beleza narrativa incrível. Eu aprendi a falar português com elas. Eu ouvia, falava daquele jeito, e minha mãe dizia: "Não fale língua de gente besta!". Porque a gente falava "cuié", e eu falava "colher". Minha mãe brigava.

BROWN_ E ela falava como?

MARINA_ Ela falava a língua das pessoas que não eram letradas.

BROWN_ E como é que fala essa língua "dos espertos"?

MARINA_ Ah, a gente falava "cuié", "muié", não "mulher", "colher". É uma linguagem de pessoas que não foram à escola. Eu convivia com esses mundos, esse letramento, o mundo lúdico da minha avó. Eu comecei a querer estudar por duas razões. Uma é que eu queria ser freira e, toda vez que eu dizia isso para a minha avó, ela respondia: "Freira não pode ser analfabeta". Acho que ela não queria é que eu fosse embora e inventava isso, porque quando eu cheguei no convento tinha uma freira lá, a irmã Cristina, que era analfabeta. Quando fui para o convento eu estudei. Mas era uma coisa que eu dizia: "Preciso aprender a ler pra poder ser freira". Desde pequenininha.

Outra coisa muito forte foi a literatura de cordel. Tinha um cordel, a *Peleja de Romano e Inácio da Catingueira*. Romano era um estudioso da literatura de cordel, um erudito — falava a língua de gente besta. Ele foi para o Nordeste e lá tinha um cantor, o Inácio da Catingueira, que ganhava todos os embates na cantoria. Então eles fazem um desafio, e o sertão inteiro vai assistir pra ver quem ia ganhar, se era o letrado ou o analfabeto da catingueira. E aí escolhem a caatinga como mote da cantoria. Eles começam, e o Romano, percebendo que ia perder para o Inácio, muda o mote para astronomia. Então o Inácio da Catingueira, que era analfabeto, não sabia como fazer o repente. Ele fala para o Romano: "Se desse um nó em martelo/ viria eu desatá-lo/ mas como deu em ciência/ cante só que eu me calo". Eu ainda me emociono, porque quando terminava, com o Inácio perdendo a cantoria e o sertão todo baixando a cabeça envergonhado, é porque ele era analfabeto. Foi aí que compreendi que não era língua de gente besta, era língua de gente que foi alfabetizada, mas que não tem o direito de desqualificar quem não foi. E que aquela linguagem que nós tínhamos era tão erudita e importante quanto a daqueles que são letrados, porque era com ela que nós nos comunicávamos, passávamos a nossa alma, nossa identidade, criávamos as nossas verdades. Então ali eu tive o desejo de estudar.

BROWN_ Isso tem custado caro pro nosso povo há muitos anos, desde que a gente tá aqui. Ministra, e nos dias de hoje, como vivem as moças dessa cidade de onde a senhora vem?

MARINA_ Na floresta, durante muito tempo, os seringueiros que vinham para a exploração do látex eram homens. Eram poucas mulheres que vinham. Então havia uma pressão muito grande sobre as meninas, as adolescentes. Na nossa família eram sete mulheres, e era apavorante ouvir certas pessoas dizerem: "Quando essa daí crescer eu quero me casar com ela". Era muito, muito complicado. Nós éramos uma família na maior parte de mulheres pretas. Meu pai era preto, minha mãe era branca, mas a maioria dos filhos são pretos, e minha mãe era muito apaixonada pelo meu pai, então ela torcia para que os filhos fossem pretos. Eu vim entender o racismo e o machismo com mais profundidade quando fui para a cidade, porque minha família era de matriarcas, em que as mulheres que mandavam, e a gente vivia praticamente isolado. Quando eu cheguei na cidade, onde preto era feio, cabelo de preto era feio, mulher não podia nada, aquilo foi um choque.

BROWN_ Isso onde?

MARINA_ Isso em Rio Branco, quando eu fui para a cidade, aos dezesseis anos, vinda do seringal Bagaço lá no meio da floresta.

SEMAYAT_ A setenta quilômetros mais ou menos, né?

MARINA_ Pela estrada eram setenta quilômetros. Na época que não tinha estrada, a gente caminhava onze horas a pé até a margem do rio Acre. De lá você pegava um batelão, um barco, e em um dia ou dois, dependendo do período, ia até Rio Branco. Quando eu peguei leishmaniose, meu pai andou 22 horas num dia. Ele saiu de madrugada, foi até a margem do rio, que é onde ficava a casa aviadora. Saiu às quatro da manhã, andou onze horas, chegou no barracão, comprou o remédio e andou o caminho de volta. Eu nunca me esqueço de que ele chegou já de noite, deitou no chão, com as mãos pra trás, e falou pra minha mãe: "Ferve o aparelho". Era um aparelho de vidro de injeção, que o meu pai sabia aplicar. Então minha mãe ferveu o aparelho e dali pra frente foram 45 dias em que eu tomei uma injeção diária pra me curar daquele troço.

BROWN_ Foi da picada de um inseto?

MARINA_ É, é um parasita colocado por um inseto. Mais três irmãs minhas foram afetadas: uma no braço, uma no lado do rosto, outra na testa. O meu foi o pior de todos, que é no nariz: muitas pessoas podem morrer, e outras ficam completamente deformadas.

BROWN_ Tem muita incidência de morte envolvendo leishmaniose lá na sua região?

MARINA_ Hoje ainda a leishmaniose é um problema em várias regiões. Na terra ianomâmi, eu acho que agora estava tendo um surto de malária e de leishmaniose. Quando você tem uma remoção de área de terra, águas empoçadas, tudo isso cria um problema em relação a essa questão da leishmaniose. Essa que eu peguei coincidiu com a abertura da BR 364, quando os tratores fizeram a remoção de terra.

BROWN_ Deixa eu entender a sequência dos fatos, a remoção de terra e a doença. Eu entendi que tem a ver, mas não entendi por quê.

MARINA_ É o seguinte, quando você vai fazer uma estrada, no caso da Amazônia, que tem muita água, muitos córregos, muitos igarapés, você passa com os tratores e vai colocando barro, fazendo a trilha. Alguns igarapés ficam represados. Essa represa vira, digamos assim, um criadouro, principalmente de mosquito da malária. Aí teve surto de malária. Os trabalhadores, que a gente chamava de cassaco, trouxeram o sarampo, e aí misturou um surto de sarampo com malária. Eu perdi duas irmãs em quinze dias com malária e sarampo, em 1973 ou 1974. Perdi meu tio, esse tio xamã. Perdi um primo. Morreram muitas pessoas da nossa região, foi uma mortandade.

E aí, em seguida, vem um surto de meningite. Foi terrível. A minha mãe morreu com um aneurisma, mas ninguém sabia na época que era isso, acharam que era meningite. Ela foi para Rio Branco e, quando chegou lá, não deixaram ela voltar porque poderia ser meningite, seria contagioso. Então nossa mãe saiu e 24 horas depois não tínhamos mais mãe. Uma equipe de saúde foi queimar a nossa casa e as nossas coisas. Queimaram e nos deixaram lá. Sem a nossa mãe e com o nosso pai...

BROWN_ Ministra, e essa conexão com a vida social, de onde veio esse interesse pelo problema dos outros? Esse "problema nosso, problema dos outros", de onde veio?

MARINA_ É isso aí, você agora fez uma formulação muito sofisticada: problema nosso, problema dos outros. Todo problema dos outros é um problema nosso, e vice-versa. O meu pai fazia as contas pra todo mundo. O final de semana dele era de muitos seringueiros indo na nossa casa para ele fazer as contas e os outros verem se tinham tirado saldo. Minha mãe fazia de mortalha a roupa de casamento. Ela sabia costurar, era uma ótima costureira, tinha uma máquina Singer. E a minha avó, como era parteira, não tinha hora pra sair. Botava o pé no varadouro e ia, ficava uma semana cuidando. Ela se orgulhava de nunca ter perdido nenhuma mulher ou criança em todos os partos que fez. E esse meu tio xamã curava panema, estava sempre à disposição. Panema é azar. Se a pessoa achava que estava panema, ia até lá e ele fazia umas defumações e consertava.

Então eu nasci numa comunidade de serviço. Depois fui para um convento, e depois eu me encontrei com Clodovis Boff, Leonardo Boff, Chico

Mendes, e tudo isso que eu canalizava como se fosse uma ação pessoal virou uma ação coletiva, na política, com a teologia da libertação. Eu conheci o Chico Mendes num curso de formação da CPT [Comissão Pastoral da Terra], cujo professor era o Clodovis Boff, um dos pais da teologia da libertação, e o testemunho de como aquilo estava sendo aplicado era do Chico Mendes, foi aí que a gente começou a trabalhar junto. Eu tinha dezessete anos e, por incrível que pareça, foi o Chico Mendes que me tirou do convento. Eu tinha uma proposta de ser freira, muito mais contemplativa, de orações, de recolhimento, mas tinha um mundo que estava sendo implodido, os seringueiros estavam sendo expulsos, os fazendeiros estavam entrando, havia violência, motosserra. E, naquele momento, quando tive aquele encontro, pensei: "Eu não quero servir a Deus enclausurada, quero entrar e fazer a diferença". Eu queria ser sal da terra, queria ir para a prática. E foi assim que essa coisa da consciência política e social emergiu. Eu ainda fiquei quase dois anos no convento, mas já estava em conflito.

BROWN_ A senhora é uma mulher religiosa, certo?

MARINA_ Sim.

BROWN_ E de esquerda. Ou é um rótulo que não...?

MARINA_ Sim. Olha, eu não me atenho aos rótulos, né, eu sempre digo que eu sou sustentabilista progressista.

BROWN_ E de orientação religiosa evangélica. A corrente evangélica, nos últimos anos, tem se colocado bem à direita. Como é conviver com os seus pares religiosos pensando o contrário deles? A corrente evangélica progressista está crescendo? Estagnou? Morreu?

MARINA_ Tomara que ressuscite.

BROWN_ Porque a religião historicamente conflita com a ciência. A gente tinha um presidente agora, o último, que era negacionista e, entre aspas, um "religioso". A luta é religião contra ciência?

MARINA_ Em hipótese alguma. São dois reais diferentes. A ciência tem seus pressupostos, a fé tem outros. Eu gosto muito de uma frase dita por um linguista, o Dufour. Ele escreveu um livro, que não tem nada a ver com religião, chamado *Os mistérios da trindade*, e ele faz ali uma junção das coisas mais sofisticadas para falar de muitos assuntos. Ele diz que o mistério, que tem a ver com a fé, é o lugar onde a razão encontra o seu limite. Quando a razão encontra o seu limite a gente vai para o terreno do mistério, porque o ser humano não consegue conviver com a impossibilidade de alguma saída. Ou não seríamos seres livres. Então, a ciência nos dá muitas respostas, mas ela tem um limite, imposto por ela própria. Ela precisa comprovar. A filosofia não precisa, nem a teologia, a arte. Muitas coisas que a ciência alguns anos depois comprovou a filosofia, a teologia, a arte já tinham antecipado.

Eu gosto muito das reflexões feitas pelo filósofo e economista Eduardo Giannetti. Ele diz que é muita pretensão achar que a ciência dá a última palavra. Ela dá uma palavra, que é muito importante e necessária, mas não é a última. Assim como a fé não tem que ter a pretensão de dar a última palavra, porque a minha fé nunca vai alcançar a totalidade de Deus. E, convivendo com essas contradições, eu encontro a resposta no próprio cristianismo. Jesus Cristo nos ensina, e o apóstolo Paulo, que devemos olhar tudo e reter o bem. Isso quer dizer que você tem que ser uma pessoa bem-informada, ver filosofia, matemática, arte, geografia, ciência, para poder reter aquilo que é o bem. É um Deus que diz que não devemos fazer acepção de pessoas. Eu não sou teóloga, eu vivo uma fé prática, mas posso dizer que, do que eu conheço da fé cristã, não encontro nenhuma base para o preconceito, para nenhuma forma de discriminação. Quando o apóstolo Paulo diz "nisso não há judeu nem grego, não há macho nem fêmea, não há servo nem senhor, porque todos são um em Cristo Jesus", ele está combatendo o preconceito de raça, de gênero. Essa coisa de você usar a fé para justificar os teus próprios preconceitos... Obviamente, você tem que fazer uma leitura cuidadosa, porque os textos sagrados são atravessados pela humanidade, pelo contexto de quem os escreveu. Você vai encontrar nos textos bíblicos coisas em relação às mulheres, por exemplo, que são altamente opressoras da condição feminina. Mas se você for ver como um sistema, não vai encontrar justificativa para isso.

BROWN_ Ministra, por que a opinião dos evangélicos, a forma de ver o mundo, diverge tanto da forma que a gente politicamente vê o mundo? E de que forma a senhora é vista dentro do seu meio, o evangélico?

MARINA_ Olha, Brown, primeiro, acho que a gente talvez não deva generalizar os evangélicos. Os evangélicos são, digamos assim, muitas tribos diversificadas. E nem todos têm essa visão que preponderantemente aflorou no Brasil nos últimos anos.

SEMAYAT_ A senhora acha que tem como reverter isso para os próximos anos? A gente tem chance de aproximar essas pessoas que hoje têm uma visão mais conservadora, fundamentalista, de uma relação com a política em que consiga ter uma divisão? Porque eu vejo que muito do que parte desse público quer são políticos que ajam argumentando com a fé e com a Bíblia, e não que ajam de forma política apesar da sua fé.

MARINA_ Olha, acho que o primeiro passo é o lugar em que a gente se coloca. Nenhum fenômeno acontece numa mão única. Talvez a gente tenha que se perguntar o que aconteceu, ou o que está acontecendo, para que exista uma parte que fez esse descolamento. Porque, se eu achar que o problema é exclusivamente do outro, eu fico sem solução. Como eu me percebo nessa equação? Como o lado que se dispõe ao diálogo.

Você falou que sou uma evangélica progressista, mas eu mesma vivo, às vezes, as consequências de quem diz que sou fundamentalista. Para não ser rotulada de fundamentalista, eu preciso abrir mão da minha fé? Nós somos um país onde a maioria das pessoas é religiosa, tem fé. Será que só os outros são cientistas? Será que só nos demais existem artistas? Não! Uma maioria de pessoas tem fé e é cientista, tem fé e é artista, tem fé e é jornalista, há uma diversidade. Esse olhar, que considera a alteridade, é fundamental. A gente não [deve] se colocar nesse lugar da autoridade moral, de dialogar de forma unilateral, porque muitas vezes é isso que nos incomoda nos religiosos, o olhar de que eu tenho a verdade e estou te julgando, estou te interpelando o tempo todo. Isso incomoda, mas também incomoda quando vem de lá para cá.

A instrumentalização da fé para a política, e vice-versa, não é boa em hipótese nenhuma. Eu sempre digo que eu não faço do palanque um púlpito, nem do púlpito um palanque. Se eu estou no púlpito, eu vou falar da fé com os meus atravessamentos, obviamente. Se estou no palanque, eu também não vou usar pra fazer proselitismo religioso, a não ser que seja naquilo que, digamos, é ser quem você é. Uma pessoa que é versada em literatura não deixa de ter o repertório literário quando está na política. Uma pessoa que tem um conhecimento, uma experiência religiosa, não tem como fazer uma assepsia daquilo que ela é só porque está no espaço da política. Ninguém exige isso das outras pessoas. Se eu sou uma artista e eu estou na política, vou usar o meu repertório como forma de expressão. Na fé também há um espaço de expressão.

BROWN_ Eu entendi o que a senhora falou. Eu sei que não são todos, talvez eu tenha me expressado errado, mas existe um recorte grande que eu não acho que tenha mudado com a eleição do Lula. Eu tô insistindo nessa tese da religião porque ela está na base de tudo para o brasileiro. Os protestantes estão em crescimento rápido no Brasil. Com esse perfil de pensamento que eu não sei de onde vem — porque se não está na Bíblia, onde está? A senhora é uma ministra evangélica, progressista. E o que é um progressista, rapaziada? Ela não é daquele pessoal careta, que é...

MARINA_ Que acha que é o bastião do mundo?

BROWN_ Que sabe tudo, que é dono da verdade, que recrimina LGBT+, recrimina outras religiões, religiões de matriz africana. A senhora reconhece que muito do preconceito em relação à homofobia e a outras orientações religiosas, como o candomblé, a umbanda e tal, tem saído de dentro das igrejas. Aonde eu quero chegar falando isso: a religião deveria interferir também no que você quer para o seu país, porque se você quer o mal do outro, o extermínio do ladrão, da prostituta, do gay, do outro que é diferente de você, do ateu, onde está na Bíblia isso? O extermínio da floresta, dos indígenas, dos rios... Aí eu percebo que a igreja foi manipulada sim, a massa evangélica no Brasil é manipulada e tá cega e surda, ministra. Até pela própria fé. Por achar que quem vai fazer justiça é Deus, e não nós aqui. Achar que é na vida após a morte que a gente vai conseguir justiça.

Eu também fui criado em colégio adventista, de crente. Tenho a minha base religiosa. Mas hoje eu contesto. Sem desrespeitar, mas tem que ser pensado até onde Deus tem a ver com os nossos demônios, entendeu?

MARINA_ Olha, Brown, eu acho que tudo isso que você falou a gente pode até encontrar um nome, um local, onde a gente deposita. A gente pode dizer que é a fé, a religião, o Estado. Cada um vai encontrar um endereço.

BROWN_ Política.

MARINA_ A política. Mas, talvez, o endereço mais profundo que a gente tenha que colocar é que tudo isso está em nós, porque quem vive essa forma de religião são pessoas, são os seres humanos. Quando a fé cristã evangélica não era majoritária, como era a relação com as religiões de matriz africana? Como era a relação com as pessoas LGBT+? Como era a relação com os pretos que foram escravizados? Como era a relação entre o capital e o trabalho? Elas não eram um paraíso. Isso está em nós. Nós vamos fazendo deslocamentos para determinadas estruturas porque elas disfarçam, de certa forma, aquilo que está em nós. É claro que, quando assumem uma forma institucionalizada, elas se tornam muito mais potentes porque ganham uma força coletiva organizada para operar numa determinada frequência. Mas esse olhar para dentro de nós precisa ser feito, porque a fé, a política, a arte, o que for, são um processo vivo, têm que ser uma dinâmica viva. O que destrói qualquer relação humana é você ter uma visão repetitiva do mundo. É uma neurose doentia a repetição das coisas como se fossem fórmulas. A fé não é uma fórmula a ser repetida. A conversa que eu tenho com você é como ser singular, e talvez ela só se presentifique nesta conversa, com estas duas pessoas. Por que é que eu nunca falei desse jeito em nenhuma outra entrevista? Porque aqui tem dois singulares, três singulares que se conversam numa frequência única. E, se a gente se percebe dessa forma, existe um espaço para que possa se transformar.

SEMAYAT_ Ministra, eu fui assistir ao seu *Roda Viva* de 1994 e percebi que metade do programa a senhora ficou se defendendo de ser um símbolo. Os jornalistas falavam muito: "A senhora se alfabetizou com dezesseis anos, e agora olha onde está", e o tempo todo a senhora respondia: "Não, mas eu sou uma exceção, não dá para dizer que, se eu fui assim, todo mundo pode". Achei muito curioso que lá em 1994 a senhora já estava dizendo isso.

Mas tem uma pergunta que uma jornalista fez que me deixou encafifada, ela pediu para a senhora elencar quais haviam sido os momentos em que mais tinha sentido preconceito por ser mulher, por ser pobre. E naquela resposta a senhora disse que não tinha muitos fenômenos ou ocasiões que se destacassem porque a senhora sempre foi vista como uma mulher de luta. Eu gostaria de perguntar se hoje essa resposta ainda faz sentido.

MARINA_ Com 35 anos, naquela entrevista, eu ainda não conseguia perceber tantas coisas! Só aquilo que era o óbvio. As coisas mais sutis, eu não conseguia perceber. Mas com certeza fui vítima de muitos preconceitos que eu não conseguia identificar.

BROWN_ O que mudou ao perceber ou não que é preconceito? O que muda na próxima atitude?

MARINA_ No meu caso, eu acho que amplia o compromisso por transformar, amplia a prospecção por estratégias para combater o preconceito. Tem uma mudança que precisa acontecer nas leis, e já conquistamos muitas coisas. Ela precisa da implementação das leis e de uma desconstrução muito profunda, que é no nosso próprio imaginário. Eu acho que o Darcy Ribeiro escreveu um livro, alguma coisa assim, em que fala da "ninguendade", que nós somos a "ninguendade". Porque os europeus simplesmente chegaram aqui e compararam os indígenas como se eles fossem uma árvore, uma semente, um lago, como se não tivesse ninguém aqui. Nós somos a "ninguendade". Depois eles vão, e eu vou inventar [a palavra] "ninguenzar" os pretos, que trazem da África também para ser ninguém. Então nós temos essa "ninguendade" na percepção do nosso colonizador. O processo de desfazimento, de decolonização de tudo isso é nos percebermos ontologicamente como portadores de uma cultura que tem uma profunda relação com a natureza, algo que nós recalcamos a todo custo. A gente tem a floresta mais linda, os biomas mais lindos, e parece que temos que eliminar isso porque, se não, é como se não fôssemos desenvolvidos. Nós temos a melhor tecnologia para sustentação da humanidade, que é a própria natureza. A natureza testou os seus experimentos durante bilhões de anos. A floresta amazônica tem 50 milhões de anos. Haja tentativa e erro! O que sobreviveu ali é o que dá certo, e nós não temos que ter vergonha disso. Temos é que aprender com isso, ter a humildade de aprender.

BROWN_ Já existe tecnologia para que o Brasil consiga "usufruir" da floresta Amazônica sem destruí-la?

MARINA_ Existe tecnologia social, cultural e material, produzida pelos indígenas. Eles estão aqui há milhares de anos usufruindo dessa floresta. A nossa tecnologia é insuficiente para a convivência que nós temos hoje, então vamos ter que aprender com eles. Nós estamos trabalhando os conceitos de bioeconomia. A bioeconomia não pode ser só uma invenção da tecnologia ocidental, da economia ocidental. Ela tem que ser atravessada por essa tecnologia milenar e aprender a respeitar o lugar de quem tem conhecimentos associados aos recursos naturais. Por exemplo, as queimadas, na tecnologia indígena, feitas pelos indígenas, nas comunidades tradicionais e pequenas roças, são totalmente inofensivas numa floresta úmida. Agora você querer ser o maior produtor de gado e usar essa tecnologia das queimadas... Tenha santa paciência! Você vai ter que aprender como usar esse conhecimento para elaborar o teu, e não querer tirar vantagem imediata de algo com uma escala que não tem capacidade de suporte.

BROWN_ Esse pessoal que está desmatando a Amazônia, quais são os principais objetivos deles? Quem são os principais inimigos hoje, na sua visão?

MARINA_ É um mix, uma quantidade enorme de atores. Você tem ali uma mistura de gente que quer lucro fácil.

BROWN_ Em cima de quê?

MARINA_ Em cima de madeira, ouro, pesca, caça, tráfico de drogas, tráfico de armas. Em cima de tudo. É um atravessamento de muitas criminalidades. O crime organizado hoje atravessa as criminalidades antigas de destruição da floresta. São todos esses atores, mas tem algo que a gente tem que perceber: a ausência do Estado é que acaba colaborando para que tudo isso aconteça. Ter uma visão de desenvolvimento que trata a floresta como um prejuízo colabora com isso. Então, a mudança é em vários níveis, no nível da mentalidade e, principalmente, das atividades. E de ter capacidade de combater as atividades criminosas ilegais. Na hora que você combate essas atividades de forma constante, permanente, abre espaço para se estabelecer a forma correta de fazer, porque não tem como alguém que faz extração de madeira legal, com tecnologia, certificação, manejo, competir com quem está explorando de qualquer jeito dentro das unidades de conservação, dentro das terras indígenas, com força de trabalho escravo. Não se sustenta a atividade legal.

BROWN_ A senhora realmente acha, e é uma dúvida minha, que essa tecnologia ancestral dos indígenas tem condições de ser usada em grande escala para benefício do país? Porque a população fica pensando: "Mas por que o Brasil não pode usar a Amazônia para fazer mais dinheiro, matar a fome?". Todo mundo acha que a solução está lá na Amazônia. "A Amazônia é nossa, vamos usar." E por que não usar?

MARINA_ Tem que usar com sabedoria. O uso que vem sendo feito não é com sabedoria, não é cuidadoso, e a população está aprendendo isso muito rápido. A gente teve um problema em relação aos reservatórios de água. As pessoas conseguem associar isso ao desmatamento, [entender que] diminui a chuva porque está tendo muito desmatamento, está mudando o clima. Nós tivemos o episódio de São Sebastião, que teve chuvas torrenciais, que eram para cair em um mês e caíram em algumas horas. Seiscentos milímetros de precipitação em Bertioga e São Sebastião. Mortes, pessoas soterradas, uma coisa terrível. Isso tem a ver com desmatamento, tem a ver com queimadas, tem a ver com a mudança do clima.

Se investirmos em aumentar a produção por ganhos de produtividade, com tecnologia semi-intensiva, é possível dobrar a produção do Brasil sem precisar derrubar mais nenhuma árvore, e podemos usar a floresta de outras maneiras. Podemos usar para turismo sustentável, para a bioeconomia, usando as espécies da floresta, os seus frutos, as suas fibras, as suas essências para criar outros produtos, outros materiais. A indústria do turismo pode ser muito potente para a geração de emprego e renda dignos, e não terá impacto na floresta se for feito da forma adequada. Então podemos sim usar a Amazônia, mas o melhor uso que a gente faz é manter os serviços que a floresta presta para nós. A população começa a perceber isso e a cobrar dos políticos que deem uma resposta.

Agora, tem uma discussão que a gente precisa fazer. Aqui a mudança precisa ser também na nossa forma de produzir e consumir. Se a gente quiser manter os mesmos padrões de produção e consumo que temos hoje para 8 bilhões de pessoas, não tem tecnologia que dê jeito. Só para vocês terem uma ideia, um chinês bem alimentado, um indiano que acaba de chegar da Índia bem alimentado consome algo em torno de 250 quilos de grãos por ano. Um de nós bem alimentado consome 850 quilos de grãos. Cada vez que no mundo uma pessoa adquire hábitos alimentares ocidentais, ela é uma bomba de destruição do planeta. Nós vamos ter que repensar a nossa forma de produzir, de consumir, de nos sentirmos felizes, satisfeitos.

BROWN_ Mas a gente tá falando dos dois países mais populosos do mundo, né?

MARINA_ Mas eles já têm a per capita de carbono menor, Brown. A China, hoje, é o maior emissor de CO_2 do mundo, e em segundo lugar vêm os Estados Unidos. O Brasil está em quinto — é um grande emissor, como país em desenvolvimento. A Índia também é um grande emissor. Mas quando você faz a pegada de carbono, a distribuição per capita das emissões pela população, a deles é menor do que a de um americano. Eu costumo dizer que o mundo vai ter que fazer uma transformação. Não é só na tecnologia, não é só mudar a maneira de fazer. É mudar a maneira de ser. A sustentabilidade não é só sair de energia fóssil para energia do vento, do sol, da biomassa. É sobretudo mudar a maneira de ser, porque a nossa forma é insustentável. Um ser humano tem capacidade de desejar infinitamente. Se somos 8 bilhões de pessoas, cada uma com capacidade de desejo infinita, e o que nós desejamos é ter coisas, o planeta não tem como atender. A capacidade dos recursos é incompatível com a nossa capacidade infinita de desejar.

Até o mercantilismo, nós éramos orientados pelo ideal do ser: os romanos queriam ser grandes, queriam ser fortes; os gregos queriam ser sábios, livres; os egípcios queriam ser imortais; na Idade Média, ainda que tenham barbarizado em nome da santidade, as pessoas queriam ser santas. Era um ideal do ser. O mercantilismo faz um deslocamento, e a gente saiu do ideal do ser para o ideal do ter. Antigamente, se você *fosse*, você mereceria *ter*. Olha a inversão que fizemos: se você *tiver*, você *será* — se tem um carro, se tem isso ou aquilo. Nós fizemos um deslocamento compatível com o consumo incentivado pela Revolução Industrial, pela lógica do mercantilismo, mas incompatível com a capacidade de suporte do planeta.

Talvez a gente tenha que fazer esse caminho de volta. Não é [para] aquele ideal das civilizações do ideal do ser. Tínhamos muitos problemas, mas os problemas que nós criamos para nós mesmos são muito grandes. Roma colapsou, [passou por] uma crise civilizatória e colapsou. A Grécia colapsou, o Egito colapsou. Só que o colapso que eles viveram não alcançava demográfica e geograficamente a humanidade e o planeta inteiros. A crise que nós criamos alcança. Nos colapsos que aconteceram [antes], um estava fenecendo e o outro, florescendo, a vida continuou, a gente se encontrou. Agora não, é um risco para todo mundo. O indígena que não emitiu [nem] meia dúzia de quilo de CO_2 está sendo afetado igualmente. A gente pode zerar o desmatamento na Amazônia, [mas], se não parar no mundo, ela vai desaparecer do mesmo jeito. Nós criamos uma crise civilizatória de tamanho inimaginável, então vamos ter que fazer esse caminho de volta, vamos ter que sair dos limites extensivos. Quando eu estou na extensão, estou disputando coisas, que é o ideal do ter. Dois corpos não ocupam o mesmo espaço. Então, estou disputando, e se você está aí e eu quero estar no seu lugar, então tu tem que sair. Isso é o ideal do ter. Teremos que ir para os limites intensivos, porque aí eu não estou disputando coisas, estou disputando habilidades, capacidades. E, se há limites para ter, não há limites para ser. Há limites para todo mundo ter um carro, um monte de coisa, mas não há limites para fazer a melhor entrevista, a melhor poesia, a melhor jogada de futebol. Não há limites para ser.

Quando eu estou como uma ministra do Meio Ambiente, vou fazer na prática esse deslocamento naquilo que é possível. Mas tem algo que é sutil na natureza das consciências, nas nossas subjetividades mais profundas, em nos sentirmos felizes *sendo*, ao invés de ter para ser.

BROWN_ O governo Lula está dando as condições para a senhora fazer o seu trabalho? Houve um rompimento no passado, não houve? A senhora chegou a sair do PT, divergiu da presidente Dilma, chegou a sair do partido. O que mudou?

MARINA_ Muita coisa mudou. Uma delas foi uma surpresa para todos nós. Nós "derrotamos" a ditadura, fizemos uma nova Constituição. Elegemos seguidamente presidentes pela democracia, e nunca imaginamos que pudéssemos ser assombrados de novo pela volta da ditadura.

BROWN_ Não imaginavam?

MARINA_ Não.

BROWN_ Não houve essas ideias nos bastidores, nunca ninguém falou: "Ó, tem um cara lá no Rio de Janeiro, um doido lá, que atende pelo nome de Bolsonaro"? Não teve essa conversa em momento nenhum?

MARINA_ Até o que você está dizendo, "tem um cara lá, um doido"... A gente às vezes tem uma visão narcísica para os nossos próprios ideais, para os nossos...

BROWN_ De achar que o doido é o outro, não é?

MARINA_ Não, mas de achar que o que a gente está fazendo já está tão estabelecido que não conta com o imponderável, com isso ser desestabilizado. E os que perceberam foram aqueles que tiveram visão antecipatória. Os que têm visão antecipatória, geralmente, no momento em que antecipam a visão, dificilmente são levados a sério porque, como diz o Lacan, o sentido aparece só depois. O povo é sábio, né? Mas o sentido, para a maioria, aparece só depois. E todos nós subestimamos isso que você falou. Tanto que era isso, era um doido lá e não sei quê. Imagina alguém que está defendendo pena de morte, que fala para uma mulher que ela não é estuprada porque é feia, imagina se a gente acha que uma pessoa dessa pode virar presidente da República. Então, a primeira coisa que mudou foi essa percepção de Brasil, que nós achávamos que, mesmo com uma democracia ainda frágil, não tinha o perigo do retorno. Diante do que aconteceu, acho que muitos de nós, e vários setores da sociedade, tiveram que fazer um movimento de aprender rápido o que era mais importante naquele momento.

Eu e o Lula tivemos diferenças, o PT teve diferenças, e eu também saí do PT. Até fui candidata três vezes a presidente da República. Mas eu e o Lula nunca tivemos um corte na nossa relação pessoal. Tanto é que em momentos difíceis da nossa vida, mesmo separados, a gente manteve esse contato: quando o meu pai morreu, o Lula me ligou; quando a dona Marisa morreu, eu também [liguei pra ele]; quando ele ficou doente, com câncer na garganta, eu fui visitar ele no hospital, a gente conversou. Quanto à questão política, ficamos desde o fim de 2008, 2009 até 2022 sem conversar. Catorze anos, é muita coisa. E [depois] tivemos uma conversa em dois níveis, uma nós dois e uma pública. Quando as pessoas às vezes me perguntam o que foi essa conversa pessoal, eu digo que não posso dizer, porque é pessoal. Só posso dizer que foi uma conversa muito boa, que gerou uma conversa pública, e que nós estamos em paz. Acho que tem um aprendizado para nós dois.

Naquela época eu era uma jovem ministra de 45 anos, cujos dentes políticos nasceram no PT. E, como ministra do PT, eu me colocava nesse lugar. Hoje eu não sou do PT, sou da Rede Sustentabilidade, que é um partido que ajudei a criar, pequeno, que tem um deputado só. Quando eu digo que estou em paz e que houve esse aprendizado, é que hoje eu estou ajudando o governo naquilo que é uma frente ampla. O presidente Lula assumiu compromisso com as propostas que eu apresentei no dia em que declarei o apoio. Foi ousado, e ele faz questão de repetir esse compromisso, que agora é genuinamente dele, de desmatamento zero, da prioridade do clima, dos dez decretos que foram assinados no primeiro dia de governo. Dez decretos de 35 ministérios, e cinco foram do Ministério do Meio Ambiente. Então, o Lula está muito investido nessa agenda. Mas ele tem que manejar as contradições. Nós não temos um país em que ele possa dizer: "Vai ser sustentável amanhã". Não é assim, e eu tenho a compreensão de que é um governo de frente ampla, eu tenho as minhas ideias, eu apresento as ideias, mas elas estão dentro de uma frente ampla, e nós vamos fazendo as mediações necessárias.

BROWN_ Pô, sensacional! Este foi um bate-papo, mais do que uma entrevista, uma colheita de informações, não é, Semayat? Curtiu?

SEMAYAT_ Linda demais, emocionante.

MARINA_ Obrigada. Eu que fiquei muito feliz e honrada de estar conversando com você. Vocês não sabem o privilégio que é sentar aqui nesta bancada. Muita gente tem esse sonho, e inclusive eu tinha. Hoje eu realizei.

10 de agosto de 2023

BROWN

BEETLEJUICE

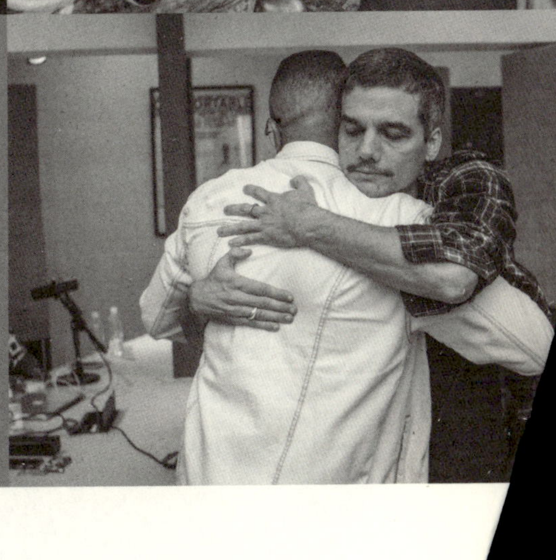

ESTA OBRA FOI COMPOSTA POR MARI TABOADA EM CAPONI E BAYARD
E IMPRESSA EM OFSETE PELA GEOGRÁFICA SOBRE PAPEL PÓLEN BOLD
DA SUZANO S.A. PARA A EDITORA SCHWARCZ EM SETEMBRO DE 2025

FSC
www.fsc.org
MISTO
Papel | Apoiando o manejo florestal responsável
FSC® C019498

A marca FSC® é a garantia de que a madeira utilizada na fabricação do papel deste livro provém de florestas que foram gerenciadas de maneira ambientalmente correta, socialmente justa e economicamente viável, além de outras fontes de origem controlada.